Websites für Musiker, DJs und Netlabels

Moritz »mo.« Sauer

O'REILLY®

Beijing · Cambridge · Farnham · Köln · Paris · Sebastopol · Taipei · Tokyo

Die Informationen in diesem Buch wurden mit größter Sorgfalt erarbeitet. Dennoch können Fehler nicht vollständig ausgeschlossen werden. Verlag, Autoren und Übersetzer übernehmen keine juristische Verantwortung oder irgendeine Haftung für eventuell verbliebene Fehler und deren Folgen.

Alle Warennamen werden ohne Gewährleistung der freien Verwendbarkeit benutzt und sind möglicherweise eingetragene Warenzeichen. Der Verlag richtet sich im wesentlichen nach den Schreibweisen der Hersteller. Das Werk einschließlich aller seiner Teile ist urheberrechtlich geschützt. Alle Rechte vorbehalten einschließlich der Vervielfältigung, Übersetzung, Mikroverfilmung sowie Einspeicherung und Verarbeitung in elektronischen Systemen.

Kommentare und Fragen können Sie gerne an uns richten:
O'Reilly Verlag
Balthasarstr. 81
50670 Köln
Tel.: 0221/9731600
Fax: 0221/9731608
E-Mail: kommentar@oreilly.de

Copyright:
© 2006 by O'Reilly Verlag GmbH & Co. KG
1. Auflage 2006

Bibliografische Information Der Deutschen Bibliothek
Die Deutsche Bibliothek verzeichnet diese Publikation in der Deutschen Nationalbibliografie; detaillierte bibliografische Daten sind im Internet über *http://dnb.ddb.de* abrufbar.

Lektorat: Michael Gerth, Köln
Korrektorat: Oliver Mosler, Köln
Fachgutachten: Jørgen W. Lang, Hamburg
Satz: Tim Mergemeier, reemers publishing services gmbh, Krefeld; www.reemers.de
Umschlaggestaltung: Michael Henri Oreal, Köln
Produktion: Karin Driesen & Andrea Miß, Köln
Belichtung, Druck und buchbinderische Verarbeitung:
Druckerei Kösel, Krugzell; www.koeselbuch.de

ISBN-10 3-89721-433-4
ISBN-13 978-3-89721-433-0

Dieses Buch ist auf 100% chlorfrei gebleichtem Papier gedruckt.

Dieses Buch ist Renée und Hans gewidmet.

Moritz »mo.« Sauer

Inhalt

	Vorwort	**IX**
1	**Die Website planen und vorbereiten**	**1**
	Konzeption der Website – XHTML oder Flash?	1
	Projektstruktur und anzulegende Verzeichnisse	5
	Website-Navigation – Menüpunkte und Gliederung	9
	Seitenhierarchie und Layout	20
	Layout-Konzepte	25
2	**Programmierung der Webseiten**	**33**
	Ein Layout mit XHTML und CSS	34
	Eine horizontale Reiternavigation mit CSS	50
	Clevere Programmierung mit PHP-Modulen	59
	Anbieterkennzeichnung per Impressum	61
	Das Kontaktformular	62
	Internet-Quellen und Buchtipps	69
3	**WordPress – Ein einfaches Redaktionssystem**	**71**
	Was sind Weblogs?	71
	Warum ein Weblog-System und warum WordPress?	73
	Die Installation von WordPress	74
	Backend: Das Redaktionssystem	77
	Menüpunkt »Optionen«: Konfiguration von WordPress	80

    Menüpunkt »Benutzer«: Benutzer, Rangordnungen und Passwörter 91
    Menüpunkt »Links«: Blogroll, Zirkel und Verweise zu Freunden 93
    Menüpunkt »Schreiben«: Einen neuen Artikel verfassen 98
    Menüpunkt »Verwalten«: Inhalte pflegen 102
    Einführung in die WordPress-Programmierung 104
    WordPress-Styling: Erste Schritte zum eigenen Theme 110
    Tipps & Tricks: WordPress-Plugins und der eigene Podcast 124
    Internet-Quellen 126

4 Musik aufbereiten, komprimieren und streamen **129**
    Musik aufbereiten und komprimieren 129
    Musik mit Identität – Aussagekräftige Dateinamen
    und Metainformationen 138
    Audio-Streaming mit .m3u und Flash 149
    Internet-Quellen 164

5 Texte und Typografie für das Web **167**
    Leseverhalten am Bildschirm 167
    Schreibregeln 168
    Webgerechte Typografie und optische Aufbereitung von
    Texten für den Bildschirm 170
    Internet-Quellen und Buchtipps 180

6 Logos, Fotos und Bilder für Websites optimieren **181**
    Bildformate – JPEG, GIF und PNG 181
    Bilder optimieren – Tonwertkorrekturen und andere Tricks 185
    Bilder für das Web speichern 187

7 Webseiten für Suchmaschinen optimieren **195**
    Der sinnvolle Einsatz von Keywords 196
    Onsite-Optimierung: Verbesserungen auf der eigenen Site 199
    Link Popularity, Click Popularity und Pagerank 202
    Internet-Quellen und Buchtipps 204

8 News- und Musikabonnement mit RSS und Podcast **207**
    Was ist RSS und wozu wird es verwendet? 207
    Musik-Download-Abo per Podcast 214
    Internet-Quellen und Buchtipps 217

9 Net-Promotion **221**
Guerilla-Marketing: Die preiswerte Kunst des Werbens 221
Newsletter 222
Das Newsletter-Werkzeug Dada Mail 230
Werbung in Newsgroups und Foren 241
Link-Zirkel und -Partnerschaften 244
Musikkritiken und Portraits in Weblogs und Online-Magazinen 245
Internet-Quellen 247

10 Website-Tuning **249**
Den Surfer im Blick – Webstatistiken mit Power Phlogger 249
Clevere Subdomains 258
.htaccess-Datei – Server-Magie 260
Suchmaschinen steuern – Die robots.txt-Datei 269
Webmasters Lieblinge – Hilfreiche Web-Werkzeuge 270
Internet-Quellen 274

11 Interviews mit Weberfahrenen Musikprofis **275**
TokyoDawn.com – The soulful Vibe of the Web 275
Das Musikkollektiv Epsilonlab.com – Multimediale
Ausrichtung und Teamwork 279
Broque.de – Humorvolles Techno-Netlabel mit breitem Spektrum 282
Filewile.com – If you want something done, do it yourself! 286

Anhang: Website-Checkliste **291**

Index **293**

Vorwort

Dieses Buch ist vor allem aus Liebe zur Musik entstanden. Gute Musik findet immer ihren Weg, und ihr ist es egal, in welchem Format sie vorliegt, ob Vinyl, CD, MP3 oder Kassette. Musik muss klingen, grooven und die Ohren verwöhnen und begeistern. Ab und zu findet sie auch ihren Weg in die Beine und den Bauch, und dann gibt es kein Halten mehr. Darum gibt es kaum Schöneres, als guter Musik den Weg zum Hörer zu weisen. Das Internet ist das Medium der Zukunft für den Musikvertrieb, und gute Websites promoten Musik besser als Websites mit lose zusammengehefteten HTML-Seiten. Deswegen gibt es dieses Buch. Es soll Ihnen als Künstler, DJ, Musiker, Band oder Label/Netlabel helfen, eine funktionstüchtige und gute Website zu konstruieren, die mit Hilfe der neuesten Technik Ihre Fans und Besucher informiert und begeistert.

Ein Buch für Musikproduzenten, Künstler, Bands und Labels

Warum brauchen DJs, Musiker und (Net)Labels dieses Buch? Und was bietet es? Reicht nicht ein herkömmliches Buch zu HTML, um eine erfolgreiche Website zu gestalten? Die einfache Antwort lautet: nein.

Seit 2000 arbeite ich als Journalist, Musik-Online-Redakteur und Webdesigner und merke auch als Musikliebhaber, dass sich der Musikvertrieb in einem fundamentalen Umbruch befindet. Daran ist vor allem das Internet »schuld«. Bands, Musiker, DJs und Labels sehen sich einem heiß umkämpften Musikmarkt gegenüber. Eine

Website gehört dabei nicht nur zum guten Ton, sondern ist Pflicht. Glücklicherweise kostet eine Website wenig und eignet sich hervorragend als Marketing-Werkzeug, um Fans, Redakteure und DJs mit Sounds, Bildern und Informationen zu versorgen und mit ihnen zu kommunizieren.

Damit eine Website gut funktioniert und sowohl Fans als auch Journalisten die richtigen Informationen finden, müssen neben einer guten Programmierung auch Inhalte strukturiert, aufbereitet und intelligent über das Netz vertrieben werden. Denn das Internet ist der Vertriebsweg der Zukunft und löst mit seinen digitalen Downloads altgediente Formate wie CD und Vinyl langsam ab. Vor allem liegt das daran, dass einmal digitalisierte Musik sich nicht mehr kontrollieren lässt. Während früher eine CD auf Kassette überspielt werden musste und dies mehr als eine Stunde dauerte, werden heute MP3s in Gigabyte-Größenordnungen innerhalb von Minuten verteilt. Der Musikhörer hat sich emanzipiert und setzt sich in der Regel über die Gesetze, die geistiges Eigentum schützen, hinweg. Musik verflüssigt in Bits 'n' Bytes verteilt sich über P2P-Filesharing-Börsen, Computerschnittstellen wie Bluetooth oder WLAN, mit Hilfe externer Festplatten und in Zukunft immer mehr über Mobiltelefone und MP3-Player. Darum sollten Bands, Musiker, DJs und Labels/Netlabels den Vertrieb selbst in die Hand nehmen und direkt mit ihren Fans kommunizieren. Das Web bietet alle Möglichkeiten dazu.

Aus diesem Grund sollte das Internet als Chance gesehen werden. Denn niemals zuvor hatten Bands, Musiker, DJs und Labels solche freizügigen Möglichkeiten, selbst über die Art und Weise ihres Musikvertriebs zu bestimmen. Noch nie zuvor konnten Musiker so selbstständig agieren und ihr eigenes Image bestimmen. Noch nie war es so leicht, die eigene Musik an Menschen auf der ganzen Welt zu verteilen und zur Verfügung zu stellen.

Mit stetig fallenden Webhosting-Kosten und wachsenden Datenparkplätzen bietet das Netz basisdemokratisch den Vertrieb der eigenen Musik mit geringen Kosten. Darüber hinaus ermöglicht es die weltweite Kommunikation zwischen Musikern und Fans. Denn Webseiten, Foren und E-Mail bieten die Möglichkeit des direkten Kontakts zum Fan. Musikliebhaber und Zuhörer lassen sich einfach und in Echtzeit mit Fakten, Konzert-Terminen und Zusatzinformationen versorgen – ob per Newsletter, Weblog-Tagebuch, (RSS-)Newsticker oder Podcast-Musikabonnement.

Wer sich an dieser *heimlichen Revolution* beteiligt, wird tatkräftig von anderen Menschen unterstützt. Denn professionelle Software – angefangen beim (X)HTML-Editor über das Newsletter-System bis hin zum Redaktionssystem – ist frei erhältlich. Freeware-Programme und allen voran die Open Source Software öffnen den Horizont und bieten selbst Menschen mit kleinem Budget große Möglichkeiten. Man muss nur aus diesen Möglichkeiten schöpfen und sie nutzen.

Darum ist es nicht kostenintensiv, eine anspruchsvolle Website aufzubauen. Die größte Investition für die Umsetzung ist die eigene Zeit, um sich mit der Materie auseinander zu setzen. Dabei greift Ihnen dieses Buch tatkräftig unter die Arme.

Es gibt Ihnen als DJ, Musiker, Label oder Band das Wissen an die Hand, das Sie benötigen, um sich selbst im Netz professionell und intelligent zu präsentieren und zu vermarkten. Neben der richtigen Webtechnik sowie Navigation erhalten Sie Tipps zur inhaltlichen Gestaltung wie auch Hilfestellungen für eine benutzerfreundliche Website. Außerdem stellt das Buch zahlreiche Programme vor, die Ihnen als Website-Betreiber unter die Arme greifen oder Ihre Musik bestmöglich aufbereiten, um sie über das Web hörbar zu machen. In den verschiedenen Kapiteln lernen Sie schrittweise, wie Sie eine eigene Website aufbauen. Oder Sie springen als Leser sofort zu den Kapiteln, die Sie interessieren, und setzen die Informationen und Hilfestellungen direkt um.

Ein virtuelles Beispiel – Was dieses Buch bietet

Oft sind es die elementarsten Dinge, die auf einer Musik-Website fehlen oder aus Unwissenheit vergessen werden. Dazu gehören hochauflösende Pressefotos, korrekt benannte MP3s, eine logische Navigation oder Inhalte, die für das Netz clever aufbereitet wurden. Auch sind viele Seiten nicht darauf vorbereitet, auf den vorderen Plätzen der Suchmaschinen mitzumischen und für neue Besucher und Fans zu sorgen. Viele Musik-Websites verlieren sich in netten kleinen Ideen und vergessen vor lauter Spielerei den Besucher. Dieser zieht unbemerkt frustriert von dannen, weil er sich nicht zurechtgefunden hat oder von der fettleibigen Website abgewendet hat, weil diese auf dem Weg zum Browser im Modem stecken geblieben ist. Wäre sie korrekt optimiert gewesen, hätte die Band beim nächsten Gig vielleicht einen armeschwingenden, zahlenden Konzertgast mehr gehabt.

Wie könnte und sollte also eine gute Musik-Website aussehen? Welche Inhalte und Services sollte sie bieten, und wie realisiert man Services wie Musikübertragung oder ein Musikabonnement? Dazu ein imaginäres Beispiel: das Netlabel Sweet Surrender.

Navigation und Inhalte

Der Kern einer Website ist die Navigation (siehe Abbildung V-1). Denn die Navigation ist der Dreh- und Angelpunkt einer Web-Präsenz. An ihr orientiert sich der Besucher und findet durch sie die Inhalte, die er sucht. Außerdem erkennt er bei einer gut strukturierten Navigation intuitiv, was ihm die Website bietet. Um eine gut funktionierende Navigation zu erstellen, müssen die Inhalte sortiert und intelligent strukturiert werden. Mit diesem Thema beschäftigt sich dieses Buch ausführlich in Kapitel 1, *Die Website planen und vorbereiten*. Dort werden die Themen Konzeption, Benutzerfreundlichkeit und die elementaren Bestandteile einer Musik-Website besprochen.

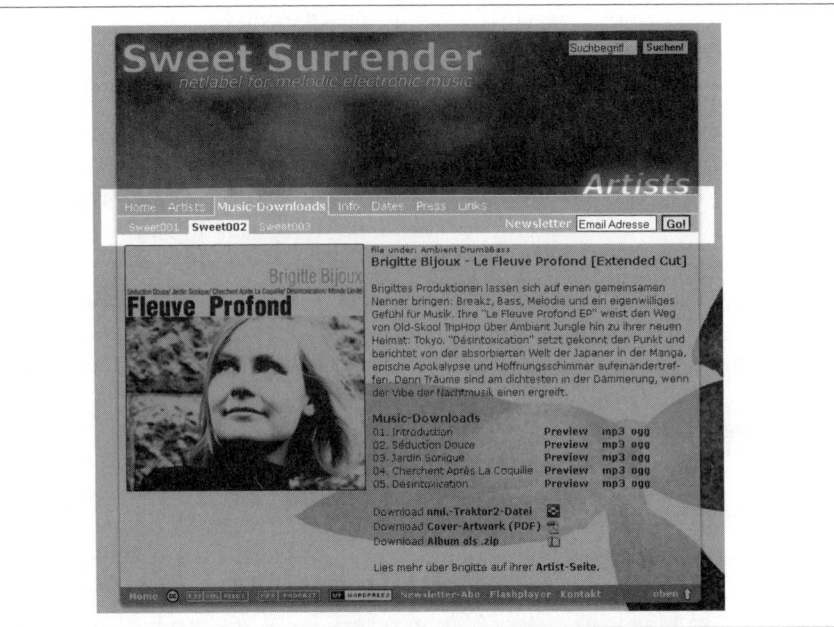

Abbildung V-1: Eine Website sollte ein logisches und schnell zu verstehendes Navigationskonzept präsentieren

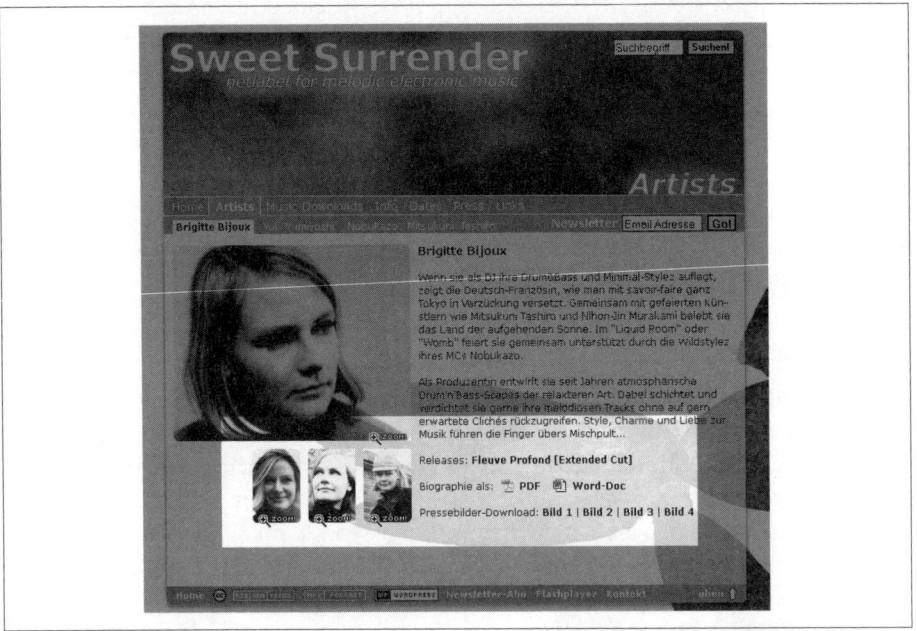

Abbildung V-2: Zu einer guten Musik-Website gehören Downloads in Form von PDFs, Pressebildern und Musikbeispielen

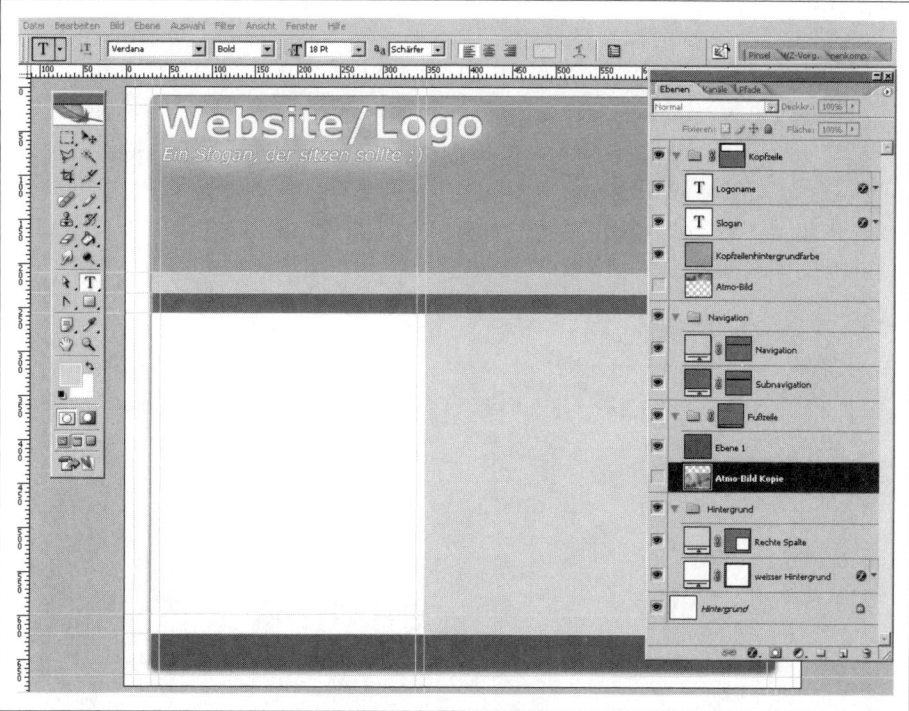

Abbildung V-3: Dieses Buch bietet Photoshop-Schablonen, um schnell ein professionelles und ansprechendes Webdesign umzusetzen

Service

Service ist alles. Denn wer guten Service bietet, ist beliebt und wird gerne wieder besucht. Dabei muss ein exzellenter Service nicht unbedingt mehr Arbeit bedeuten, wenn Sie die richtigen Werkzeuge kennen, die Ihnen die Arbeit abnehmen. Wie wäre es also mit einem News- oder Musik-Abonnement in Form von MP3-Downloads für die Fans? Dazu legt man lediglich ein MP3 auf den Server, schreibt einen kleinen Eintrag im Redaktionssystem, und die RSS- beziehungsweise Podcast-Technik übernimmt den Vertrieb (siehe die Abbildungen V-4 und V-5). Kapitel 8 beschreibt, wie das funktioniert.

Wie sammelt man E-Mail-Adressen und verschickt einen erfolgreichen Newsletter mit einem Mausklick an Hunderte von Fans? Dadamail – siehe Kapitel 9, *Net-Promotion* – macht es möglich. Welche Möglichkeiten gibt es, damit Surfer die neuesten Songs online hören können? Kapitel 4 erklärt, wie man mit Flash Musik streamt und per *.m3u*-Liste Musik-Player wie Winamp, Windows Mediaplayer usw. mit Sounds versorgt.

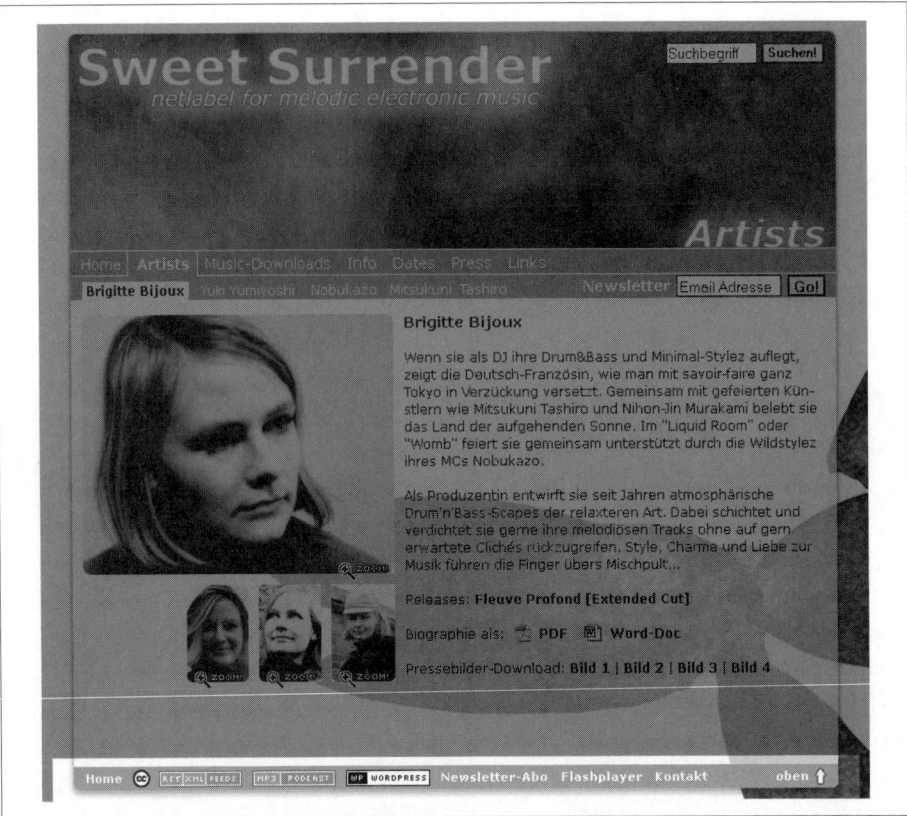

Abbildung V-4: Musik-Service per Fußzeile: Flash, RSS, Kontakt, Newsletter & Co.

Abbildung V-5: Mehr Service geht nicht: Musik-Abo per Podcasting-Technik

Komprimierte Musik mit Identität

MP3 ist das Musikdateiformat, das immer mehr zum beliebtesten aller Hörformate avanciert und altgediente Helden wie die CD und das von DJs innig geliebte Vinyl ablöst. Aber es gibt auch das Open Source-Musikformat Ogg Vorbis. Doch wie und womit erstellt man die perfekte MP3- bzw. Ogg Vorbis-Datei? Welches sind die wesentlichen Schritte, die beim Komprimieren von Musik beachtet werden sollten? Und wie schützt man Musik vor Qualitätsverlust? Wie holt man den maximalen Promotion-Effekt aus den eigenen MP3s, wenn sie auf der Festplatte von Neugierigen landen? Und wie verlinkt man die Musikdatei mit einer selbst ausgesuchten Copy-

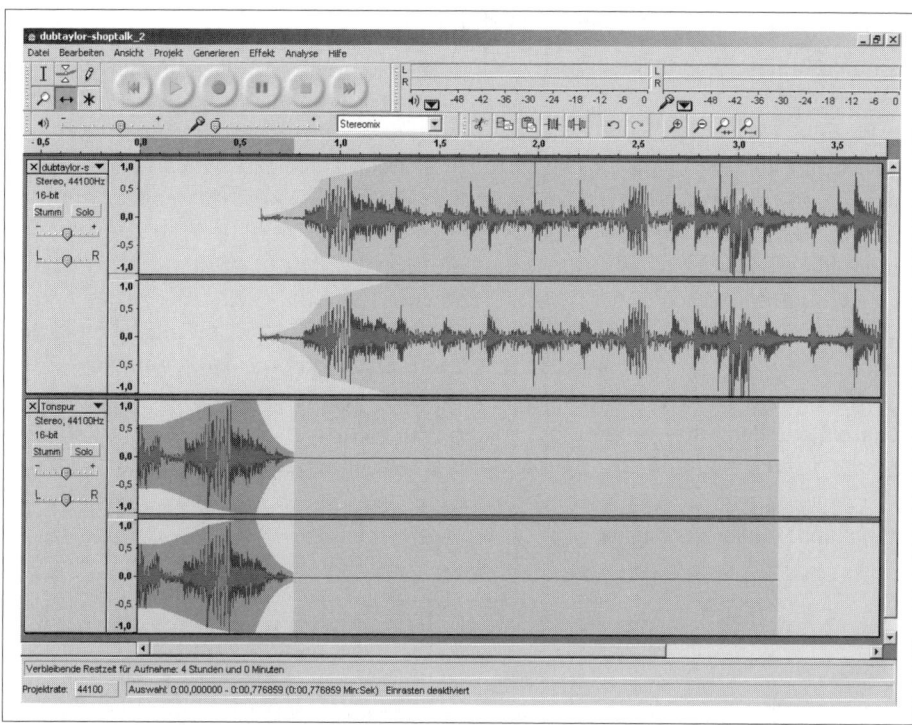

Abbildung V-6: Musik aufnehmen, schneiden, aufpolieren und MP3s erstellen mit der Open Source Software Audacity

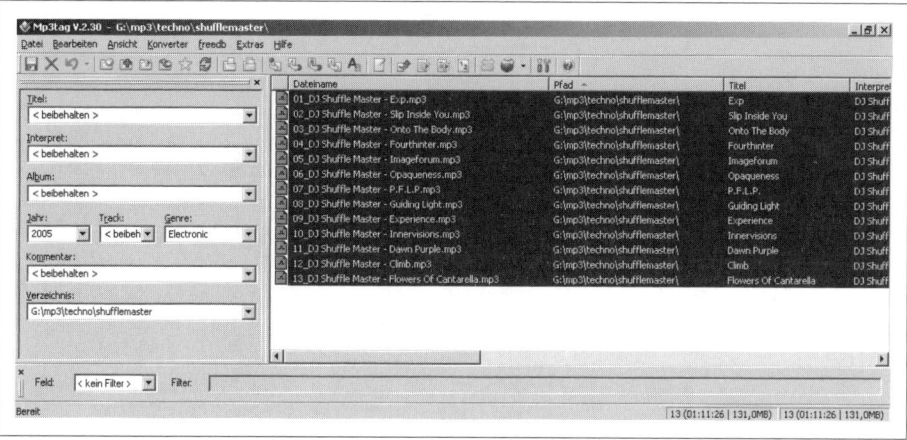

Abbildung V-7: MP3s richtig benennen und mit Zusatzinformationen versehen

right-Lizenz der Creative Commons? Kapitel 4 liefert dazu jede Menge Anleitungen, Tipps und Werkzeuge.

Eine Website ist mehr als das, was man sieht!

Suchmaschinen dienen vielen Surfern als Ausgangspunkt, um Inhalte aufzuspüren. Webseiten, die in Google & Co. weit vorne mitschwimmen, bekommen mehr Aufmerksamkeit. Darum sollte die eigene Website für Suchmaschinen optimiert werden, um neue Besucher auf die eigene virtuelle Präsenz zu lotsen. Dazu gehört neben einem geschickten redaktionellen Gespür für die richtigen Begriffe vor allem eine saubere und logische Programmierung. Noch besser ist es, wenn die Webseiten so weit wie möglich barrierefrei sind und auch behinderten Menschen den Eintritt in den eigenen Sound-Kosmos ermöglichen. Außerdem sollte man seine Web-Präsenz mit *defensivem Design* ausstatten. Das bedeutet, dass möglichst viele Eingabefehler seitens der Besucher im Voraus bedacht werden. Dazu gehören Umleitungen auf die richtige Website bei Tippfehlern genauso wie intelligente und humorvolle 404-Fehlerseiten, die dem Surfer unter die Arme greifen, wenn er sich verirrt hat. Kapitel 10, *Website-Tuning*, bietet Ihnen zu diesen Themen zahlreiche Hilfestellungen.

Online- und Offline-Werkzeuge

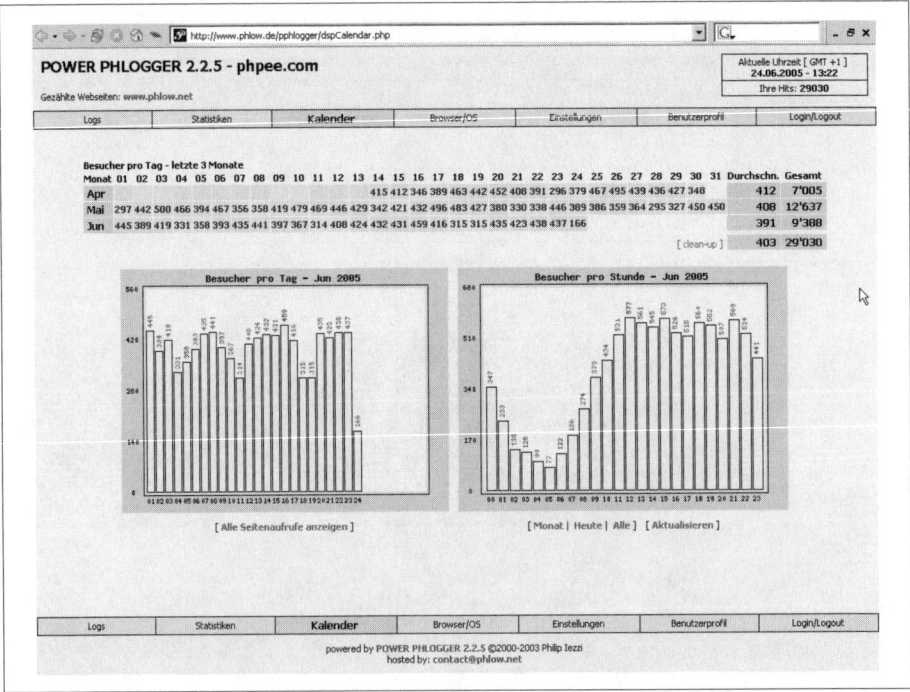

Abbildung V-8: Das Statistikwerkzeug Power Phlogger gibt Webmastern hilfreiche Informationen über die Besucher

Wer den Überblick im Dschungel der Freeware- und Open Source-Software behalten möchte, hat es schwer. Unzählige Programme buhlen um die Aufmerksamkeit.

Dieses Buch bietet eine Auswahl etablierter und eleganter Software, die beim Aufbau und bei der Pflege der Website hilft. Außerdem werden Programme vorgestellt, die Musikdateien herstellen und optimieren, Informationen über die Besucher liefern und mit ihnen interagieren. Dazu gehören das Redaktionssystem Wordpress (siehe Abbildung V-9), der Musikeditor Audacity, die Newsletter-Software Dadamail oder das Statistikwerkzeug Power Phlogger (siehe Abbildung V-8).

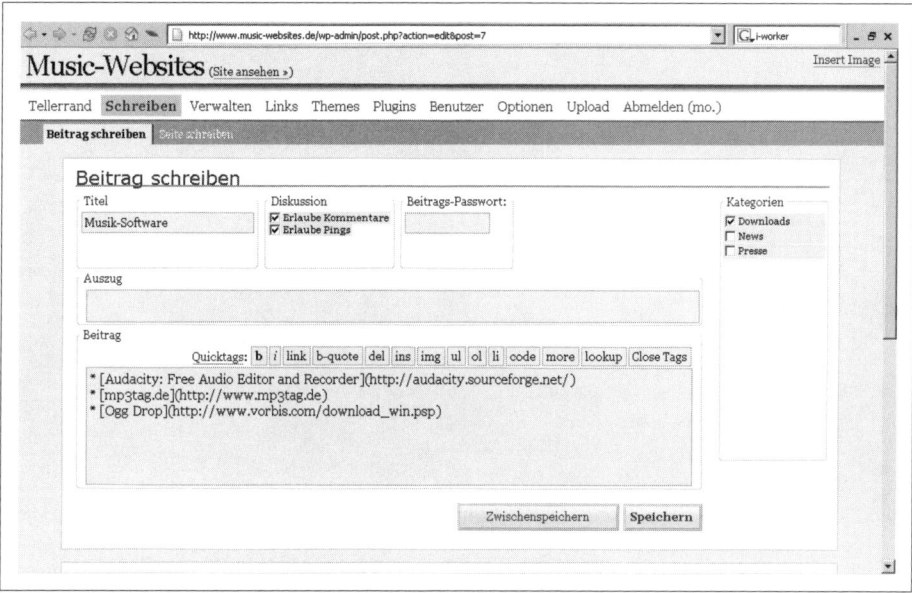

Abbildung V-9: Inhalte verwalten: Mit dem Redaktionssystem Wordpress hat man seine eigene Website im Griff

Fans finden, verwöhnen und informieren

Promotion-Aktionen, die wenig oder kein Geld kosten, nennt man Guerilla-Marketing. Erfolgreiches Guerilla-Marketing betreibt man zum Beispiel mit guten Newslettern oder in Musikforen, in denen sich Musikliebhaber tummeln. Foren bieten eine gute Plattform, um auf sich aufmerksam zu machen und Werbung in eigener Sache zu streuen (siehe Abbildung V-10). Allerdings sollte man die Höflichkeitsregeln in den Foren respektieren und seine Kommentare nur an den richtigen Stellen unterbringen. Kapitel 9, *Net-Promotion*, gibt Ihnen zahlreiche Hinweise, wie man die richtigen Websites und Foren findet und sich dort elegant bewegt. Darüber hinaus wurden Musikprofis befragt, was sie bei der Distribution von Musik für wichtig erachten. Die Label-Betreiber von Tokyo Dawn, Broque und Epsilonlab geben Ihnen wichtige Tipps und Anregungen. Und die Schweizer Musiker Filewile demonstrieren, wie man den eigenen Musikvertrieb gleich selbst in die Hand nimmt.

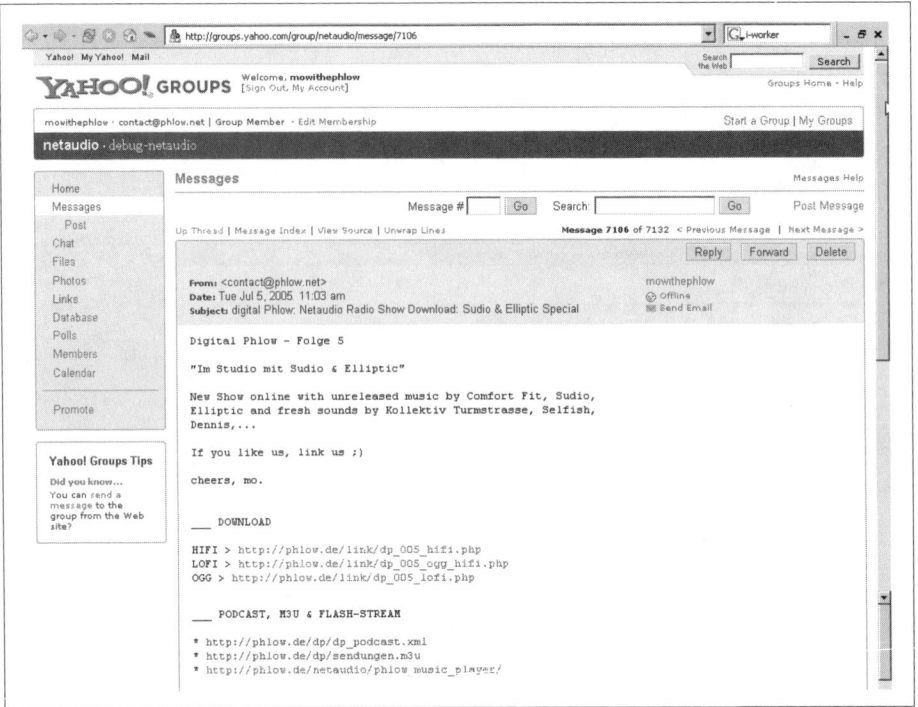

Abbildung V-10: Newsgroups eignen sich hervorragend, um die eigene Musik publik zu machen

Was dieses Buch nicht bietet

Dieses Buch kann keine rechtliche Beratung für den Vertrieb von Musik leisten. Wie oben beschrieben, sind die Musikindustrie und die Organisationen, die für die »gerechte« Vergütung von Musik zuständig sind (GEMA, *www.gema.de*; GVL, *www.gvl.de* usw.), in einem Umbruch. Vom Medium Internet waren und sind sie heute noch in der Regel überfordert. So müssen Musiker, wenn sie ihre eigenen Kompositionen über das Internet als Download verschenken wollen, dafür bezahlen, wenn sie GEMA-Mitglied sind. Wie solche kostenfreien Downloads über die GEMA abgerechnet werden, erfahren Sie unter *www.gema.de/kunden/industrie/internet/* bzw. *www.gema.de/kunden/industrie/faq.shtml*.

Wenn Sie als Künstler jedoch weder Mitglied bei der GEMA noch in einer anderen Vergütungsorganisation für Musik sind, können Sie Ihre Musik frei im Internet zur Verfügung stellen. Wichtig ist dabei die Grundregel: Nutzen Sie keinerlei Bestandteile von Musik anderer Komponisten. Stellen Sie auf keinen Fall eigene Coverversionen oder Musik mit Samples aus fremden Werken ins Netz. Damit machen Sie sich in der Regel strafbar. Denn Sie greifen meist auf geschütztes geistiges Eigentum eines anderen Künstlers zurück oder Sie benutzen via Sampling die Aufnahmen eines Musikverlags.

Dieses Buch kann auch keine Beratung leisten, für welches Shop-System Sie sich beim Vertrieb Ihrer Musik entscheiden sollten. Dafür ist der Markt von viel zu vielen Umbrüchen gekennzeichnet. Dieses Buch bespricht daher weder MP3-Anbieter wie beatport.com, finetunes.com oder itunes.com, noch befasst es sich mit Micropayment-Verfahren wie PayPal, T-Pal und ähnlichen.

Typografische Konventionen

In diesem Buch werden folgende typografische Konventionen verwendet:

Kursivschrift
Wird für Datei- und Verzeichnisnamen, Web-Adressen, Menübezeichnungen sowie bei der Definition neuer Fachbegriffe verwendet.

`Nichtproportionalschrift`
Wird für Codebeispiele und Befehle, Funktionen, Parameter und XHTML-Tags verwendet.

Die Glühbirne kennzeichnet einen Tipp oder einen generellen Hinweis mit nützlichen Zusatzinformationen zum Thema.

Der Regenschirm kennzeichnet eine Warnung oder ein Thema, bei dem Sie Vorsicht walten lassen sollten.

Die Website zum Buch

Das Internet ruht niemals. Kontinuierlich bewegen sich die Inhalte, verändern sich die Links, erscheinen neue Versionen einer Software. Darüber hinaus werden Sie als Leser trotz mehrfachem Korrekturlesen und Tests der Anleitungen seitens meiner Freunde, Bekannten und Lektoren sicherlich einmal einen Fehler entdecken. Außerdem ist Service alles, und anstelle von Ihnen zu verlangen, dass Sie sämtliche Links im Buch immer abtippen müssen, wurden die meisten Links in einer sortierten Liste online gestellt. Diese und mehr Informationen finden Sie auf der Website zum Buch: *www.music-websites.de*.

Neue Wege der Musikdistribution: Netlabels

Im Jahr 2000 begeisterte mich das erste Netlabel mit seiner Musik. Unverhofft stolperte ich als Musikliebhaber im Netz über Tokyo Dawn, später dann über Monotonik. Nach fünf Jahren ist das Netlabel-Phänomen zu einer mittlerweile unüberschaubaren und keineswegs mehr homogenen Szene angewachsen. Mittlerweile entstehen immer mehr Mischformen zwischen herkömmlichen Labels, die ihre Musik auf Hardware wie Vinyl oder CD vertreiben, und Netlabels, die ihren Sound via Datenleitung frei zur Verfügung stellen. Der goldene Mittelweg scheint wie immer der beste zu sein.

Am Anfang war das Format

Die ersten Weichen für den Austausch von Musik auf elektronischen Wegen legte der Programmierer Karsten Obarski. Er entwickelte das Musik-Sequenzer-Programm *Ultimate Soundtracker* für den Amiga. Der Ultimate Soundtracker gab Computer-Freaks das ultimative Werkzeug an die Hand, mit dem leicht 8-bit-Mono-Samples auf vier Stereospuren arrangiert werden konnten. Die Samples wurden dabei in Form von Noten auf die einzelnen Spuren gesetzt und das Programm spielte die Samples je nach Note schneller oder langsamer ab. Dadurch veränderte sich die Tonhöhe und mit Hilfe eines Sounds ließen sich somit Melodien komponieren.

Ähnlich wie bei moderner Musik-Software wie Rebirth oder Reason speichert der *Ultimate Soundtracker* die jeweiligen Musikstücke in einer einzigen Datei ab. Diese enden mit der Abkürzung ».mod«, was für Module steht. In den Modules werden sämtliche Songdaten der Tracks abgelegt. Dazu gehören neben den Noten auch die Sounds in Form der Samples. Somit ließen sich die Songs/Modules auf Diskette abspeichern und an Freunde sowie Interessierte weitergeben. In der Regel wurden die *.mod*-Dateien wiederum via Ultimate Soundtracker geöffnet. Dadurch bekam jeder Hörer einen direkten Einblick in das Musikstück sowie seinen Aufbau und verfolgte den Ablauf wie auf einem Notenblatt. Das Module-Musikformat könnte man wohl als das erste richtige Open Source-Musikformat bezeichnen, das sämtliche musikbezogenen Daten in einer einzigen Datei vereint.

Da die Modules durch das Format relativ klein gehalten wurden, stand ihrer Verbreitung nichts im Wege. Vor allem ab 1990, als die BBS-Mailbox-Szene aufblühte, tauschten die Musiker und Fans ihre Lieblings-Mods gerne schon via Telefonleitung. Aber es gab auch die so genannten Swapper, die die Musik auf postalischem Weg in Umlauf brachten.

Mit der Entstehung des Internets verlagerten sich ab 1994 dann langsam die Kommunikations- und Distributionswege. Um 1997/1998 entstanden die ersten Netlabels, die ihre Musik in Form der Modules zum freien Download anboten. Vor allem der FTP-Server *ftp.scene.org* wurde damals und wird auch heute noch als der Umschlagplatz der digitalen Kultur-Szene genutzt. Scene.org gab somit den ersten Netlabels ein virtuelles Zuhause sowie einen ordentlichen Schubs nach vorne.

Doch erst mit der stetigen und nicht aufzuhaltenden Verbreitung des mp3-Formats bahnte sich der langsame Untergang des alten Module-Formats an. Zwar können Surfer noch heute jede Menge *.mod*- und auch *.sid*-Dateien (*sid* ist das Commodore 64-Musikformat) aus dem Netz fischen und mit Hilfe von Programmen wie Win-

Amp per Plugin abspielen. Doch Musiker und Netlabels reagierten natürlich begeistert auf das soundtechnisch bessere Audio-Format. Heute vertreiben in der Regel alle Netlabels ihre Musikstücke via MP3 mit mindestens 192 kbps.

Die Netlabel-Kultur heute

Der Boom des Netlabel-Phänomens setzte so richtig Mitte 2003 ein. Zuvor fristeten alte Helden wie *TokyoDawn.com*, Monotonik/*mono211.com* oder *Thinnerism.com* ein Nischendasein und Netlabels galten höchstens als Geheimtipp unter Computer-Nerds der Szene. Vor allem die superbe Unterstützung der Szene durch die kostenlosen FTP-Parkplätze von Scene.org und Archive.org schuf der Netlabel-Kultur ein Zuhause und hat sie publik gemacht. Denn auch wenn Webspace- und Webtraffic-Kosten kontinuierlich sinken, kann eine Musikveröffentlichung mit 100 MB einem Netlabel nach 3000 Downloads das Genick brechen, wenn der übermäßige Traffic das Kostenbarometer beim Webhoster in die Höhe treibt.

Darum lagern heute die meisten Netlabels ihre Musik auf *Archive.org* oder *Scene.org*. Auf dem eigenen Webspace liegen hierbei nur noch die Webseiten. Die Musik wird somit für den Download direkt verlinkt. Wie lange vor allem Archive.org noch dem enormen Ansturm neuer Netlabels standhalten kann, ist eine bedeutende Frage. Sollte der Institution das Geld ausgehen, könnte es für die Labels schwierig werden. Bis dahin jedoch wird die Kultur weiter wachsen und selbst abwegigstes Soundmaterial seinen Weg ins Netz finden. Denn darin liegt die große Chance eines Netlabels: Musik ohne Risiko an den Hörer zu bringen.

Netlabels – Einige Favoriten

Als Redakteur von Phlow.net, dem Magazin für Musik- und Netzkultur, fällt es mir natürlich schwer, ein paar Labels aus dem Pool von vielen großartigen Labels herauszuheben. Neugierige sollten daher unbedingt den Netlabel Catalogue unter *www.netlabels.org* durchstöbern. Die folgenden Favoriten entsprechen meinem persönlichen Musikgeschmack und sollen Ihnen lediglich als Anregung dienen und einen ersten Kontakt zur Netlabel-Kultur bieten.

www.tokyodawn.com
: Eines der ältesten und ehrwürdigsten Netlabels. Unter der Schirmherrschaft von Marc »Prymer« Wallowy wächst Tokyo Dawn konstant und blickt auf superbe freie Musikveröffentlichungen im Bereich Disco, R'n'B und HipHop zurück. Mein Tipp: Comfort Fit, Mentz und Lukas Nystrand.

www.subsource.de
: Wenn es um abgedrehte experimentelle Sounds und Ambient-Tracks geht, ist man bei Subsource bestens aufgehoben. Labelhead [in]anace gehört zu den ersten DJs weltweit, die DJ-Mixe mit ausschließlicher Netlabel-Musik online vertrieben haben. Tipp: Submixe von [in]anace und Jean-Michel.

www.realaudio.ch
: Das Schweizer Netlabel verfolgt eine Dreifach-Strategie. Die Musikveröffentlichungen sind in drei Subgenres unterteilt und bieten neben Ambient auch Techno- sowie Breakbeat-lastigere Tracks. Mein Tipp: Benfay und Simon B.

www.hippocamp.net
: Auf Hippocamp findet man immer wieder Perlen. Vor allem Electronica-Liebhaber werden hier fündig. Mittlerweile steuert man schon die Marke von 200 Releases an. Mein Tipp: Batfinks und Michl.

www.2063music.de
: Martin Wisnowski aka 020200 zählt zu den Pionieren der Netlabel-Bewegung. Auf seinem Label versammelt er nur rare und experimentelle Sounds. Seine Künstler findet er weltweit, ob in Venezuela oder der Schweiz. Mein Tipp: Digitalis.

www.stadtgruenlabel.net
: Das deutsche Netlabel stadtgruen spaltet sich in zwei Bereiche: einen ruhigeren, grünen und Ambient-lastigen und einen städtischen, technoideren Teil. Mein Tipp: Martin Donath und Frank Biedermann.

www.ideology.de
: Das Netlabel iD.EOLOGY propagiert keinen eigenen Labelsound. Als Mitinitiator habe ich das Netlabel aus dem Boden gestampft und ab 2003 anderthalb Jahre mit aufgebaut und betreut. iD.EOLOGY besticht durch seine musikalische Bandbreite von HipHop über Ambient bis hin zu Drum&Bass. Mein Tipp: Brigitte Bijoux, Cuebism, Sudio und Elliptic.

Danksagungen

Ein dickes Dankeschön geht an Fabien Schivre, Petra »p-eng.de« Engelke, Markus »bizkom.de« Erdmann, Stefan »nanoblogg.de« Schmidt, Marcus Schlüssler, Martin »2063music.de« Wisnowski, Marc »Prymer« Wallowy, Michael Gerth, Tadeusz »Suchmaschinenoptimierer« Szewczyk, Christian Kausch, Stefan »Elliptic« Hager und Rolf Rickes, weil ihr mir alle bei der Entstehung des Buchs sehr geholfen habt – ob mit Zuspruch, Musik, guten Links oder eloquentem Fachwissen.

Großer Respekt gebührt den fleißigen Schreibern von Phlow.net, den Betreibern und unsichtbaren Helden von scene.org, Simon Carless und den Sponsoren von archive.org, den Menschen des Digitale Kultur e.V., den Aktivisten der Creative Commons-Bewegung, den zahlreichen Netaudio-Musikern und allen, die Musik produzieren und eine faire Plattform geben. Weiterhin möchte ich all den Programmierern und Aktivisten meinen tiefsten Respekt aussprechen, die Open Source-Projekte betreiben und andere Menschen an ihren Projekten frei teilhaben lassen. Im Besonderen gilt mein Respekt natürlich den Programmierern, die die Software, die in diesem Buch besprochen wird, hergestellt haben.

In diesem Kapitel:
- Konzeption der Website – XHTML oder Flash?
- Projektstruktur und anzulegende Verzeichnisse
- Website-Navigation – Menüpunkte und Gliederung
- Seitenhierarchie und Layout
- Layout-Konzepte

KAPITEL 1
Die Website planen und vorbereiten

Bevor man die erste Website in Angriff nimmt und konzipiert, muss man sich zuerst einmal klar werden, für welche Technik man sich entscheidet. Grundsätzlich sollten dabei immer die folgenden Prinzipien berücksichtigt werden: »Form follows function« und »Keep it simple«. Das erste Motto besagt, dass unsere Website funktionieren soll, und das zweite richtet den Fokus darauf, dass die Website so einfach wie möglich strukturiert wird, damit sie verständlich bleibt.

Konzeption der Website – XHTML oder Flash?

Das Internet soll Inhalte vermarkten bzw. an den Surfer bringen. Zwar spielen Design, Farben und Layout eine maßgebliche Rolle bei der Eigenvermarktung eines Musikers, Netlabels oder DJs, trotzdem zählt in erster Linie immer, dass die Inhalte wie Musik, Diskografie, Biografie und Termine auf der Website zu finden sind. Und weil es immer ein befriedigendes Gefühl für einen Surfer ist, genau das gefunden zu haben, was er suchte, kommt er sicherlich gerne wieder zurück, wenn Sie diese grundlegenden Regeln beachten.

XHTML – Der Webstandard

Um dieses »Wohlgefühl« zu erzeugen, sollte man seinen Besuchern so wenig Steine wie möglich in den Weg legen, damit sie intuitiv über Ihre Website surfen können. Darum gibt man ihnen am besten ein Gefühl, dass sie bei Ihnen genau richtig sind und die Website schnell verstehen. Das erreicht man, indem man ihnen schnellstmöglich die Fragen »Wie?«, »Wo?« und »Was?« beantwortet. Menschen sind nämlich in der Regel faul und wollen nicht erst lernen, wie eine Website funktioniert. Sie möchten diese intuitiv verstehen und erfassen. Zufriedene Besucher Ihrer Website, die schnell das gefunden haben, wonach sie auf der Suche waren, werden sicher auch in Zukunft wiederkommen.

Muss ein Besucher sich jedoch zuerst mit der Navigation auseinander setzen, um diese zu verstehen, wird er oftmals schon vorher kapitulieren – in der Regel aus purer Bequemlichkeit. Sie verlieren dadurch einen potenziell neugierigen Surfer, Fan oder Kunden. Deshalb sollten Sie sich, so langweilig das zuerst einmal klingt, an Standards orientieren, und das bedeutet, dass man sich am besten gegen Flash und für XHTML entscheidet. Denn XHTML hat bestechende Vorteile gegenüber Flash, weil XHTML beziehungsweise HTML die Hauptsprache des Webs ist. Darum könnte man XHTML mit Englisch als Weltsprache in unserer realen Welt vergleichen.

Vorteile von XHTML

XHTML ist einfach zu lernen und kostet nichts. Außerdem ist XHTML die Webtechnik, die am häufigsten für die Konstruktion von Webseiten verwendet und von allen aktuellen Browsern verstanden wird. Außerdem brauchen Sie sich keine Software zu kaufen, um eigene Webseiten zu bauen, da Sie jede Menge gut funktionierender XHTML-Editoren in Form von Free- und Open Source-Software im Web finden. Dazu gehören zum Beispiel die Editoren Scribe (Windows), Phase5 (Windows, nur für den privaten Gebrauch kostenlos) und NVU (Windows, Linux, Mac). Außerdem bringen Ihnen zahlreiche Webseiten die Sprache näher und unterstützen den Lernenden mit zahlreichen Tutorials. Als deutschsprachiger Anlaufpunkt Nummer eins gilt vor allem die Website *http://de.selfhtml.org/*.

Außerdem »verstehen« Suchmaschinen wie Google XHTML-Seiten, aber keine Flash-Seiten. Das bedeutet, dass Sie mit einer XHTML-basierten Website Fans, neugierige Surfer und neue potenzielle Kunden erreichen können, die mit einer Suchmaschine nach Begriffen suchen, die auf Ihren Webseiten vorkommen. (Wie man die eigene Website für Suchmaschinen optimiert, erfahren Sie in Kapitel 7, *Webseiten für Suchmaschinen optimieren*.)

Weiterhin ist XHTML insofern von Vorteil, weil viele Redaktionssysteme, auch Content Management System (kurz CMS) genannt, auf XHTML basieren. Diese Redaktionssysteme erleichtern Ihnen das Aktualisieren der Seiten, unterstützen Sie beim Pflegen der Inhalte und nehmen Ihnen lästige Arbeit ab. Auch für diese Programme gibt es zahlreiche Open Source-Lösungen wie zum Beispiel das Weblog-CMS Wordpress, mit dem wir später im Buch unsere erste Website umsetzen werden.

Was ist XHTML?

XHTML ist die logische Weiterentwicklung von HTML. Mit Hilfe von XHTML und CSS werden Inhalte, wie Texte und Bilder, vom eigentlichen Layout getrennt. XHTML orientiert sich an den strengen Regeln der Markup-Sprache XML. Programmierer, die HTML beherrschen, können auch XHTML schnell erlernen. Dafür müssen sie sich nur ein paar neue Regeln einprägen.

Tags, wie die XHTML-Befehle genannt werden, müssen immer kleingeschrieben werden, und jedes Tag benötigt auch ein abschließendes End-Tag. Ein Textabsatz zum Beispiel wird mit dem <p>-Tag erzeugt, das den Text einklammert.

```
<p>Dieser Text erscheint im Browser.</p>
```

Es gibt jedoch auch »leere« XHTML-Tags. Diese Tags klammern keinen Inhalt ein und müssen mit einem Leerzeichen, einem Schrägstrich und dem abschließenden Größer-Zeichen (/>) enden. Zu diesen Tags gehört zum Beispiel das Tag für den Zeilenumbruch. Das Tag sieht samt Endung dann so aus:

```
<br />
```

Den XHTML-Tags können Attribute übergeben werden. Diese Attribute werden ebenfalls kleingeschrieben. Einem Attribut muss immer ein Wert übergeben werden, der innerhalb von Anführungszeichen steht. Das dürfen keine typografischen Anführungszeichen wie » und « sein, sondern gerade Anführungszeichen, also ". Im folgenden Beispiel werden einem Bild-Tag zwei Attribute und Werte übergeben. Während das Attribut src="bild.jpg" den Namen der Bilddatei übergibt, geben Sie mit alt="ein Bild" dem Bild einen Namen. Außerdem wird das Tag, da es sich beim Bild-Tag um ein »leeres« Tag handelt, mit einem /> abgeschlossen.

```
<img src="bild.jpg" alt="ein Bild" />
```

XHTML-Befehle können auch ineinander geschachtelt werden. Das kommt zum Beispiel dann vor, wenn Sie einen Text in Fettschrift verlinken wollen. Die Verschachtelung muss bei XHTML logisch geschehen:

```
<a href="file.exe"><strong>Download-Link</strong></a>
```

Falsch wäre die folgende Verschachtelung:

```
<strong><a href="file.exe">Download-Link</strong></a>
```

Alle weiteren wichtigen XHTML-Regeln erfahren Sie in Kapitel 2, *Programmierung der Webseiten*.

Nachteile von Flash

Keine Frage, mit Flash lassen sich wirklich »smoothe« Websites bauen, auf denen man dem Besucher einiges bieten kann, was Komfort, Animation und Webtechnik betrifft. So lassen sich mit Flash mittlerweile MP3s streamen, die der Besucher auswählen und hören kann. Außerdem lassen sich mittels Flash Videoclips und schöne Animationen realisieren. Die Frage bleibt aber: »Braucht der Besucher das?« Wenn ja, und dazu kommen wir in späteren Kapiteln, sollten Sie Flash nur an ausgewählten Stellen in den XHTML-Seiten einbauen. Gibt es dann auf Seiten des Users Probleme mit Flash, berührt das lediglich unser »Komfort-Feature«. Der Rest der Seite bleibt weiterhin intakt.

Einen der professionellsten und schönsten Netlabel-Auftritte präsentiert zum Beispiel das HipHop-Netlabel *tokyodawn.com* (siehe Abbildung 1-1). Sucht man jedoch einen der Künstler per Google, wird man von der Suchmaschine oftmals nicht zum Netlabel geleitet, sondern auf sekundäre Webseiten zum Thema. Zwar wurde die XHTML-Startseite von Tokyo Dawn mit vielen Schlüsselbegriffen versehen, aber die eigentlichen Künstler-Seiten können von den Suchmaschinen nicht direkt gefunden werden. Zuerst muss der Besucher die ganze Flash-Applikation laden, erst dann kann er den jeweiligen Künstler innerhalb der Website suchen. Ganz anders sehen da die Resultate bei der Suche nach den Künstlern »Jazzanova« oder »Micatone« aus, deren Webseiten nicht mit Flash, sondern in XHTML programmiert sind. Die Suchergebnisse liefern schon auf der ersten Google-Suchseite direkte Links zur Label-Website wie auch zu den jeweiligen Künstlerunterseiten.

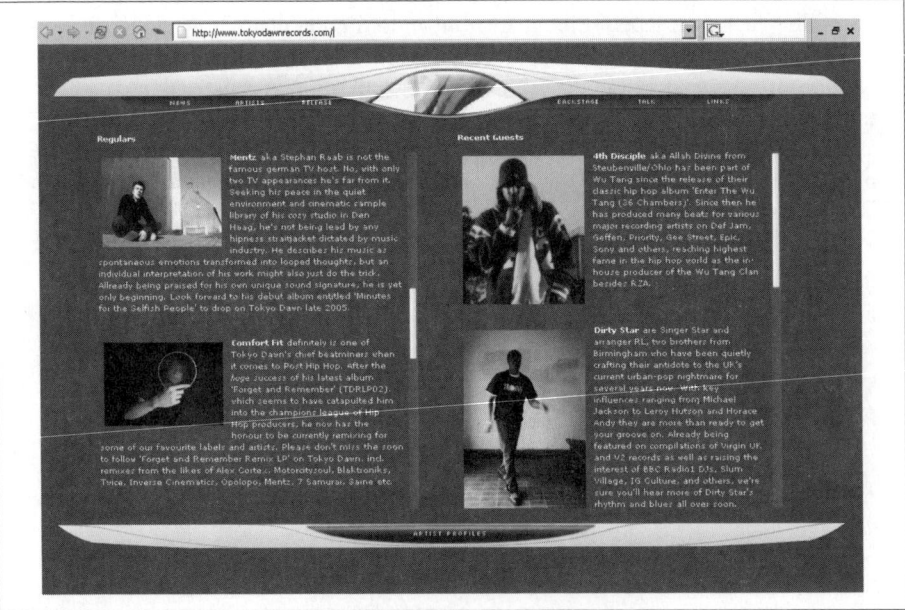

Abbildung 1-1: Stylish, aber in Flash: die Tokyodawn.com-Website

Ein weiterer wichtiger Nachteil von Flash ist, dass Flash nicht den Open Source-Charakter von XHTML hat und Geld kostet. Die Software zur Erstellung von Flash-Seiten ist nicht kostenlos. Außerdem nehmen die wenigsten Flash-Websites Rücksicht auf Menschen mit Behinderungen (in diesem Zusammenhang spricht man oft von fehlender Barrierefreiheit).

Projektstruktur und anzulegende Verzeichnisse

Bevor man sich an die eigentliche Programmierung und Realisierung einer Website macht, sammelt man vor der Konzeption erst einmal sämtliches relevantes Material, das für die Website in Frage kommt. Das erleichtert nicht nur die Übersicht, sondern bringt Sie schon in dieser Phase auf gute Ideen, was Sie auf Ihrer Website veröffentlichen wollen und wie Sie die Präsenz womöglich am besten strukturieren. Dabei sind sich Webseiten von Künstlern, Produzenten, DJs und Labels sehr ähnlich. Unter anderem sollten Sie Material zu folgenden Punkten zusammentragen:

- Biografie des/der Künstler(s)
- Diskografie des/der Künstler(s)
- Musikbeispiele und -Downloads des/der Künstler(s) in Form von kompletten Stücken oder Ausschnitten
- Bilder des/der Künstler(s)
- Texte wie Konzertberichte, Plattenkritiken und Interviews
- Pressetext

Nach der Sammelphase muss das Material gegliedert und strukturiert werden. Erstellen Sie dazu auf Ihrer Festplatte einen Ordner, in dem Sie das Material in Unterordnern sortieren und anschließend mit wenigen Mausklicks zur Verfügung haben. Je penibler und strukturierter Sie schon in dieser Phase vorgehen, desto mehr Arbeit ersparen Sie sich in späteren Schritten. Denn eine Website ist theoretisch auch nur ein Verzeichnis mit ausklappbaren Unterverzeichnissen, in welche die Inhalte gegossen werden.

Vor allem erleichtert Ihnen eine gewissenhafte Struktur das Suchen von Inhalten. Ein nicht zu unterschätzender Faktor ist die Zeitersparnis. Korrekt benannte Dateien und Verzeichnisse helfen ungemein. Es wird Sie sehr motivieren, wenn Sie eine Anfrage für Pressefotos per E-Mail bekommen und diese Anfrage innerhalb weniger Minuten erledigen können. Denn wenn die Informationen gut sortiert auf der Festplatte liegen, klickt man alles Nötige nur kurz zusammen und schreibt noch einen kurzen Text dazu. Darüber hinaus gibt Ihnen die Übersichtlichkeit ein gutes Gefühl, weil Sie merken, dass Sie Ihr Projekt unter Kontrolle haben und es funktioniert.

Der Projekt-Ordner

Empfehlenswert in der täglichen Arbeit mit Ihrer Label- oder Künstler-Website ist zum Beispiel eine Verzeichnisstruktur, die das Originalmaterial vom Website-Material trennt.

- Projekt-Ordner
    - Originalmaterial
    - Website

Das ist vor allem deshalb sinnvoll, da für das Internet Dateien immer optimiert, sprich komprimiert und verändert werden. Das bedeutet, dass das Internet-Material im Vergleich zum Original immer in einer schlechteren Qualität vorliegt. Deshalb geht man für die Optimierung der Internet-Inhalte immer vom Originalmaterial aus. Denn ein MP3 klingt logischerweise komprimiert mit 128 kbps besser, wenn man für die Komprimierung auf das Original zurückgreift, als wenn man dazu eine schon komprimierte Datei nimmt. Diese müsste nämlich erst dekomprimiert und anschließend wieder komprimiert werden. Tontechniker nennen so ein Verfahren »Garbage In, Garbage Out«, weil sie Fehler bei einer schlechten Aufnahme so gut wie gar nicht korrigieren können. Ähnliches gilt für Fotos, Bilder und Videos. Auch dieses Material wird komprimiert und für die Webseiten modifiziert. Bewahren Sie deshalb die Originale immer separat auf!

Der Originalmaterial-Ordner

Nachdem Sie diese ersten beiden Hauptordner angelegt haben, unterteilen Sie anschließend den Ordner *Originalmaterial* am besten in weitere Unterordner. Eine mögliche Strukturierung könnte zum Beispiel wie folgt aussehen – in unserem Beispiel orientieren wir uns an einem möglichen Label:

 Die leere Ordner-Struktur befindet sich auch auf der Buch-CD und kann einfach auf Ihre Festplatte kopiert werden.

- Bilder
    - Cover_Poster
    - Konzerte
    - Künstler_Bilder_Originale
    - Logos
- Musik
    - Singles
    - Alben_EPs
    - Alben_LPs
    - Bonus
    - Unveröffentlicht
    - DJ-Mixe
    - Konzertmitschnitte
    - Bewerbungen_Neue_Künstler

- Presseecho
  - Internet
  - Printmedien
- Texte
  - Biografien
  - News-Ticker
  - Release-Beschreibungen
  - Pressetext
- Video
- Webdesign

Im ersten Ordner speichern Sie sämtliches Bildmaterial, das Sie für Internet und andere Medien, wie zum Beispiel Zeitungen oder Videoclips, sammeln und vorsortieren. Natürlich lassen sich auch weitere Unterordner erstellen, die mit wachsender Anzahl der Konzerte, DJ-Auftritte oder Label-Artists gefüllt werden können.

Im *Musik*-Ordner werden sämtliche Sounds in höchster Qualität gelagert. Die oben abgebildete Struktur variiert natürlich von Website zu Website. DJ-Mixe gibt es in der Regel zum Beispiel bei Rock-Labels eher weniger, wohingegen DJs keine klassischen Konzerte geben.

Gibt es zu Ihrem musikalischen Schaffen Konzertberichte, Ankündigungen, Plattenkritiken, Nachrichten und Ähnliches, dann sammeln Sie diese in einem weiteren Ordner, hier *Presseecho* genannt. Mit solchen Texten können Sie nicht nur Ihre Aktivitäten belegen, sondern dokumentieren außerdem die Fortschritte Ihres Projekts. Außerdem lohnt es sich immer, diese Berichte bei Bewerbungen, neuen Veröffentlichungen und so weiter als Referenz wiederzuverwerten. Zitate aus anerkannten Zeitschriften, Zeitungen und von bekannten Journalisten unterstreichen Ihre Exklusivität und Ihr Können.

Im *Texte*-Ordner sammeln Sie sämtliche fertigen Texte für das Projekt. Nicht abgeschlossene Beschreibungen sollten am besten in einem eigenen Unterverzeichnis abgelegt werden, damit man bei der Suche nach einem Text für die Presse dem jeweiligen Redakteur nicht versehentlich einen Dummy-Text oder ein unkorrigiertes Manuskript zuschickt. Das könnte Ihrem Ruf deutlich schaden und Sie in ein unprofessionelles Licht stellen.

Im *Video*-Ordner stapeln Sie, falls vorhanden, Videoclips oder mitgedrehtes Bildmaterial von Konzerten.

Im abschließenden *Webdesign*-Ordner legen wir alles hochwertige Material der Website ab. Dazu gehören neben den Layout-Entwürfen auch Logos, Schriften und weitere Designobjekte.

Der Website-Ordner

Der *Website*-Ordner ist ähnlich strukturiert, jedoch ein bisschen anders aufgebaut. Vor allem dient er uns als Spiegel der Website. Stürzt ein Server ab – und das kann leider vorkommen – finden Sie in diesem Ordner sämtliche Daten wieder, um Ihre Website zügig wieder auf Vordermann zu bringen. Im besten Fall spielen Sie einfach ein Update aus Ihrem Backup-Ordner hoch und die Website steht wieder wie eine Eins.

- Backup-Daten_der_Website
    - Datenbank
    - Templates
    - Webseiten_Ordner
- Info
- Künstler
    - Künstler A
        - Bilder
        - Biografie
    - Künstler B
    - Künstler C
- News-Ticker
- Musik-Veröffentlichungen
    - Release 001
        - Audio
        - Texte
        - Cover_Bilder
        - Website_Features
    - Release 002
    - Release 003
- Termine_Live_Gigs

Backups, sprich Sicherheitskopien, sind nervig, können aber im besten Fall jede Menge kostbare Zeit sparen. Auch wenn uns ein Serverabsturz nach Murphys Gesetzen immer dann erwischt, wenn wir ihn am wenigsten erwarten oder brauchen, kann man mit einer Sicherheitskopie einiges retten. Dazu gehören Zeit, Nerven und Fans.

Falls Sie sich später für ein Redaktionssystem entscheiden, das eine Datenbank verwendet, müssen Sie nicht nur die eigentlichen Webseiten abspeichern, sondern auch die Datenbank exportieren. Außerdem benutzen die meisten Redaktionssysteme so genannte Templates. Das sind Schablonen, anhand derer das Redaktionssystem die Website aufbaut. Diese Schablonen speichert man der Übersicht wegen am besten in einem eigenen Ordner ab. Im *Website*-Ordner sollten Sie sämtliche anderen Dateien, wie zusätzliche Skripten, Flash-Features, Bilder, Sounds und so weiter, ablegen. Erstellen Sie dort am besten für jedes Backup einen weiteren Unterordner, den Sie zum Beispiel *Backup_05-04-20* benennen.

Die Datumsangabe schreiben Sie am besten wie folgt: zuerst das Jahr, dann den Monat und dann den Tag. Das hat folgenden Sinn: Wenn Sie kontinuierlich Backups stapeln, werden diese bei einer alphabetischen Sortierung auch in eine zeitlich korrekte Abfolge gebracht. Das sieht dann eventuell so aus:

```
phlow_de_back_up_05-02-28
phlow_de_back_up_05-04-20
phlow_de_back_up_04-12-11
phlow_de_back_up_04-10-11
...
```

Weiterhin brauchen Sie einen *Info*-Ordner, in dem Sie das gesetzlich erforderliche Impressum und die wichtigen Kontaktdaten speichern. Der *Künstler*-Ordner wie auch der Ordner *News-Ticker* erklären sich von selbst. Im *News-Ticker*-Ordner können Sie zum Beispiel alle Nachrichten wie Konzertdaten plus News auf der Webseite abspeichern.

Damit das Verzeichnis für die *Musik-Veröffentlichungen* bei konstantem Wachstum übersichtlich bleibt, wird für jedes Album, jede Single oder EP ein eigenes Verzeichnis angelegt. Innerhalb dieser Ordner finden Sie neben den Ordnern *Audio* für Musikbeispiele und *Texte* auch den *Bilder*-Ordner. In *Website_Features* speichern Sie zusätzliche Dateien wie einen Flashplayer, Skripten usw. ab.

Nachdem Sie eine Struktur für Ihr Projekt angelegt haben, können Sie nun entweder erst einmal die Inhalte gliedern und einsortieren, oder Sie gehen gleich zum nächsten Abschnitt, der sich mit der Navigation Ihrer Website beschäftigt.

Website-Navigation – Menüpunkte und Gliederung

*»Die Leute werden Ihre Website nicht benutzen,
wenn sie sich nicht darin zurechtfinden.«*
Steve Krug, Usability-Experte

Die Navigation einer Website hat hauptsächlich vier Funktionen: Sie dient der Suche, vermittelt und gliedert den Inhalt, ist kontinuierlicher Hauptbezugspunkt des Webauftritts und zeigt dem Besucher an, wo auf der Website er sich gerade befindet. Darum richtet sich das Augenmerk bei der Konstruktion einer Website ganz besonders auf die Navigation. Sie leitet den Benutzer durch die Website, und an ihr orientiert er sich und findet die gewünschten Inhalte. Erfüllt die Navigation ihre Aufgabe gut, gibt sie dem Besucher ein wohliges Gefühl. Denn wer sich zurechtfindet, findet wahrscheinlich den richtigen Inhalt und kommt bei Gelegenheit wieder vorbei, weil er die Website nützlich fand. Nebenbei fühlt er sich klug und bestätigt, da er die Website im Griff und unter Kontrolle hatte.

Um zu wissen, wie eine gute Navigation funktioniert, müssen Sie sich in die Lage Ihres Besuchers versetzen. Welche Gedanken macht er sich, wenn er auf die Präsenz trifft? Was sieht er zuerst und woran orientiert er sich? Ist er zufällig bei Ihnen gelandet, kann ihm die Navigation ein erster Anhaltspunkt sein. Denn sie sollte neben Logo und Slogan vermitteln, was auf dieser Seite und den anschließenden Unterseiten angeboten wird.

Kommt er jedoch direkt zu Ihnen, weil er Sie in seinen Favoriten abgelegt hat oder über ein Linkverzeichnis auf Sie gestoßen ist, dann sucht er etwas Spezielles und möchte Inhalte abrufen. Hierbei hat der Besucher meist schon eine konkrete Vorstellung von den Inhalten, die er sucht. Link-Verweise auf anderen Seiten und in Verzeichnissen sind in der Regel nach Genres, Stilen oder Themen sortiert. Verfolgt ein Surfer solch einen Link, muss dieser Suchprozess von Ihrer Navigation intelligent unterstützt werden, um ihn an sein Ziel zu bringen.

Bei der Suche nach etwas, zum Beispiel im Supermarkt, entscheiden wir uns entweder direkt dafür, den Verkäufer zu befragen, oder wir machen uns anhand der Schilder selbst auf den Weg. Im Web funktioniert die Suche auf eine ähnliche Weise. Entweder wir suchen selbst oder überlassen jemand anderem die Suche. Das bedeutet, dass wir entweder die Suchfunktion nutzen und auf passende Ergebnisse hoffen, oder wir suchen uns über die Navigation unser Ziel. Suchen wir zum Beispiel einen Song von einem Album eines Künstlers, auf dessen Labelseite wir uns gerade befinden, werden wir den Songnamen in einem Suchfeld eingeben oder den Song über die Links in der Navigation suchen.

Wenn wir uns für die Navigation entscheiden, suchen wir wahrscheinlich so:

- Label > Künstler > Album > Song
- Label > Veröffentlichungen > Album > Song
- Label > Diskografie > Album > Song
- Suchfunktion: »Songname« > Ergebnisse > Song

Auch wenn uns das Web wie ein großer Raum vorkommt, so gibt es maßgebliche Unterschiede in der Wahrnehmung und Orientierung zwischen der realen und der virtuellen Online-Welt. Unter anderem fehlt uns im Web oft ein Gefühl für die Größenverhältnisse. Während man in einem Kaufhaus ein ungefähres Gefühl von der Menge der Abteilungen und Inhalte hat, so ist das zum Beispiel bei der Website von *spiegel.de* vollkommen anders und diffuser. Außerdem fehlt uns ein Gefühl für die Richtung, da es kein links oder rechts, kein hoch und runter gibt. Im Web hat man höchstens ein Gefühl dafür, dass man sich auf einer tieferen oder höheren Hierarchieebene der jeweiligen Website befindet.

Webhosting: Tipps und Anregungen

Webspace kostet heute nicht mehr viel. Oft wird einem sogar kostenloser Webspace angeboten, manchmal sogar mit integrierter Datenbank. Auch Internet-Adressen gibt es umsonst. Für die ersten Schritte sind diese Gratis-Angebote oft hilfreich, und Sie können erst einmal ausprobieren, ob Sie das mit der Webprogrammierung überhaupt interessiert. Im Allgemeinen kann man jedoch sagen, dass diese Angebote selbst für Amateure – von Profis ganz zu schweigen – nichts taugen. Denn die Einschränkungen und möglichen Probleme liegen auf der Hand. Zum einen müssen kostenlose Angebote gegenfinanziert werden und das geschieht meist per Werbung, die dann fröhlich auf Ihrer Website blinkt. Außerdem sind kostenlose Services meist überfordert und die Webseiten sind nicht immer online oder bauen sich langsam auf, weil der Server überlastet ist. Das wirkt nicht professionell und kann Sie Fans, Booker und mögliche Aufträge kosten.

Darum schauen Sie sich bei den professionellen Webhostern um. Hervorragend geeignet für dieses Buch ist Webspace, auf dem Sie eigene CGI- und PHP-Skripten ausführen können. Weiterhin sollte der Webspace über eine Datenbank verfügen, damit Sie ein Redaktionssystem sowie weitere Funktionen realisieren können, die in diesem Buch besprochen werden. Es reicht aber auch ein kleiner Webspace, auf dem Sie nur HTML-Seiten und Bilder ablegen können. Dann geht Ihnen jedoch die Interaktion mit dem Besucher verloren und die Möglichkeiten reduzieren sich.

Entscheiden Sie sich gegen die Gratis-Lösungen, so sollten Sie mit einem Betrag von 3 bis 12 Euro monatlich rechnen. Dafür bekommen Sie bei den meisten Webhostern jedoch ein Rundumsorglospaket, das Ihnen neben mindestens einer eigenen exklusiven Internet-Adresse auch dynamische Funktionen und ordentlich Webspace, auf dem Sie sich austoben können, garantiert. Um einen geeigneten Webhoster zu finden, sollten Sie sich erst einmal bei Ihren Freunden umhören, ob diese einen Tipp für Sie haben. Oder Sie schauen einfach in den Foren der Webhoster selbst nach und forschen dort einmal, ob die Kunden zufrieden sind. Einen guten Startpunkt bieten Ihnen darüber hinaus die Websites *www.webhostlist.de* und *www.hostsuche.de*. Dort können Sie Ihre Präferenzen eingeben und einen passenden Webhoster suchen. Schauen Sie auch einmal in die Top-10/50, diese bilden einen guten Ausgangspunkt. Außerdem lohnt sich auch immer ein Blick in die Anzeigen der Webhoster in Computermagazinen.

Weiterhin kommt uns das Gefühl für die räumliche Orientierung bei »Betreten« des Netzes abhanden. In einem Geschäft durchqueren wir den Raum, um an ein CD-Regal mit Musik zu kommen. Ein Link im Web dagegen katapultiert uns meist direkt vor das Regal mit den Musik-Downloads. Darum spricht der Usability-Experte Steve Krug auch von Webnavigation, »weil 'den eigenen Aufenthaltsort im Web herauszufinden' ein viel beherrschenderes Problem als in physischen Räumen ist. Webnavigation kompensiert dieses fehlende Gefühl für den Ort, indem die

Hierarchie der Site darin verkörpert wird und somit ein Gefühl von 'Da-Sein' schafft.« (Steve Krug: *Don't make me think!*, mitp Verlag 2002) Deshalb ist die Navigation eines der wichtigsten Instrumente, um zwischen dem Besucher und den Website-Konstrukteuren bzw. -Betreuern Vertrauen aufzubauen.

Auch wenn es konventionell und erst einmal langweilig klingt, sollten Sie sich bei der Konstruktion der Navigation an Standards orientieren. Das bedeutet, dass man bei der Webnavigation keine außergewöhnlich neuen Wege geht und das Rad nicht neu erfindet. Denn warum holt man den Surfer nicht da ab, wo er sich wohl fühlt? Das funktioniert vor allem, indem man ihm etwas Bekanntes und Vertrautes bietet. Natürlich haben viele auch Spaß am Spiel und an unerforschten Dingen, aber in der Regel recherchieren die Be*such*er etwas. Und Finden macht gewöhnlich mehr Spaß als Suchen. Zudem erzielen Sie mit einer gewohnten Navigation den gewünschten Promotion-Effekt und bieten die gesuchten Inhalte, ob Songtexte oder neue Konzerttermine.

Bestandteile einer Navigation

Die Navigation muss immer an einer Stelle positioniert bleiben und darf nicht über die gesamte Website wandern. Außerdem ist es ratsam, ihr Aussehen nicht ständig in einem neuen Gewand zu präsentieren. Anstelle eines sich kontinuierlich wandelnden Chamäleons gibt man klugerweise einer »persistenten« Navigation den Vorzug. Das hat einen klaren Vorteil: Eine persistente Webnavigation muss nur einmal verstanden und gelernt werden.

Die wichtigsten Bestandteile einer Navigation sind hierbei (siehe Abbildung 1-2 und Abbildung 1-3):

- Site-Kennung (Logo, Figur, Schriftzug mit Projektnamen)
- Ein Weg zur Startseite
- Ein Weg zur Suche oder ein direkter Zugriff auf die Suche
- Unterbereiche/Sektionen
    - weitere Unterbereiche/Sektionen
- Werkzeuge & Service

Auch die Unterbereiche einer Navigation, die Sub-Navigation, koppelt man visuell am besten direkt mit der Hauptnavigation. So wäre es zum Beispiel nicht sinnvoll, bei einem dreispaltigen Layout die Navigation auf links und rechts zu verteilen, während in der Mitte der eigentliche Inhalt zu finden ist. Außerdem sollte die Navigation so weit wie möglich im Kopfbereich der Internetpräsenz zu finden sein, weil dieser Bereich als Erstes wahrgenommen wird. Eine Navigation, die oben links platziert wurde, ist auch bei verkleinertem Browser-Fenster noch zu sehen.

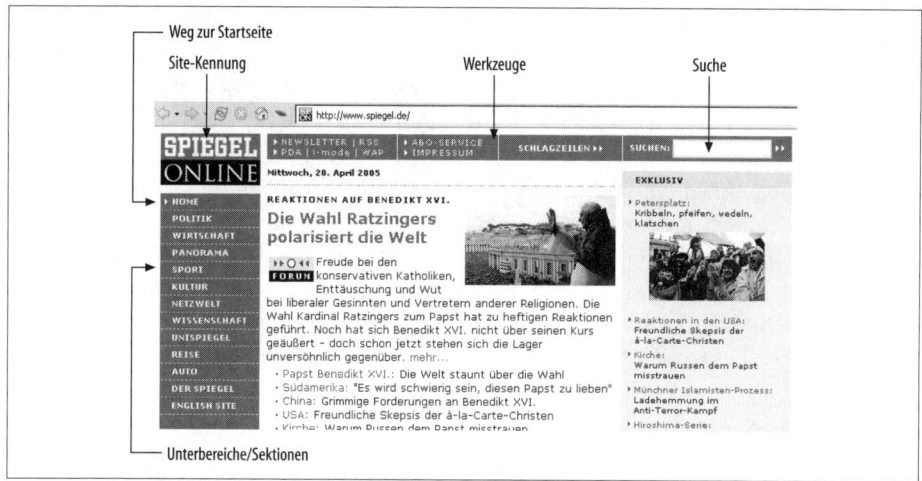

Abbildung 1-2: Das deutsche Nachrichten-Portal bietet eine klassische Navigation mit Links plus zusätzlichen Funktionen in der oberen Leiste mit zahlreichen Werkzeugen

Wie stringent und durchsetzungsfähig dieses Modell ist, sieht man anhand vieler kommerzieller und erfolgreicher Websites. Natürlich weichen manchmal auch große Websites von dieser Struktur ab, meist jedoch aus einem speziellen Grund. Zum Beispiel fehlt manchmal absichtlich die Suchfunktion (wie in Abbildung 1-3), um die Surfer zum Durchstöbern und Durchqueren der Website zu bewegen.

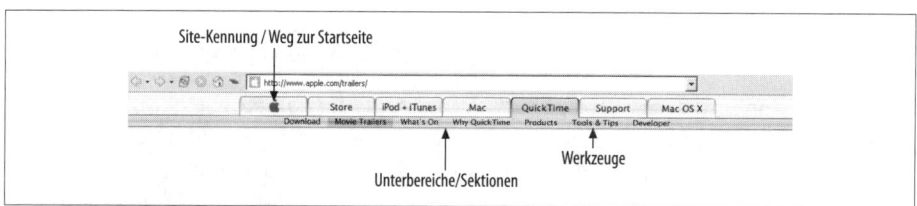

Abbildung 1-3: Apple setzt auf eine Navigation mit Hilfe von Reitern. Die optische Hervorhebung der verschiedenen Menüpunkte wirkt räumlich. Ein direkter Zugriff auf die Suche fehlt jedoch.

Ein Weg zur Startseite: Ein wichtiges Element der Navigation ist ein Link an der immer gleichen Stelle, der den Besucher zurück zur Startseite bringt. Dazu eignet sich hervorragend die Site-Kennung bzw. das Logo. Trotzdem sollten Sie aber immer einen generellen Start- bzw. Home-Knopf in Erwägung ziehen, da viele Besucher nicht wissen, dass ein Klick auf das Logo für den »Reset« der Website reicht. Der Weg zurück zur Startseite vermittelt dem Besucher jederzeit das Gefühl: Ich kann noch einmal von vorne beginnen, noch einmal auf Reset drücken. Damit jeder Surfer mitbekommt, dass die Site-Kennung auch als Neustart dient, kann man in der unmittelbaren Nähe der Kennung das Wort »Start« oder »Home« hinzufügen.

Site-Kennung: Mit Site-Kennung meine ich das eigentliche Logo einer Website. Das kann eine Figur, ein abgefahrenes Logo, ein Schriftzug mit dem Bandnamen oder eine Mischung aus Typografie und Logo und/oder Figur sein. Aber übertreiben Sie es nicht, schließlich soll Ihre Kennung prägnant und schnell erfassbar bleiben.

Unterbereiche/Sektionen: Der eigentliche Inhalt einer Website befindet sich in den Unterbereichen. Psychologisch gesehen ist es ratsam, maximal sechs bis sieben Unterbereiche anzugeben, die unter Umständen über weitere Unterbereiche verfügen. Denn der Mensch erfasst dank seines Kurzzeitgedächtnisses in der Regel nicht mehr als 6 bis 7 Bereiche auf einmal. Wenn Sie sich für weitere Unterbereiche entscheiden, nennt man diese Bereiche auch »Primär«- und »Sekundär«-Bereiche.

Werkzeuge & Service: In diesem Bereich tummeln sich Links zu wichtigen Standardseiten, wie zum Beispiel die in Deutschland erforderliche Impressum- oder Info-Seite. Darüber hinaus können Sie dort Services wie RSS-Feeds (siehe Kapitel 8, *News- und Musikabonnement mit RSS und Podcast*), eine Site-Map für den Gesamtüberblick, ein Kontaktformular und einen möglichen Shop-Link in Form des beliebten Einkaufswagens ablegen.

Suche: Steve Krug unterteilt die Besucher einer Seite in »such-dominante« und »link-dominante« Benutzer. Für die Ersteren sollten Sie deswegen unbedingt eine Suchfunktion anbieten. Denn wie oben erklärt, gibt es Menschen, die lieber andere suchen lassen, als auf eigene Entdeckungsreise zu gehen.

Wichtige Regeln bei der Konstruktion einer Navigation

Viele Webseiten sind vom Konzept her so aufgebaut, dass die Konstrukteure und Programmierer davon ausgehen, dass ein Besucher immer über die Startseite die neue Präsenz betritt. Das ist jedoch keineswegs üblich, denn die meisten Besucher stoßen über Suchmaschinen oder direkte Links von anderen Webseiten auf die jeweiligen Unterseiten ihrer Präsenz. Es ist daher wichtig, dass die Navigation auf den Unterseiten eine genauso große Rolle spielt wie auf der Startseite. Außerdem sollte sie vermitteln, in welchem Bereich der Surfer gestrandet ist. Das lässt sich oft mit Hilfe von ein paar simplen optischen Tricks lösen. Besonders durchgesetzt hat sich hierbei in erster Linie das »Reiter-Schema«, das dem Betrachter in Form der Karteikarten-Reiter ein dreidimensionales Raumgefühl vermittelt (siehe Abbildung 1-7).

Wenn man jedoch das erste Mal auf eine Website stößt, hält man Ausschau nach einer Zusammenfassung. Hierbei spielt wieder einmal die Site-Kennung eine maßgebliche Rolle. Geben Sie Ihrer Seite einen Namen. Das kann der Name Ihres Labels oder Ihrer Band oder Ihr DJ-Synonym sein. Der Name sollte in der visuellen Hierarchie so erscheinen, dass er den Inhalt der Seite einrahmt. Außerdem sollte er auffällig platziert sein, sprich möglichst weit oben. Natürlich gibt ein Name, vor allem ein Künstlername, nicht immer Auskunft über den Inhalt. Überlegen Sie sich aus diesem Grund einen packenden und witzigen Slogan für Ihr Projekt oder eine Kurzbeschreibung wie zum Beispiel »Punkrock with Attitude«. Auf dieser Seite findet man sicherlich weder Techno noch Jazz.

Ein Beispiel

Was sagt Ihnen »Phlow«, wenn Sie das Wort zum ersten Mal lesen? Nichts, oder? Ist Phlow eine Band, ein Label oder ein DJ? Mit einem Slogan jedoch, der unter dem großen Schriftzug steht, weiß der Leser sofort, wo er sich befindet, nämlich auf den Seiten des »Magazins für Musik- und Netzkultur«. Ähnlich verhält es sich mit vielen anderen Webseiten, wie zum Beispiel:

- Subsource – Netlabel for Electronic Culture
- Gizmodo – The Gadgets Weblog
- Wikipedia – Die freie Enzyklopädie
- Earregular – The Progressive Sound Of Cologne
- Digital Web Magazine – The web professional's online magazine of choice

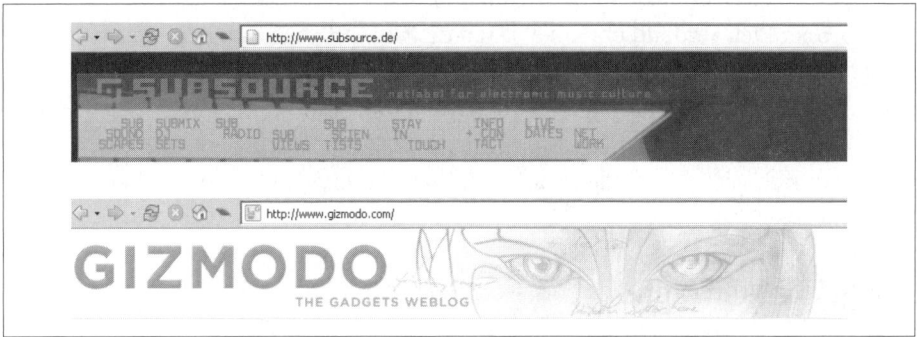

Abbildung 1-4: Websites, die mit einem knackigen Slogan ihren Inhalt erklären

Bevor wir nun die eigentliche Navigation konstruieren, möchte ich noch die Möglichkeit der so genannten »Breadcrumbs«, zu Deutsch »Brotkrümel«, erwähnen. Mit Hilfe der Brotkrümel können Surfer schnell erfassen, in welcher Hierarchieebene sie sich gerade befinden, wie diese heißt und wie sie eine oder mehrere Ebenen nach oben gelangen. Abgeleitet aus dem Gebrüder-Grimm-Märchen »Hänsel und Gretel«, streuen wir als Webmaster die Brotkrümel aus, damit der Besucher sich orientieren kann und seinen Weg durch die Ebenen findet. Die Brotkrümel werden unter anderem oft bei Webverzeichnissen wie Yahoo! und dmoz.org verwendet und bieten einen exzellenten Anhalts- bzw. Orientierungspunkt (siehe Abbildung 1-5).

Diese »Sie sind hier!«-Navigationen machen jedoch nur auf solchen Seiten Sinn, die eine weit verzweigte Struktur besitzen. Bei einer reinen Künstler-Website mit 20 Unterseiten wären Brotkrümel ein wenig übertrieben, während sie bei einem Label mit mehreren Genres, Künstlern und Bereichen sehr hilfreich sein können.

Abbildung 1-5: Brotkrümel werden ausgestreut, damit Besucher sich auf einer Website schneller zurechtfinden

Breadcrumbs sollten möglichst weit oben auf einer Website angebracht werden. Dabei übernehmen sie nicht die eigentliche Hauptnavigation, sondern dienen als eine Art zusätzlicher Website-Kompass. Damit die Orientierung und Erfassung von Brotkrümeln gut funktioniert, fügt man zwischen den verschiedenen Ebenen einen Pfeil (>) ein. Zwar können Sie auch einen Doppelpunkt oder Schrägstrich verwenden, aber ein Pfeil verdeutlicht am ehesten die Laufrichtung innerhalb der Ebenen.

Damit die Breadcrumbs der eigentlichen Navigation nicht die Show stehlen, verwendet man für sie am besten eine kleinere Schrift, um deutlich zu machen: Hier handelt es sich um ein Website-Feature. Die Webseite oder der Artikel, an dessen Stelle man sich gerade befindet, sollte fett oder auf eine andere Weise hervorgehoben werden (siehe Abbildung 1-5).

Navigationskonzepte

Mittlerweile haben sich im Netz hauptsächlich zwei Arten von Navigationskonzepten durchgesetzt. Das ist auf der einen Seite die klassische Navigation aus Links (siehe Abbildung 1-6) und auf der anderen Seite die mittlerweile allseits beliebte Navigation aus Reitern (siehe Abbildung 1-7).

Bei großen Magazinen, Shops und Portalen werden beide Navigationskonzepte auch gerne miteinander gekoppelt. Für Ihre Künstler-, Label- oder DJ-Seite sollten Sie sich jedoch für ein Konzept entscheiden. Beide Konzepte haben ihre Vor- und Nachteile.

Vorteile einer Links-Navigation:

- Lässt sich kontinuierlich nach unten erweitern.
- Wird weltweit genutzt und erklärt sich von selbst.

Abbildung 1-6: Zusätzlich zur Reiternavigation benutzen große Websites oft eine Links-Navigation, da diese nach unten endlos ausbaufähig ist

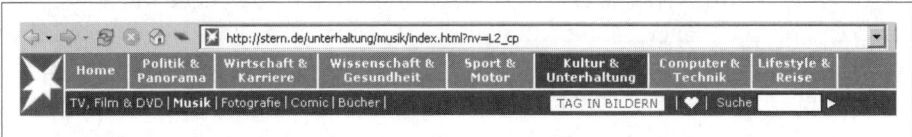

Abbildung 1-7: Eine Reiter-Navigation hilft dem Besucher: Der hervorgehobene, »aktive« Reiter (hier »Kultur & Unterhaltung«) zeigt, in welcher Rubrik man sich gerade befindet

Nachteile einer Links-Navigation:

- Verleitet dazu, zu viele Unterbereiche anzulegen.
- Wird nicht so schnell erfasst, da man in manchen Fällen nach unten scrollen muss, um sie gänzlich zu erfassen.
- Rahmt die Seite nicht ein.

Vorteile einer Reiter-Navigation:

- Vermittelt durch das Nachvorneholen bzw. Aktivieren der verschiedenen Bereiche ein dreidimensionales, räumliches Gefühl.
- Gibt im besten Fall der Website einen Rahmen.
- Ist schnell erfassbar, weil die Reiter ähnlich wie Karteikarten in der realen Welt eine optische Orientierung bieten und ihre Funktionsweise offensichtlich ist.
- Ist nicht zu übersehen, weil man sie mit kaum etwas anderem als der Navigation verwechseln kann.
- Ist beim Aufruf der Webseite sofort sichtbar, da sie sich in der Kopfzeile befindet.

Nachteile einer Reiter-Navigation:

- Ist horizontal durch den Monitor beschränkt.
- Erfordert viel Geschick bei der Wahl der Sektionen.

Menüpunkte einer Navigation

Um eine Webnavigation zu entwerfen, muss man sich viel Mühe bei der Auswahl der Begriffe geben. Denn die Begriffe müssen einerseits prägnant und verständlich die jeweilige Sektion vertreten und dürfen andererseits nicht zu lang sein. Zudem wollen wir ein horizontales Scrolling vermeiden und sind deswegen in der Horizontalen durch den Bildschirm beschränkt, wenn wir uns für eine Reiter-Navigation entscheiden. Doch auch bei einer Links-Navigation sollten Sie keine allzu langen Begriffe benutzen. Denn Zeilenumbrüche machen sich nicht gut in einer Navigation, da die einzelnen Menüpunkte durch einen Umbruch schwerer zu erfassen sind.

Außerdem sollten Sie bei der Konstruktion einer Website und ihrer Navigation darauf achten, dass sie ausbaufähig bleibt. Erfahrungsgemäß kommen irgendwann immer neue Rubriken dazu. Gut, wenn man deswegen schon früh darauf geachtet hat, dass die Begriffe etwas allgemeiner gehalten sind und auch neue Inhalte repräsentieren können. Planen Sie beim Entwurf außerdem etwas Platz für spätere neue Features und Unterbereiche ein, so dass Sie Ihre Navigation verändern und ausbauen können, falls dies doch einmal nötig wird. Wie oben beschrieben, haben Sie es bei einer klassischen Links-Navigation einfacher. Diese kann in der Regel nach unten »unendlich« weiter ausgebaut werden.

Bei der Wahl der Namen für die Rubriken spielt auch Usability (Benutzerfreundlichkeit) eine wichtige Rolle. Witzige Namensbezeichnungen sind klasse, aber wer das Gros des Publikums erreichen möchte, benutzt am besten Begriffe, die für jeden selbstverständlich sind. Anstelle von Begriffen wie »Pics« sollten Sie eine solche Rubrik lieber »Fotos« oder »Bilder« nennen. Darüber freuen sich auch die Suchmaschinen (siehe Kapitel 7, *Webseiten für Suchmaschinen optimieren*).

Da wir uns schon viel Mühe bei der Strukturierung unseres Projekts auf der Festplatte gemacht haben, schauen wir uns einfach noch einmal diese Verzeichnisstruktur an. Aus ihr könnten wir eine Navigation entwickeln, die die folgenden Hauptpunkte besitzt. Einige der Menüpunkte können auch zusammengelegt werden oder weitere Unterrubriken besitzen.

Tabelle 1-1: Mögliche Menüpunkte einer Musik-Website

Band/Künstler-Website	DJ-Website	Label-Website
Start, Home, News	Start, Home, News	Start, Home, News
Info, Kontakt, Impressum, About	Info, Kontakt, Impressum, About	Info, Kontakt, Impressum, About
Biografie, Bio	Biografie, Bio	Künstler, Bands, Artists

Tabelle 1-1: Mögliche Menüpunkte einer Musik-Website (Fortsetzung)

Band/Künstler-Website	DJ-Website	Label-Website
Diskografie	Diskografie	Veröffentlichungen, Releases, Backkatalog, Audio, MP3, Musikdownloads, Downloads
Audio, MP3, Musikdownloads, Downloads, Media	Audio, MP3, Musikdownloads, Downloads, Media	Media
	Charts	
Termine, Dates, Konzerttermine, Live Gigs, Live, On Tour, Tours	Termine, Dates, Konzerttermine, Live Gigs, Live, On Tour, Tours	Termine, Dates, Konzerttermine, Live Gigs, Live, On Tour, Tours
Presse, Reviews, Presseecho	Presse, Reviews, Presseecho	Presse, Reviews, Presseecho
Links	Links	Links
Gästebuch, Guestbook	Gästebuch, Guestbook	Gästebuch, Guestbook

Da es eine Vielzahl verschiedener Begriffe für die jeweiligen Bereiche gibt, die Sinn machen, können Sie sich aus den oben genannten Begriffen Ihre Lieblinge herauspicken. Unsere Navigation für eine deutsche Heavy Metal-Gruppe könnte dann zum Beispiel mit Unterbereichen so aussehen:

- Start
- Info
    - Über die Band
    - Impressum
    - Kontakt(formular)
- Bio
    - Sänger
    - Bassist
    - Gitarrist
    - Schlagzeuger
- Downloads
    - MP3
    - Desktop-Hintergründe
    - Fotos
- Termine
- Presse
    - Plattenkritiken
    - Konzertberichte
    - Interviews
- Links

Eine international ausgelegte DJ-Website in englischer Sprache könnte folgendermaßen gegliedert sein:

- News
- DJ Gigs
- About
  - Biography
  - Discography
- Mixes & Charts
  - Downloads
  - Charts
- Links
- Guestbook

Und zum Schluss noch ein Beispiel für eine Label-Website, wiederum in englischer Sprache:

- Home
- Artists
- Music Downloads
- Info
  - About Our Label
  - Discography
- Dates
- Press
  - Press Reactions
  - Press Downloads
- Links

Seitenhierarchie und Layout

Nachdem wir nun unsere Inhalte zusammengetragen sowie unsere Menüstruktur festgelegt haben, müssen wir uns noch für ein Layout entscheiden. Auch hier gibt es wieder zahlreiche Konzepte und Möglichkeiten. Entscheiden wir uns für ein ein-, zwei- oder dreispaltiges Layout? Wie teilen wir die Bereiche unserer Website ein? Was für unterschiedliche Webseiten brauchen wir und wie verknüpfen wir das Ganze?

Überlegen wir uns zuerst, welche Arten von Webseiten wir benötigen. Hierbei gibt es vier verschiedene Kategorien:

- Start- bzw. News-Seite
- Kategorien- oder Rubrik-Seiten
- Individuelle Seiten
- Spezialseiten

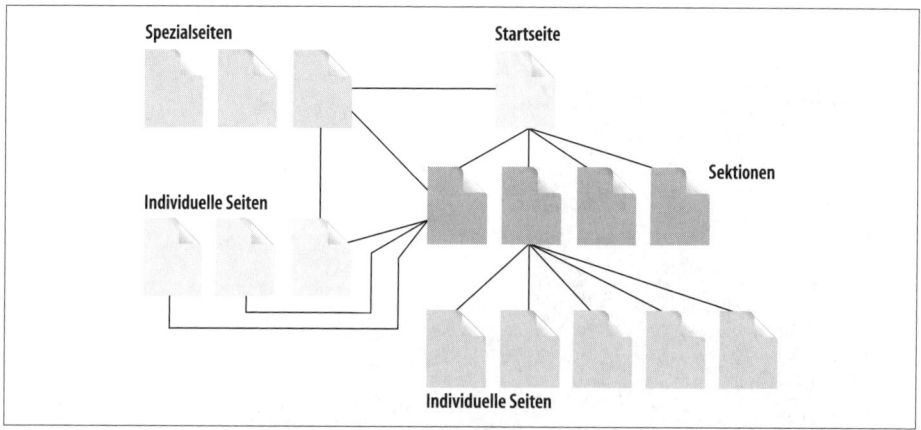

Abbildung 1-8: Musik-Websites bauen auf vier verschiedenen Arten von Webseiten auf: Startseite, Rubrik-Seiten, individuelle Artikel und Spezialseiten

Startseite

Die Startseite einer Webpräsenz – ein Beispiel sehen Sie in Abbildung 1-9 – ist definitiv die meistbesuchte Seite. Das hat viele Gründe. Entweder jemand steuert Ihre Website über seine Bookmarks an, gibt Ihre Internet-Adresse direkt in den Browser ein, ist dem Link eines Fans gefolgt oder möchte zurück zur Startseite. Deshalb schenkt man dieser Seite besondere Beachtung. Einerseits dient sie als Eingang und muss den Besucher bei der Orientierung unterstützen, und andererseits bietet sie Ihnen die Möglichkeit, die Aufmerksamkeit auf für Sie wichtige Themen zu lenken. Darum sollten Sie sich fragen: »Was will ich meinen Besuchern als Allererstes mitteilen?«

In der Regel sind das Neuigkeiten. Bringt Ihr Label gerade eine neue Platte heraus, sollte diese beworben werden. Haben Sie als DJ einen neuen Mix online gestellt, dann sollte die Aufmerksamkeit auf diesen Mix gelenkt werden. Touren Sie gerade mit Ihrer Band und geben Konzerte, sollten Sie neben den Terminen vielleicht auch eine Anfahrtsbeschreibung zum nächsten Gig mitliefern. Ein weiterer Effekt, den solche News auf der Startseite haben, ist, dass sie zeigen, dass Sie aktiv sind. Daher achten Sie darauf, dass Sie in einer Ruhephase keine veralteten Nachrichten auf der

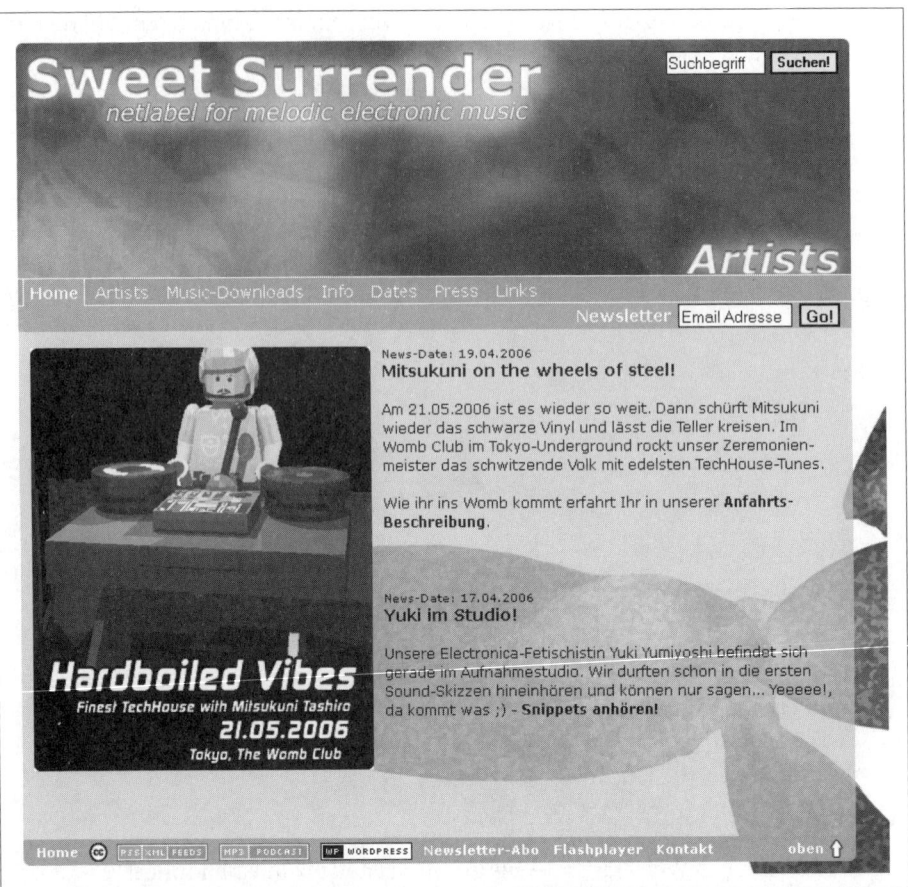

Abbildung 1-9: Die Startseite des imaginären Netlabels Sweet Surrender präsentiert immer aktuelle Nachrichten rund um die Artists

Startseite belassen. Leiten Sie in einem solchen Fall die Besucher lieber auf eventuelle Musik-Downloads, auch wenn diese älteren Datums sind, oder teilen Sie den Lesern mit, dass Sie sich gerade im Proberaum verschanzt haben. Auch das ist eine News, denn der Fan wird gespannt sein, was als Ergebnis herauskommt.

Sie sollten sich auch überlegen, ob Sie nicht ein Weblog auf Ihrer Startseite führen wollen. Weblogs, auch kurz Blogs genannt, sind Netztagebücher oder Logbücher, die periodische Einträge enthalten. Die aktuellen Einträge stehen dabei immer an oberster Stelle, auf die dann ältere Artikel in umgekehrter chronologischer Reihenfolge folgen. In einem solchen Blog kann man Fans über Aktivitäten kontinuierlich auf dem Laufenden halten. Neben Konzertberichten kann man Bilder von DJ-Gigs, kleine lustige Artikel oder die eigenen Charts veröffentlichen. Außerdem eignen sich solche Einträge hervorragend, um persönliche Eindrücke zu vermitteln. Wenn

Ihr Weblog auch über eine Kommentar-Funktion verfügt, können Sie überdies mit Ihren Besuchern kommunizieren und Meinungen einholen. Mehr zur Weblog-Thematik erfahren Sie in Kapitel 3, *WordPress – Ein einfaches Redaktionssystem*.

Kategorien- und Rubrik-Seiten

Die Kategorien- bzw. Rubrik-Seiten (siehe Abbildung 1-10) dienen zur Orientierung innerhalb einer Website. Darüber hinaus können sie nicht nur die Navigation unterstützen, sondern direkt Inhalte wie aktuelle Mix-Sets, neue Künstler oder wichtige Termine anpreisen, sozusagen Spotlights setzen. Hierbei kommt es natürlich auf die Größe der eigenen Präsenz an. So kann ein Label auf der Kategorienseite »Künstler« zum Beispiel den jeweiligen Neuankömmling auf dem Label präsentieren, um darunter alle anderen Label-Acts aufzulisten.

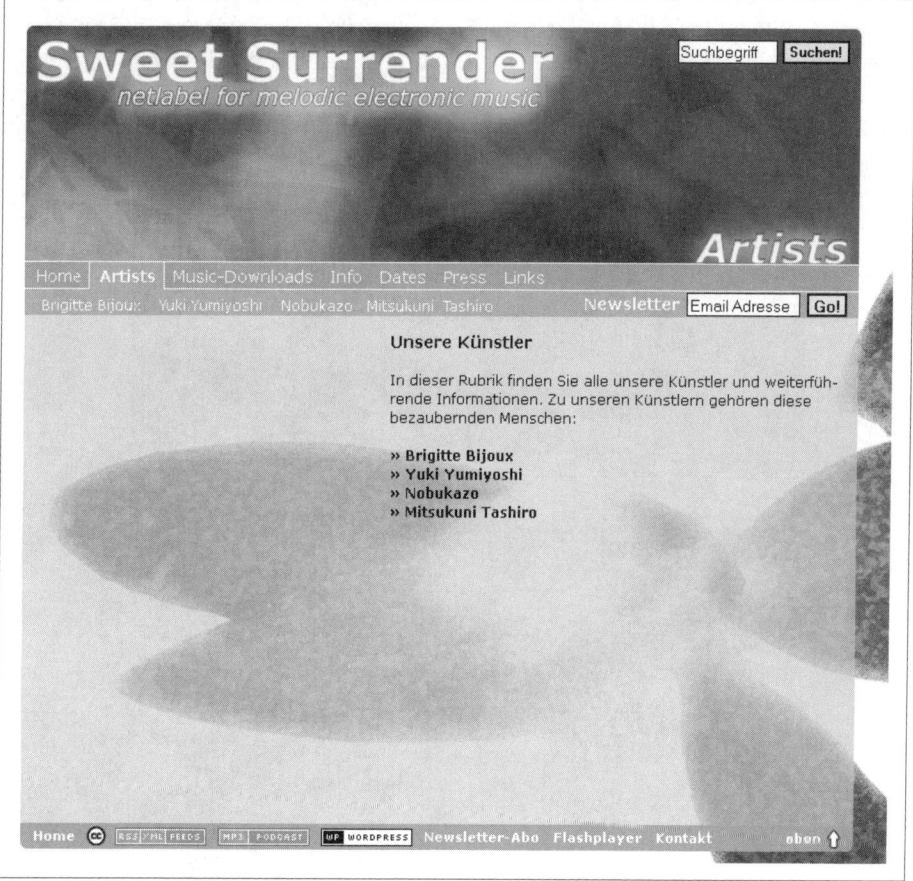

Abbildung 1-10: Auf der Rubrik-Seite »Artists« bekommt der Besucher einen Überblick über die aktiven Künstler des Netlabels

Eine Rubrik-Seite kann die Informationen, die sie anpreist, auch direkt liefern. Wer zum Beispiel auf einer Solokünstler- oder DJ-Seite auf eine »About«- oder »Bio«-Rubrik klickt, erwartet eigentlich einen direkten Einblick in das Porträt des Künstlers und nicht eine weitere Navigationsseite, die ihn dann erst zur Biografie führt.

Außerdem kann eine Rubrik-Seite auch eine kurze Information enthalten, die über den Inhalt des jeweiligen »Verzeichnisses« Aufschluss gibt. Zum Beispiel bietet sich auf einer Künstler-Kategorieseite neben den Links zur jeweiligen individuellen Künstlerseite auch ein kurzer Text an, der alle Künstler unter einer Philosophie zusammenfasst.

Individuelle Seiten

Die individuellen Seiten einer Website (siehe Abbildung 1-11) liegen in der Hierarchie meist auf der untersten Ebene. Zu einer individuellen, auch Artikel genannten Unterseite gelangt man in der Regel über einen direkten Link auf der Startseite oder über die jeweilige Rubrik. Individuelle Seiten beherbergen alle Informationen zum jeweiligen Thema. Die Artikelseite eines Künstlers sollte zum Beispiel eine Biografie, Bilder des Künstlers und Links zu seinen Musikveröffentlichungen und Pressebildern enthalten. Auch ein individuelles Gästebuch ist möglich.

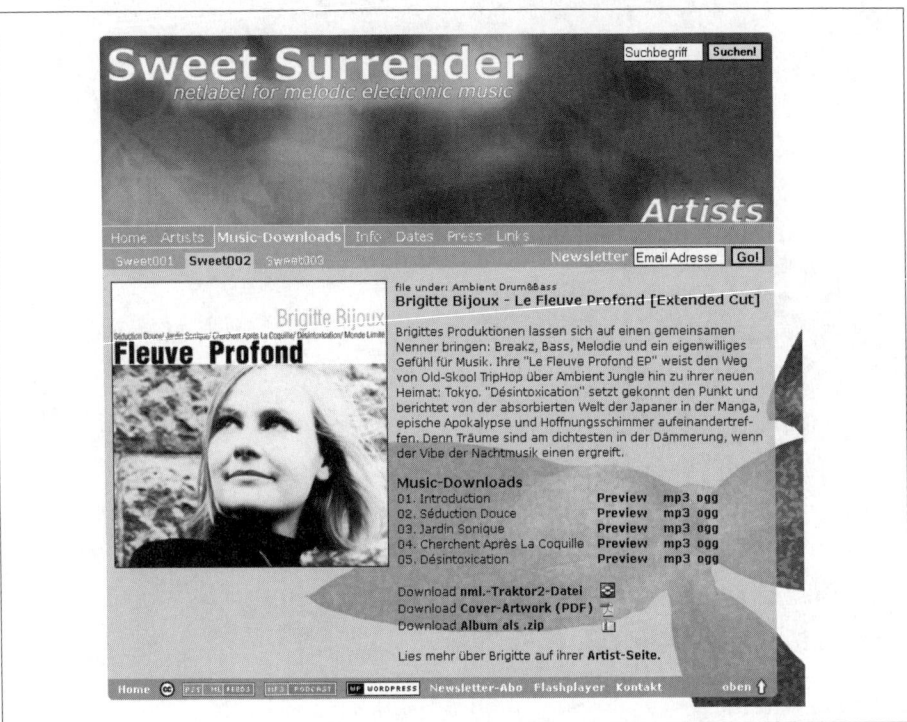

Abbildung 1-11: Auf der individuellen Seite finden die Besucher sämtliche Fakten, Sounds und Bilder

Spezialseiten

Spezialseiten (siehe Abbildung 1-12) sind individuelle Webseiten mit einer jeweiligen Funktion. Dazu gehören unter anderem Kontaktformulare, Gästebücher, Hilfeseiten (FAQs), Sitemaps, Newsletter-Seiten, Musik-MP3-Flashplayer, RSS- oder Podcast-Feeds usw. Wie man einen Podcast generiert und wie die Technik im Detail funktioniert, erfahren Sie in Kapitel 8, *News- und Musikabonnement mit RSS und Podcast*.

Abbildung 1-12: Zu den Spezialseiten einer Webpräsenz gehört vor allem das Kontaktformular

Layout-Konzepte

Die meisten Layouts von Websites lassen sich in drei Kategorien einordnen: einspaltige, zweispaltige und dreispaltige Layouts – siehe Abbildung 1-13 bis Abbildung 1-15. Während einspaltige Layouts relativ selten sind, weil sie insgesamt zu breit sind und zu wenig gestalterische Möglichkeiten bieten, kommen dreispaltige (und manchmal sogar vierspaltige) Layouts in der Regel bei News-Portalen wie heise.de, spiegel.de oder netzeitung.de zum Einsatz.

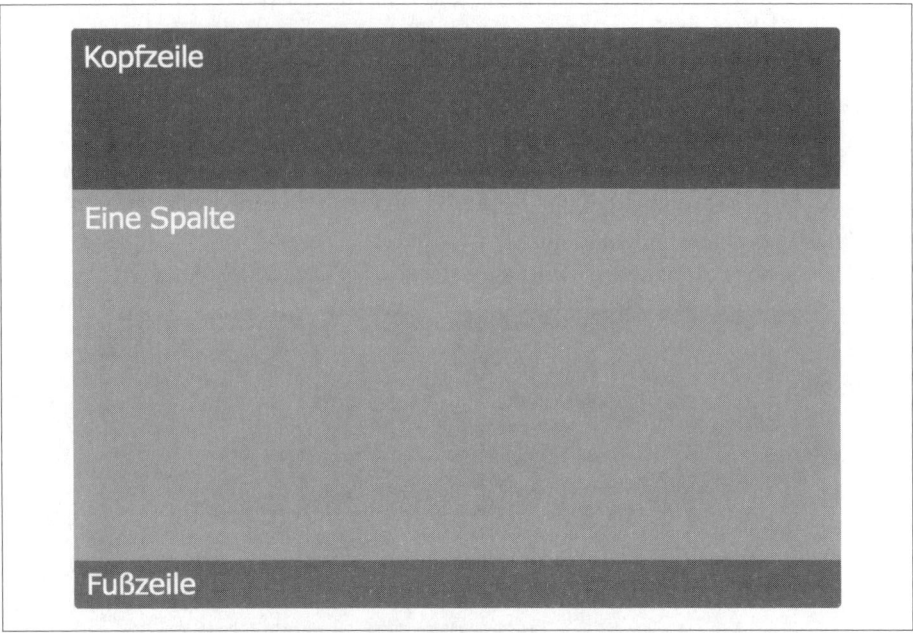

Abbildung 1-13: Sehr schlicht: einspaltiges Webdesign mit Kopf- und Fußzeile

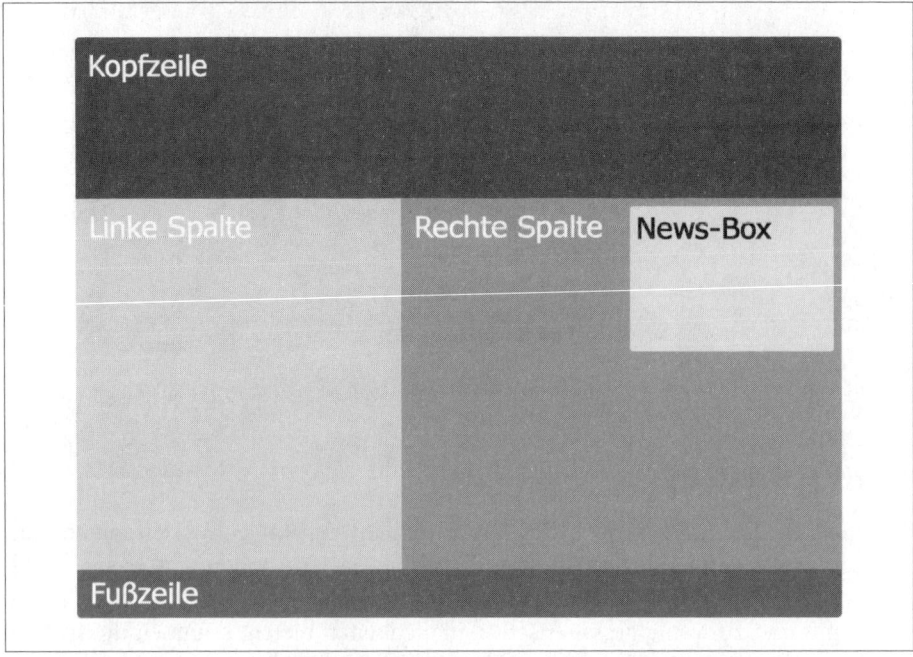

Abbildung 1-14: Hervorragend für Musik-Websites geeignet: das zweispaltige Layout

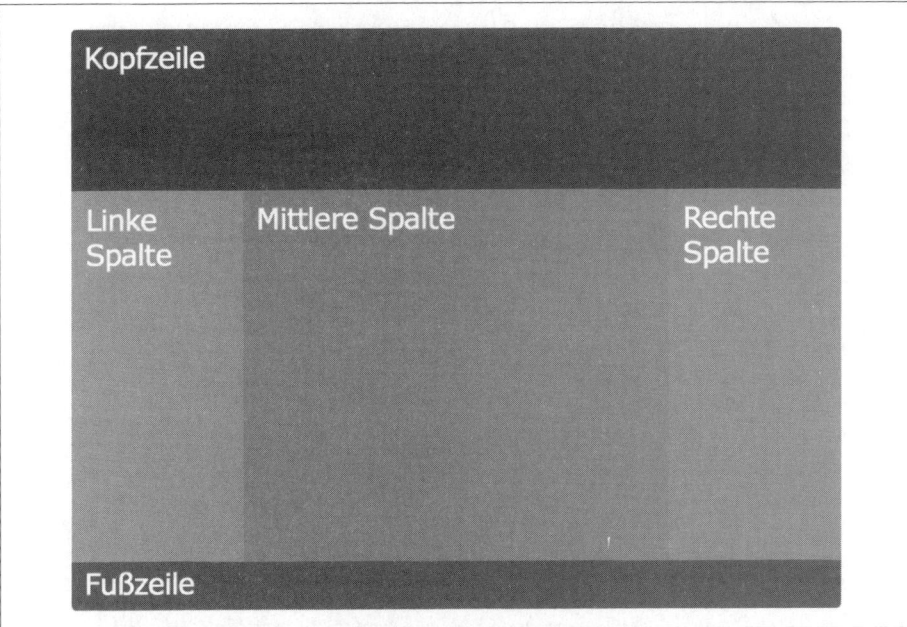

Abbildung 1-15: Schematischer Aufbau eines dreispaltigen Layouts

Für Musik-Websites, ob für einen Künstler, eine Band oder ein Label, eignet sich am besten ein zweispaltiges Layout. Bei kleineren Künstler-Präsenzen kann man auch über ein einspaltiges Layout nachdenken, sollte dabei aber beachten, dass die Website in der Horizontalen nicht über den ganzen Bildschirm laufen darf, da Texte mit weiten Laufzeilen schwer zu lesen sind.

Von einem dreispaltigen Layout, das von den meisten Nachrichten-Websites benutzt wird, rate ich für Musik-Websites ab (sofern die Website nicht selbst ein Musik-Magazin sein soll). In der Regel wirkt ein zweispaltiges Layout kompakter und nicht so ausufernd wie viele der News-Portale, die ihre Besucher förmlich in Inhalten ertränken. Außerdem hinterlässt ein visuell gut strukturiertes zweispaltiges Layout einen besseren und knackigeren Eindruck. Ferner begeht man nicht den Fehler und verteilt die Funktionen und die Navigation über die ganze Seite.

Möchte man zusätzliche Elemente zu einer Website oder Unterseite hinzufügen, kann man sich mit einem Trick behelfen und eine so genannte News-Box einsetzen. Diese positioniert man links oder rechts neben dem Fließtext als separaten, visuell abgetrennten Kasten – siehe Abbildung 1-16. Solche Boxen werden vom Leser als zusätzliches Angebot wahrgenommen und getrennt vom Inhalt betrachtet. Die Boxen selbst bieten zum Beispiel Platz für Zusatzinformationen wie Konzerttermine, weiterführende Links und Anmerkungen.

Abbildung 1-16: Zusätzliche Informationen wie News, weiterführende Links oder Erläuterungen lassen sich hervorragend in News-Boxen ausgliedern.

Neben den Spalten, die die eigentlichen Inhalte enthalten, braucht jede Seite auch eine Kopfzeile und eine Fußzeile, auch *Header* und *Footer* genannt. Eine Kopfzeile eignet sich für die Platzierung einer Site-Kennung (ein Logo, ein Schriftzug oder ein kleines Gruppenbild) mit einem intelligenten Slogan und einer möglichen horizontalen Reiternavigation.

Eine Fußzeile dient als abschließendes grafisches Element oder enthält Links, die nicht so wichtig sind, als dass man sie in der Hauptnavigation unterbringen müsste. Fußzeilenelemente sind zum Beispiel:

- ein Aufwärts-Pfeil oder ein verlinkter Begriff wie »nach oben«, der den Surfer zum Anfang der Webseite befördert
- ein Link zur Startseite
- ein direkter Link zur Kontaktseite mit einem möglichen Formular
- die Adresse des Labels, der Band oder des DJs mit Telefon- und Mobilnummer sowie E-Mail-Adresse (in Form einer Grafik, um Spam zu vermeiden)
- Links zu RSS-Newstickern oder einem Podcast-Feed
- ein Link zum Impressum
- ein Link zu einer Sitemap oder Hilfeseite
- ein Copyright-Vermerk oder Link zu einer Creative Commons-Lizenz, unter der Sie Ihr Material veröffentlichen

Beispiel für ein zweispaltiges Layout

Wie oben beschrieben, eignet sich ein zweispaltiges Layout besonders gut. Damit unser Layout auf sämtlichen Bildschirmen gut aussieht, entscheiden wir uns für eine Breite, die selbst auf 800 Pixel breiten Displays funktioniert. Auch wenn sich mittlerweile Bildschirmgrößen von oftmals mehr als 1024 x 764 Pixel durchgesetzt haben, surfen anteilig immer noch zahlreiche Benutzer mit einer 800-Pixel-Breite. Da wir unser Layout außerdem auf dem Bildschirm zentrieren werden, beugen wir einer möglichen ausfernden Zeilenbreite vor. Da die Browser je nach Typ dem Fenster zusätzlichen Platz für Scrollbalken und Begrenzungslinien einräumen, ziehen wir sicherheitshalber 30 Pixel ab und kommen auf eine Breite von 770 Pixel.

Abbildung 1-17: Das zweispaltige Layout unseres Projekts mit Kopf- und Fußzeile

Natürlich gibt es auch *flüssige Designs*, im Web als *Liquid Layouts* bezeichnet, die sich an die Bildschirmgröße anpassen. Ein einleuchtendes Argument gegen diese Layouts sind aber die zunehmenden Bildschirmgrößen. Da sich ein gutes Liquid Layout an die Bildschirmgröße anpasst, kann es bei größeren Bildschirmbreiten passieren, dass die Elemente zu sehr über den Bildschirm verstreut und die Texte durch die überlange Zeilenbreite unlesbar werden. Ein Beispiel hierfür ist das großartige Wikipedia-Projekt unter *www.wikipedia.org*. Das flüssige Layout passt sich zwar hervorragend dem Screen an, dennoch muss man bei einem großen Monitor das Browser-Fenster verkleinern. Ansonsten werden die Artikel angesichts einer überweiten Zeilenlänge unlesbar.

Design, Farben, Hintergründe, Schriften und Formen für Layouts sind natürlich Geschmackssache. Deshalb werde ich das hier vorgestellte Layout so flexibel wie möglich halten. Trotzdem spiegelt es natürlich meinen persönlichen Geschmack wider. Dazu gehören unter anderem atmosphärische Bilder in der Kopfzeile sowie runde Ecken.

Kopfzeilenbilder (siehe Abbildung 1-18) lassen sich hervorragend dazu verwenden, einen prägenden visuellen Eindruck zu hinterlassen. Dabei gilt: Je größer und breiter, desto imposanter. Dabei dürfen wir natürlich nicht die Bildgröße in Kilobyte aus den Augen verlieren. Daher rate ich Ihnen, beim Einsatz eines größeren Kopfzeilenbildes anschließend weniger zusätzliche Bilder auf der jeweiligen Webseite zu verwenden.

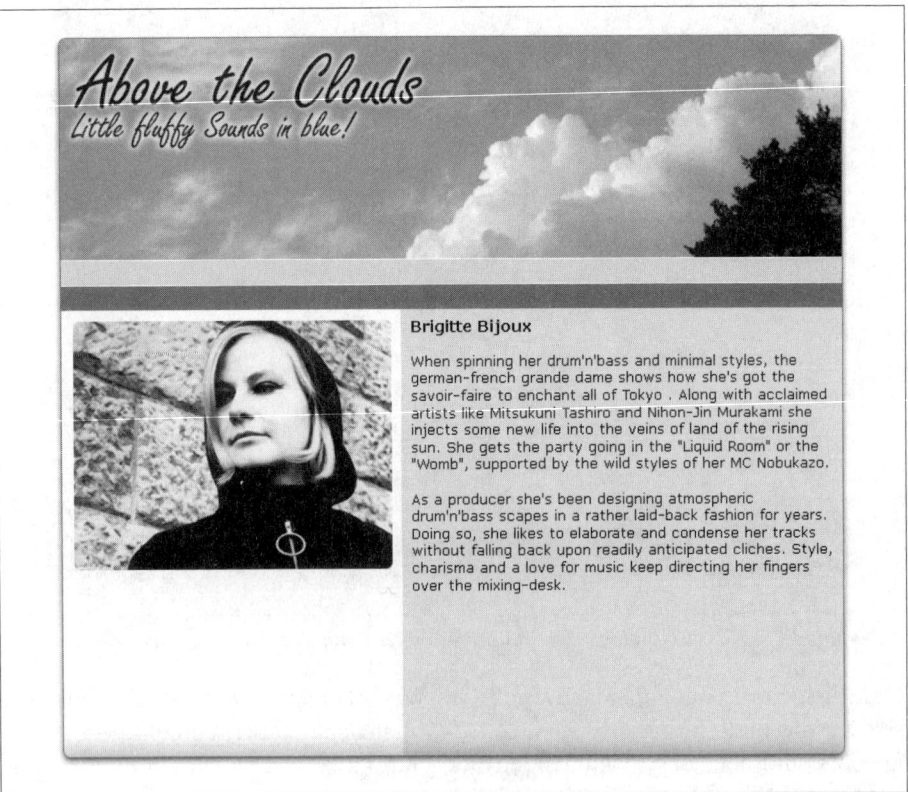

Abbildung 1-18: Atmosphärische Bilder in der Kopfzeile stimmen auf die Inhalte einer Website ein.

Dankenswerterweise speichern Browser die Bilder und CSS-Dateien im eigenen Zwischenspeicher ab. Bevor eine neue Webseite mit sämtlichen Bildern geladen wird, schaut der Browser zuerst in seinem temporären Verzeichnis nach und fordert anschließend nur die Bilder vom Server an, die noch nicht im temporären Verzeichnis vorhanden sind. Das spart nicht nur Zeit, sondern auch Transferkosten. Die erste aufgerufene Webseite könnte zwar länger für die Übertragung brauchen, aber wenn die Grafiken auch auf anderen Seiten wieder benutzt werden, laden alle weiteren Seiten schneller und die Verwendung von großen Bildern fällt dann nicht mehr so sehr ins Gewicht.

Obendrein spielt uns auch die zunehmende Verbreitung von DSL in die Hände. Trotzdem sollte eine Webseite inklusive der eingebundenen Grafiken nie größer als 200 Kilobyte sein. Es sind immer noch zahlreiche Menschen per Modem unterwegs, und dieses Publikum sollten Sie unter keinen Umständen ausschließen. Denn selbst bei einer Größe von 200 Kilobyte braucht ein 56k-Modem immer noch ungefähr eine halbe Minute zum Herunterladen.

Tabelle 1-2: Breite und Höhe der Layout-Elemente

	Breite	**Höhe**	**Abstand**
Gesamte Seite	770 Pixel	variabel je nach Inhalt	kein Abstand
Kopfzeilenbild	770 Pixel	210 Pixel	kein Abstand
Hintergrundbild	770 Pixel	30-100 Pixel	kein Abstand
Fußzeilenbild	770 Pixel	30 Pixel	unterer Abstand 20 Pixel

Die Layout-Breite legen wir auf 770 Pixel fest, mit einem Kopfzeilenbild, das 770 Pixel breit sowie 210 Pixel hoch ist. Für die abschließende Fußzeile unseres Layouts verwenden wir eine Höhe von 30 Pixel und die Standardbreite 770 Pixel. Da wir jedoch auch ein Hintergrundbild für den Inhalt brauchen, planen wir schon jetzt eine dritte Grafik ein. Diese wird später – wie auch das Hintergrundbild für die Fußzeile – per CSS platziert und soll sich auf der Y-Achse konstant wiederholen. Darum muss sie auch auf jeden Fall 770 Pixel breit sein. Theoretisch könnte die Hintergrundgrafik lediglich einen Pixel hoch sein, da wir sie per CSS vertikal »kacheln« werden. Besser und übersichtlicher ist jedoch eine Höhe von 30 bis 200 Pixel.

Als zusätzlicher Service für Sie befindet sich das vorgefertigte Layout auch als Photoshop-Datei auf der CD-ROM zum Buch. Die Datei befindet sich im Kapitel-Ordner und lautet *layout_website_entwurf.psd*. Wer das Layout mit eigenen Grafiken anpassen möchte, sollte einfach die Photoshop-Datei öffnen und mit den Ebeneneffekten für Schriften und Pfade spielen. Um ein eigenes atmosphärisches Bild einzufügen, muss dieses lediglich in den jeweiligen Gruppenordner für die Kopf- beziehungsweise Fußzeile gezogen oder kopiert werden. Die Vektorenmaske, die mit dem Gruppenordner verknüpft ist, beschneidet das Bild automatisch.

 Die Software Photoshop gehört zu den professionellsten Werkzeugen im Bildbearbeitungsbereich. Leider ist die Neuanschaffung des Bildbearbeitungsprogramms sehr teuer. Auf der Website des Herstellers Adobe unter *www.adobe.de* können Sie jedoch eine voll funktionstüchtige 30-Tage-Version herunterladen und testen.

Damit Photoshop die einzelnen Grafiken separat als so genannte Slices speichert, wählt man lediglich *Datei > Für Web speichern...* und klickt zweimal hintereinander auf *Speichern*. Photoshop legt die Slices unter dem jeweiligen Namen in einem Ordner namens *Bilder* ab. Für einen ersten Versuch kann dieser einfach auf dem Desktop abgelegt werden. Schauen Sie sich anschließend die drei Slices an. Sie lauten:

- kopfzeile_logo.jpg (770 x 210 Pixel)
- hintergrund.gif
- fusszeile_hintergrund.jpg (770 x 47 Pixel)

Je nach Hintergrundbild sind diese Dateien mal größer und mal kleiner. Da sich für den Hintergrund ein ebenmäßiges Bild mit wenig Farben am besten eignet, wurde hier auf das GIF-Format zurückgegriffen. Die Kopfzeile und die Fußzeile werden dagegen als JPG abgelegt, da sich dieses Format für fotorealistische Zwecke am besten eignet. Welche Grafikformate im Web Anwendung finden und welches Format sich wofür eignet, erfahren Sie in Kapitel 6, *Logos, Fotos und Bilder für Websites optimieren*.

KAPITEL 2
Programmierung der Webseiten

In diesem Kapitel:
- Ein Layout mit XHTML und CSS
- Eine horizontale Reiternavigation mit CSS
- Clevere Programmierung mit PHP-Modulen
- Anbieterkennzeichnung per Impressum
- Das Kontaktformular
- Internet-Quellen und Buchtipps

Webdesigner, die sich an Webstandards orientieren, haben es schwer. Denn leider interpretieren die unterschiedlichen Browser-Typen Webseiten nicht immer gleich. Allen voran bereitet der Internet Explorer mit seiner Fehlinterpretation des Box-Modells (eine Erläuterung finden Sie im Kasten weiter unten) und zahlreichen weiteren Interpretationsfehlern arge Kopfschmerzen. Zum Glück gibt es mittlerweile zahlreiche gut dokumentierte Hacks, mit deren Hilfe man die Darstellungsfehler beheben kann. Wer diese Tricks beziehungsweise die Fehler jedoch nicht kennt, wird in der Regel frustriert in die Tastatur beißen und sich der veralteten, aber gut funktionierenden Tabellen-Layout-Technik zuwenden.

Denn mit Hilfe von Tabellen lassen sich in HTML einfach und Browser-übergreifend pixelgenaue Layouts entwerfen. Diese Technik entstand vor Jahren aus der Not heraus, da Webdesigner in den Anfängen der HTML-Programmierung wenig Möglichkeiten hatten, um einer Webseite ein gut strukturiertes Layout zu geben. Auch wenn heute noch zahlreiche Websites die Tabellen-Layout-Technik verwenden, ist sie jedoch nicht standardkonform. Denn Tabellen sind von ihrer Grundidee für aufbereitete Inhalte (zum Beispiel für Produktdaten oder Messwerte) vorgesehen und nicht für Designzwecke. Außerdem blasen Tabellen den Quellcode einer Webseite auf und machen ihn unübersichtlich.

In diesem Kapitel lernen Sie, wie man webstandardkonforme Webseiten programmiert. Denn die webstandardkonforme Programmierung hat trotz ihrer schwierigen Umsetzung unschätzbare Vorteile. Dazu gehören:

- Tabellenloses Layout per XHTML ermöglicht bis zu 50% kleinere Webseiten.
- Die kompakteren XHTML-Seiten beschleunigen den Aufbau im Browser.
- Kleinere XHTML-Seiten und die Trennung von Inhalt und Layout sparen Bandbreite und Server-Platz.
- Die Verwendung von Cascading Stylesheets (CSS) in Kombination mit XHTML eröffnet neue Design-Horizonte.
- Webstandardkonformes XHTML erleichtert Menschen mit Behinderungen den Zugang zu Webinhalten.
- XHTML-Webseiten sind besser strukturiert und darum lesbarer.

Ein Layout mit XHTML und CSS

Das Layout, das Sie in diesem Abschnitt entwickeln, entspricht den Webstandards und ist weitestgehend barrierefrei. Außerdem trennen Sie mit Hilfe von Cascading Stylesheets (CSS) die Inhalte vom Layout. Mit der Trennung von Inhalt und Layout erreichen Sie zwei großartige Vorteile. Einerseits werden dadurch die Webseiten kleiner und andererseits müssen Sie zum Beispiel für eine neue Link-Farbe lediglich die CSS-Datei öffnen und ändern. Nach dem Refresh im Browser erstrahlen die Links auf allen Seiten, die mit der CSS-Datei verknüpft sind, in neuer Farbe.

Natürlich können in diesem Abschnitt lange nicht alle Aspekte von XHTML und CSS beschrieben werden. Darum konzentriere ich mich lediglich auf ein zweispaltiges Layout mit fester Spaltenbreite. Bei der Programmierung dieses Layouts werde ich aber die fundamentalen XHTML-Regeln sowie die CSS-Technik ausführlich erklären. Auch wenn hier nur ein mögliches Layout besprochen wird, eignet sich dieses jedoch hervorragend für die Umsetzung einer Künstler-, DJ-, Band- und Netlabel-Website. Das Layout-Gitter wurde mittlerweile in einer ähnlichen Version für zahlreiche Projekte getestet und dient hoffentlich auch Ihren Ideen. Wer sich tiefer in die Materie und die Möglichkeiten von XHTML und CSS einarbeiten möchte, dem seien die Bücher von Jeffrey Zeldman, Dave Shea oder Eric Meyer ans Herz gelegt. Die Buchtipps befinden sich am Ende des Kapitels.

Eines vorweg: Wer HTML kann, kann auch XHTML. Der einzige Unterschied ist ein wenig Mehr an Disziplin. Belohnt wird man dafür jedoch mit korrektem Quellcode und glücklichen Besuchern. Außerdem öffnet man sich die Pforte gen Zukunft. XHTML ist abwärtskompatibel und selbst ältere Browser wie Netscape 4.x stellen XHTML-Code einwandfrei dar.

Auch wenn heute noch viele professionelle Websites, wie zum Beispiel *spiegel.de*, *amazon.de* oder *zeit.de*, für das Layout auf die Tabellen-Technik zurückgreifen, so wechseln jedoch zunehmend auch die Großen die Technik. Unter anderem gehören dazu etablierte Websites wie *heise.de*, *stern.de* oder *wired.com*.

Um ein Layout nach Webstandards zu konstruieren, verwendet man Inhaltscontainer mittels des <div>-Tags, die anschließend per CSS positioniert werden. Dabei wird jeder Container mit einer eigenen ID (id) oder Klasse (class) versehen, der man die jeweiligen Eigenschaften des Containers wie Farbe, Rand, Abstände, Typografie usw. zuweist. Während eine Klasse in einem XHTML-Dokument mehrfach vergeben werden kann, darf eine ID nur einem einzigen Element pro XHTML-Dokument zugewiesen werden. Anschließend positioniert man die Container per CSS dorthin, wo man sie haben möchte. Bevor Sie sich jedoch an die Arbeit machen, sollten Sie, wie im vorherigen Kapitel bereits geschehen, ein Layout planen. Zeichnen Sie dazu Ihr Wunschdesign auf Papier oder nutzen Sie ein Bildbearbeitungsprogramm wie Photoshop für den Entwurf. Die einfachste Methode ist das Krickeln und Entwerfen auf Papier. Versuchen Sie bei Ihrem ersten Layout die wichtigen Bereiche der Website zu erfassen und in Rechtecken zusammenzufassen. Ein Layout im Web basiert immer auf Rechtecken, die man später per Design und Grafiken verschwinden lassen kann.

Projektziel, Grundgerüst und XHTML-Regeln

Im vorherigen Kapitel haben wir ein erstes Layout besprochen und die Maße festgelegt. Zur Erstellung des Gerüsts benötigen Sie lediglich drei Grafiken für die Kopfzeile, den Hintergrund und die Fußzeile. Das Ziel ist nun, ein Gerüst für die funktionierende Webseite aufzubauen, wie Sie es in Abbildung 2-1 sehen.

Abbildung 2-1: Das Ziellayout besteht aus reinem XHTML, CSS und drei Standardgrafiken für Kopf- und Fußzeile sowie für den gesamten Hintergrund

Für die Konstruktion müssen Sie darum folgende Maße und Container-Elemente mit einplanen:

- Zentriertes Layout mit 770 Pixeln Breite
- Linke Spalte mit 340 Pixeln Breite
- Rechte Spalte mit 430 Pixeln Breite
- Kopfzeile mit 770 Pixeln Breite und 210 Pixeln Höhe
- Horizontale Hauptnavigation mit 770 Pixeln Breite und einer variablen Höhe
- Horizontale Subnavigation mit 770 Pixeln Breite und einer variablen Höhe
- Fußzeile mit 770 Pixeln Breite und 30 Pixeln Höhe

Nachdem Sie nun wissen, wie das Layout aussehen soll und welche Elemente Sie einplanen müssen, können Sie mit der Programmierung beginnen.

XHTML-Regel 1: Ein Dokument beginnt mit DOCTYPE und Namespace

Jedes XHTML-Dokument beginnt mit einer Definition, die dem Browser mitteilt, wie er das ihm vorliegende Dokument zu interpretieren hat. Diese *Document Type Definition*, kurz DTD genannt, wird mit Hilfe des <!DOCTYPE>-Tags festgelegt. Dieses Tag muss immer in Großbuchstaben geschrieben werden und beeinflusst die Darstellung in modernen Browsern. Dabei gibt es drei Varianten der DTD:

- Transitional: die komfortable, etwas schludrige DTD-Version mit dem Motto »leben und leben lassen«.
- Strict: die strenge, jeden Makel monierende DTD.
- Frameset: die veraltete, 90er-Jahre-Frames-Frisur, die Liebhaber von Frames weiterhin unterstützt.

Von allen drei Varianten ist *XHMTL 1.0 Transitional* diejenige, die ihrem Vorgänger HTML am nächsten steht. *XHMTL 1.0 Transitional* vergibt dem Designer, wenn Layout-Vorgaben im HTML-Dokument selbst erscheinen, und erlaubt veraltete Elemente wie z.B. das <font>-Tag und das Öffnen von Links in einem neuen Fenster. Trotzdem sollte man von <font> absehen. Außerdem toleriert Transitional das Kolorieren von Tabellenzellen, das die Strict-Methode vehement untersagt. Kurz und bündig: XHTML 1.0 Transitional ist die perfekte DTD für Designer, die den Übergang – auch Transition genannt – zu modernen Webstandards beschreiten.

Hinter der DTD folgt auf dem Fuß die »XHTML namespace«-Deklaration. Sie ermöglicht die Identifikation der Dokumente, indem sie mittels Link auf die Online-Version der Regeln verweist. Weiterhin spezifiziert sie im »lang«-Attribut, in welcher Sprache das Dokument vorliegt. Alles in allem sieht der Dokument-Kopf dann so aus:

```
<!DOCTYPE html PUBLIC "-//W3C//DTD XHTML 1.0 Transitional//EN"
  "http://www.w3.org/TR/xhtml1/DTD/xhtml1-transitional.dtd">
<html xmlns="http://www.w3.org/1999/xhtml" lang="de">
```

XHTML-Regel 2: Wählen Sie die korrekte Zeichen-Encodierung

Damit XHTML-Dokumente in Browsern korrekt interpretiert werden und den Test auf korrekten Code überstehen, müssen sie den Typ ihrer Zeichensatz-Encodierung (character encoding) angeben. Das kann Unicode, ISO-8859-1 (auch bekannt als Latin-1) oder UTF-8 sein. Da sich im Web zunehmend die Zeichensatz-Encodierung UTF-8 durchsetzt, versorgen Sie Ihr Dokument mit dem entsprechenden Tag (das Sie innerhalb der <head>-Tags positionieren):

```
<meta http-equiv="Content-Type" content="text/html; charset=utf-8" />
```

Achten Sie darauf, dass Sie das Dokument auch wirklich in diesem Format abspeichern. Die HTML- oder Text-Editoren sollten Sie dabei unterstützen. So lässt sich zum Beispiel unter Windows ein Text im Notepad-Editor als UTF-8 abspeichern. Wenn Sie im falschen Format abspeichern, kann es zu Darstellungsfehlern innerhalb des Browsers kommen. Sollten Sie Schwierigkeiten mit UTF-8 bekommen, versuchen Sie es am besten mit der weitverbreiteten Zeichencodierung ISO-8859-1.

```
<meta http-equiv="Content-Type" content="text/html; charset=ISO-8859-1" />
```

XHTML-Regel 3: Tags werden kleingeschrieben

Im Gegensatz zu HTML ist XML »case sensitive«, das bedeutet, dass XML auf den Unterschied von Groß- und Kleinschreibung reagiert. Da XHTML auf den Ausschreibungsregeln von XML basiert, müssen alle Tags kleingeschrieben werden. Das gilt nicht für die Werte der Attribute. Diese können ruhig groß- und kleingeschrieben werden. Das macht unter anderem beim title-Attribut des Link-Tags Sinn, da bei einem Mouse-Over über den Link der Inhalt des title-Attributs angezeigt wird.

```
<a href="links.html" title="Zum Link-Verzeichnis!">Link-Verzeichnis</a>
```

Kleine Zusätze: FavIcon, Stylesheets, Metatags

Neben der Zeichen-Encodierung und dem <title>-Tag platzieren Sie außerdem noch zwei Links im Kopfbereich Ihres XHTML-Dokuments. Das ist zum einen der Link zu Ihrem späteren Cascading Stylesheet und zum anderen ein Link zur FavIcon-Datei.

Was FavIcons sind und wie man sie erstellt, erfahren Sie in Kapitel 10, *Website-Tuning*.

Die Links zum jeweiligen Stylesheet und FavIcon können absolut gesetzt werden, zum Beispiel *http://www.ihre-domain.de/styles.css*, oder relativ. Der Code bei einer relativen Pfadangabe sieht folgendermaßen aus:

```
<link rel="shortcut icon" href="favicon.ico" />
<link rel="stylesheet" href="styles.css" type="text/css" />
```

Auch wenn mittlerweile die meisten Suchmaschinen <meta>-Tags ignorieren, so werden sie hier und da noch konsultiert und genutzt. Deswegen lohnt es sich immer, wenigstens grundlegende Informationen zum jeweiligen Dokument mitzuliefern. In seltenen Fällen greift sogar noch Google auf die Meta-Informationen zurück. Die wichtigsten drei <meta>-Tags sind *Title*, *Description* und *Keywords*. Während *Title* dem Dokument einen Namen gibt, kann *Description* eine Kurzbeschreibung enthalten. Das Feld *Keywords* sollte für die wesentlichen Schlüsselbegriffe benutzt werden.

Das Grundgerüst des XHTML-Dokuments samt Meta-Tags sähe dann zusammengefasst so aus:

```
<!DOCTYPE html PUBLIC "-//W3C//DTD XHTML 1.0 Transitional//EN"
    "http://www.w3.org/TR/xhtml1/DTD/xhtml1-transitional.dtd">
<html xmlns="http://www.w3.org/1999/xhtml" lang="de">
<head>
<title>Seitentitel</title>

<meta http-equiv="Content-Type" content="text/html; charset=utf-8" />

<meta name="Title" content="Titel des Dokuments" />
<meta name="Description" content="Kurze inhaltliche Beschreibung" />
<meta name="keywords" lang="de" content="Schlüsselbegriffe des Dokuments" />

<link rel="shortcut icon" href="favicon.ico" />
<link rel="stylesheet" href="styles.css" type="text/css" />

</head>
<body>
</body>
</html>
```

XHTML-Regel 4: Attribute bekommen Werte in Anführungszeichen

Wenn in einem Tag Attribute verwendet werden, müssen diesen Attributen Werte zugewiesen werden. Zudem müssen die Werte innerhalb von Anführungszeichen stehen.

```
<hr noshade="noshade" />
<input type="checkbox" name="auswahl" value="medium" checked="checked" />
<td nowrap="nowrap">
```

XHTML-Regel 5: Schließen Sie die Tags korrekt

Während es bei HTML nicht notwendig ist, Tags korrekt zu schließen, ist dies bei XHTML eine der Voraussetzungen. Benötigte früher ein Absatz kein abschließendes End-Tag, so ist dies bei XHTML notwendig. »Leere Tags« wie <img>, <input>, <br> oder <hr> werden in XHTML per /> beendet. Das sieht dann so aus:

```
<img src="herbert.jpg" width="120" height="60" />
<br />
```

XHTML-Regel 6: Keine Anführungszeichen innerhalb der Kommentare

Wer den Quellcode übersichtlich halten möchte und sich Vermerke für später macht, der nutzt die Kommentarfunktion. Innerhalb dieser sollten aber weder einfache noch doppelte Anführungszeichen gesetzt werden.

```
<!-- + + KOMMENTAR ohne Anführungszeichen + + -->
```

XHTML-Regel 7: Saubere Codierung von > und &

Damit Browser eine Gleichung mit > nicht fehlinterpretieren und auch nicht über &-Zeichen stolpern, werden diese innerhalb des Textes extra codiert. Das bedeutet, dass man anstelle von < und > die Zeichenketten < und > verwendet und statt eines &-Zeichens der Zeichenkette & den Vorzug gibt. Deswegen lautet die Eingabe nicht...

```
<p>Ergebnis: 9 > 4<p>
```

...sondern:

```
<p>Ergebnis: 9 &gt; 4<p>
```

Entwicklung des zweispaltigen Layouts

Nachdem wir nun alle XHTML-Regeln geklärt haben, können Sie endlich Ihr Layout realisieren. Dazu teilen Sie erst einmal die ganze Seite in die jeweiligen Inhaltscontainer ein und listen diese auf. Für das Projekt brauchen Sie dabei die folgenden Container: Kopfzeile, Navigation und Subnavigation, linke Spalte, rechte Spalte und die Fußzeile. Diese Container packen Sie in einen großen Container, den Sie gesamteseite nennen. Die Struktur innerhalb des <body>-Tags sieht dann wie folgt aus:

```
<div id="gesamteseite">
    <div id="kopfzeile"></div>
    <div id="navigation"></div>
    <div id="subnavigation"></div>
    <div id="linkespalte"></div>
    <div id="rechtespalte"></div>
    <div id="fusszeile"></div>
</div>
```

Angesichts der Vielzahl von Containern kann es bei der Programmierung unübersichtlich werden. Um den Überblick zu behalten, fügt man am besten jedem End-Tag eines <div>-Containers einen Kommentar hinzu. Das ist vor allem dann sinnvoll, wenn man mehrere Container ineinander schachtelt.

```
<div id="linkespalte"></div><!-- + + ende linkespalte + + -->
```

Wie schon erwähnt, ist die Realisation eines an Webstandards orientierten Layouts Fleißarbeit, da viele Browser die Formatierungen unterschiedlich interpretieren. Vor allem das falsch interpretierte Box-Modell von Microsoft (siehe den folgenden Kasten) erschwert die Programmierung. Zwar gibt es einen im Web oftmals verwendeten Box-Modell-Hack, den der Programmierer Tantek Çelik entdeckt hat, doch dieser verkompliziert die Programmierung des Layouts nur. Eine Demonstration seines Hacks findet man auf Tanteks Unterseite *http://tantek.com/CSS/Examples/ boxmodelhack.html* und eine deutsche Übersetzung unter *http://www.xpw18.de/ stylesheets/boxmodell2.html*. Um es Ihnen also leichter zu machen, ohne den Tantek-Hack zu bemühen, schachteln Sie deswegen zwei <div>-Tags ineinander. Während Sie später dem äußeren <div> keinerlei Abstände zuweisen, benutzen Sie das zweite <div> für die Positionierung. Die neue Struktur sieht dann so aus:

```
<div id="gesamtseite">
  <div id="kopfzeile"></div>
  <div id="navigation"></div>
  <div id="subnavigation"></div>
  <div id="linkespalte">
    <div id="linkespalte-abstand"></div>
  </div>
  <div id="rechtespalte">
    <div id="rechtespalte-abstand"></div>
  </div>
  <div id="fusszeile">
    <div id="fusszeile-abstand"></div>
  </div>
</div>
```

Nun wird es langsam unübersichtlich, darum sollten Sie nach jedem </div> einen Kommentar hinzufügen und im Quelltext die einzelnen Haupt-Container mit mehreren Zeilenumbrüchen gliedern. Die komplette XHTML-Datei finden Sie auf der CD-ROM unter *zweispaltiges_layout_ohne_inhalt.html*. Da Sie sich jetzt daran begeben, das Layout per CSS zu konstruieren, sollten Sie es vorher mit Inhalten füllen, oder Sie öffnen einfach direkt *zweispaltiges_layout_mit_inhalt.html*. Denn die Konstruktion eines Layouts gelingt am besten, wenn man einen Eindruck davon hat, wie sich die Inhalte »bewegen«, während man sie formatiert.

Inhalte in <div>-Boxen anlegen

Nachdem Sie das Gerüst fertig gestrickt haben, widmen Sie sich jetzt der Gestaltung Ihres Gitters per CSS. Zuerst klären Sie Grundsätzliches und legen für das ganze Dokument und für <body> die folgenden Parameter fest:

```
html, body {
  margin: 0;
  padding: 0;
  font-family : Verdana, Helvetica, Geneva, Arial, sans-serif;
  background : #fff;
  color: #000;
  text-align: center;
  font-size: 14px;
}
```

Das Box-Modell

Basierend auf dem so genannten Box-Modell (siehe Abbildung 2-2), legt CSS für jede XHTML-Seite ein Raster an. In diesem werden alle Inhalte in rechteckigen Kästen, den Boxen, organisiert. Damit der Inhalt eines Block-Elements wie <p>, <div> oder <h1> nicht direkt am Rand eines anderen Elements oder innerhalb einer Tabellenzelle am Zellenrand klebt, gibt es die beiden Parameter Außenabstand (margin) und Innenabstand (padding). Obendrein kann einem Block-Element auch ein Rahmen (border) hinzugefügt werden. Diesen kann man individuell mit Farben und unterschiedlichen Arten der Umrandung gestalten. Weiterhin kann man einer Box eine feste Breite und Höhe in absoluten oder relativen Werten übergeben. Dabei kann man alle Ränder (oben, rechts, unten, links) individuell formatieren.

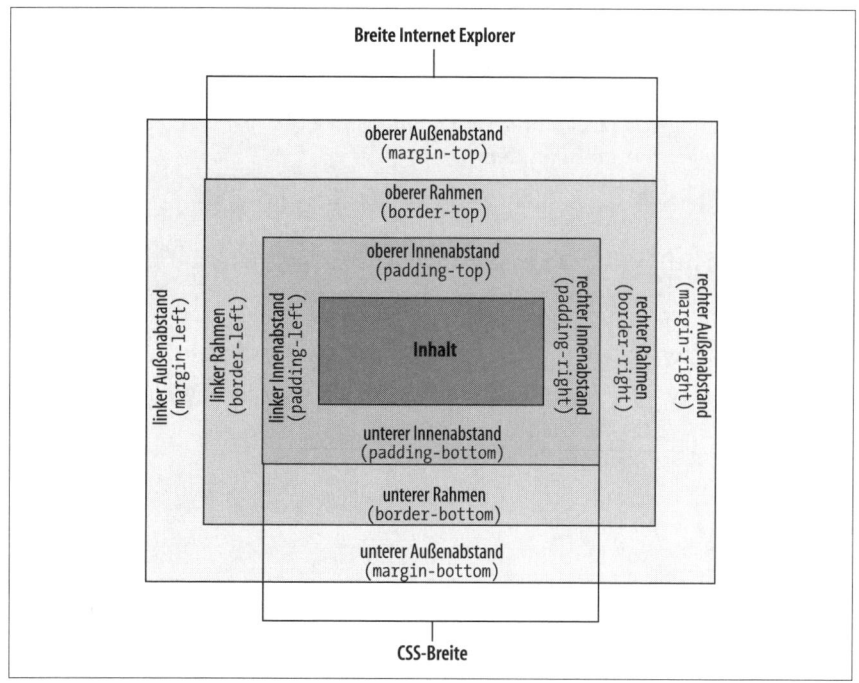

Abbildung 2-2: Das CSS-Box-Modell

Rahmen, Außenabstand und Innenabstand werden erst ab der 5. Generation der Browser zuverlässig dargestellt. Ansonsten ist die Geschichte des Box-Modells ein rotes Tuch für Webdesigner, denn sie basiert auf einer falschen Interpretation der Regeln seitens Microsoft. Geht man von den Vorgaben des W3C aus, soll das Box-Modell folgendermaßen interpretiert werden:

→

> - Innerer Abstand: padding ist der Abstand gemessen vom Element aus. Wenn das Element eine Hintergrundfarbe besitzt, wird auch padding eingefärbt.
> - Äußerer Abstand: margin ist der Abstand gegen umgebende Elemente. margin wird durch eine Farbe nicht eingefärbt.
> - Rahmen: border besitzt als einziges sichtbares Boxelement die Eigenschaften Linienart, Farbe und Rahmenbreite.
>
> Während nach den Webstandards padding und border zur Gesamtgröße der Box hinzugerechnet werden, zieht der Internet Explorer padding und border von der Gesamtbreite der Box ab. Gibt man also einer Box eine Breite von 240 Pixeln und einen linken und rechten Außenabstand (margin) von 20 Pixeln sowie einen Innenabstand (padding) von 10 Pixeln, so ist die Box im Endeffekt 300 Pixel breit (240 + 20 + 20 + 10 + 10). Im Internet Explorer wird sie nach wie vor 240 Pixel breit sein, was nach den Spezifikationen falsch ist.
>
> Um die Fehlinterpretation des Box-Modells seitens des Internet Explorers zu umgehen, benutzen zahlreiche Webdesigner den Box-Modell-Hack von Tantek Çelik. Eine Beschreibung des Hacks findet man auf Tanteks Website unter *http://tantek.com/CSS/Examples/boxmodelhack.html*.

Interessant ist dabei die Tatsache, dass Sie den auszugebenden Text der gesamten Seite per text-align: center; erst einmal zentrieren. Dieser Trick ist notwendig, damit der Internet Explorer Ihre sämtlichen <div>-Tags auf dem Bildschirm zentriert, egal wie groß das aufgezogene Fenster ist. Anschließend wirken Sie bei den Regeln für den <div>-Container gesamteseite der Formatierung entgegen und formatieren sämtliche Objekte wieder linksbündig.

```
#gesamteseite {
  margin: 0;
  padding: 0;
  margin-left: auto;
  margin-right: auto;
  width: 770px;
  text-align: left;
}
```

Mit den beiden Regeln margin-left: auto; und margin-right: auto; bewirken Sie, dass Ihre Seite auch in Browsern wie Opera, Mozilla und Firefox zentriert wird. Und weil Sie weiter oben festgelegt haben, dass Ihr Layout 770 Pixel breit ist, geben Sie Ihrem umschließenden Container mit width: 770px; den entsprechenden Wert. Zur Sicherheit setzen wir mit margin und padding jegliche Abstände auf null.

Als erstes Box-Element innerhalb des Gesamteseite-Containers haben Sie die Kopfzeile platziert. Innerhalb der Kopfzeile fügen Sie später Ihr Logo-Bild ein. Da Sie die genauen Maße kennen, legen Sie diese gleich mit den beiden Parametern width und height fest. Auch die Kopfzeile formatieren Sie auf Null-Abstände – sicher ist sicher.

```css
#kopfzeile {
  margin: 0;
  padding: 0;
  width: 770px;
  height: 210px;
}
```

Auf die Kopfzeile folgt die Navigation und die dazugehörige Subnavigation. Da Sie diese Elemente später separat formatieren, sparen Sie sie erst einmal aus und widmen sich direkt den beiden Spalten für links und rechts. Auch hier reichen für die Formatierung vier Befehle. Beachten Sie hierbei, dass die beiden Breiten addiert die Gesamtbreite von 770 Pixeln ergeben. Wollen Sie die Spaltenbreiten Ihrem eigenen Geschmack anpassen, nur zu, doch behalten Sie die Gesamtbreite immer im Auge.

```css
#linkespalte {
  margin: 0;
  padding: 0;
  width: 340px;
  float: left;
}
#rechtespalte {
  margin: 0;
  padding: 0;
  width: 430px;
  float: right;
}
```

Während Sie auch bei diesem Container die Abstände auf null setzen, benötigen beide Container noch zusätzlich die CSS-Eigenschaft float. Sie bestimmt, wie und ob ein Element umflossen wird. Da Sie Ihre beiden Spalten innerhalb des Containers gesamteseite platziert haben, lassen Sie die eine Box per float:left links und die andere Box per float:right rechts umfließen. Beide Boxen umfließen sich dadurch.

Durch die Verwendung der Eigenschaft clear mit dem Wert both legen Sie fest, dass weder links noch rechts von einem so definierten Element ein »schwebendes« (als Float definiertes) Element stehen darf. Dadurch erreichen Sie, dass die Fußzeile auf jeden Fall unterhalb der beiden Spalten angezeigt wird. Obendrein definieren Sie für die Fußzeile die Standardbreite von 770 Pixeln und eine Höhe von 30 Pixeln und zentrieren ihren Inhalt.

```css
#fusszeile {
  margin: 0;
  padding: 0;
  clear: both;
  text-align: center;
  width: 770px;
  height: 30px;
}
```

Abbildung 2-3 zeigt, wie das Layout nun aussieht. Um das Layout zu verdeutlichen, habe ich sämtlichen Containern noch per background eine Farbe zugewiesen.

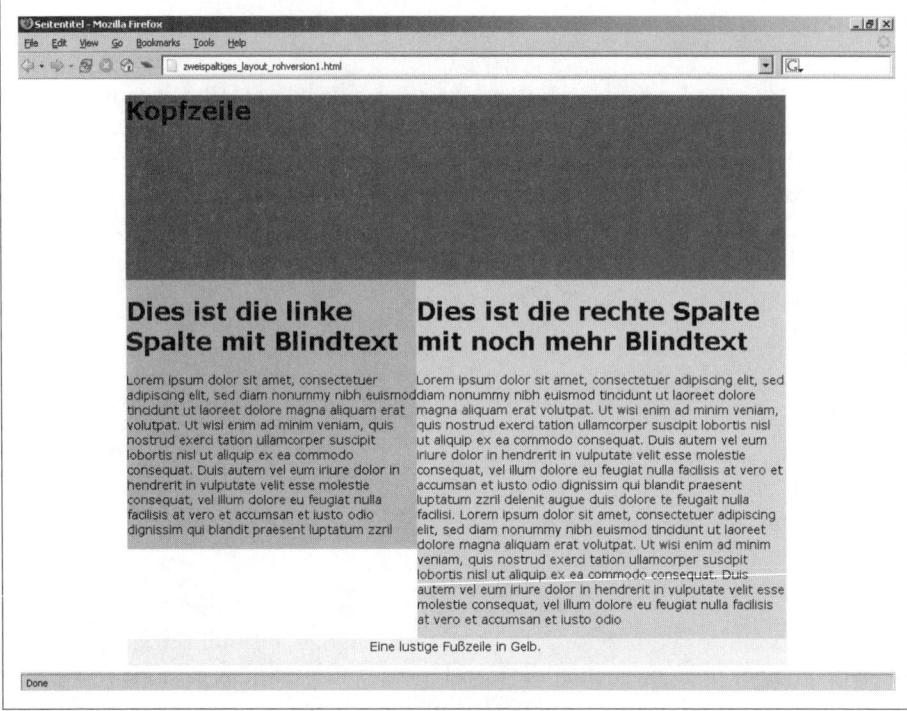

Abbildung 2-3: Das zweispaltige Layout in der Rohfassung

Anhand des Screenshots sehen Sie einen Nachteil von <div>-Containern. Ein <div>-Container ist nämlich immer so groß wie sein Inhalt. Das bedeutet, dass – wie in der Abbildung zu sehen ist –, die Hintergrundfarbe oder eine Hintergrundgrafik immer nur so weit vom Browser angezeigt wird, wie der Inhalt reicht.

Ein Hintergrund für ungleiche Spaltenlängen

Mit CSS lassen sich allerlei Formatierungen bewerkstelligen, man muss nur wissen wie. Damit Sie Ihren Website-Besuchern den Eindruck eines geschlossenen Layouts vermitteln können, benutzen Sie einen Trick, um ein Resultat wie in Abbildung 2-4 zu erzielen. Denn eine der frustrierenden Eigenschaften von CSS ist, dass die Boxen sich nur so weit vertikal ausdehnen, wie ihr Inhalt groß ist. Wird ein 300 Pixel hohes Bild von einem <div>-Container umschlossen, so ist der <div>-Container jeweils auch nur 300 Pixel hoch, sofern margin und padding für oben und unten einen Wert von null haben.

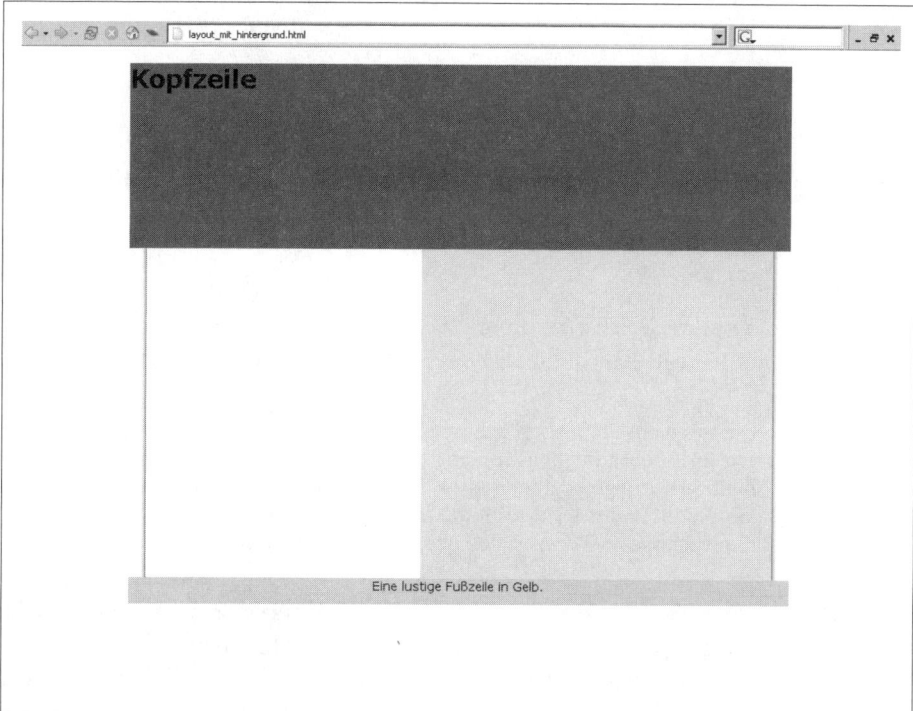

Abbildung 2-4: Das zweispaltige Layout mit eingefügten Hintergrundbildern

Positioniert man in einem Layout zwei <div>-Boxen nebeneinander, gerät man in ein Dilemma. Da der Inhalt in den seltensten Fällen gleich groß ist, wird eine Box immer vertikal länger als die andere sein. Das resultiert dann in einem Layout, wie Sie es in Abbildung 2-3 gesehen haben. Darum behilft man sich mit einem eleganten Trick.

 Sollten Sie Ihr Layout, also die unterschiedlichen Bereiche wie Kopfzeile, linke Spalte, rechte Spalte und Fußzeile, eingefärbt haben, löschen Sie die jeweiligen Zeilen wieder.

Das ganze Layout der Webseite haben Sie in einen umschließenden Container gesamteseite gepackt. Da gesamteseite den äußeren Rahmen für sämtliche Inhalte vorgibt, formatieren Sie mittels CSS diesen Container und füllen ihn mit einer Hintergrundgrafik. Diese lassen Sie dann vom Browser kontinuierlich als Kachel in der Vertikalen wiederholen. In diesem Fall sieht die Hintergrundgrafik wie in Abbildung Abbildung 2-5 aus und gibt der XHTML-Seite einen zweispaltigen Look.

Mochten Sie es einmal mit anderen Hintergrundgrafiken ausprobieren, so öffnen Sie einfach die Photoshop-Datei *layout_website_entwurf_edel.psd* auf der CD-ROM und spielen mit den Effektparametern. Anschließend speichern Sie alle Grafiken

Abbildung 2-5: Mit einem CSS-Trick und einer Hintergrundgrafik erzielen Sie ein zweispaltiges Layout

über *Datei > Für Web Speichern...* ab und verschieben diese in den Ordner, in dem Ihre XHTML-Seite liegt. Jetzt sollte das Layout mit den neuen Grafiken erscheinen.

 Die Software Photoshop gehört zu den professionellsten Werkzeugen im Bildbearbeitungsbereich. Leider ist die Neuanschaffung des Bildbearbeitungsprogramms sehr teuer. Auf der Website des Herstellers Adobe unter *www.adobe.de* können Sie jedoch eine voll funktionstüchtige 30-Tage-Version herunterladen und testen.

Nachdem die Theorie erläutert wurde, brauchen Sie nun nur noch den entsprechenden CSS-Code. Um einer Box eine Grafik und/oder Hintergrundfarbe hinzuzufügen, benutzt man den Parameter background. Dieser kann recht tricky ausfallen, wie in unserem Beispiel, nämlich:

```
background: #fff url('hintergrund.gif') repeat-y;
```

Zur Sicherheit übergeben Sie dem Hintergrund als Allererstes eine Farbe, hier Weiß. Sollte der Server aus irgendeinem Grund die Grafik nicht finden, bekommt die Box wenigstens ein Minimum an Gestaltung. Mit url('hintergrund.gif') teilen Sie dem Browser mit, wie das Bild heißt und wo er es findet. Erlaubt sind hierbei sowohl relative als auch absolute Pfade. Aus Gründen der Übersichtlichkeit sollten Sie die Dateien auf dem Server in Verzeichnissen sortieren. Darum empfiehlt es sich, die Hintergrundgrafik mit einem absoluten Verweis wie zum Beispiel url('http://www.ihre-domain.de/bilder/hintergrund.gif') einzufügen. Egal von wo aus die XHTML- und CSS-Datei aufgerufen werden, das Bild wird immer gefunden. Damit sich Ihre Grafik vertikal wiederholt, übergeben Sie abschließend noch den Parameter repeat-y.

Um Ihr Layout abzurunden, füllen Sie zum Schluss auch noch Ihre Fußzeile mit einem Hintergrundbild:

```
background: #fff url('fusszeile_hintergrund.jpg') bottom left no-repeat;
```

Selbst wenn in der Fußzeilen-Box keinerlei Texte oder Bilder untergebracht werden, wird sie angezeigt. Denn Sie haben ihr eine feste Höhe per height: 30px; gegeben.

Auch der Fußzeile geben Sie als Allererstes eine Farbe. Daraufhin folgt der Link zur Grafik, um diese abschließend richtig zu positionieren. Weil die Fußzeile am unteren Ende zwei runde Ecken hat (siehe Abbildung 2-6), müssen Sie sie so positionieren, dass diese zu sehen sind. Zwar entspricht die Höhe der Fußzeile 30 Pixel, die Grafik ist jedoch insgesamt höher, nämlich 47 Pixel. Das geschieht aus folgendem Grund: Sollte die Webseite vom Benutzer per Browser anders skaliert werden, könnte sich der Hintergrund unschön verändern und eine Lücke offenbaren. Das verhindern jedoch die zusätzlichen Pixel – die Höhe von 47 Pixeln ist in diesem Fall vollkommen willkürlich. Eigentlich sollte eine unerwartete Skalierung nicht vorkommen, aber sicher ist sicher. Ein weiterer Vorteil ist, dass nachträgliches Skalieren per CSS keine weitere Arbeit nach sich zieht. Möchten Sie eine höhere Fußzeile, dann justieren Sie per `height` einfach nach. Da die Grafik hoch genug ist, muss sie nicht neu in einem Bildbearbeitungsprogramm erstellt werden.

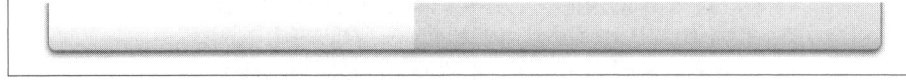

Abbildung 2-6: Hintergrundbild für die Fußzeile des zweispaltigen Layouts

 Einer für alle: Der CSS-Befehl `background` fasst alle fünf individuellen Stylesheet-Eigenschaften des Hintergrunds in einer Stildeklaration zusammen. Dazu gehören `background-color`, `background-image`, `background-repeat`, `background-attachment` und `background-position`.

Damit die Grafik richtig positioniert wird, schieben Sie sie mit dem Parameter `bottom` an den unteren Rand und mit `left` an die linke Seite. Da es sich bei dieser Grafik nicht um eine Kacheltextur handelt, verbieten Sie dem Browser mit `no-repeat` jegliche Wiederholung.

Jetzt fehlt nur noch das Logo in der Kopfzeile. Damit Ihr Logo anklickbar ist, verlinken Sie Ihr Bild mit der Startseite und fügen es innerhalb des Kopfzeile-Containers ein. Zum Beispiel so:

```
<div id="kopfzeile">
<a href="#" title="Zur Startseite!"><img class="logo" src="kopfzeile_logo.jpg"
  width="770" height="210" alt="Bild mit Logo" /></a>
</div><!-- + + ende kopfzeile + + -->
```

Damit Sie Ihr Logo unabhängig von allen anderen Elementen stylen können, fügen Sie ihm die Klasse »logo« hinzu: `class="logo"`. Um vorrausschauend späteren Style-Änderungen entgegenzuwirken, formatieren Sie Ihr Logo und »verbieten« dem Browser, einen Rahmen um das Logo zu legen. Außerdem setzen Sie alle Innen- und Außenabstände auf null.

```
.logo {
  margin: 0;
```

```
    padding: 0;
    border: none;
}
```

Das (fast) fertige Layout mit den drei eingefügten Grafiken sieht im Browser nun wie in Abbildung 2-7 aus.

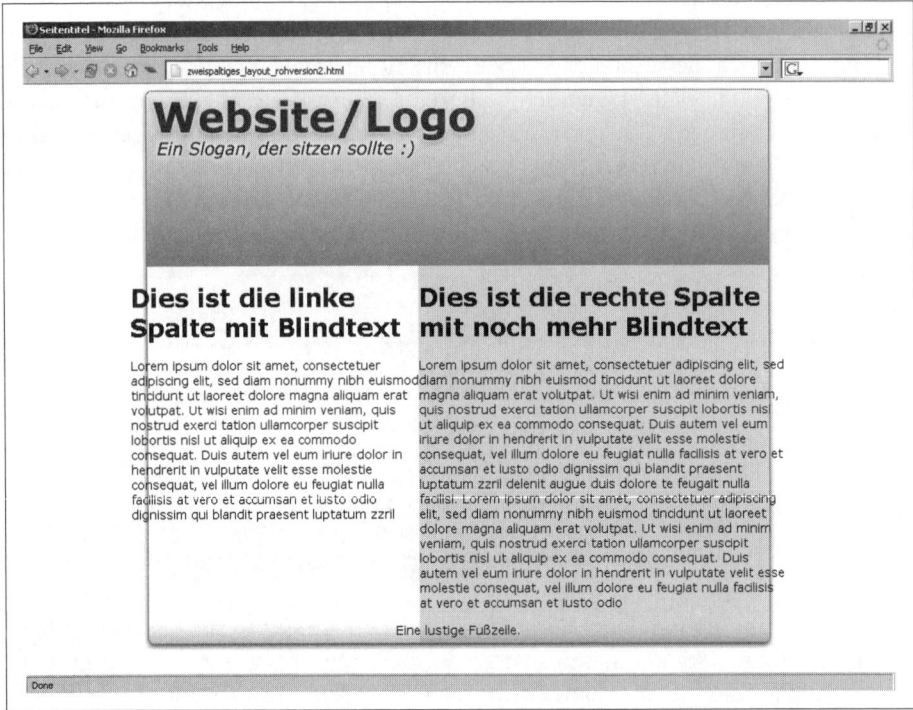

Abbildung 2-7: Das fast fertige zweispaltige Layout mit Grafiken

In dieser Abbildung sehen Sie, dass Sie letzten Endes nur noch die Inhalte der beiden Spalten positionieren müssen. Glücklicherweise wurde das XHTML-Dokument für eine leichte Positionierung der Spalten optimiert. Denn jetzt kommt endlich die Taktik der ineinander geschachtelten Container zur Anwendung, und Sie schieben die Inhalte an die richtige Stelle. Dabei bekommt die linke Spalte einen linken Abstand von 30 Pixeln und einen rechten Abstand von 5 Pixeln. Weiterhin drücken Sie die Box nach unten und geben ihr einen oberen Abstand von 10 Pixeln und einen unteren Abstand von 20 Pixeln. Der untere Abstand sorgt dafür, dass sich die Inhalte ein wenig von der Fußzeile »distanzieren«.

Die Werte übergeben Sie dem inneren Container der linken Spalte, den Sie weiter oben linkespalte-abstand getauft haben. Dafür gibt es zweierlei Methoden, um die Parameter festzulegen – eine ausführliche und eine kurze Version. Lesbarer ist die ausführliche Version:

```css
#linkespalte-abstand {
  margin-top: 10px;
  margin-right: 5px;
  margin-bottom: 20px;
  margin-left: 30px;
}
```

Wer jedoch gerne Platz und Zeit spart, der versucht es mit der knackigeren Version. Dabei liest man die Parameter im Uhrzeigersinn: oben, rechts, unten, links.

```css
#linkespalte-abstand {
  margin: 10px 5px 20px 30px;
}
```

Anschließend formatieren Sie noch die rechte Spalte:

```css
#rechtespalte-abstand {
  margin: 10px 30px 20px 10px;
}
```

Zum Schluss formatieren Sie nur noch die Fußzeile. Auch wenn Sie die Inhalte zentriert haben, bekommt die Box einen linken und einen rechten Abstand sowie ein bisschen Abstand nach oben und unten. Das platziert den Text innerhalb der Fußzeile ansehnlicher.

```css
#fusszeile-abstand {
  margin: 4px 30px 10px 30px;
}
```

Fertig! Die CSS-Datei sieht nun wie folgt aus:

```css
html, body {
  margin: 0;
  padding: 0;
  font-family : Verdana, Helvetica, Geneva, Arial, sans-serif;
  background : #fff;
  color: #000;
  text-align: center;
  font-size: 13px;
}
.logo {
  margin: 0;
  padding: 0;
  border: none;
}

/* --- LAYOUT ------------------------- */
#gesamteseite {
  margin: 0;
  padding: 0;
  margin-left: auto;
  margin-right: auto;
  width: 770px;
  background: #fff url('hintergrund.gif') repeat-y;
  text-align: left;
}
```

```css
#kopfzeile {
  margin: 0;
  padding: 0;
  width: 770px;
  height: 210px;
}
#linkespalte {
  margin: 0;
  padding: 0;
  width: 340px;
  float: left;
}
#linkespalte-abstand {
  margin: 10px 5px 0 30px;
}
#rechtespalte {
  margin: 0;
  padding: 0;
  width: 430px;
  float: right;
}
#rechtespalte-abstand {
  margin: 10px 30px 20px 10px;
}
#fusszeile {
  margin: 0;
  padding: 0;
  clear: both;
  width: 770px;
  height: 30px;
  text-align: center;
  background: #fff url('fusszeile_hintergrund.jpg') bottom left no-repeat;
}
#fusszeile-abstand {
  margin: 4px 30px 10px 30px;
}
```

Eine horizontale Reiternavigation mit CSS

Schaut man sich das zweispaltige Layout an, stören noch die unproportionierten Schriften. Wir befassen uns damit später in Kapitel 5, *Texte und Typografie für das Web*. Wenn Sie die Schrift jetzt schon anpassen möchten, kopieren Sie einfach den Inhalt der CSS-Datei *textverlauf_beispiel.css* in die Layout-Datei und passen die Formatierung Ihrem Geschmack an.

In diesem Abschnitt widmen wir uns erst einmal der Programmierung einer horizontalen Reiternavigation für das Projekt. Bevor Sie sich an das Styling machen, benötigen Sie zuvor ein wenig XHTML-Code für die Navigation selbst. Dieser sieht wie folgt aus:

```
<div id="navcon">
<ul id="nav">
  <li><a href="#">Home/News</a></li>
  <li><a href="#" class="aktuell">Artists</a></li>
  <li><a href="#">Music-Downloads</a></li>
  <li><a href="#">Dates</a></li>
  <li><a href="#">Press</a></li>
  <li><a href="#">Links</a></li>
</ul>
</div>
```

Sicherlich kann man Navigationen auch einfach mit aneinander gereihten horizontalen Links entwerfen, eine ungeordnete Liste gibt Ihnen aber eine größere Vielfalt an Gestaltungsmöglichkeiten. Im Gegensatz zu den vorherigen Listings benutzen wir hier kürzere Namen für die IDs. Das erhöht die Übersicht, und die IDs erklären sich fast von selbst. Während das umschließende `<div>`-Tag die ID navcon (Navigations-Container) erhält, wird die ungeordnete Liste `<ul>` mit Hilfe der ID nav (Navigation) formatiert. Anschließend folgen die Menüpunkte, in ein Listenelement `<li>` gehüllt. Dieses umschließt jeden der einzelnen Links. Wenn Sie den Code genau anschauen, fällt Ihnen sicherlich die zusätzliche Klasse aktuell beim zweiten Menüpunkt auf. Diese benötigen Sie später, um einen aktuell ausgewählten Menüpunkt als hervorgehoben zu formatieren. Die Hervorhebung hilft Ihren Besuchern bei der Orientierung. Wenn ein Besucher über Google auf Ihre Seite stößt, weiß er sofort, in welcher Rubrik er sich befindet, weil diese durch aktuell gekennzeichnet wird.

Die so genannten Klassenselektoren (class) kann man jedem XHTML-Element zuweisen. Mit class übergeben Sie somit einem Element eine Formatierung. Die Formatierung können Sie wie bei CSS üblich im XHTML-Dokument oder im Stylesheet platzieren. Klassen beginnen zwingend immer mit einem vorangestellten Punkt, dem ein Name folgt, zum Beispiel:

```
.klasse {
font-weight: bold;
}
```

Wird ein XHTML-Element nun mit der Klasse verbunden, wird in diesem Beispiel der Text in Fettschrift erscheinen. Um einem Element eine Klasse zuzuweisen, rufen Sie einfach die Klasse innerhalb des Tag-Befehls mit dem Attribut class="name-der-klasse" auf. Um die obige Klasse einem Absatz zuzuweisen, schreiben Sie den folgenden Code:

```
<p class="klasse">Text</p>
```

Damit der Container in Ihrem Layout an die richtige Stelle rutscht, rücken Sie ihn auf der linken Seite mit einem Abstand von 20 Pixeln zurecht. Da Sie der Navigation später eine maximale Breite von 730 Pixeln erlauben, können Sie auf den rechten Abstand verzichten.

```
#navcon {
  margin: 0 0 0 20px;
}
```

Nachdem die umschließende Box zurechtgerückt wurde, können Sie sich an die Formatierung der ungeordneten Liste machen.

```
#nav {
    margin: 0;
    padding: 0;
    width: 730px;
    float: left;
    list-style: none;
    border-top: 1px solid #bbb;
    border-bottom: 1px solid #333;
    background: #555;
}
```

Damit alles mit rechten Dingen zugeht, stutzen Sie das <ul>-Element zurecht. Denn <ul> bekommt von den unterschiedlichen Browsern schon von Haus aus ein padding und/oder margin verpasst. Dem begegnen Sie mit einem Styling. Außerdem löschen Sie die nicht gewünschten Listenpunkte mit list-style: none; und lassen <ul> per float umfließen. Weiterhin übergeben Sie dem Element einen Hintergrund, damit die Navigation ein eigenes Aussehen bekommt und der Hintergrund von gesamteseite nicht durchscheint. Nach oben wie auch nach unten grenzen Sie die Navigation mit einer dünnen Linie ab. Zusammen mit der Subnavigation, der Sie auch einen einpixeligen Rand geben, erzielen Sie so einen leichten 3D-Effekt.

```
#nav li {
    float: left;
    margin: 0;
    padding: 0 1px 0 0;
    list-style: none;
}
```

Auch das Listenelement <li> bekommt ein float:left wie <ul> verpasst. Listenelemente lassen sich zwar auch vom standardmäßig benutzten Block-Element auf ein Inline-Element umstellen, ein float funktioniert hier aber Browser-übergreifend besser.

In CSS werden Elemente in Block- und Inline-Elemente unterteilt. Block-Elemente sind Elemente, die wie Boxen behandelt werden. Das wesentliche Merkmal eines Block-Elements ist, dass nach dem Block-Element ein Zeilenumbruch erfolgt. Typische Block-Elemente sind zum Beispiel <div>, <p>, <table> oder <body>. Im Gegensatz zu Block-Elementen erzeugen die Inline-Elemente wie zum Beispiel <span>, <a>, <strong> oder <em> keinen Zeilenumbruch. Inline-Elemente liegen immer innerhalb eines Block-Elements und erben dessen Eigenschaften.

Um beim Hover-Effekt eine kleine feine Linie zwischen den Listenelementen zu bekommen, schieben Sie den Inhalt auf der rechten Seite einen Pixel nach rechts. Diesen Abstand benötigen Sie später bei der Veredelung. Wenn Sie die Schritte bis hierhin umgesetzt haben, sehen Sie noch kein Resultat. Das geschieht aber, wenn Sie sich jetzt den eigentlichen Links widmen.

```
#nav a {
  float: left;
  padding: 5px 13px 5px 13px;
  text-decoration: none;
  color: #fff;
}
#nav a:hover {
  color: #fff;
  background: #aaa;
}
```

Wie schon bei `<ul>` und `<li>` geschehen, lassen Sie alle anderen um `<a>` herum liegenden Elemente auf der linken Seite umfließen. Damit die Links weder oben noch unten noch an den Seiten aneinander kleben, dehnen Sie die Box, in der sich der Link befindet, ein wenig mit padding aus. Die standardmäßige Unterstreichung von Links heben Sie anschließend mit text-decoration: none; auf und geben den Links die Farbe Weiß. Damit Ihre Navigation auch ein wenig interaktiven Charakter bekommt, machen Sie sich den beliebten Hover-Effekt zunutze. Fährt der Mauszeiger über einen Link, so wechselt der Hintergrund von Weiß auf ein helles Grau.

Zum Schluss müssen Sie nur noch die CSS-Klasse aktuell mit einem eigenen Stil versehen, der zur Orientierung der Besucher dient. Der aktuelle Reiter bekommt die Hintergrundfarbe, die Sie auch schon a:hover gegeben haben, und soll in Fettschrift angezeigt werden.

```
#nav a.aktuell {
  color: #fff;
  background: #aaa;
  font-weight: bold;
  background: #777;
}
```

Die Hauptnavigation ist damit fertig gestellt – siehe Abbildung 2-8.

Da Ihre Navigation zweiter Ordnung, die Subnavigation, genauso aufgebaut ist wie die Hauptnavigation, verzichte ich an dieser Stelle darauf, sie noch einmal näher zu erläutern. Der einzige Unterschied besteht darin, dass die Klasse aktuell in der Subnavigation aktuell2 heißt und der XHTML-Code mit den IDs für die Subnavigation versehen wurde – subnavcon (Subnavigationscontainer) und subnav (Subnavigation). Weiterhin wurden die Farben verändert, damit sich die Subnavigation von der Hauptnavigation unterscheidet und der beliebte Reitereffekt erzielt wird. Der XHTML-Quellcode für die Subnavigation sieht so aus:

```
<div id="subnavcon">
<ul id="subnav">
  <li><a href="#">Yuki Yumiyoshi</a></li>
  <li><a href="#" class="aktuell2">Brigitte Bijoux</a></li>
```

Abbildung 2-8: Nur CSS: unser Layout mit horizontaler Navigation

```
    <li><a href="#">Nobukazo</a></li>
  </ul>
</div>
```

Die XHTML-Datei finden Sie auf der CD-ROM unter *zweispaltiges_layout_reiter_navigation_css_pur.html* und das Stylesheet unter *zweispaltiges_layout_reiter_navigation_pur_css.css*. Trotzdem sei das fertige CSS-Dokument hier noch einmal aufgelistet.

```
html, body {
  margin: 0;
  padding: 0;
  font-family : Verdana, Helvetica, Geneva, Arial, sans-serif;
  background : #fff;
  color: #000;
  text-align: center;
  font-size: 13px;
}
.logo {
  margin: 0;
  padding: 0;
  border: none;
}
```

```css
a, h1, h2, h3, h4, h5, h6, p, td, tr {
  margin: 0;
  padding: 0;
}
/* --- LAYOUT ------------------------- */
#gesamteseite {
  margin: 0;
  padding: 0;
  margin-left: auto;
  margin-right: auto;
  width: 770px;
  background: #fff url('hintergrund.gif') repeat-y;
  text-align: left;
}
#kopfzeile {
  margin: 0;
  padding: 0;
  width: 770px;
  height: 210px;
}
#linkespalte {
  margin: 0;
  padding: 0;
  width: 340px;
  float: left;
}
#linkespalte-abstand {
  margin: 10px 5px 0 30px;
}
#rechtespalte {
  margin: 0;
  padding: 0;
  width: 430px;
  float: right;
}
#rechtespalte-abstand {
  margin: 10px 30px 20px 10px;
}
#fusszeile {
  margin: 0;
  padding: 0;
  clear: both;
  width: 770px;
  height: 30px;
  text-align: center;
  background: #fff url('fusszeile_hintergrund.jpg') bottom left no-repeat;
}
#fusszeile-abstand {
  margin: 4px 30px 10px 30px;
}
/* --- NAVIGATION ------------------------- */
#navcon {
  margin: 0 0 0 20px;
}
```

```css
#nav {
  margin: 0;
  padding: 0;
  width: 730px;
  float: left;
  list-style: none;
  border-top: 1px solid #bbb;
  border-bottom: 1px solid #333;
  background: #555;
}
#nav li {
  margin: 0;
  padding: 0 1px 0 0;
  float: left;
  list-style: none;
}
#nav a {
  padding: 5px 13px 5px 13px;
  float: left;
  text-decoration: none;
  color: #fff;
}
#nav a:hover {
  color: #fff;
  background: #aaa;
}
#nav a.aktuell {
  color: #fff;
  background: #aaa;
  font-weight: bold;
  background: #777;
}
/* --- SUB-NAVIGATION ------------------------- */

#subnavcon {
  margin: 0 0 0 20px;
}
#subnav {
  margin: 0;
  padding: 0;
  width: 730px;
  float: left;
  list-style: none;
  border-top: 1px solid #bbb;
  border-bottom: 0px solid #444;
  background: #777;
}
#subnav li {
  margin: 0;
  padding: 0 1px 0 0;
  float: left;
  list-style: none;
}
```

```
#subnav a {
  padding: 5px 13px 5px 13px;
  float: left;
  text-decoration: none;
  color: #fff;
}
#subnav a:hover, #subnav a.aktuell2 {
  color: #fff;
  background: #aaa;
}
#subnav a.aktuell2 {
  font-weight: bold;
  background: #fff;
  color: #333;
}
```

Eine Frage des Stils – Veredelung der Navigation mit Hintergrundgrafiken

CSS bietet die hervorragende Möglichkeit, Boxen mit Hintergrundgrafiken zu verschönern. Sie finden dazu zahlreiche herausragende Workshops in englischer Sprache auf der CSS-Website *A List Apart* unter *www.alistapart.com*. Setzen auch Sie nun Hintergrundgrafiken ein, um Ihrer Navigation ein edleres Aussehen zu geben.

Hintergrundgrafiken kann man per CSS auf verschiedene Weise einbauen. Dabei lassen sich die Grafiken in einer Ecke positionieren, von der aus sie sich ausbreiten. Weiterhin lassen sie sich horizontal oder vertikal als Muster einsetzen, oder man fixiert sie einfach an einer Stelle. Mit Hilfe von mehreren ineinander geschachtelten Boxen lassen sich auf diese Weise recht ausgefeilte Layouts entwerfen, wie zum Beispiel Boxen mit runden Ecken (siehe *http://www.alistapart.com/articles/customcorners/*).

Um Ihre Navigation deluxe zu kreieren, brauchen Sie in keiner Weise den eigentlichen Quellcode zu verändern. Der bleibt so, wie er ist. Sie brauchen lediglich jeweils drei neue GIF-Grafiken für die Hauptnavigation und für die Subnavigation, die Sie per CSS im Hintergrund positionieren. Dabei handelt es sich um die folgenden sechs Grafiken:

- *nav-aktuell-hintergrund.gif*
- *nav-hintergrund-dunkelgrau.gif*
- *nav-li-hintergrund.gif*
- *subnav-aktuell-hintergrund.gif*
- *subnav-hintergrund-hellgrau.gif*
- *subnav-li-hintergrund.gif*

Sämtliche Grafiken sind maximal 1 Kilobyte groß. Mit dem Verlaufswerkzeug in Photoshop wurde ihnen ein dezenter und weicher Verlauf gegeben. Um die Hauptnavigation optisch von der Subnavigation abzuheben, sind die Verläufe der drei

Grafiken insgesamt dunkler als die der Subnavigation. Die beiden Grafiken *nav-aktuell-hintergrund.gif* und *subnav-aktuell-hintergrund.gif* benutzen Sie für die aktuelle Markierung und den Hover-Effekt. Alle Grafiken haben jeweils eine Größe von 36 x 36 Pixel. Ausgenommen davon sind *nav-li-hintergrund.gif* und *subnav-li-hintergrund.gif*. Diese beiden Grafiken nutzen Sie als Trennstrich zwischen den <li>-Elementen. Sie sind 2 Pixel breit und 36 Pixel hoch.

In der Vergrößerung in Abbildung 2-9 können Sie erkennen, dass die erste Pixelspalte von der zweiten optisch getrennt ist. Dadurch erreichen Sie einen 3D-Effekt, der beim Betrachter den Eindruck hinterlässt, die einzelnen Menüpunkte hätten eine geschliffene äußere Kontur.

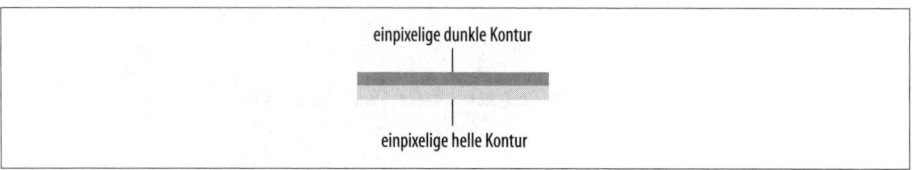

Abbildung 2-9: Ein wenig Kontur für die Navigation: ein dreidimensionaler Trennstrich in der Vergrößerung

Nachdem Sie die Grafiken fertig gestellt haben, können Sie sie nun über das Stylesheet einbinden. Dazu öffnen Sie entweder das fertige CSS-Dokument auf der CD-ROM oder Ihr bereits angefertigtes Dokument. Die Container müssen Sie nur noch durch die folgenden Befehle ergänzen.

Beginnen Sie mit der Hintergrundgrafik für die ganze Navigation. Zur Sicherheit geben Sie dieser wieder eine Hintergrundfarbe, damit die Navigation auch bei fehlenden Grafiken optisch ausgewogen bleibt. Anschließend füllen Sie den nav-Container mit der Grafik und lassen diese vom Browser von der oberen (top) linken (left) Ecke aus in der Horizontalen (x) kontinuierlich wiederholen (repeat). Die Parameter sehen dann so aus:

```
#nav { background: #555 url('nav-hintergrund-dunkelgrau.gif') repeat-x top left;}
```

Damit Sie den 3D-Kontureneffekt für die <li>-Elemente erhalten, braucht das Element einen inneren Abstand (padding) an der rechten Seite. An diesen »kleben« Sie die 2 Pixel breite Grafik, indem Sie sie in der oberen (top) rechten (right) Ecke platzieren:

```
#nav li {
  padding: 0 1px 0 0;
  background: url('nav-li-hintergrund.gif') no-repeat top right;
}
```

Damit der Besucher erkennt, auf welcher Seite er sich gerade befindet, haben Sie für Ihre Navigation jeweils die Klassen aktuell und aktuell2 eingerichtet. Diese ergänzen Sie nun durch die Hintergrundgrafik und geben folgenden Code ein:

```
#nav a:hover, #nav a.aktuell {
  color: #fff;
  background: #aaa url('nav-aktuell-hintergrund.gif') repeat-x bottom left;
}
#nav a.aktuell {
  font-weight: bold;
  background: #777 url('nav-aktuell-hintergrund.gif') repeat-x bottom left;
}
```

Da auch der Hover-Effekt die aktuell-Grafik benötigt, übergeben Sie gleichzeitig auch diesem Element den Parameter. Nachdem Sie die gleichen Schritte auch für die Subnavigation getätigt haben, ist die 3D-Navigation fertig und kann sich sehen lassen. Die Programmierung des Layouts samt zweizeiliger Navigation ist jetzt abgeschlossen und besteht aus leichtgewichtigem und korrektem XHTML und CSS. Außerdem wiegt Ihre Webseite trotz des großen Kopfzeilenbildes und der Platzhaltergrafik auf der linken Seite nur 50 KByte.

Clevere Programmierung mit PHP-Modulen

Wenn Sie über Webspace auf einem Server verfügen, der PHP-Dokumente interpretieren kann, sollten Sie diese Möglichkeit nutzen, auch wenn Sie sich noch nie mit PHP befasst haben. PHP selbst ist eine Programmiersprache und läuft auf dem Webserver. Die in PHP programmierten Webseiten werden interpretiert und dynamisch zusammengesetzt, bevor sie der Server ausliefert. Während man XHTML-Seiten als statische Dokumente auf einem Server hinterlegt, kann man mit Hilfe von PHP dynamische Webseiten programmieren. Dynamik bedeutet bei PHP, dass die Sprache bestimmte Befehle abarbeitet, um anschließend ein XHTML-Dokument an den Browser des Website-Besuchers zu schicken. So kann man zum Beispiel PHP befehlen, die Uhrzeit des Servers in das auszuliefernde XHTML-Dokument einzufügen. Richtig interessant wird es jedoch, wenn man PHP mit einer Datenbank verbindet, denn dann lassen sich Inhalte kombinieren und auf verschiedenste Weise ausgeben, ohne dass jeweils ein XHTML-Dokument programmiert werden muss. Wenn man Fakten ändern möchte, ändert man sie in der Datenbank. Beim nächsten Zugriff setzt PHP die Seite erneut zusammen und ruft die aktualisierten Daten aus der Datenbank ab.

Man kann PHP aber auch nutzen, um verschiedene XHTML-Dokumente zusammenzusetzen. Wichtig ist dabei nur, dass man die Datei anschließend mit der richtigen Endung, also *.php*, abspeichert. Schließlich soll der Server wissen, dass er das Dokument erst einmal auf PHP-Befehle untersuchen soll, die er gegebenenfalls interpretiert. An dieser Stelle möchte ich jedoch nicht weiter auf PHP eingehen, sondern Ihnen nur einen einzigen Befehl erklären, der schon eine Menge Arbeit abnehmen kann. Er lautet:

```
<? include("http://www.ihre-domain.de/dokument.html"); ?>
```

Damit der Server mitbekommt, dass es sich um einen PHP-Befehl handelt, werden die Befehle – anders als bei XHTML-Tags – mit <? und ?> eingeklammert. Daraufhin folgt der `include`-Befehl, der den PHP-Interpreter veranlasst, die zwischen (" und ") angegebene Datei (*dokument.html*) einzubinden.

Doch wozu taugt der Befehl? Wie Sie bei der Programmierung des Layouts gesehen haben, ist die Seite in mehrere Bereiche unterteilt: Dokumentkopf, Navigation, linke und rechte Spalte sowie Fußzeile. Vor allem die Fußzeile ist bei den meisten Projekten auf allen Webseiten gleich und basiert auf den immer gleichen Informationen. Ändert sich aber einmal der Inhalt der Fußzeile, muss man alle Seiten des Web-Auftritts öffnen und darin jeweils die Fußzeile ändern. Bei Projekten mit vielen Seiten geht das leichter mit PHP.

Anstelle der richtigen Fußzeile verwendet man im XHTML-Dokument den `include`-Befehl und legt für die Fußzeile eine separate Datei an. In dieser Datei, die man *fusszeile.html* nennt, speichert man kein vollständiges XHTML-Dokument, sondern lediglich den Code der Fußzeile. Mit dem `include`-Befehl wird die Datei *fusszeile.html* aufgerufen, woraufhin PHP den Code in die eigentliche Webseite einfügt. Der `include`-Befehl sieht dabei so aus:

```
<? include("http://www.ihre-domain.de/fusszeile.html"); ?>
```

Diesen Code fügen Sie ersatzweise für die Fußzeile in allen Dokumenten ein. Denken Sie dabei daran, die Dokumente mit der PHP-Endung anstatt der HTML-Endung auf dem Server abzulegen. Wenn sich nun irgendwann beispielsweise Ihre Adresse ändert, öffnen Sie *fusszeile.html* und korrigieren dort die Adresse. Nachdem Sie die Datei wieder auf dem Server abgespeichert haben, erscheint dank PHP auf allen Seiten die neue Adresse.

Diese Methode lässt sich weiter ausbauen, da PHP den mehrfachen Einsatz eines Befehls erlaubt. Somit kann man eine Webseite in Module zerlegen, um sie übersichtlich zu halten und um sich Arbeit zu ersparen. Treten nämlich Fehler auf, öffnet man das dafür verantwortliche Modul und korrigiert den Fehler, und alle Seiten profitieren davon. Auf diese Weise lassen sich Module für sämtliche Codezeilen anlegen, die Sie immer wieder in Ihren Webseiten aufrufen wollen. Das kann neben XHTML-Code für Metatags oder Inhalts-Container auch JavaScript-Code sein. Auch weitere PHP-Funktionen lassen sich per `include` einbinden. Eine XHTML-Seite könnte dann zum Beispiel so aussehen:

```
<!DOCTYPE html PUBLIC "-//W3C//DTD XHTML 1.0 Transitional//EN"
  "http://www.w3.org/TR/xhtml1/DTD/xhtml1-transitional.dtd">
<html xmlns="http://www.w3.org/1999/xhtml" lang="de">
<head>
<title>Dokument-Titel</title>
  <? include("meta_link_tags.html"); ?>
  <? include("javascript.js"); ?>
</head>
<body>
<div id="gesamteseite">
```

```
        <div id="kopfzeile"><? include("navigation.html"); ?></div>
        <div id="linke-spalte"><? include("linke-spalte.html"); ?></div>
        <div id="rechte-spalte"><? include("rechte-spalte.html"); ?></div>
        <div id="fusszeile"><? include("fusszeile.html"); ?></div>
    </div>
  </body>
</html>
```

Anbieterkennzeichnung per Impressum

Die Impressumseite eines Web-Auftritts ist die wichtigste Seite. Denn als deutscher Bürger ist man dazu verpflichtet, eine solche Seite anzubieten, wenn man auf seiner Website meinungsbildende Texte veröffentlicht. Leider ist das Gesetz hier noch recht schwammig. Darum sollten Sie, um einer teuren Abmahnung durch Anwälte vorzubeugen, ein Impressum anbieten. Sicher ist sicher.

Die Webseite mit dem Impressum muss leicht auffindbar sein. Das Teledienstegesetz (TDG) schreibt vor, dass die Pflichtangaben »leicht erkennbar, unmittelbar erreichbar und ständig verfügbar« sind – also von jeder Seite aus. Das bedeutet, dass der Besucher nicht erst scrollen muss, um den Link zum Impressum zu finden. Der Link sollte entweder *Info* oder *Impressum* lauten. Außerdem ist ein Vermerk auf eigene Urheber- und Markenrechte sinnvoll. So informiert die Website *www.abmahnwelle.de*:

»Wer auf Dauer eine Website betreiben möchte, ist zur Anbieterkennzeichnung nach Teledienstegesetz (TDG) oder Mediendienstestaatsvertrag (MDStV) verpflichtet. TDG-Abmahnungen sind ein 'Dauerbrenner' im Abmahnwesen. Da viele nicht wissen, was sie alles angeben müssen, steht auf *www.abmahnwelle.de/certiorina* ein Tool zur Verfügung, das bei der Impressumserstellung behilflich ist.«

Neben *www.abmahnwelle.de* bietet auch die Internet-Agentur für Multimedia und Internet-Kommunikation in Mannheim einen Impressum-Generator an. Auch hier wird der Besucher darauf hingewiesen, dass »seit Anfang 2002 jede gewerbliche Homepage eine so genannte 'Anbieterkennzeichnung' enthalten muss. Vergleichbar ist diese Kennzeichnung mit dem Impressum einer Zeitung. Was alles anzugeben ist, bestimmt das Teledienstegesetz. Je nach Beruf oder Rechtsform müssen Homepage-Betreiber dabei höchst unterschiedliche Angaben machen.«

Um ein korrektes Impressum zu entwerfen, empfiehlt sich daher einer der beiden Generatoren. Sehr übersichtlich und empfehlenswert ist der Impressums-Generator der Internet-Agentur in Mannheim, den Sie unter *www.digi-info.de/de/netlaw/webimpressum/* finden (siehe Abbildung 2-10). Wenn Sie ein Impressum fertig gestellt haben, speichern Sie es als eigene Webseite ab. Anschließend veröffentlichen und verlinken Sie diese neue Webseite auf Ihrer Web-Präsenz. Beachten Sie dabei vor allem, dass der Link möglichst weit oben auf der Website auftaucht. Am besten integrieren Sie das Impressum in Ihrer Hauptnavigation. Dann sollten Sie bei korrekten Angaben gegen sämtliche Abmahnungen gewappnet sein.

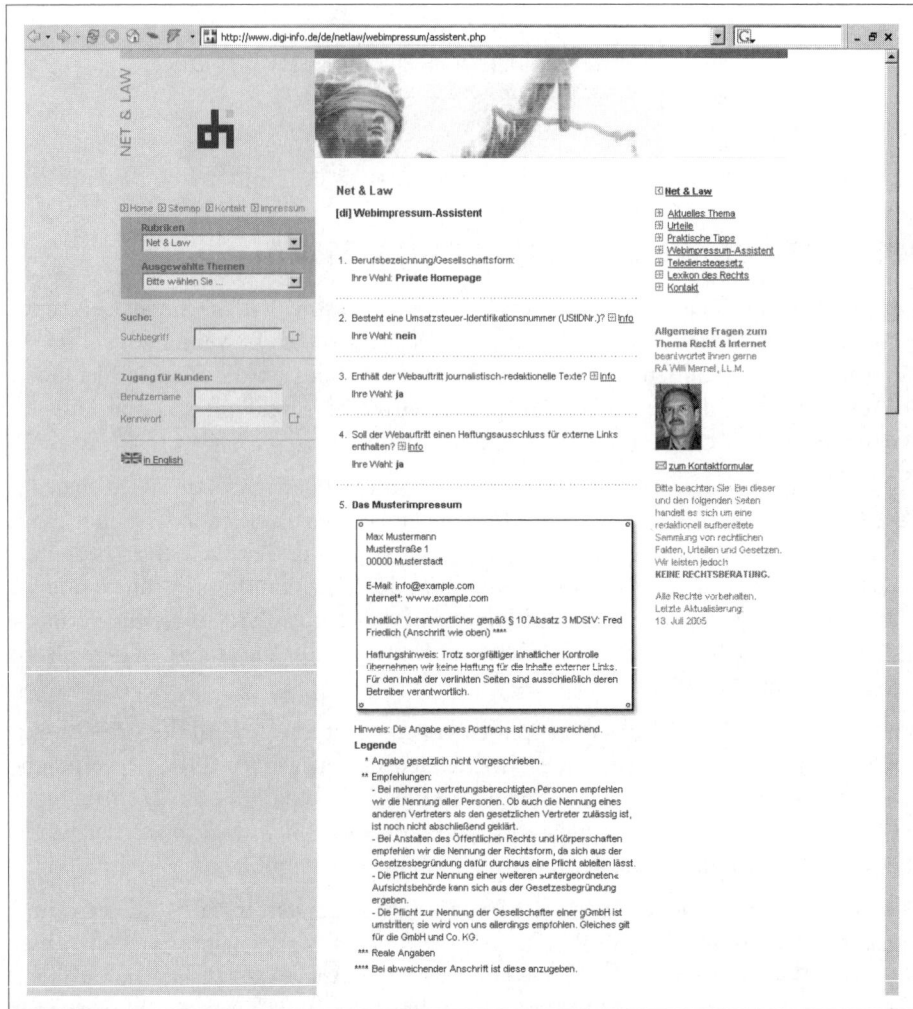

Abbildung 2-10: Auf der sicheren Seite: Erstellen eines einwandfreien Impressums mit dem Generator der Internet-Agentur in Mannheim

Das Kontaktformular

Um Reaktionen zum eigenen Web-Auftritt oder zur eigenen Musik zu bekommen, braucht man ein Kontaktformular. Dieses sollte den Besuchern, Hörern und Fans die Möglichkeit bieten, eine Reaktion zu hinterlassen. Labels, die Interesse an Ihrer Musik haben und einen ersten Kontakt aufnehmen wollen, nutzen oftmals das Formular für die Kontaktaufnahme. Somit könnte das Formular der erste Schritt zum neuen Plattenvertrag werden.

Natürlich könnten Sie auch einfach Ihre E-Mail-Adresse auf der Website veröffentlichen (mit dem HTML-Befehl <a href="mailto:email@adresse.de">email@adresse.de</a>). Allerdings sorgt das garantiert in spätestens zwei bis drei Wochen für unerwartetes Feedback seitens der kommunikationsfreudigen Spammer-Fraktion. Verhindern lässt sich eine solche Reaktion kaum, da die Spider-Maschinen durch das Web krabbeln, um neue E-Mail-Adressen – und damit auch Ihre – zu sammeln. (Mehr Informationen zu Suchmaschinen und Spidern finden Sie in Kapitel 7, *Webseiten für Suchmaschinenoptimieren*.)

Alternativ lässt sich die E-Mail-Adresse auch in Form einer Grafik hinterlegen, die von den Spider-Maschinen nicht gelesen werden kann. Die edelste Methode ist jedoch ein dynamisches Formular. Mit Hilfe von PHP lassen sich dabei obendrein die Angaben des Senders überprüfen. Damit vermeidet man eine eventuell falsch eingegebene E-Mail-Adresse oder einen fehlenden Namen.

Im kommenden Beispiel wird nun der Aufbau eines Kontaktformulars für ein mögliches Netlabel vorgestellt, das sich auch leicht für Band-, DJ- und Musiker-Webseiten anpassen lässt (siehe Abbildung 2-11). Dabei erkläre ich lediglich den Aufbau und das Anpassen des Formulars an die eigenen Vorstellungen. Versierte Programmierer, die mit XHTML & Co. umgehen können, werden keinerlei Verständnisschwierigkeiten haben.

Was das Kontaktformular können sollte

Natürlich sollte das Kontaktformular in korrektem XHTML programmiert sein und so weit wie möglich Barrieren gegenüber Behinderten bei der Eingabe beseitigen. Weiterhin soll das Formular die eingegebenen Daten wie E-Mail-Adresse, Betreff, Name und Textfeld auf korrekte Angaben überprüfen. Anschließend möchten wir, dass das Skript sowohl dem jeweiligen Empfänger als auch dem Absender eine E-Mail zukommen lässt. Dadurch bekommt der Absender das Gefühl, wahrgenommen zu werden, und erhält eine Bestätigung des erfolgreichen Versands. Dank der Dynamik von PHP können diese Anforderungen mit nur einer Datei realisiert werden. Die Datei *kontaktformular.php* finden Sie auf der CD-ROM zum Buch im Ordner zu diesem Kapitel. Öffnen Sie nun die Datei *kontaktformular.php* auf der CD-ROM. Das Kontaktformular passen Sie nun Ihren Ansprüchen an.

> Ungeduldige Webmaster können das Skript auch sofort installieren. Konfiguriert werden müssen nur die Anfangswerte – sprich die E-Mail-Adressen – der jeweiligen »Abteilung«, an die das Feedback geschickt werden soll. Nach dem Upload auf den Server ist das Skript einsatzbereit.

Das Formular selbst gliedert sich in drei Bereiche. Im oberen Bereich finden Sie die Formatierung des Formulars mit CSS-Befehlen. Darauf folgt die Justierung des Formulars mitsamt der Variablen. Zur komfortablen Steuerung wurden Platzhaltervariablen im Formular untergebracht, die im oberen Bereich der Datei verändert werden können. Die dritte Abteilung, die eigentliche dynamische Abwicklung mit Hilfe von PHP, übernimmt bei erfolgter Eingabe die Überprüfung der Daten sowie den Versand der E-Mail an den Absender und an Sie, den Website-Besitzer.

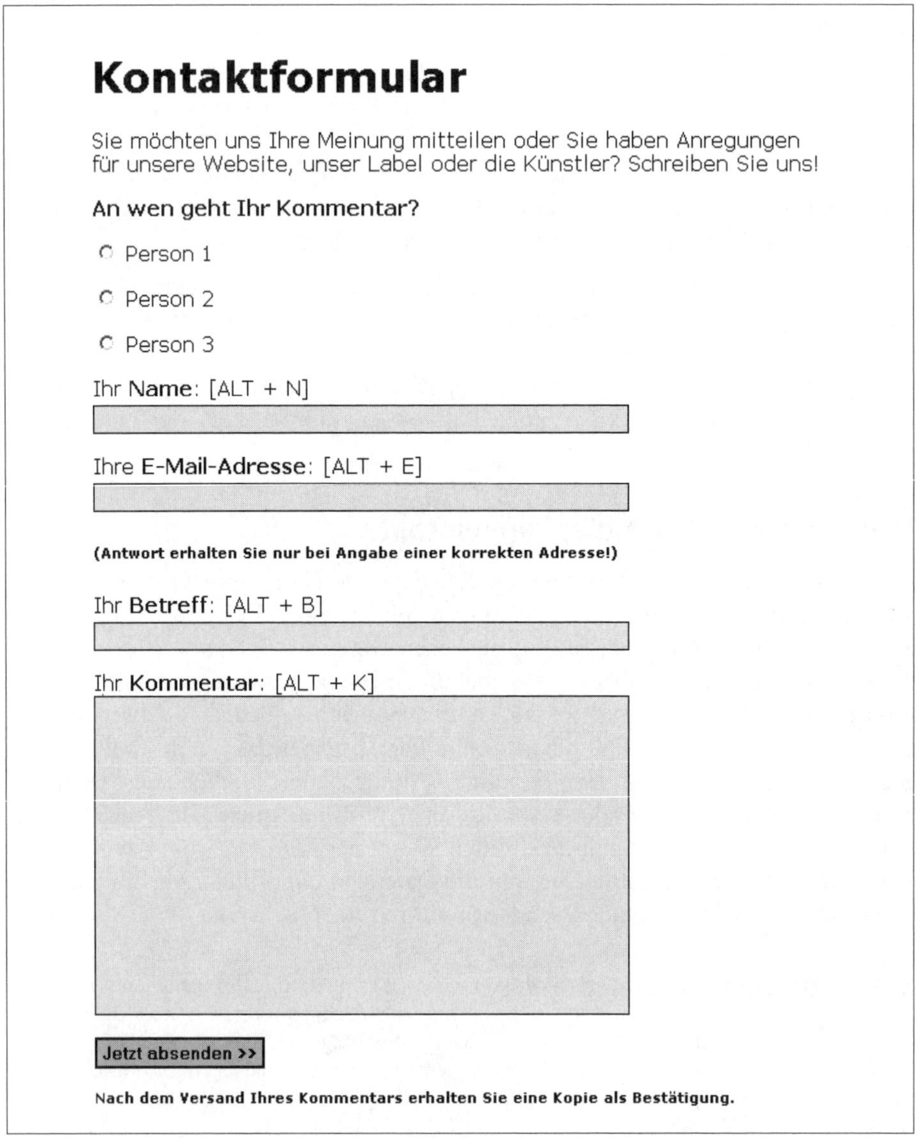

Abbildung 2-11: Das einsatzbereite Kontaktformular lässt sich per CSS an den Look der eigenen Website anpassen

Da sämtliche CSS-Formatierungen mit Kommentaren versehen wurden, um Ihnen bei der visuellen Gestaltung unter die Arme zu greifen, werden nicht alle Felder explizit erwähnt. Ich möchte nur auf eine Besonderheit des Formulars eingehen. Auch wenn der Internet Explorer die beiden Pseudoklassen :focus und :hover für Formularfelder nicht unterstützt, wurden sie trotzdem in unserem Kontaktformular eingebaut. Denn der Internet Explorer ignoriert schlichtweg die Angaben zu den Pseudoklassen.

Um als Reaktion auf bestimmte Aktionen des Benutzers das Erscheinungsbild eines Dokuments verändern zu können, definiert CSS 2.1 drei Pseudoklassen. Diese Pseudoklassen treten in Kraft, wenn der Benutzer mit der Website interagiert, zum Beispiel indem er mit dem Mauszeiger über einen Link fährt (hover) oder wenn er in ein Textfeld klickt (focus). Moderne Browser wie Firefox und Opera unterstützen diese beiden Pseudoklassen auch bei Input-Boxen und Textfeldern.

Darum verwenden wir diese Stilmöglichkeiten auch für unser Kontaktformular, um ihm ein wenig mehr Interaktion zu verpassen und dem Besucher bei der Eingabe zu helfen. Wenn man mit der Maus über ein Eingabefeld fährt, verändert sich mittels :hover leicht die Hintergrundfarbe (allerdings nur in modernen Browsern und nicht beim Internet Explorer). Klickt der Surfer in das Feld und möchte eine Eingabe starten, wird das Feld aktiviert und leuchtet in saftigem Gelb – die Pseudoklasse :focus tritt in Aktion. Der Code dafür sieht wie folgt aus:

```
input:hover, textarea:hover {
background: #ddd;
}
input:focus, textarea:focus {
background: #ff0;
}
```

Mit input:hover, textarea:hover geben wir den einzeiligen Input-Boxen und dem Textfeld einen neuen Hintergrund, sobald der Mauszeiger über das Feld fährt. Da beiden Elementen die gleiche Formatierung übergeben wird, muss man nicht extra jedes Element nacheinander formatieren, sondern kann mehreren Elementen gleichzeitig die gleiche Formatierung zuweisen. Gleiches geschieht dann mit input:focus, textarea:focus und der Hintergrund wird durch die Formatierung gelb gefärbt.

Die Formularvariablen anpassen

Unser PHP-Formular ist sofort einsetzbar, sobald Sie es auf Ihren Server hochgeladen haben. Doch die verschickten E-Mails werden Sie nicht erreichen, da sie derzeit noch alle an *www.spamgourmet.com* weitergeleitet werden – eine interessante Website für Wegwerf-E-Mails übrigens. Außerdem müssen Sie die Adressaten benennen, an die der Besucher ein Feedback schicken kann. Das erledigen Sie schnell, indem Sie die Platzhalter mit den korrekten Angaben versehen.

```
$person1="Person 1";
$email1="irgendwas.x.benutzername@spamgourmet.com";

$person2="Person 2";
$email2="irgendwas.x.benutzername@spamgourmet.com";

$person3="Person 3";
$email3="irgendwas.x.benutzername@spamgourmet.com";
```

Nehmen wir also einmal an, Sie bauen sich gerade ein neues Netlabel auf. Da sind Sie, der Webmaster, ein Kollege, der für die Promotion zuständig ist, sowie eine Kollegin, die sich um die Konzerttermine kümmert. Damit das Formular an die richtige Person weitergeleitet wird, tragen Sie nun die Daten zwischen den Anführungszeichen ein.

```
$person1="Stefan Schmidt (Webmaster)";
$email1="stefan@virtuelles-netlabel.de";

$person2="Marcel Kamps (Promotion)";
$email2="marcel@virtuelles-netlabel.de ";

$person3="Sonja Gerling (Booking)";
$email3=" sonja@virtuelles-netlabel.de ";
```

Jetzt ist das Kontaktformular einsatzbereit und kann hochgeladen werden. Sie sollten es unbedingt testen, damit die E-Mails Sie auch wirklich erreichen. Wer das Formular weiter seinem eigenen Geschmack anpassen möchte, für den sind die folgenden Variablen gedacht:

```
$name_feld = "";
$email_feld = "";
$email_feld_anmerkung = "";
$betreff_feld = "";
$kommentar_feld = "";
$fehlermeldung = "";
```

Die obigen Variablen formatieren die eigentlichen Menüpunkte. Möchten Sie Ihre Besucher lieber duzen, wechseln Sie einfach die Ansprache. Vielleicht nerven Sie ja auch die Hinweise, dass man die einzelnen Felder per Tastenkombination anspringen kann. Dann löschen Sie diese.

Zwischen den Anführungszeichen können Sie auch XHTML-Befehle positionieren. Dabei dürfen Sie jedoch die Attribute der XHTML-Befehle nur in einfache Anführungszeichen setzen, sonst bringen Sie die PHP-Syntax durcheinander. Beachten Sie außerdem, dass Sie keine typografischen Anführungszeichen wie » oder « verwenden. Korrekter Code sähe also zum Beispiel so aus:

```
$person3="Sonja Gerling <img src='sonja.jpg' />";
```

Nachdem Sie die Menüpunkte geändert haben, können Sie im nächsten Schritt die jeweiligen Meldungen des PHP-Skripts modifizieren. Dazu gehören:

- die Variable $willkommensnachricht, die den Besucher dazu auffordert, seine Meinung zu hinterlassen
- die Variable $fehlermeldung, die nur in dem Fall auftritt, wenn das Formular nicht abgeschickt werden kann (in diesem Fall liegt meist ein Server-Fehler vor)
- die Variable $nachversand, die eine Dankesbotschaft plus Link zur Startseite ausgibt
- die Variable $kopie_bestaetigung, die unter dem Formular erscheint

Zuletzt können Sie die Fehlermeldungen anpassen, die das Skript ausgibt, falls der Besucher eine Fehleingabe getätigt hat. Das Skript überprüft nämlich, ob die E-Mail-Adresse korrekt eingegeben wurde, ob ein Adressat ausgesucht wurde und dass Angaben wie Name, Betreff und Kommentarfeld ausgefüllt wurden.

Neben dem Kontaktformular für Netlabels finden Sie auf der CD-ROM auch das Formular *kontaktformular_einfach.php*. Dieses sollten Sie verwenden, wenn Sie eine DJ- oder Künstler-Website programmieren, auf der es nicht nötig ist, dass man die E-Mail an unterschiedliche Personen schicken kann. Das Formular ist vom Prinzip her gleich aufgebaut, nur brauchen Sie lediglich eine Person und die dazugehörige E-Mail-Adresse anzugeben:

```
$person1="Ihr Name";
$email1="irgendwas.x.benutzername@spamgourmet.com";
```

Formular-Design deluxe

Ähnlich wie bei der Gestaltung der Navigation können Sie auch ein Formular mit Hilfe von Hintergründen verschönern. Diese lassen sich schnell per CSS positionieren und geben Ihrem Formular einen professionelleren Anstrich. Das verbessert zwar nicht die Funktionen, verpackt sie jedoch schöner. Dazu benötigen wir für unsere Version lediglich sieben Hintergrundgrafiken:

- *hg_form.jpg*
- *hg_input.jpg*
- *hg_input_focus.jpg*
- *hg_submit.jpg*
- *hg_submit_focus.jpg*
- *hg_textarea.jpg*
- *hg_textarea_focus.jpg*

Während das gesamte Formular per `<div id="kontaktformular">` einen grauen Verlaufshintergrund erhält, den Sie am unteren Rand positionieren, füllen Sie sowohl die Input-Felder als auch das Textfeld mit einem sanften Blauverlauf. Lediglich der Abschickknopf bekommt eine andere Farbe: Signalrot mit Verlauf. Damit sich der Hintergrund verändert, wenn der Benutzer in ein Feld klickt, wurden weitere Grafiken entworfen. Diese haben die Endung »focus«. Fährt die Maus über ein Eingabefeld, so ändert sich lediglich der einpixelige Rahmen und wird rot. Außerdem wurden die Schriftgrößen angepasst und haben absolute Größen im Format Pixel. Schauen Sie sich dazu die Datei *kontaktformular_deluxe.php* auf der CD-ROM an.

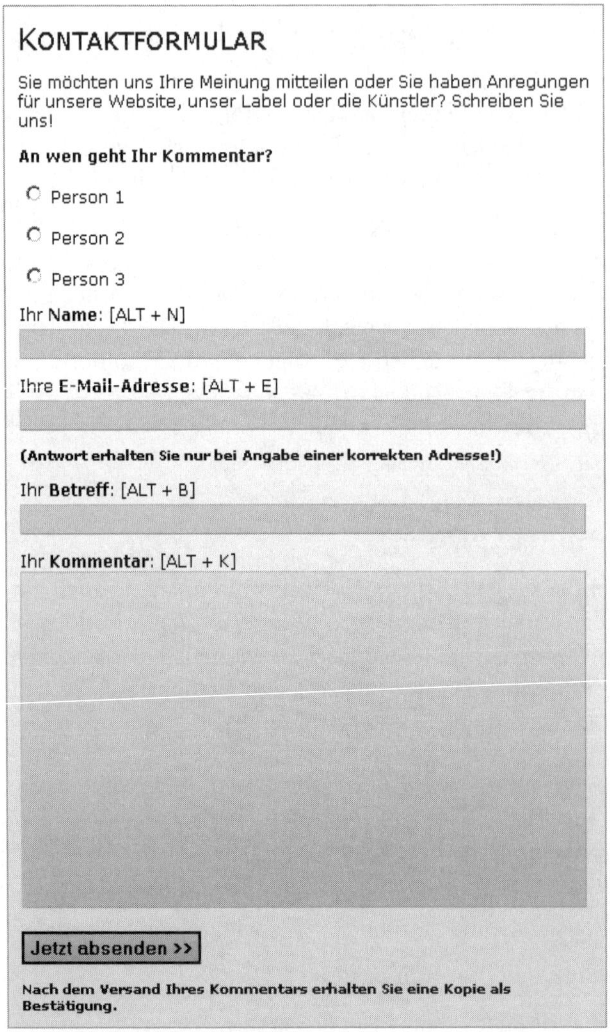

Abbildung 2-12: Schöner mit CSS: Ein paar sanfte Verläufe und ein kleiner Rahmen verschönern das Kontaktformular

Außer den neuen CSS-Stilregeln für *kontaktformular_deluxe.php* hat sich an unserem eigentlichen Formular nichts geändert, nur sieht es nun recht schmuck aus. Trauen Sie sich und spielen Sie mit den Parametern und ändern Sie die Hintergrundgrafiken sowie die Formatierungen.

Internet-Quellen und Buchtipps

Buchtipps

Chuck Musciano, Bill Kennedy »HTML und XHTML – Das umfassende Referenzwerk« O'Reilly Verlag, 2003, ISBN 3-89721-350-8

Eric Meyer »Cascading Style Sheets – Das umfassende Handbuch« O'Reilly Verlag, 2005, ISBN 3-89721-386-9

Dan Shafer, Kevin Yank »Cascading Stylesheets« Dpunkt Verlag, 2003, ISBN 3-89864-248-8

Jeffrey Zeldman »Designing With Webstandards« (englisch) New Riders Publishing, 2003, ISBN 0-7357-1201-8

Dave Shea, Molly E. Holzschlag »The Zen Of CSS Design« (englisch) Peachpit Press, 2005, ISBN 0-321-30347-4

David Sklar »Einführung in PHP 5« O'Reilly Verlag, 2004, ISBN 3-89721-392-3

Internet-Quellen zu XHTML und CSS

Online-Anleitung zu XHTML:

http://de.selfhtml.org/

XHTML-Dokumente auf Validität prüfen:

www.validome.org/lang/ge

CSS-Dateien auf Validität prüfen:

http://jigsaw.w3.org/css-validator/

A List Apart – die exquisitesten CSS-Tutorials im Netz (englisch):

www.alistapart.com

Listamatic – horizontale und vertikale CSS-Navigationen (Tutorials):

http://css.maxdesign.com.au/index.htm

Layout-o-matic – CSS-Layouts online generieren:

www.inknoise.com/experimental/layoutomatic.php

CSS Creator – CSS-Layouts online generieren:
> *www.csscreator.com/version2/pagelayout.php*

Deutschsprachige Newsgroup zum Thema CSS:
> *http://de.groups.yahoo.com/group/css-design/*

Netzwerkliste für den Bereich der Neuen Medien:
> *https://lists.cyagency.de/mailman/listinfo/i-worker/*

Internet-Quellen zum Impressum

Webimpressum-Assistenten:
> *http://www.digi-info.de/de/netlaw/webimpressum/index.php*
> *http://abmahnwelle.de/certiorina/*

In diesem Kapitel:
- Was sind Weblogs?
- Warum ein Weblog-System und warum WordPress?
- Die Installation von WordPress
- Backend: Das Redaktionssystem
- Konfiguration von WordPress
- Benutzer, Rangordnungen und Passwörter
- Blogroll, Zirkel und Verweise
- Einen neuen Artikel verfassen
- Inhalte pflegen
- Einführung in die WordPress-Programmierung
- WordPress-Themes
- WordPress-Plugins
- Internet-Quellen

KAPITEL 3
WordPress – Ein einfaches Redaktionssystem

Wachsen Webseiten, wächst mit ihnen die Arbeit. Denn wer seine Inhalte aktuell halten oder auf allen Seiten schnell ein paar Änderungen einfügen möchte, der sollte sich nach einem passenden Redaktionssystem umschauen. Vor allem greifen einem die Systeme beim Bauen der Webseiten unter die Arme. Denn schon wenn ein Web-Auftritt 50 XHTML-Seiten umfasst, ist ein schnelles Ändern des Slogans auf allen Seiten oder das Einfügen eines neuen Unterpunkts in der Navigation ganz schön zeitraubend.

Bei Weblog-Redaktionssystemen zum Beispiel reichen drei XHTML-Schablonen, anhand derer eine ganze Website hervorragend funktioniert. Das CMS – Erklärung siehe Kasten – füllt die jeweiligen Webseiten mit Inhalten, die zuvor in einer Datenbank gespeichert wurden. Weblogs basieren dabei in der Regel auf einer Startseite, Rubrikseiten und individuellen Artikelseiten. Bei Bedarf legt man weitere Spezialseiten an. Weblog-Systeme unterstützen somit die Seitenarchitektur, wie sie in Kapitel 1, *Die Website planen und vorbereiten*, besprochen wurde.

Was sind Weblogs?

Der Begriff Weblog ist ein Kunstwort, das die beiden Wörter »Web« und »Logbuch« vereint. In seiner Kurzform wird ein Weblog meist auch als *Blog* bezeichnet. In seiner simpelsten Form ist ein Weblog eine Website, die periodisch neue Einträge enthält. Neue Einträge werden dabei in der Regel an oberster Stelle veröffentlicht. Anschließend folgen ältere Beiträge in umgekehrter chronologischer Reihenfolge.

Was bedeuten CMS, Frontend und Backend?

Die Abkürzung *CMS* bedeutet *Content Management System*. Ein CMS, auf Deutsch auch Redaktionssystem genannt, verwaltet die Inhalte einer Website. Dabei teilt sich das Redaktionssystem in zwei Bereiche: in einen so genannten *Frontend-* und einen *Backend*-Bereich. Das *Frontend* übernimmt hierbei die Darstellung der vom Surfer angeforderten Webseiten. Die Inhalte liefern die meisten Frontends dynamisch aus, das heißt, dass das CMS die Seiten auf dem Server zusammenbaut und dann an den Besucher ausliefert. Das *Backend* nutzen dagegen nur der Webmaster und seine Redakteure. Denn über das Backend stellen die Redakteure die Inhalte ein, wohingegen der Webmaster das Aussehen sowie das Verhalten der Website über das Backend beeinflussen kann. Das Backend, die Verwaltungsoberfläche der Website, ist dabei in der Regel durch ein Passwort geschützt und für normale Besucher nicht einsehbar.

In der Regel ist ein CMS an eine Datenbank gebunden und baut die HTML-Seiten dynamisch bei jeder Anfrage auf der Serverseite zusammen und schickt sie an den Browser des Surfers. Damit ein CMS funktioniert, müssen entweder ausführbare Skripten auf dem Server liegen, oder man nutzt Desktop-Programme wie zum Beispiel Citydesk für Windows. Die Desktop-Programme sichern die Daten nicht auf einem Webserver, sondern auf der heimischen Festplatte und laden die Webseiten bei Änderungen automatisch per FTP hoch. Während man deshalb mit Hilfe eines Desktop-Redaktionssystems immer nur von zu Hause aus Inhalte online stellen kann, lassen sich Online-Redaktionssysteme über jeden Browser ansteuern und verändern. Sind Sie als Musiker unterwegs und finden einen Internet-Zugang, so können Sie auch von dort Ihre Webseiten ändern, Berichte schreiben und weitere Änderungen vornehmen.

In der Regel lassen sich über Online-CMS auch die beteiligten Personen mit unterschiedlichen Zugriffsrechten versehen und in verschiedene Gruppen einteilen. Dadurch ist ein vernetztes Arbeiten möglich. Redaktionssysteme gibt es in einer fast unendlichen Vielzahl variantenreicher Formen. Dazu gehören einfache Weblog-, Wiki- oder auch Portalsysteme.

Über die letzten Jahre wurden zahlreiche Open Source-Redaktionssysteme erwachsen und stehen zum freien Download als Software zur Verfügung. Zu den beliebtesten Systemen gehören bei Weblogs z.B. Nucleus und WordPress, bei Wikis ist die MediaWiki-Engine und das TWiki äußerst beliebt und bei den Portal- und Enterprise-Lösungen führen Mambo, PostNuke und Typo3 die Hitlisten an.

Weblogs sind mittlerweile zu einer populären Form für das Publizieren von Inhalten geworden. Denn die Redaktionssysteme sind meist einfach zu erlernen, übersichtlich gestaltet und erleichtern ungemein das Verwalten und Veröffentlichen von Beiträgen. Wie bei jedem kulturellen Phänomen hat sich über die Jahre auch eine eigene Weblog-Szene entwickelt, die die Weblogger selbst als Blogosphäre bezeichnen. Ähnlich wie bei Link-Zirkeln verweisen Blogger nämlich auf ihre Lieblings-Blogs, die sie kontinuierlich absurfen und lesen. Man könnte behaupten, dass Weblogs die Ende der 90er-Jahre beliebten Homepages ersetzt haben. Denn Weblogs ermöglichen nicht nur das Schreiben von Texten, sondern auch das Einstellen von Bildern und Sounds. In der Regel werden Weblogs von Einzelpersonen betrieben und beschäftigen sich oftmals mit einem speziellen Thema. Mehr über Weblogs können Sie in der Enzyklopädie der Wikipedia unter *http://de.wikipedia.org/wiki/Weblog* nachlesen.

Neben professionellen Anbietern von Weblog-Systemen, die die Weblog-Systeme auf ihren eigenen Servern betreiben, gibt es mittlerweile eine fast schon unübersichtliche Anzahl an Weblog-Redaktionssystemen. Zu den beliebtesten Open Source-Weblog-Werkzeugen gehören unter anderem WordPress, Nucleus, Textpattern, Serendipity oder Plog. Darüber hinaus sind unter anderem auch die beiden ausgewachsenen Systeme Movable Type und Pmachine äußerst beliebt. Für den privaten Gebrauch sind sie kostenlos, aber nicht für den kommerziellen Einsatz.

Warum ein Weblog-System und warum WordPress?

Weblog-Redaktionssysteme sind eine exzellente Lösung für die Administration und Pflege von kleineren Webseiten. In den wenigsten Fällen verfügen Weblog-Systeme über Community-Funktionen wie Foren, Umfrage-Funktionen oder eine spezielle Download-Verwaltung. Die kleinen, wendigen Redaktionssysteme sind dafür jedoch schnell zu installieren und bieten oft eine Schnittstelle für weitere Plugins, die den Alltag des Webmasters und Redakteurs erleichtern. Außerdem eignen sie sich hervorragend für die Kommunikation mit dem Besucher, da ein Weblog standardmäßig eine Kommentarfunktion mitbringt, die es den Besuchern ermöglicht, Artikel zu kommentieren.

Durch die Kommentarfunktion können Sie somit mit Ihren Besuchern, Fans und Gleichgesinnten kommunizieren und diskutieren. Weblogs eignen sich darum nicht nur ausgezeichnet für Tagebücher und persönliche Webseiten, sondern sind hervorragende Online-Werkzeuge für Netlabels, Musiker-Websites und kleinere Web-Magazine.

WordPress ist Open Source-Software und somit frei erhältlich. WordPress wird von einem größeren Team und keiner Einzelperson programmiert. Das bedeutet, dass bei Ausscheiden eines Programmierers die Programmpflege über einen längeren Zeitraum garantiert ist und dass Fehler schneller ausgemerzt werden können. Obendrein ist bei einer größeren Programmierergemeinschaft in der Regel auch ein besserer Support gewährleistet. Weiterhin verfügt WordPress nicht nur über eine globale Nutzergemeinde, sondern hat auch in Deutschland für Begeisterung gesorgt. Darum gibt es neben der englischsprachigen Anleitung unter *http://codex.wordpress.org/* auch eine deutsche Version unter *http://doku.wordpress.de/Hauptseite*. Diese ist leider noch nicht so vollständig dokumentiert wie ihr englisches Original, aber ein sehr guter Anlaufpunkt für Antworten. Außerdem steht auf den deutschen Seiten eine deutsche Sprachdatei frei zur Verfügung. Wenn Sie diese Sprachdatei installieren, werden sämtliche Dialoge, Menüpunkte und Hinweise des Redaktionssystems auf Deutsch ausgegeben.

Helfen Sie mit und unterstützen Sie die WordPress-Community, indem Sie eigene Tipps und Erläuterungen beisteuern. Sowohl die englische als auch die deutsche Dokumentation basiert auf einem Wiki. Das bedeutet, dass Sie mithelfen können, die Dokumentationen zu erweitern und zu verbessern. Wikis sind Redaktionssysteme, die es jedem Besucher – somit auch Ihnen – erlauben, die Webseiten zu verändern.

Ein weiterer dicker Pluspunkt für WordPress ist die unglaublich einfache Installation. Sind die Rahmenbedingungen geklärt, lässt sich WordPress innerhalb von fünf Minuten installieren und ist sofort einsatzbereit. Nach der Installation präsentiert sich das Weblog mit einer übersichtlichen Benutzeroberfläche, die einige großartige Möglichkeiten bietet. So können Sie das Aussehen von WordPress schlagartig mit einem Klick verändern. Denn das System erlaubt die Verwaltung von unterschiedlichen Themes. Diese Themes steuern das Erscheinungsbild der Website. Möchten Sie ein neues Themes ausprobieren, so laden Sie es einfach in den Themes-Ordner hoch und aktivieren es mit einem einzigen Klick im Backend (Redaktionssystem). Das hat den Vorteil, dass Sie WordPress ein eigenes Aussehen geben oder sich einfach bei den frei verfügbaren Themes bedienen können. Was genau ein Themes ist und wie die Technik funktioniert, erkläre ich Ihnen weiter unten.

Möchten Sie für Ihre Musik-Website einen eigenen RSS-Feed mit den News produzieren, so ist dieser schon standardmäßig integriert. Selbst ein Podcast ist mit WordPress kein Problem, und zurzeit unterstützt kein System diese Technik mit einfacheren Methoden. Bringen wir es auf den Punkt: WordPress ist ein exzellentes System für kleine Musiker-Websites, die gut und gerne auf über 500 Unterseiten anwachsen können.

Die Installation von WordPress

Auf der beiliegenden CD-ROM finden Sie Version 1.5.2. Ich empfehle Ihnen jedoch, immer die neueste Version von WordPress über die Website *www.wordpress.org* herunterzuladen. Dadurch halten Sie die Gefahr von möglichen Sicherheitslöchern oder Programmfehlern klein. Um mit WordPress einwandfrei arbeiten zu können, müssen folgende Dinge gewährleistet sein: Zum einen benötigen Sie für einen einwandfreien und sauberen Betrieb des Weblogs PHP ab Version 4.1 sowie eine MySQL-Datenbank ab Version 3.23.23. Außerdem sollte – wenn möglich – das

Filezilla – Wie man Dateien auf einen Server hochlädt

Damit man Daten wie XHTML-Seiten, Bilder, MP3s und weitere Dateien auf einen Server hochladen kann, braucht man zweierlei: einen eigenen Webspace-Account, auf den man die Daten hochschaufelt, und ein Programm, das diese Arbeit übernimmt. Die Programme, die diese Arbeit übernehmen, nennt man FTP-Programme. FTP steht für *File Transfer Protocol*.

Auch FTP-Programme gibt es frei erhältlich im Internet. Unter den Open Source-Programmen für Windows ist vor allem Filezilla beliebt, das kontinuierlich weiterentwickelt wird. Um das Programm zu installieren, finden Sie es auf der beiliegenden CD-ROM oder Sie besorgen sich unter *http://filezilla.sourceforge.net/* die aktuelle Version. Eine deutschsprachige Version finden Sie unter *www.filezilla.de*.

Um Filezilla zu nutzen, müssen Sie nach der Installation als Erstes die Zugangsdaten zu Ihrem Webspace-Account angeben. Dazu benötigen Sie in der Regel neben der Adresse Ihres Hosts einen Benutzernamen und ein Passwort. Um einen neuen Zugang anzulegen, öffnen Sie das Menü *Datei > Seiten-Verwaltung* und klicken auf *Neue Seite*.

Damit Filezilla auch versteckte Dateien anzeigt (zum Beispiel *.htaccess*), müssen Sie die Einstellungen konfigurieren. Dazu gehen Sie in das Menü über *Bearbeiten > Einstellungen > Interface Einstellungen > Server Dateiliste* und setzen ein Häkchen bei »Immer versteckte Dateien anzeigen«.

Um Schreibrechte von Dateien über den chmod-Befehl zu ändern, markieren Sie die Dateien und klicken die rechte Maustaste. Aus dem Kontextmenü wählen Sie den Punkt *Dateiattribute* und können diese dann anschließend im Popup-Fenster entsprechend ändern. Die Schreibrechte von Verzeichnissen und mehreren Dateien kann man gleichzeitig ändern.

Ansonsten funktioniert ein FTP-Programm wie ein ganz normaler Datei-Browser wie etwa der Explorer auch. Nur mit dem einzigen Unterschied, dass das Programm eine Verbindung zum Internet aufbaut und von dort Dateien herunter- und hochladen kann. Weitere Erläuterungen zu Filezilla finden Sie unter den oben genannten Adressen. Eine ausführliche Einführung in das Thema FTP-Programme können Sie unter *http://de.selfhtml.org/projekt/publizieren.htm* nachlesen.

Apache-Modul *mod_rewrite* von Ihrem Webhoster unterstützt werden. Auch wenn *mod_rewrite* nicht wirklich benötigt wird, so lassen sich damit jedoch exzellent die URLs erstellen. Denn dank *mod_rewrite* können Sie die URLs nach eigenem Geschmack gestalten und erhalten somit Webdokumente mit suchmaschinenfreundlichen Links. Wurden die Rahmenbedingungen geklärt, können Sie loslegen:

1. Laden Sie die neueste Version von WordPress von *www.wordpress.org/download/* herunter und besuchen Sie anschließend d1ie Webseite *http://files.wordpress.de/index.php?action=category&id=1*, wo Sie die aktuelle deutsche Sprachdatei downloaden.

2. Entpacken Sie das WordPress-Archiv auf Ihre Festplatte und legen Sie im WordPress-Unterverzeichnis *wp-includes* einen neuen Ordner *languages* an. In diesen kopieren Sie die deutsche Sprachdatei.

3. Öffnen Sie einen Editor und speichern Sie eine leere Datei *.htaccess* im Hauptordner von WordPress ab. Achten Sie darauf, dass die Datei keine Dateiendung wie zum Beispiel *.txt* besitzt und dass sie mit einem Punkt beginnt. Die Datei *.htaccess* benötigt WordPress später für das Generieren von suchmaschinenfreundlichen URLs.

4. Benennen Sie nun *wp-config-sample.php* in *wp-config.php* um, und öffnen Sie die Datei in einem Editor. Damit WordPress die MySQL-Datenbank findet, müssen Sie die korrekten Zugangsdaten zur Datenbank eingeben:

```
define('DB_NAME', 'Datenbankname');
define('DB_USER', 'Benutzername');
define('DB_PASSWORD', 'Datenbankpasswort');
define('DB_HOST', 'localhost');
```

5. Ergänzen Sie anschließend die Zeile `define ('WPLANG', '');` zu `define ('WPLANG', 'de_DE');`, damit WordPress in deutscher Sprache startet.

6. Wenn Sie WordPress nicht im Wurzelverzeichnis Ihres Accounts installieren wollen, legen Sie ein WordPress-Verzeichnis mit einem Namen Ihrer Wahl an. Laden Sie nun alle Dateien und Verzeichnisse des WordPress-Ordners in das Verzeichnis Ihrer Wahl.

7. Liegen sämtliche Daten auf dem Server, müssen Sie nur noch die Zugriffsrechte der *.htaccess*-Datei auf `CHMOD` 666 setzen (siehe Abbildung 3-1).

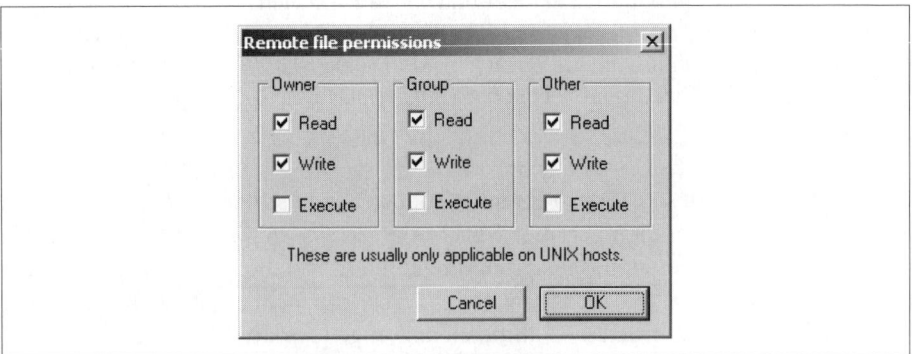

Abbildung 3-1: Popup-Fenster des FTP-Programms WS_FTP für das Setzen der Zugriffsrechte – hier CHMOD 666

8. Rufen Sie nun das Installationsskript unter der folgenden Adresse *www.ihre-domain.de/ihr-wordpress-verzeichnis/wp-admin/install.php* auf und befolgen Sie die drei Schritte des Installations-Wizards. Als Titel für Ihr Weblog eignet sich am besten Ihr Künstler-, DJ-, Label- oder Bandname. Er kann jedoch noch nachträglich geändert werden.
9. Löschen Sie abschließend aus Sicherheitsgründen das PHP-Skript *install.php* im Ordner *wp-admin* per FTP-Programm.
10. WordPress ist nun startklar und über den Browser im von Ihnen ausgewählten Verzeichnis aufrufbar. Um sich in das Redaktionssystem einzuloggen, besuchen Sie das Backend unter *www.ihre-domain.de/ihr-wordpress-verzeichnis/wp-login.php* oder schauen Sie sich die Startseite Ihres neuen Weblogs unter *www.ihre-domain.de* bzw. *www.ihre-domain.de/ihr-wordpress-verzeichnis/* an, sofern Sie WordPress in einem Unterverzeichnis installiert haben.

Backend: Das Redaktionssystem

Mit dem Backend verwalten Webmaster das Verhalten der Website und Redakteure nutzen es zur Eingabe von neuen Inhalten. Das Redaktionssystem erreicht man direkt über *www.ihre-domain.de/ihr-wordpress-verzeichnis/wp-admin/* oder über *www.ihre-domain.de/wp-admin/*, wenn das Weblog im Wurzelverzeichnis installiert worden ist. Sollten Sie sich noch nicht eingeloggt haben, leitet Sie das System zum Login-Interface um (siehe Abbildung 3-2).

Abbildung 3-2: Sicherheitsabfrage: Bevor Benutzer das Redaktionssystem nutzen dürfen, müssen sie sich einloggen

Haben Sie sich erfolgreich angemeldet, präsentiert sich WordPress mit einer übersichtlichen Oberfläche, basierend auf einer Reiternavigation (siehe Abbildung 3-3).

Nach dem ersten Login befinden Sie sich in der Regel im Menü *Tellerrand*. Der Tellerrand gibt Ihnen einen Einblick in die neuesten Nachrichten bezüglich WordPress. Wenn eine neue Version erscheint, werden Sie hier darüber informiert. Es besteht aber auch die Möglichkeit, andere Menüpunkte direkt anzusteuern – siehe den folgenden Tipp.

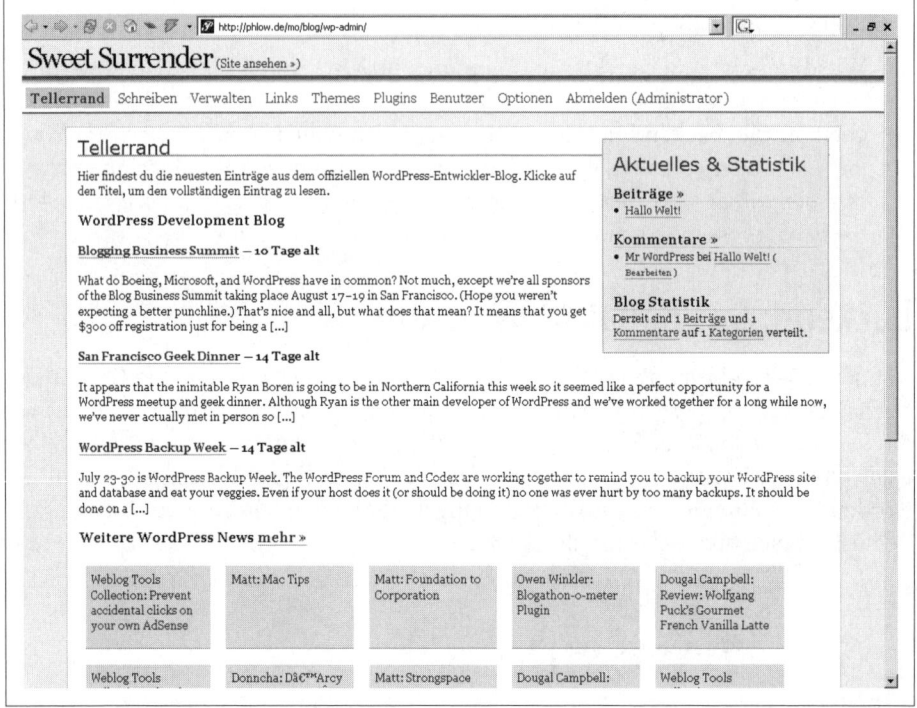

Abbildung 3-3: Willkommen im Redaktionssystem: WordPress präsentiert sich übersichtlich und lässt sich einfach und schnell navigieren

Wenn Sie sich einen ersten Eindruck von Ihrer Website machen möchten, klicken Sie am besten auf den Link *Site ansehen* oben links gleich neben dem Namen Ihres Weblogs. Über diesen Link erreichen Sie immer die Startseite Ihres Weblogs. Um anschließend von der Startseite zurück ins Weblog zu gelangen, klicken Sie einfach auf den Link *Edit*, der sich unter dem Beitrag befindet, oder Sie steuern das Backend über *www.ihre-domain.de /ihr-wordpress-verzeichnis/wp-admin/* an.

 Um sich Tipparbeit zu ersparen, sollten Sie am besten die Links zu Ihrem Redaktionssystem als Favorit in der Link-Leiste Ihres Browsers anlegen. Das erleichtert die Arbeit mit WordPress ungemein. Spezialisten können auch einen Link zu jedem Menüpunkt in die Link-Leiste setzen – dann geht's noch schneller.

Die erste Startseite

Die erste Startseite von WordPress (siehe Abbildung 3-4) präsentiert sich recht nüchtern, da bei der Installation außer einem Kommentar und einem Beispieleintrag keine Inhalte angelegt wurden. Dafür müssen Sie sorgen. Wenn Sie sehr ungeduldig sind, spielen Sie einfach ein wenig mit WordPress herum. Das Programm erklärt sich in vielerlei Hinsicht von selbst, macht aber erst richtig Spaß, wenn man es konfiguriert und nach seinen Ansprüchen einrichtet.

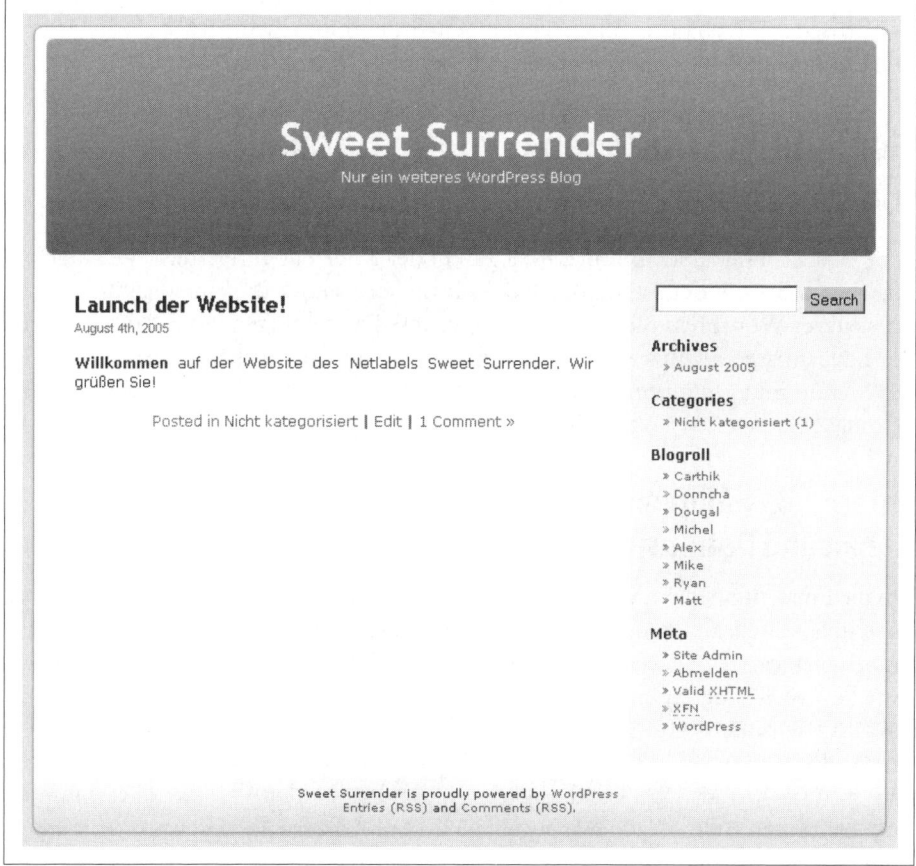

Abbildung 3-4: Noch ein wenig nüchtern: Die WordPress-Startseite ist nach der Installation sofort aufrufbar.

Aber vielleicht möchten Sie den ersten Beitrag zuvor einmal selbst editieren. Klicken Sie dazu im Backend auf *Verwalten* oder springen Sie über die Startseite Ihres Weblogs per *Edit*-Link direkt zum Eintrag. Wenn Sie sich im *Verwalten*-Menüpunkt befinden, zeigen sich sechs weitere Unterpunkte. Wir bleiben im allerersten mit dem Namen *Beiträge* und klicken auf den Link *Bearbeiten*, der sich rechts befindet.

Ändern Sie den Titel zum Beispiel in »Launch der Website!« und schreiben Sie ein paar Sätze wie »Willkommen auf der Website des Netlabels Sweet Surrender. Wir grüßen Sie!«. Ähnlich wie bei einer Textverarbeitung wie Word oder Open Office unterstützt WordPress Sie bei der Eingabe und Gestaltung von Texten. Markieren Sie doch einfach noch das Wort »Willkommen« und klicken auf den Button mit dem kleinen fett geschriebenen *b*. WordPress fügt automatisch XHTML-Tags um den markierten Bereich ein. Drücken Sie nun auf *Speichern* und schauen Sie sich Ihre Startseite erneut an (am schnellsten über den Link oben links). Die Startseite sollte sich nun ähnlich wie in Abbildung 3-4 präsentieren. Ist das nicht der Fall, laden Sie die Webseite einfach noch einmal neu, indem Sie in Ihrem Browser auf Aktualisieren klicken oder bei Windows-Systemen auf F5 drücken.

Menüpunkt »Optionen«: Konfiguration von WordPress

Sicherlich ist Ihnen auch schon der Slogan in der Kopfzeile Ihrer Startseite aufgefallen. Haben Sie die deutsche Sprachdatei installiert, lautet er wahrscheinlich »Nur ein weiteres WordPress Blog«. Diese und weitere Einstellungen gilt es nun den eigenen Bedürfnissen anzupassen. Dazu begeben wir uns ins Backend und klicken auf den Menüpunkt *Optionen*. Unter diesem Menüpunkt finden Sie alle wichtigen Einstellungsparameter des Weblogs.

Unterpunkt »Allgemein«: Weblog-Name, Slogan und Datumsformat

Um die Einstellungen ein wenig zu illustrieren, werde ich im Folgenden den Aufbau eines imaginären Netlabels dokumentieren. Dieses lautet Sweet Surrender und ist ein *netlabel for melodic electronic music*, das sich international, sprich in englischer Sprache, positionieren möchte. Darum ersetzen wir im Untermenü *Allgemein* zunächst den alten durch den neuen Slogan. Anschließend überprüfen wir noch einmal die angegebenen Daten für *WordPress-Adresse (URL)*, *Blog-Adresse (URL)* und *E-Mail-Adresse*. Während die ersten beiden Felder auf die URL unseres Weblogs lauten sollten, ist die angegebene E-Mail-Adresse die des verantwortlichen Webmasters. Werden später neue Redakteure hinzugefügt, bekommt jeder Redakteur ein eigenes Profil, in dem er seine eigenen Daten verwaltet und angibt.

Mit dem Unterpunkt *Mitgliedschaft* steuern Sie, ob sich Nutzer selbst registrieren können. Das ist für ein Netlabel wenig sinnvoll, da wir nur Label-Mitgliedern und Künstlern einen Zugang zum Redaktionssystem geben wollen. Deshalb setzen wir auch kein Häkchen in das zweite Feld, weil wir auf gewissen Seiten gerne Kommentare von Besuchern bezüglich unserer Veröffentlichungen und Konzerte lesen möchten.

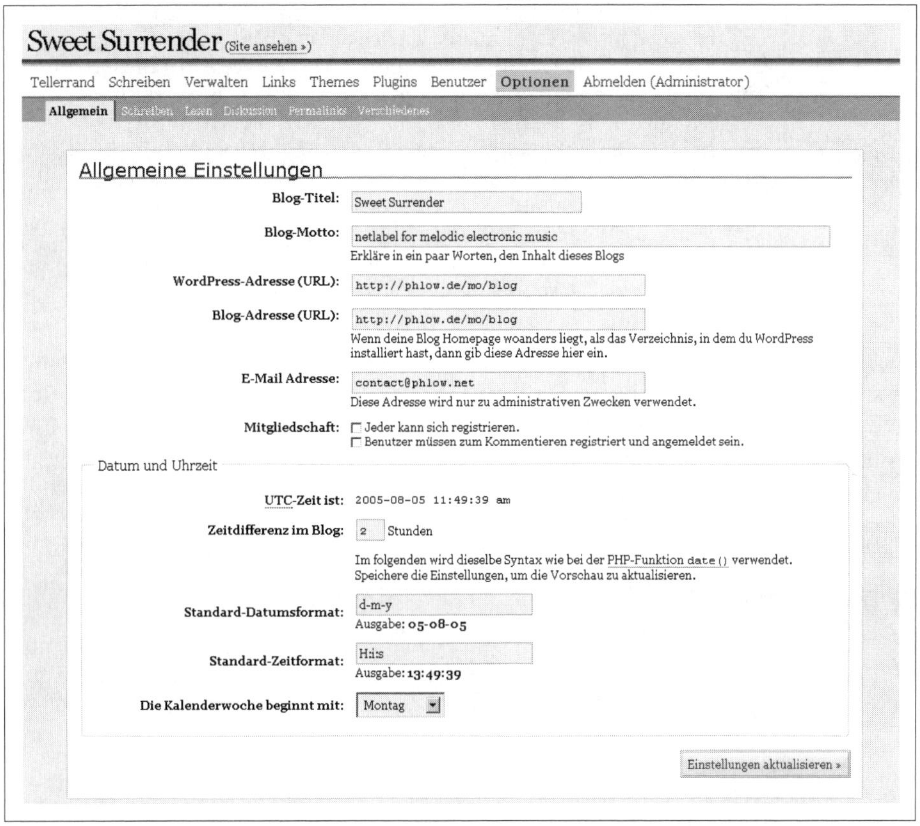

Abbildung 3-5: WordPress-Optionen: Weblog-Name, Weblog-Slogan und Datumsformatierung

Wenn Sie einen neuen Eintrag veröffentlichen, speichert WordPress immer das Datum in der Datenbank mit ab. Hierbei handelt es sich um die Uhrzeit, die auf dem Server eingestellt ist. Wenn diese falsch ist, wird auch im Backend eine falsche Uhrzeit angezeigt. Sollte dem so sein, verständigen Sie Ihren Webhoster, damit er sich um das Problem kümmert. Selbstverständlich lässt sich das Datum eines Eintrags auch manipulieren, um zum Beispiel einen vorbereiteten Eintrag erst an einem bestimmten Tag erscheinen zu lassen. Im nun folgenden Kasten *Datum und Uhrzeit* konfigurieren Sie die Ausgabe der Zeit. Die Zeitausgabe steuern Sie entweder über diesen Unterpunkt oder im Speziellen über das Theme.

Um in Ihrem Weblog die richtige Zeit anzugeben, orientiert sich WordPress an der UTC (siehe den folgenden Tipp). Wenn Sie Ihr Weblog auf die deutsche Zeit einstellen möchten, sollte im Kasten *Zeitdifferenz* eine 2 stehen.

 UTC bedeutet hierbei Coordinated Universal Time. Die Weltzeit oder Universal Time (UT) wurde 1926 als Ersatz für die Greenwich Mean Time (GMT) eingeführt. Sie wurde aus astronomischen Beobachtungen gewonnen und entspricht etwa der mittleren Sonnenzeit am Meridian durch Greenwich (Großbritannien, nullter Längengrad). Seit die Definition der Einheit Sekunde nicht mehr durch astronomische Beobachtungen gewonnen, sondern von einer Atomuhr abgeleitet wird, wird die Weltzeit (UTC) mit dieser Atomzeit synchronisiert. Interessieren Sie sich für Zeit, dann sollten Sie unbedingt das Buch »Längengrad« von Dava Sobel lesen, aber das nur am Rande.

Anschließend gibt Ihnen das CMS die Möglichkeit, das Datum nach dem eigenen Geschmack zu programmieren. Da WordPress mittels PHP realisiert wurde, orientiert sich das System an der Datumsformatierung der Programmiersprache. Eine explizite Erklärung finden Sie unter *http://de2.php.net/date*. Die wichtigsten Variablen entnehmen Sie der kleinen Übersicht in Tabelle 3-1.

Tabelle 3-1: Datumsformatierung von WordPress

Variable	Beschreibung	Beispiel
l (kleines l)	Vollständiger Name des Wochentags	Samstag
d	Tag des Monats, zweistellig mit führender Null	03
D	Tag der Woche mit drei Buchstaben	Mon
F	Vollständiger Name des Monats	August
m	Monat als Zahl, mit führenden Nullen	08
M	Monatsname mit drei Buchstaben	Sep
Y	Vierstellige Jahreszahl	2005
y	Zweistellige Jahreszahl	05
h	12-Stunden-Format, mit führenden Nullen	01 bis 12
H	24-Stunden-Format, mit führenden Nullen	00 bis 23
g	12-Stunden-Format, ohne führende Nullen	1 bis 12
G	24-Stunden-Format, ohne führende Nullen	0 bis 23
i	Minuten, mit führenden Nullen	00 bis 59
s	Sekunden, mit führenden Nullen	00 bis 59

Soll das Datum zum Beispiel als »Freitag, 05. August 2005« ausgegeben werden, geben Sie folgenden Code ein:

```
l, d. F Y
```

Möchten Sie das gleiche Datum lieber in Zahlenform »05-08-05«, geben Sie in das Feld *Standard-Datumsformat* diesen Code ein:

```
d-m-y
```

Wie Sie den Beispielen entnehmen können, wurden Satzzeichen wie Kommas, Punkte und Bindestriche zwischen den Variablen eingefügt, um das Aussehen der Datumsausgabe zu gestalten. Diese Zeichen sowie Leerzeichen und andere Zeichen sind erlaubt. Das gleiche Verfahren können wir auch für das darauf folgende *Standard-Zeitformat*-Feld nutzen. Um die Uhrzeit mit Sekunden im Format »13:45:50« auszugeben, benutzen Sie die folgende Anweisung:

```
H:i:s
```

Um die Einstellungen zu übernehmen, klicken Sie abschließend auf den Button *Einstellungen aktualisieren* und WordPress übernimmt die vorgenommenen Einstellungen. Diese können Sie sofort überprüfen, weil WordPress für jedes Feld das derzeitige Datum bzw. die Uhrzeit ausgibt (siehe Abbildung 3-5).

Unterpunkt »Schreiben«: Einstellungen für die Texteingabe

Über *Optionen > Schreiben* beeinflussen Sie die Anzeige der Texteingabe, die Sie über den Menüpunkt *Schreiben* oder *Verwalten* erreichen (siehe Abbildung 3-6). Um nicht bei jeder Eingabe eines neuen Artikels extra den Link für die erweiterten Bearbeitungsoptionen anklicken zu müssen, aktivieren Sie hier am besten den Unterpunkt *Erweiterte Schreiboptionen*. Außerdem lässt sich die Größe der Texteingabebox einstellen. Vielschreiber sollten diese Funktion auf jeden Fall nutzen, da sie sowohl die Texteingabe als auch die Textkorrektur erleichtert. Empfehlenswert ist hier eine Größe von 14 bis 20 Zeilen.

Mit *Formatierung* bestimmen Sie, ob WordPress Smiley-Grafiken bei der Eingabe von Textzeichen ersetzt. Das ist eindeutig eine Frage des Geschmacks. Für unser imaginäres Netlabel deaktivieren wir diese Funktion, belassen aber den Haken bei *WordPress soll ungültig verschachtelten XHTML-Code automatisch korrigieren*.

Da wir für unser Netlabel noch keine Kategorien angelegt haben, können wir auch keine Kategorie auswählen, die automatisch von WordPress aktiviert wird, wenn wir einen neuen Eintrag anlegen. Wurden bereits Kategorien angelegt, können Sie per Ausklappmenü die bevorzugte Kategorie aktivieren. Es ist sinnvoll, eine oft anvisierte Kategorie wie zum Beispiel News anzugeben.

Ob Benutzer, die sich jüngst für Ihre Website registriert haben, eigene Artikel veröffentlichen dürfen, konfigurieren Sie unter dem Unterpunkt *Neu registrierte Benutzer*. Da wir weiter oben eine Registrierung unterbunden haben, belassen wir die Einstellungen in der restriktiven ersten Position *Dürfen noch keine Beiträge schreiben*.

Um über WordPress Artikel zu veröffentlichen, muss man sich nicht immer in das Backend begeben. Man kann auch E-Mails schreiben und diese über einen E-Mail-Zugang an WordPress schicken. Das CMS übernimmt dann selbstständig die Ver-

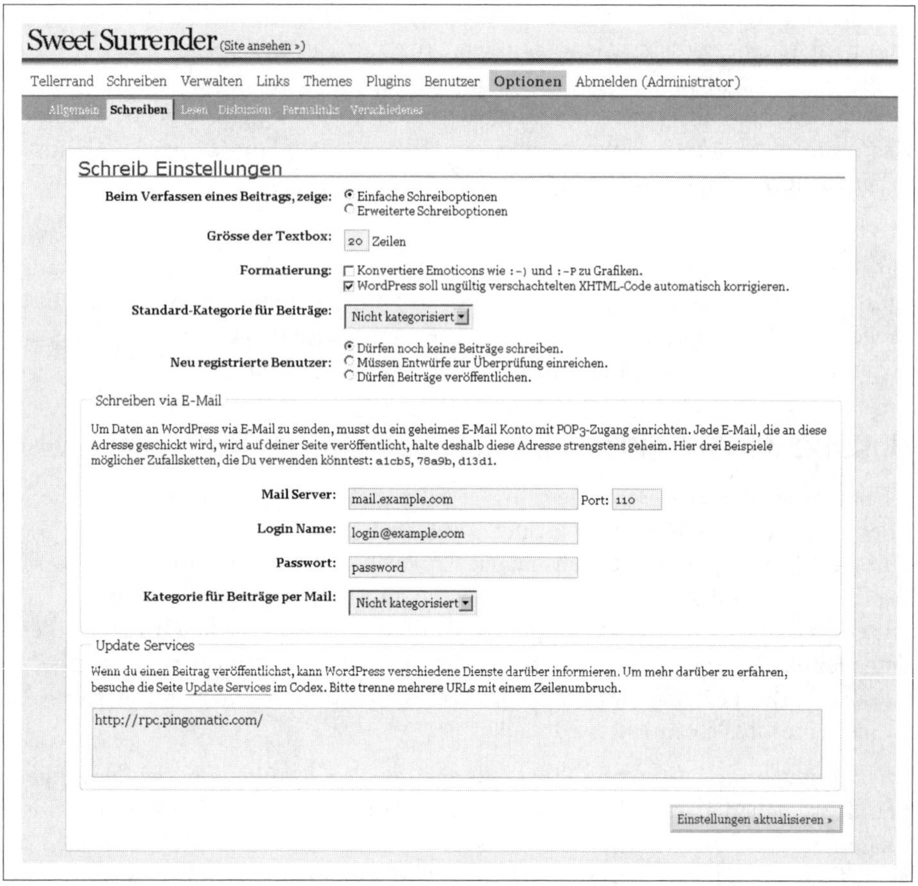

Abbildung 3-6: WordPress-Optionen: Konfiguration der Texteingabe

öffentlichung. Das ist eine interessante Funktion, die wir an dieser Stelle aber in den Standardeinstellungen belassen, da die Gestaltung eines Artikels deutlich einfacher im Backend als per E-Mail vorzunehmen ist.

Eine interessante Funktion für Weblogger ist *Update Services*. Weblog-Systeme können auf Wunsch bestimmte spezialisierte Dienste im Internet über Neueinträge informieren. Dazu gehören Services wie weblogs.com, Technorati oder Blogg.de. Per so genanntem Ping-Verfahren, das ähnlich einem Echolot funktioniert, sendet ein Weblog-System eine Nachricht an eine Schnittstelle des jeweiligen Services. Der Sinn, der dahinter steckt, ist einfach: Während der jeweilige Service über aktuelle Beiträge informiert wird und das Durchforsten zahlreicher Weblogs nach Themen oder Suchwörtern ermöglicht, erhält der Blogger, wenn er gelistet wird, mehr Besucher auf seiner Website. Darum können Sie die bereits eingegebene URL zum Service von Ping-O-Matic wie vorgeschlagen belassen. Denn dieser informiert mehr als 15 Services im Web gleichzeitig. Möchten Sie, dass Ihre Beiträge nicht auftauchen, dann löschen Sie die URL einfach. Es spricht aber nichts dagegen, einfach einen Ping zu schicken. Vielleicht verirrt sich der eine oder andere Besucher auf Ihre Seiten und freut sich über Ihre Musik-Website. Um die vorgenommenen Einstellungen zu übernehmen, klicken Sie einfach auf *Einstellungen aktualisieren*.

Unterpunkt »Lesen«: Einstellungen für die Textausgabe

Wie viele Beiträge und in welcher Länge sie auf der Startseite und auf den Rubrikseiten erscheinen, beeinflussen Sie mit dem Unterpunkt *Lesen* (siehe Abbildung 3-7). Wie viele Artikel maximal auf der Startseite erscheinen sollen, geben Sie mit *Zeige die letzten* an. Dabei können Sie auch einstellen, ob Sie lieber die letzten x Tage anzeigen lassen wollen. Falls Sie sich für die Option *Tage* entscheiden, sollten Sie beachten, dass es vorkommen kann, dass keinerlei Einträge angezeigt werden, zum Beispiel, wenn Sie über einen längeren Zeitraum keinerlei Beiträge verfassen oder im Urlaub sind. Wird die angegebene Zahl, zum Beispiel 14, überschritten, zeigt WordPress nichts an, denn WordPress arbeitet dynamisch und orientiert sich bei der Ausgabe von Artikeln auch am Datum, wenn Sie es denn so wollen.

Abbildung 3-7: WordPress-Optionen: Wie viel Text soll in den RSS-Feed und auf die Startseite?

Da WordPress automatisch RSS-Feeds für Ihre Beiträge erzeugt, kann man deren Erstellung beeinflussen. Dafür gibt es jeweils nur zwei Unterpunkte für die *Feed-Einstellungen*. Wenn Sie möchten, dass WordPress den ganzen Inhalt eines Artikels in Ihren RSS-Feeds ausgibt, dann lassen Sie *Ganzer Text* aktiviert. Das kann aber zur Folge haben, dass die Besucher nur Ihre Feeds lesen und nicht die eigentliche Website besuchen, auf der Sie weitere Services anbieten. Darum entscheiden wir uns bei unserem Netlabel Sweet Surrender für *Auszug*. Wenn die Leser unseren RSS-Feed empfangen, müssen sie dem jeweiligen Link folgen, um den Rest des Artikels auf unseren Webseiten zu lesen. Den Zeichensatz belassen wir im fortschrittlichen UTF-8-Format und ignorieren die Möglichkeit der Artikel-Komprimierung, da diese nicht nötig ist.

Unterpunkt »Diskussion«: Die Kommentarfunktionen

Wie jedes Weblog-System verfügt auch WordPress über ein ausgefeiltes Kommentarsystem, mit dessen Hilfe Kommentare für Artikel verwaltet und administriert werden können (siehe Abbildung 3-8). Bei einer Musik-Website kann man die Kommentarfunktion einsetzen, um Meinungen einzuholen und um den Besuchern eine Möglichkeit zu geben, direkt etwas zum jeweiligen Artikel loszuwerden. Natürlich macht es bei unserer Netlabel-Site keinen Sinn, die Kommentarfunktion für jede Unterseite zu ermöglichen. Deshalb stellt man die Kommentarfunktion für das Impressum, für das Kontaktformular und für ähnliche Service- und Funktionsseiten ab, weil sie an diesen Stellen keinen Sinn macht.

WordPress ermöglicht es per Administration, die Funktion erst einmal generell ab- oder anzuschalten. Darüber hinaus lässt sich die Kommentarfunktion jedoch auch individuell für jeden Artikel verwalten. Neben der Kommentarfunktion gibt es bei Weblog-Systemen auch das Trackback-Verfahren. Diese Funktion ist ein automatischer Benachrichtigungsdienst, über den Weblogs untereinander Informationen und Reaktionen beziehungsweise Kommentare austauschen. Trackback nutzt das Ping-Verfahren und korrespondiert über eine eigene Schnittstelle, die es auch bei WordPress gibt. Durch Trackback erfahren Weblog-Betreiber, ob auf ihren eigenen Eintrag in einem anderen Weblog Bezug genommen wird. In der Regel geschieht dies über einen Verweis am Ende des Artikels.

Leider werden sowohl die Kommentarfunktion als auch das Trackback-Verfahren oft von Spammern für das Platzieren von Werbung missbraucht. Deshalb schalten wir Trackback generell für unser imaginäres Netlabel ab. Weiterhin deaktivieren wir die Kommentarfunktion erst einmal für sämtliche Artikel und aktivieren sie später nur für die Artikel, die wir kommentiert sehen wollen. Dazu gehören Musikveröffentlichungen und News.

Die Einstellungen für Trackback und Kommentare nehmen Sie unter *Optionen > Diskussion* vor. Damit Spammer niemals Inhalte selbstständig auf Ihrer Website veröffentlichen können, aktivieren Sie die Funktion *Bevor ein Kommentar erscheint, muss er von einem Administrator genehmigt werden*. Damit Sie über neue Kommentare informiert werden, um diese freizuschalten, aktivieren Sie die beiden Häkchen bei *Mir eine E-Mail schicken, wenn...* Weiterhin lassen sich explizit Kommentatoren, Websites, spezielle Wörter usw. auf eine Blacklist setzen und sperren. Diese Funktionen sind jedoch kein Garant, um sämtlichen Spam oder unliebsame Inhalte in

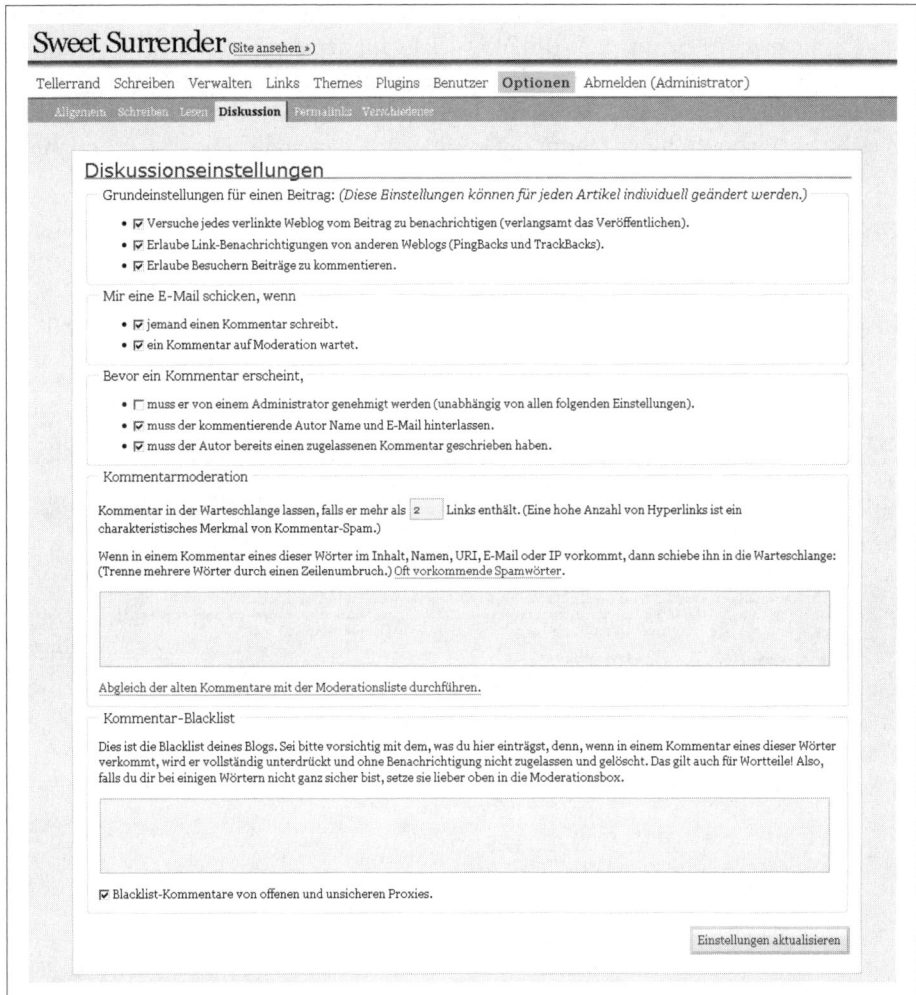

Abbildung 3-8: Komfortable Verwaltung der Kommentarfunktion und Konfiguration der Trackback-Technik

den Kommentaren zu vermeiden. Darum ist eine eigene Moderation die sicherste Methode, um unerwünschte Inhalte abzuwehren. Schließlich kann man Sie im schlimmsten Fall für die veröffentlichten Meinungen und Kommentare haftbar machen, da sie auf Ihrer Website veröffentlicht wurden.

Unterpunkt »Permalinks«: Suchmaschinenfreundliche URLs

In den Grundeinstellungen von WordPress werden URLs verwendet, die Fragezeichen und Zahlen beinhalten und wie folgt aussehen: *http://www.ihre-website.de/weblog/?p=1*. Wie in Kapitel 7, *Webseiten für Suchmaschinen optimieren*, ausführlich erläutert wird, sollten URLs aussagekräftig und mit Schlüsselbegriffen angereichert sein. Damit man als Benutzer WordPress-URLs für seine eigenen Zwecke optimieren kann, benötigt WordPress das Modul *mod_rewrite* auf Seiten des Servers. Wenn Ihre Website auf einem Apache-Server liegt, sollte dieses Modul bereits aktiv sein. Ob es Ihnen zur Verfügung steht und wie Sie es gegebenenfalls installieren, erfahren Sie von Ihrem Webhoster.

Damit *mod_rewrite* funktioniert, müssen Sie außerdem eine Datei mit dem Namen *.htaccess* in Ihrem Wurzelverzeichnis ablegen. Wurde die Installation wie weiter oben beschrieben ausgeführt, können Sie jetzt über *Optionen > Permalinks* das Aussehen der URLs anpassen (siehe Abbildung 3-9). Liegt *.htaccess* nicht vor, holen Sie bitte die unter »Die Installation von WordPress« beschriebenen Schritte nach.

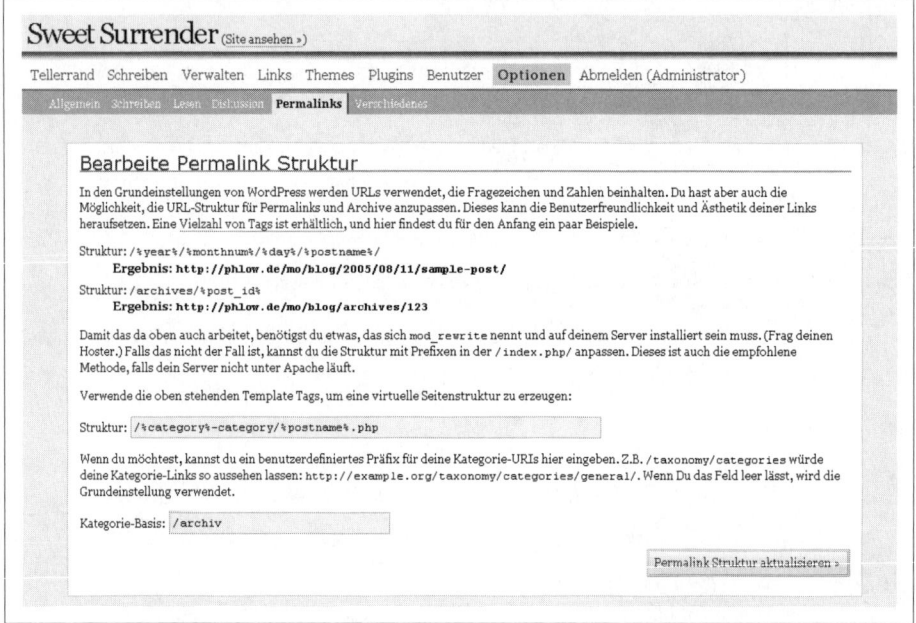

Abbildung 3-9: Schönere URLs: WordPress unterstützt den Webmaster mit konfigurierbaren Wunsch-URLs

Das Aussehen der URLs bestimmt man über das Eingabefeld *Struktur*. Dort konfigurieren Sie Ihr individuelles URL-Design mit Hilfe von Tags, die Sie nach eigenem Belieben kombinieren können.

 %category% funktioniert nicht mit dem *mod_rewrite* einer Apache-Version vor Version 2. Sollte Ihr Server Apache 1 benutzen, müssen Sie auf %category% verzichten.

Zur Verfügung stehen die folgenden Tags beziehungsweise Platzhaltervariablen:

%year%
: Jahr der Erstellung des Artikels mit vier Ziffern (zum Beispiel: 2005)

%monthnum%
: Monat der Erstellung des Beitrags (zum Beispiel: 06)

%day%
: Tag der Erstellung des Artikels (zum Beispiel: 10)

%hour%
: Stunde der Erstellung des Artikels (zum Beispiel: 07)

%minute%
: Minute der Erstellung des Artikels (zum Beispiel: 28)

%second%
: Sekunde der Erstellung des Artikels (zum Beispiel: 55)

%post_id%
: ID-Nummer des Artikels (zum Beispiel: 186)

%postname%
: Angepasste Version des Beitragstitels (zum Beispiel: »1-jahr-munchen« statt »1 Jahr München«)

%category%
: Angepasste Version der Kategorie. Unterkategorien erscheinen automatisch als eigene Variable.

%author%
: Angepasste Version des Autorennamens

Damit eine korrekte Adressierung des Artikels garantiert ist, müssen Sie bei der Erstellung eigener Permalinks darauf achten, dass Sie %postname% oder %post_id% verwenden, damit in jedem Fall eine individuelle URL für den Artikel erzeugt wird.

Eine URL wie *http://www.ihre-domain.de/news-1-hallo-welt* wird mit /%category%-%post_id%-%postname% erzeugt, *http://www.ihre-domain.de/2005/08/04/hallo-welt/* mit /%year%/%monthnum%/%day%/%postname%/.

Um möglichst suchmaschinenfreundliche Links zu erzeugen, empfiehlt es sich auf jeden Fall, die Variable %postname% zu benutzen. Denn diese Variable können Sie individuell bei der Eingabe eines Artikels gestalten, sprich die wichtigsten Keywords in ihr unterbringen. Neben %postname% gibt auch %category% eine sinnvolle Auskunft über den Inhalt des jeweiligen Dokuments. Wenn wir für unser imaginäres Netlabel Sweet Surrender zum Beispiel einen Artikel für einen neuen Künstler anlegen, und den Artikel in die entsprechende Rubrik *artist* einordnen, würde sich bei der Variablenkombination /%category%-category/%postname%.php die folgende sinnvolle URL ergeben: *http://www.ihre-domain.de/artist-category/brigitte-bijoux.php*.

Wie Sie in dem obigen Beispiel sehen, lassen sich bei Bedarf neben Bindestrich und Schrägstrich auch Wörter (hier category) sowie Dateiendungen (hier .php) unterbringen. Sie können jedoch weggelassen werden, um die URL so kurz wie möglich zu gestalten.

Im zweiten Feld *Kategorie-Basis* im Untermenü *Permalinks* können Sie die Links zu den Kategorienseiten des Weblogs beeinflussen. Bleibt das Feld leer, ergänzt WordPress Links auf die Kategorienseiten automatisch mit *category*. Wünschen Sie zum Beispiel eine deutsche Version, weil Ihre Künstler-Website sich ausschließlich an deutschsprachige Leser wendet, dann können Sie in das Feld zum Beispiel rubrik eingeben. Ein Link auf Ihre Biografie-Rubrik würde dann so aussehen: *http://www.ihre-domain.de/rubrik/biografie/*.

Unterpunkt »Verschiedenes«: Bilder hochladen und Trackback-Links-Update

In den Grundeinstellungen von WordPress ist der Upload von Bildern deaktiviert. Wenn Sie Bilder für einen Artikel bei der Eingabe hochladen möchten, müssen Sie im Menü *Optionen > Verschiedenes* ein Häkchen bei *Erlaube das Hochladen von Dateien* setzen (siehe Abbildung 3-10). Nachdem Sie anschließend auf den Button *Einstellungen aktualisieren* geklickt haben, sollte in der obersten Menüleiste ein weiterer Menüpunkt namens *Upload* erscheinen.

Im Textfeld *Zielverzeichnis* geben Sie den FTP-Pfad zum Verzeichnis an, in das WordPress die Bilder hochladen soll. Mit *URL dieses Verzeichnisses* legen Sie den Link fest, den WordPress nach dem erfolgreichen Upload einer Datei ausgibt. Denn WordPress erleichtert Ihnen die Arbeit und gibt nach dem Upload eines Bildes direkt das dazugehörige <img>-Tag aus, das Sie dann nur noch in das Textfeld des Artikels kopieren müssen. Schneller lassen sich Bilder nur noch über ein Plugin einpflegen, aber dazu mehr unter »WordPress Plugins«.

Mit *Maximale Grösse* und *Erlaubte Dateiendungen* bestimmen Sie, wie groß eine Datei maximal sein darf und auf welche Endung sie lauten muss, damit sie hochgeladen werden darf. Möchten Sie zum Beispiel auch PDF- und Word-Dokumente hochladen, so geben Sie im Feld *Erlaubte Dateiendungen* die dazugehörigen Dateiendungen *pdf* und *doc* an. Diese müssen nur durch ein Leerzeichen getrennt sein. Damit das Hochladen von Dateien einwandfrei funktioniert, müssen die Schreibrechte des Verzeichnisses, in das WordPress die Dateien abspeichert, auf CHMOD 777 gesetzt werden.

Mit *Minimaler Level zum Hochladen* bestimmen Sie, welchen Redakteuren das Hochladen von Dateien erlaubt ist. Da WordPress Ihnen als Webmaster die Möglichkeit gibt, Redakteure mit einem Rang zwischen 1 bis 10 Punkten (1 = niedrigster Rang, 10 = höchster Rang) zu versehen, können Sie hier festlegen, ab welchem Rang das Hochladen von Dateien erlaubt ist.

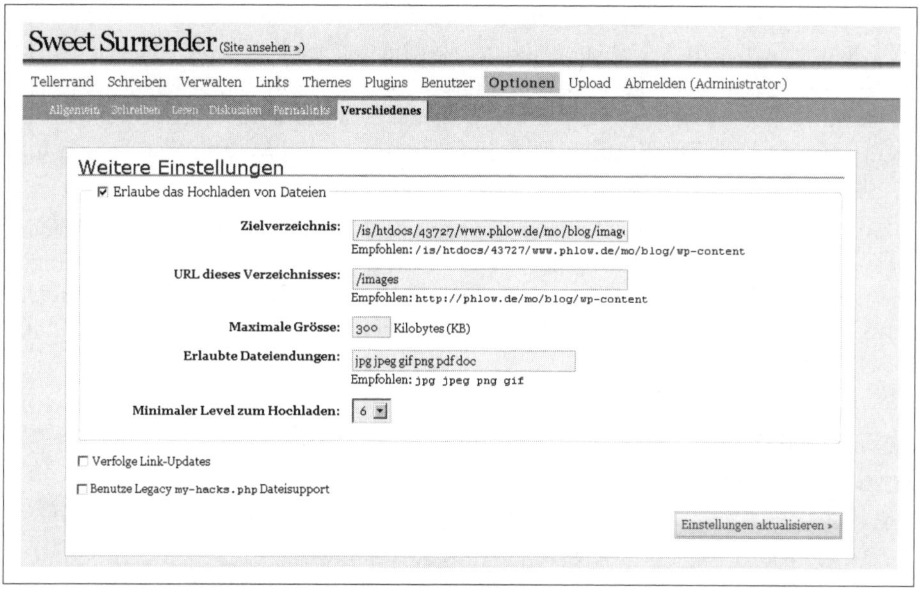

Abbildung 3-10: Mehr Komfort, schönere Einträge: WordPress erlaubt das Hochladen von Bildern, die Funktion muss nur aktiviert werden.

Die beiden letzten Optionen im Unterpunkt *Verschiedenes* sind *Verfolge Link-Updates* und *Benutze Legacy my-hacks.php Dateisupport*. Dabei aktivieren Sie mit *Verfolge Link-Updates* die Trackback-Funktion, die Services wie Ping-O-Matic informiert, wenn Sie Ihre Link-Liste aktualisieren. Die Links Ihres Weblogs verwalten Sie über den Menüpunkt *Links*, der weiter unten erläutert wird. Den Menüpunkt *Benutze Legacy my-hacks.php Dateisupport* können Sie ignorieren. Er ist ein Relikt aus alten Zeiten, in denen WordPress noch keinen Plugin-Support an Bord hatte. Manche Programmierer nutzen jedoch immer noch kleine Hacks für WordPress, die dann über diese Funktion angeschaltet werden können.

Menüpunkt »Benutzer«: Benutzer, Rangordnungen und Passwörter

Nachdem Sie nun das Verhalten Ihres Weblogs eingestellt haben, widmen wir uns dem Menüpunkt *Benutzer*. Haben Sie auf den Menüpunkt geklickt, präsentiert sich Ihnen Ihr eigenes Profil. Logisch, dass Sie als Chef den Level 10, also die höchste Rangordnung, erhalten haben. Da Ihre Beiträge mit dem jeweiligen Autor verknüpft werden, lohnt es sich, das eigene Profil auszufüllen. Denn WordPress ermöglicht es Ihnen nicht nur, Artikel anzuzeigen und zu verwalten, sondern auch weitere Informationen bezüglich des Autors mit anzugeben. Diese können dann, sofern von Ihnen gewünscht, von Besuchern aufgerufen und studiert werden. Darum lohnt es sich, sein Profil zu vervollständigen. Die wichtigsten Felder, die Sie auf jeden Fall ausfüllen sollten, sind: Vorname, Name, Nickname und E-Mail. Am Ende Ihres Profils können Sie auch das von WordPress generierte Erstpasswort gegen ein eigenes austauschen. Beachten Sie hierbei, dass Sie sich ein Passwort ausdenken, das nicht offensichtlich ist. Kombinieren Sie dazu am besten Wörter mit Zahlen und Sonderzeichen.

Wenn Sie unter *Optionen* die Registrierung von neuen Benutzern untersagt haben, bietet Ihnen der Unterpunkt *Benutzer > Autoren & Benutzer* die individuelle Registrierung und Verwaltung der Autoren Ihres Weblogs. Unter *Autoren & Benutzer* lassen sich neue Redakteure anlegen und anschließend verwalten (siehe Abbildung 3-11).

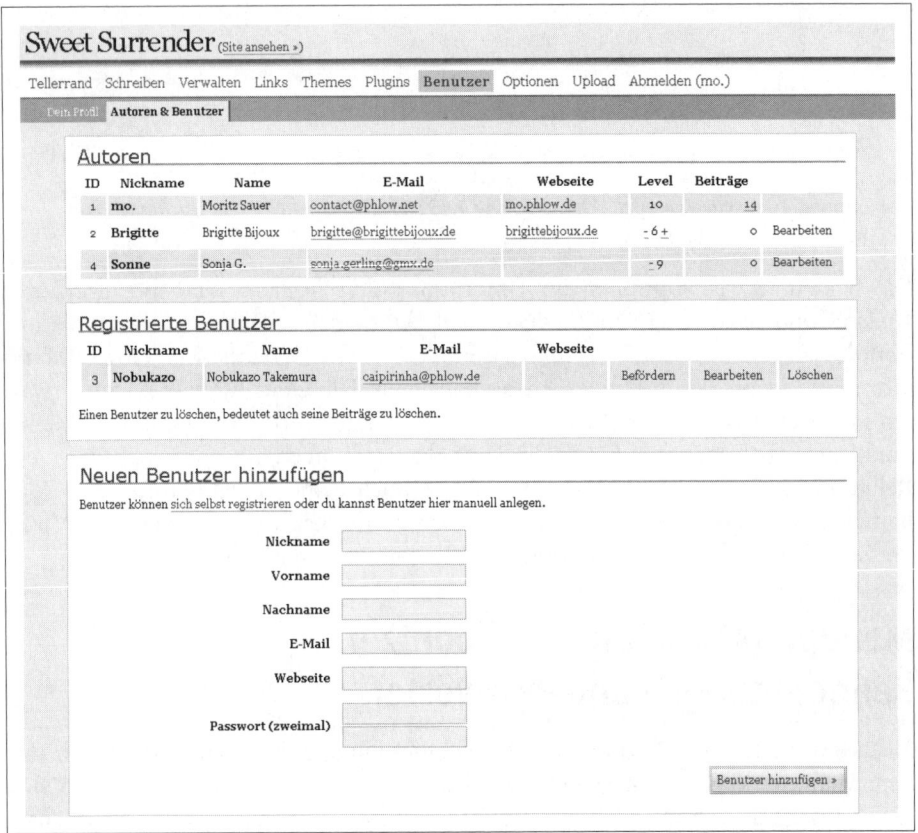

Abbildung 3-11: Redaktionsteam: WordPress erlaubt das kooperative Arbeiten von mehreren Redakteuren. Diese können Sie schnell über das Backend registrieren, verwalten und befördern.

Wurde ein neuer Autor angelegt, müssen Sie diesen anschließend »befördern« und ihm einen Level zwischen 1 und 10 zuweisen. Erst dann listet ihn WordPress unter den Autoren auf. Mithilfe der Rangordnung bestimmen Sie, wie viele Möglichkeiten und wie viel Mitspracherecht ein Autor innerhalb Ihres Weblogs bekommt. Eine genaue Auflistung, welche Funktionen ab welchem Level für den jeweiligen Schreiber freigeschaltet werden, können Sie unter *http://codex.wordpress.org/User_Levels* nachlesen.

Menüpunkt »Links«: Blogroll, Zirkel und Verweise zu Freunden

Das Elixier einer jeden Website sind Links. Denn Verweise erwecken den Browser zum Leben, verknüpfen Webseiten mit anderen Inhalten und zeigen Beziehungen zwischen Websites auf. Und weil die Verwaltung und Darstellung von Links erfahrungsgemäß ein beliebter Bestandteil eines Weblogs ist, kommt WordPress mit einer eigenen Link-Sammlungsverwaltung daher. Diese finden Sie in der Menüzeile natürlich unter *Links*.

Bereits während der Installation von WordPress wurde das System mit einer eigenen Link-Sammlung befüllt, mit der man meist gar nichts anfangen kann. Es sei denn, man liest die Weblogs, die in dieser Liste vorkommen, und möchte sie im eigenen Weblog angezeigt sehen. Da mit WordPress Link-Listen nach Kategorien sortiert werden können, wurde für die Standard-Liste bereits eine Kategorie namens *Blogroll* angelegt. In der Blogger-Szene sind Blogrolls Listen mit den Lieblingslinks des jeweiligen Weblog-Betreibers, in denen er befreundete oder von ihm viel gelesene Weblogs verlinkt.

Unterpunkt »Links verwalten«

Um Links zu bearbeiten, zu löschen oder ihre Sichtbarkeit zu bestimmen, gehen Sie in das Menü *Links > Links verwalten* (siehe Abbildung 3-12). Über die Ausklappmenüs können Sie die Anzeige der Link-Listen beeinflussen. Einerseits lassen sich Links nach Kategorien sortieren und anzeigen, oder Sie lassen sich die Links nach Name, URL, Link-ID, Beschreibung, Besitzer und Bewertung auflisten. Beide Optionen lassen sich verknüpfen. Mit einem Klick auf *Zeige* gibt WordPress die Links dann nach den Sortierparametern aus.

Leider erlaubt WordPress es nicht, alle Links in einem Rutsch zu löschen. Deshalb müssen Sie jeden der aufgeführten Links einzeln löschen. Das geschieht unkompliziert per *Löschen* mit abschließender Bestätigung durch *OK*. Um Ihnen die praktische Arbeit vor Augen zu führen, zeige ich Ihnen nun, wie wir anhand des imaginären Sweet Surrender-Netlabels sämtliche vorliegenden Links löschen, um anschließend zwei Link-Kategorien und die dazugehörigen Links anzulegen. Bei

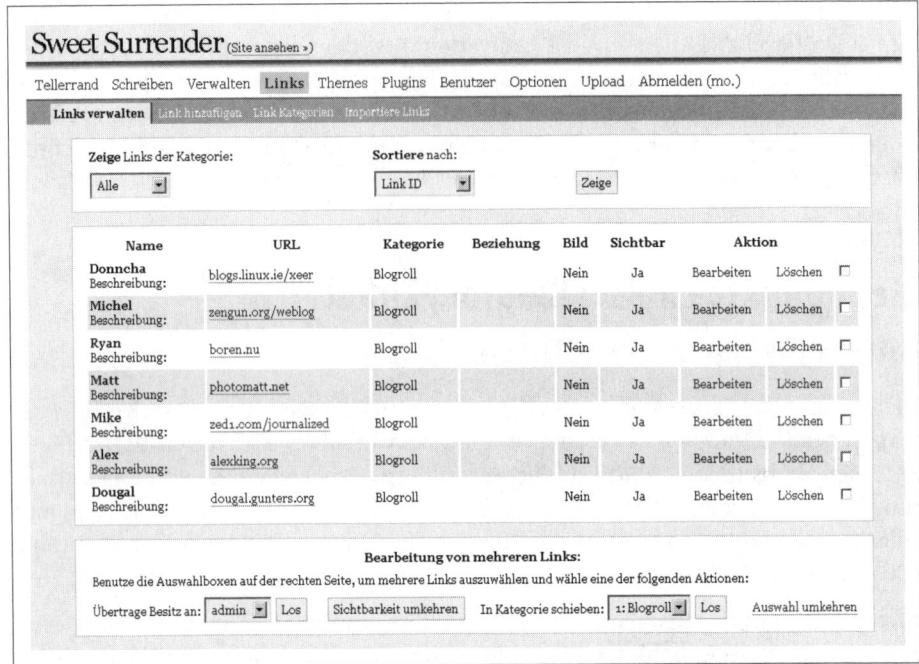

Abbildung 3-12: WordPress ermöglicht die komfortable Verwaltung von Link-Listen nach Kategorien

den Kategorien handelt es sich um eine Kategorie für befreundete Netlabels, die wir schlicht *Netlabels* nennen, und eine weitere Kategorie, in der wir Netlabel-relevante Quellen und Startpunkte auflisten. Letztere nennen wir einfach *Resources*.

Wie so oft führen viele Wege zum Ziel. Wir könnten zum einen die vorgegebenen Links mit ihren Daten einfach ändern und mit den gewünschten URLs aktualisieren und anschließend die Kategorie Blogroll in Netlabels oder Resources umbenennen. Oder wir löschen alle Links erst einmal und fangen von vorne an. Der Übersicht halber gehen wir den letzten Schritt und löschen erst einmal sämtliche Links. Die Fortschritte können Sie auch auf der eigentlichen Weblog-Site mitverfolgen. Vergessen Sie dabei nicht, die Website im Browser zu aktualisieren.

Unterpunkt »Link Kategorien«: Verwalten von Link-Listen

Bevor wir nun unsere eigenen Links eingeben, erstellen wir erst die beiden Kategorien. Dazu begeben wir uns in das Untermenü *Links > Link Kategorien*. Wie oben beschrieben, verfügt unser WordPress bereits über eine Kategorie. Um den Namen der Kategorie zu verändern, klicken Sie auf *Bearbeiten*. Anschließend präsentiert sich Ihnen ein Bildschirm wie in Abbildung 3-13.

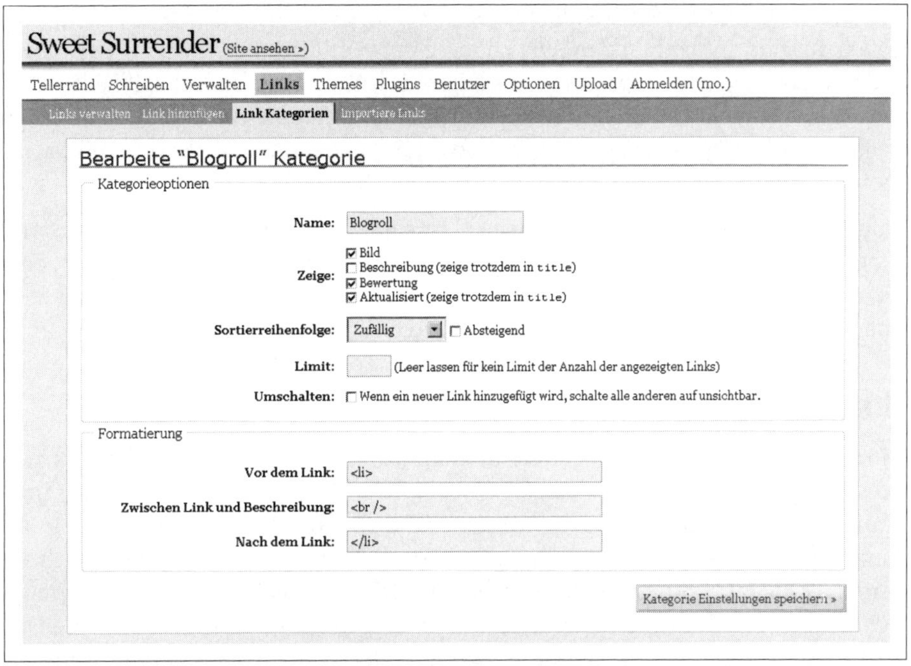

Abbildung 3-13: Kategorienverwaltung in WordPress

Im Kasten *Kategorieoptionen* finden Sie alle wesentlichen Konfigurationspunkte einer Kategorie. Neben einem Namen für die Kategorie bestimmen Sie außerdem, welche Inhalte eines Links angezeigt werden sollen. Dazu gehören ein Bild, eine Beschreibung sowie eine Bewertung. Mit dem Punkt *Aktualisiert* stellen Sie ein, ob bei der neuen Eingabe eines Links dieser extra als neu gekennzeichnet wird. Der folgende Punkt *Sortierreihenfolge* bestimmt, auf welche Weise WordPress die Link-Liste auf Ihrer Website ausgibt.

Über *Limit* steuern Sie im nächsten Punkt die maximale Anzahl der angezeigten Links. Möchten Sie, dass immer sämtliche Links einer Kategorie dargestellt werden, so lassen Sie das Feld leer. Zusammen mit der Art der Sortierreihenfolge lassen sich mittels *Limit* interessante Effekte erzielen. Wenn Sie zum Beispiel eine maximale Darstellung von 5 Links einer Kategorie erlauben und die Sortierreihenfolge auf *Zufällig* einstellen, erzielen Sie bei mehr als 5 eingegebenen Links eine dynamische Rotation. Denn bei jedem neuen Aufruf sucht WordPress 5 Links selbstständig und per Zufall aus. So kommt richtig Dynamik in die Website.

Mit *Umschalten* aktivieren Sie die so genannte *Auto-Toggle-Funktion*. Wenn diese Funktion aktiviert ist, verschwindet bei der Neueingabe eines Links der vorherige. Das hat zur Folge, dass immer nur der aktuellste Link einer Kategorie angezeigt wird.

Im Kasten *Formatierung* bestimmen Sie anschließend, wie WordPress die Link-Listen ausgibt. In der Standardeinstellung gibt WordPress die Links als eine ungeordnete Liste via <ul>-Tags aus. Die Links werden hierbei standardmäßig mit <li> und </li> eingeklammert. Wird zusätzlich zum Link eine Beschreibung ausgegeben, kann diese optisch abgesetzt werden – im Standardmodus per
-Tag. Da diese Einstellungen äußerst sinnvoll sind, sollten Sie sie so belassen.

Nachdem alle Konfigurationspunkte geklärt sind, benennen wir jetzt die Kategorie *Blogroll* in *Netlabels* um und legen anschließend über *Links > Link Kategorien* eine weitere Kategorie namens *Resources* an. Damit können wir im nächsten Schritt endlich eigene Verweise anlegen und sie einer dieser Kategorien zuordnen.

Unterpunkt »Link hinzufügen«

Ein neuer Link lässt sich schnell und unkompliziert eingeben. Dazu verlangt WordPress lediglich vier grundlegende Angaben: URI (Internet-Adresse), Link-Name, Kurzbeschreibung und Kategorie. Möchten Sie die Angaben und Einordnung des Links weiter beeinflussen, stellt WordPress die Administration von Link-Beziehungen via *XFN* zur Verfügung. XFN steht für *XHTML Friends Network* und ermöglicht es, weitere Hinweise, Gründe und Beziehungen der jeweils verlinkten Website zu erläutern. Auf diesen Punkt gehe ich hier jedoch nicht weiter ein und verweise auf die englischsprachige Website *http://gmpg.org/xfn/* beziehungsweise auf die WordPress-Anleitung.

Der Kasten *Erweitert* ermöglicht Ihnen dann die Verfeinerung des jeweiligen Links. Sie können jedem Link eine Bild-URL, RSS-URL, Notizen und eine Bewertung zwischen 0 und 9 zukommen lassen, wobei die Bewertung mit der Höhe der Zahl steigt. Über den Punkt *Target* legen Sie dann fest, ob sich bei einem Klick auf den Link ein neues Fenster öffnet oder nicht. Eingegebene Links können auch abgeschaltet werden. Das erreichen Sie schnell und einfach mit *Sichtbar Ja/Nein*. Wenn Sie mit den Angaben zufrieden sind und den Link hinzufügen möchten, klicken Sie abschließend auf *Link hinzufügen*. Anstelle auf den Link zu klicken, können Sie bei der Eingabe über die Tastatur auch einfach die Eingabetaste betätigen.

Das Ergebnis der Link-Eingabe für das Sweet Surrender-Netlabel sehen Sie in Abbildung 3-14. In unserem Beispiel haben wir uns lediglich für eine Beschreibung der befreundeten Netlabels entschieden. Dahingegen wird bei unserer Link-Kategorie *Resources* weder ein Name des Links noch eine Beschreibung angezeigt. Stattdessen zeigt WordPress ein kleines Bild pro Link an, das über die Funktion *Upload* hochgeladen wurde.

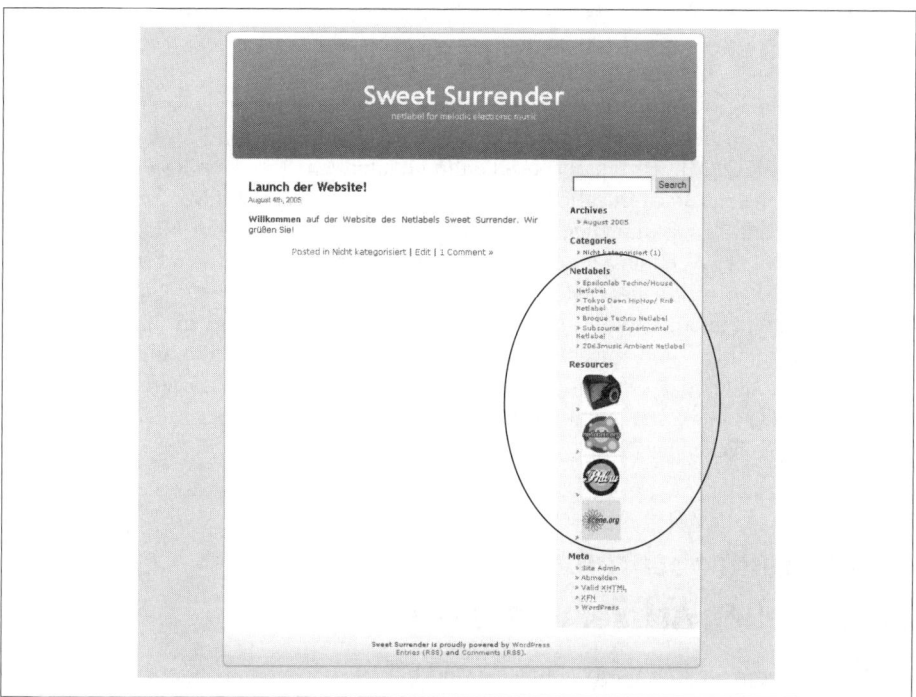

Abbildung 3-14: WordPress ermöglicht die Gestaltung von Link-Listen in vielerlei Formen, ob als Link, Name oder als Bild mit jeweiliger Beschreibung

Unterpunkt »Importiere Links«: Link-Listen-Import via OPML

Bei Webloggern ist neben dem Austausch von Kommentaren auch das Teilen von Link-Listen sehr beliebt. Diese können bei bestimmten Online-Services verwaltet und als OPML-Datei (Erklärung siehe Kasten) exportiert werden. Auch News-Aggregatoren erlauben den Export gesammelter RSS-Feeds in Form von OPML-Dateien, meist auch nach Themen oder Ordnern sortiert. Natürlich lassen sich diese Listen auch mit einem eigenen Editor erstellen und auf der Website publik machen.

Auch WordPress unterstützt den Import von Link-Listen mithilfe der OPML-Datei. Ob das Dokument nun auf dem eigenen Desktop liegt oder über eine URL bezogen werden kann, ist WordPress egal. Lediglich der Export der Link-Listen ist noch nicht möglich. Um per OPML Daten zu importieren, nutzen Sie den Menüpunkt *Links > Importiere Links*.

> **Was ist OPML?**
>
> OPML steht für »Outline Processor Markup Language« und bezeichnet ein XML-Format, das für den Austausch von abonnierten Listen zwischen Programmen verwendet wird. OPML wird in der Regel dafür genutzt, eine Liste von RSS-Feeds oder Links in einem Rutsch zu abonnieren oder zu exportieren. OPML-Dateien sind meist thematisch zusammengefasste Listen, die man mit anderen Nutzern teilen kann. So können Webmaster zum Beispiel eine OPML-Datei mit den ihrer Ansicht nach besten Musikmagazin-RSS-Feeds zusammenstellen und den Surfern zum Download anbieten. Diese können die Datei herunterladen und in ihrem News-Aggregator öffnen und anschließend die vorgestellten Feeds abonnieren. Auch WordPress nutzt das OPML-Format für den Import von Link-Listen. Natürlich können diese Link-Listen nicht nur Links zu Webseiten enthalten, sondern auch die eigenen RSS-Ticker-Favoriten.

Menüpunkt »Schreiben«: Einen neuen Artikel verfassen

Vielleicht waren Sie bereits so neugierig und haben schon einen eigenen Artikel verfasst – vielleicht auch mehrere. Wenn ja, haben Sie sicherlich festgestellt, wie einfach sich ein Artikel mit WordPress veröffentlichen lässt. Wenn nicht, dann legen wir nun gemeinsam einen neuen Artikel an. Um neue Artikel zu verfassen, klicken Sie auf den Menüpunkt *Schreiben*. Der Menüpunkt ermöglicht Ihnen die Eingabe eines neuen Artikels auf zweierlei Arten. WordPress unterscheidet nämlich zwischen Artikeln, die einer Kategorie zugewiesen werden, und Artikeln, die lediglich aus einer Seite ohne Kategoriezugehörigkeit bestehen. Der Grund für diese Unterscheidung ist einfach: Für Dokumente wie Impressum, Kontaktformular, Hilfeseite oder eine »Über den Autor«-Seite macht es keinen Sinn, eine Kategorie einzurichten. Sicherlich lohnt sich eine Kategorie Info, in der Sie das Kontaktformular und das Impressum abheften. Möchten Sie jedoch, dass diese Seite ein eigenes interaktives Formular zur Kontaktaufnahme bekommt, lässt sich das mit einer einfachen Artikelseite nicht bewerkstelligen, da Artikelseiten auf der immer gleichen Schablone aufsetzen.

Für diese Lösungen gibt es die Einzelseiten, die Sie unter dem Menüpunkt *Schreiben > Seite schreiben* finden. Denn WordPress ermöglicht es, dass Sie für diese Seiten eine eigene Schablone auswählen können. In unserem Fall könnte das eine Schablone für Kontaktformulare sein, die unser PHP-Kontaktformular aus Kapitel 2, *Programmierung der Webseiten*, beherbergt. Selbstverständlich muss eine solche Schablone erst programmiert werden, aber das zeige ich Ihnen im Abschnitt »Einführung in die WordPress-Programmierung«.

Individuelle Artikel

Um einen regulären Artikel einzugeben, klicken Sie auf den Menüpunkt *Schreiben*, und Sie landen direkt in der Eingabemaske. Jeder Artikel besteht aus einem Titel, einem Auszug und dem eigentlichen Beitrag. Neben Beiträgen für alle Besucher lassen sich auch Beiträge mit einem Passwort schützen, um zum Beispiel nur Mitgliedern den Einblick zu gewähren. Außerdem konfigurieren Sie in der obersten Zeile, ob Kommentare für den Artikel erlaubt sein sollen oder nicht. Aktivieren Sie noch die Ping-Funktion, die die Weblogservices über einen neuen Beitrag informiert (beide Menüpunkte werden nur im Modus *Erweiterte Schreiboptionen* angezeigt).

Jeder Beitrag lässt sich einer oder mehreren Kategorien zuordnen. Das erledigen Sie auf der rechten Seite, wo Ihre Kategorien aufgelistet werden. Sollten Sie noch nicht eigenständig Kategorien angelegt haben, dürfte auf der rechten Seite lediglich die Kategorie »Nicht kategorisiert« auftauchen. Sie ist bereits aktiviert.

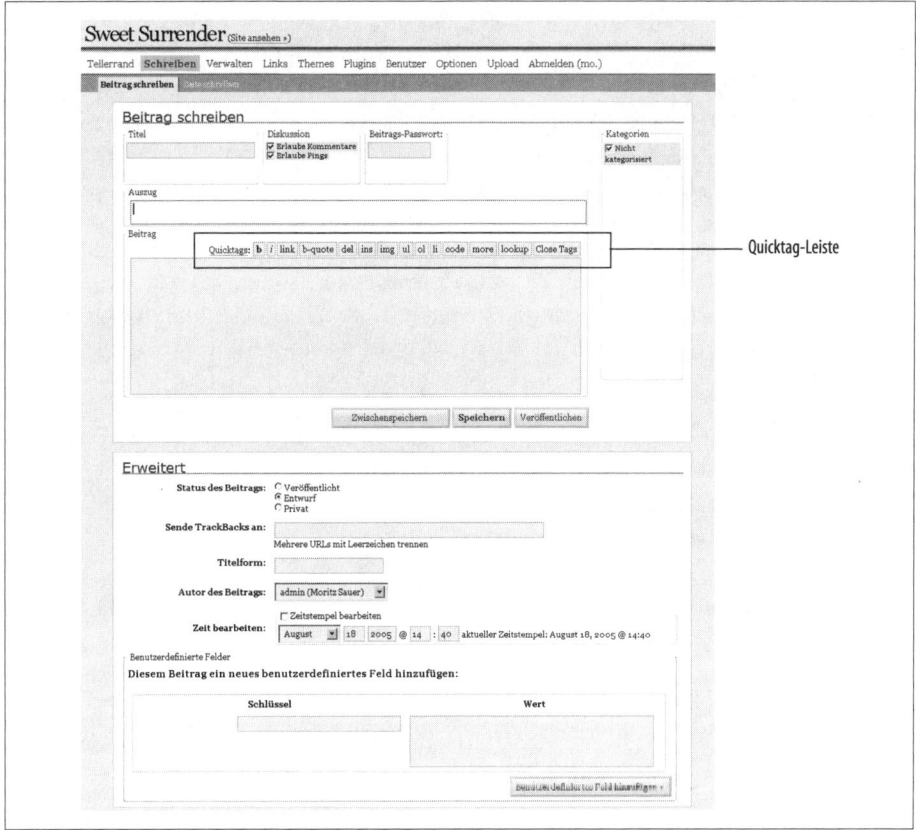

Abbildung 3-15: WordPress-Artikeleingabe: Jeder Beitrag lässt sich wie in einer normalen Textverarbeitung bearbeiten. Mit Hilfe der Quicktag-Leiste fügt WordPress selbstständig die jeweiligen XHTML-Tags für die Formatierung ein.

Über dem eigentlichen Eingabefeld für den Beitrag befindet sich eine *Quicktag-Leiste* (siehe Abbildung 3-15). Diese unterstützt Sie bei der Formatierung von Texten. Wie bei einer regulären Textverarbeitung wie zum Beispiel Open Office, Word oder Textmaker markieren Sie für die Formatierung einfach die Wörter und klicken auf einen der Buttons. WordPress fügt dann die entsprechenden XHTML-Tags selbstständig ein.

Für Menschen, die ihre Finger ungern von der Tastatur nehmen, bieten sich auch Tastaturkürzel an. Drücken Sie bei der Texteingabe zum Beispiel *Alt + b*, so fügt WordPress das <strong>-Tag ein. Drücken Sie ein weiteres Mal *Alt + b*, schließt WordPress das Tag mit </strong>. Alle weiteren Tastaturkürzel entnehmen Sie der Tabelle 3-2.

Tabelle 3-2: WordPress-Quicktags

Quicktag-Button	Bedeutung	XHTML-Code	Tastaturkürzel
b	Fettschrift	<strong>	Alt + b
i	Kursivschrift	<em>	Alt + i
link	Fügt einen Link ein	<a href="URL">Link-Text</a>	Alt + h
b-quote	Zitat	<blockquote>	Alt + q
del	Durchgestrichener Text	<del>	Alt + d
ins	Neu eingesetzter Text (meist unterstrichen)	<ins>	Alt + s
img	Bild	<img src="bildquelle" alt="beschreibung-text">	Alt + m
ul	Unsortierte Liste	<ul>	Alt + u
ol	Nummerierte Liste	<ol>	Alt + o
li	Listenelement	<li>	Alt + l
code	Text als Code	<code>	Alt + c
more	Trennt den Artikel in zwei Hälften	<!--more-->	Alt + t
lookup	Englischer Thesaurus	-	-
Close Tags	Schließt alle noch offenen Tags	-	Alt + c

Unter den normalen Tags ragt einzig das Tag des *more*-Buttons heraus. Dieser fügt nämlich den Code <!--more--> ein. Zwar würden die meisten Browser dieses Tag als Kommentar interpretieren, das WordPress-CMS unterbricht jedoch an dieser Stelle den Text und fügt einen Link »Weiter lesen« ein. <!--more--> ermöglicht somit Anreißertexte sowohl auf der Startseite als auch auf den Kategorienseiten. Dadurch vermeiden Sie es, mit großen Texten eine Seite zu sprengen.

Ein weiteres interessantes Feature ist der <!--nextpage-->-Befehl. Mit ihm können Sie lange Artikel in Häppchen beziehungsweise weitere Seiten zerlegen. Wird ein Text mit <!--nextpage--> getrennt, fügt WordPress am Ende der Artikelseite automatisch Links zu den weiteren Folgeseiten ein. Leider steht für <!--nextpage--> kein Quicktag zur Verfügung. Den Befehl müssen Sie selbst eintippen, was jedoch nur bei wirklich langen Artikeln Sinn macht, oder Sie konfigurieren die Quicktag-Leiste – siehe dazu *www.tamba2.org.uk/wordpress/quicktags/*.

Am unteren Ende des Texteingabefelds befinden sich drei Speicher-Buttons: *Zwischenspeichern*, *Speichern* und *Veröffentlichen*. Schreiben Sie an einem neuen Artikel und möchten diesen sicherheitshalber zwischenspeichern, um ihn anschließend weiterzubearbeiten, wählen Sie den Button *Zwischenspeichern*. WordPress sichert den Artikel sodann in der Datenbank und führt Sie zurück zur weiteren Texteingabe. Wenn Sie mit dem Artikel fertig sind, ihn jedoch noch nicht auf die Website setzen wollen, dann klicken Sie auf den *Speichern*-Button. Der Button *Veröffentlichen* speichert schließlich den neuen Artikel ab und setzt ihn online.

Unterhalb des *Beitrag schreiben*-Kastens befindet sich der *Erweitert*-Kasten mit zusätzlichen Optionen für den Artikel. Sollten Sie diesen nicht sehen, können Sie ihn über den Button *Erweiterte Schreiboptionen* jedes Mal erneut ausklappen, oder Sie ändern die Standardeinstellungen über den Menüpunkt *Optionen > Schreiben* und wählen *Erweiterte Schreiboptionen*.

Während Sie mit *Status des Beitrags* die Anzeige des Artikels beeinflussen – manchmal möchte man einen Artikel nachträglich zurücknehmen, zum Beispiel für eine erweiterte Bearbeitung –, steuern Sie mit Trackback das Senden von Trackback-Pings. Sehr wichtig ist das Feld *Titelform*. Denn mit *Titelform* beeinflussen Sie direkt das Aussehen der eigentlichen URL. Geben Sie hier die wichtigsten Keywords für den Artikel ein (detaillierte Informationen zu Keywords finden Sie in Kapitel 7, *Webseiten für Suchmaschinen optimieren*. Beschränken Sie sich dabei auf drei bis fünf Schlüsselwörter, die Sie bei der Eingabe durch Bindestriche oder Leerzeichen voneinander trennen. Über das Ausklappmenü *Autor des Beitrags* lassen sich Artikel einem anderen Redakteur übergeben.

WordPress weist automatisch jedem Artikel bei der Eingabe ein eigenes Datum zu. Dieses können Sie nachträglich manipulieren. Damit eine Änderung übernommen wird, müssen Sie zuerst ein Häkchen bei *Zeitstempel bearbeiten* setzen, sonst übernimmt das CMS nicht das neue Datum. Wenn Sie nun das Datum modifizieren, übernimmt WordPress die neuen Einstellungen. Die Manipulation der Datumseingabe ermöglicht es Ihnen, das Erscheinungsdatum von Artikeln zu beeinflussen. Möchten Sie zum Beispiel bereits einen Artikel für eine Neuerscheinung Ihrer kommenden CD online stellen, die aber erst einen Monat später erscheint, so setzen Sie einfach das Datum auf den Tag der Veröffentlichung. WordPress zeigt den Artikel erst ab dem jeweiligen Datum an.

Der Kasten *Benutzerdefinierte Felder* erlaubt es Ihnen, Extra-Informationen mit einem Artikel abzuspeichern oder spezielle Aktionen pro Artikel auszuführen. Wie und wo die Extra-Informationen angezeigt werden, bestimmen Sie bei der Programmierung der WordPress-Schablonen – siehe Abschnitt »Einführung in die WordPress-Programmierung« weiter unten. Erfahrene Programmierer können sich auch Aktionen selbst programmieren. Mehr Informationen dazu erhalten Sie in der Online-WordPress-Hilfe.

Individuelle Seiten

Um individuelle WordPress-Seiten anzulegen, die keiner Kategorie zugeordnet werden müssen, klicken Sie auf *Schreiben > Seite schreiben*. Die Eingabefelder gleichen denen eines normalen Eintrags. Im Unterschied zu Artikeln leben individuelle Seiten aber außerhalb der Kategorienhierarchie und bekommen von WordPress keinen Zeitstempel. Trotzdem lassen sich individuelle Seiten untereinander hierarchisch strukturieren. Das erreichen Sie über das Ausklappmenü *Übergeordnete Seite*, das das Sortieren von individuellen Seiten erlaubt.

Wie oben erwähnt, kann man einer individuellen Seite auch ein eigenes Template zuweisen, das spezielle Funktionen übernimmt oder anbietet. Das wäre zum Beispiel ein interaktives Kontaktformular oder ein integrierter Ticker, der externe RSS-Dateien auf Ihrer Website darstellt. Auf welches Template eine individuelle Seite zurückgreift, bestimmen Sie mit dem Ausklappmenü *Template der Seite*. Die Reihenfolge der individuellen Seiten legen Sie mit dem gleichnamigen Feld fest.

Menüpunkt »Verwalten«: Inhalte pflegen

Der Menüpunkt *Verwalten* ist die eigentliche Schaltzentrale der Redakteure. Über diesen Menüpunkt finden Sie sämtliche Inhalte – von Artikeln über individuelle Seiten bis hin zu den Kommentaren Ihrer Besucher. Um sich alle Artikel anzeigen zu lassen, klicken Sie auf den Unterpunkt *Beiträge*. Hier werden sämtliche publizierten und unveröffentlichten Artikel gelistet. Es werden nicht nur die Anzahl der Kommentare, der jeweilige Autor und die ID des Artikels angezeigt, auch deren Bearbeitung ist möglich. Auf Wunsch lassen sich über das Menü Artikel anzeigen, bearbeiten oder löschen. Das Menü für die individuellen Seiten finden Sie unter dem Unterpunkt *Seiten*. Es ist nach dem gleichen Muster gestrickt wie das der Beiträge.

Damit Sie nun endlich Kategorien für Ihre Web-Präsenz anlegen können, besuchen Sie das Menü *Verwalten > Kategorien*. Hier lassen sich neue Kategorien anlegen, die anschließend bei der Artikeleingabe auf der rechten Seite auftauchen. Dabei unterstützt WordPress auch Subkategorien. Haben Sie zum Beispiel ein eigenes Netlabel, das seine Veröffentlichungen in zwei Genres unterteilt, so können Sie mit WordPress eine Oberkategorie *Veröffentlichungen* anlegen, der Sie anschließend zwei weitere Kategorien unterordnen.

Neben einem Titel für die Kategorie können Sie optional eine Beschreibung eingeben. Diese kann zusammen mit der Kategorie angezeigt werden, um dem Besucher Aufschluss über den Inhalt der jeweiligen Kategorie zu geben. Das Standard-Template von WordPress zeigt diese Beschreibung jedoch nicht an.

Kommentare administrieren

Je nachdem, wie Sie WordPress unter *Optionen > Diskussion* konfiguriert haben, müssen Kommentare erst freigeschaltet werden, damit sie auf der Website unter dem jeweiligen Artikel erscheinen. Leider versuchen zahlreiche Spammer, die Kommentarschnittstelle von WordPress auszunutzen, um unnütze Werbung einzutragen. Sollten Sie Probleme mit Spam-Kommentaren haben, können Sie WordPress so konfigurieren, dass Kommentare erst nach Ihrer Erlaubnis über das Backend freigeschaltet werden.

Für die Darstellung der Kommentare bietet das Weblog-System zwei Modi: *Anzeige-Modus* und *Masseneditier-Modus*. Während WordPress im normalen *Anzeige-Modus* den gesamten Kommentar anzeigt, beschränkt sich der *Masseneditier-Modus* auf die wesentlichen Bestandteile eines Kommentars. Dadurch lassen sich Kommentare schneller löschen.

Noch leichter verwalten Sie neue Kommentare über *Verwalten > Moderation erwartend*. Über dieses Interface lassen sich sämtliche Kommentare schnell freischalten, bearbeiten oder löschen. Auch das Löschen von einzelnen Kommentaren geht sehr leicht von der Hand. Die Handhabung der Kommentare ist hier vorbildlich gelöst. Selbst bei einer Spammer-Attacke werden Sie nicht so viel Zeit verlieren wie bei der Administration anderer Weblogs.

Zugriff auf die WordPress-Templates via Backend

Der Menüpunkt *Verwalten > Dateien* ist der einzige Unterpunkt, der nicht direkt etwas mit den Inhalten der Website zu tun hat. Über *Verwalten > Dateien* gewährt Ihnen WordPress nämlich den Zugriff auf die Dateien der Standard-WordPress-Installation. Dazu gehören die Dateien der *Theme-Templates*, *.htaccess* und *my-hacks.php*. Diese können Sie hier im Backend editieren.

Damit Sie eine der gelisteten Dateien ändern dürfen, müssen die Schreibrechte für die jeweilige Datei per FTP-Programm auf `chmod666` gesetzt werden. Ansonsten verweigert WordPress die Speicherung. Auch wenn WordPress über diesen Menüpunkt das Editieren spezieller Dateien erlaubt, sollten Sie es in der Regel vermeiden, um keinen ungewollten Schaden auf Ihrer Website anzurichten. Denn nach einem Klick auf *Datei aktualisieren* gibt es kein Zurück mehr, weil WordPress über keine Rückgängig/Undo-Funktion wie bei einem normalen Editor verfügt. Möchten Sie trotzdem die Dateien über das WordPress-Backend verändern, so legen Sie eine

Kopie an, indem Sie einfach den Inhalt des Fensters markieren und ihn in einen Editor zum Abspeichern kopieren. Dadurch haben Sie im schlimmsten Fall eine Sicherungsdatei, mit der Sie Ihre Änderungen rückwirkend korrigieren können.

Einführung in die WordPress-Programmierung

Jetzt wird es spannend, denn in den kommenden Abschnitten erkläre ich Ihnen, wie Sie Ihr ganz eigenes Webdesign mit Hilfe von WordPress realisieren und programmieren können. Zwar wird es jetzt leicht theoretisch, aber eines kann ich Ihnen versichern: Es macht einen ungeheuren Spaß, mit den Inhalten eines Redaktionssystems zu jonglieren und sie nach den eigenen Vorstellungen zusammenzustellen und zu designen, um diese anschließend über WordPress ausgeben zu lassen. Außerdem lohnt sich die Einarbeitung in ein Redaktionssystem, weil Sie anschließend viel Zeit durch das CMS sparen und eine Website besitzen, die Sie nach eigenen Wünschen gestalten können.

Sollten Sie mit dem Standarddesign Kubrick zufrieden sein, empfehle ich Ihnen die Website des Designers, *www.binarybonsai.com/kubrick/*. Dort finden Sie eine Photoshop-Datei, die das Design des Kubrick-Templates beherbergt. Mit der Datei lässt sich schnell ein eigenes Kubrick-Layout entwerfen. Anschließend müssen Sie lediglich die Grafikdateien, die Sie mittels *Für Web speichern...* extrahieren können, in das *images*-Verzeichnis des Kubrick-Themes hochladen.

Eine Beschreibung sämtlicher WordPress-Befehle finden Sie in englischer Sprache im Dokumentations-Wiki von WordPress unter *http://codex.wordpress.org/*. Eine Übersicht über sämtliche WordPress-Tags finden Sie unter *http://codex.wordpress.org/Template_Tags/*. Dort erfahren Sie immer die aktuellsten Entwicklungen bezüglich der Befehle.

Was sind Themes?

Als *Theme* bezeichnet man bei WordPress (und oft auch bei anderen Redaktionssystemen) das Erscheinungsbild der Website samt ihrer Unterseiten. WordPress vermag es, das eigene Aussehen mit Hilfe eines Klicks im Backend zu verändern und auf ein neues Theme umzuschalten. Das ist deshalb möglich, weil Sie als Redakteur und Webmaster die Inhalte über das Backend in eine Datenbank eingegeben haben. Und weil jede Webseite beim Aufruf dynamisch vom Server erzeugt wird, fragt WordPress zuvor auch immer ab, welches Theme für die Ausgabe genutzt werden soll.

Probieren Sie es selbst einfach einmal aus und schalten Sie auf ein anderes Theme um. Schon bei der Standardinstallation von WordPress kommt das CMS mit zwei unterschiedlichen Themes daher: *Kubrick* (Standard) von Michael Heilemann und *Word-*

Press Classic von Dave Shea. Um ein anderes Theme zu aktivieren, klicken Sie im Backend einfach auf *Themes*. WordPress listet nun die vorliegenden Themes auf und zeigt Ihnen das aktivierte Theme an. Klicken Sie nun einfach einmal in der Zeile *WordPress Classic 1.5* ganz rechts auf den Menüpunkt *Auswählen*. Damit schalten Sie auf das neue Theme um. Schauen Sie sich nun Ihre Startseite im Browser an und surfen Sie einfach einmal durch Ihre Kategorien und Artikel. Diese sollte Ihnen WordPress jetzt in einem neuen Webdesign präsentieren (siehe Abbildung 3-16).

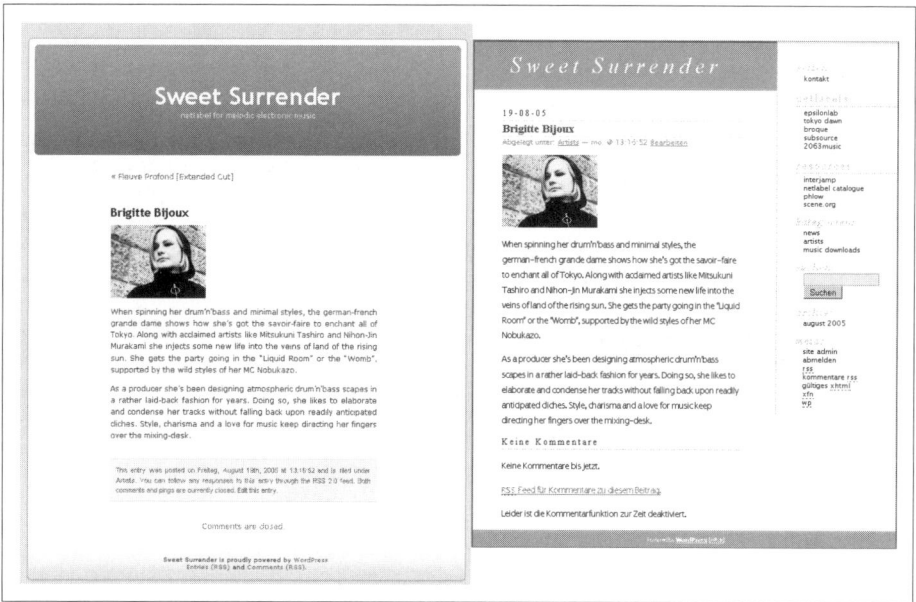

Abbildung 3-16: Gleicher Inhalt, verschiedene Themes: Mit einem Klick schaltet WordPress die Website auf ein neues Webdesign um

Natürlich lassen sich für WordPress weitere Themes installieren. Diese sucht WordPress immer im Ordner *www.ihre-domain.de/wp-content/themes/*. Jedes Theme bekommt dabei einen eigenen Ordner für die mitgelieferten Templates und Grafiken. Unter den folgenden Adressen finden Sie zahlreiche Themes zum Herunterladen:

- *www.wordpress.org/extend/themes/*
- *www.alexking.org/software/wordpress/theme_browser.php*
- *www.blogsome.com/wordpress-themes.php*

Um ein neues Theme für Ihre Website auszuprobieren, brauchen Sie dieses nur in einen eigenen Ordner im Themes-Ordner hochzuladen. Anschließend sollte es von WordPress im Backend unter *Themes* angezeigt werden und aktivierbar sein.

Was sind WordPress-Templates?

Ein Theme basiert auf mehreren *Templates*, die für verschiedene Zwecke zum Einsatz kommen. Ein Template ist die Schablone, anhand derer WordPress eine einzelne Website aufbaut. Da es unterschiedliche Arten von WordPress-Webseiten (Startseite, Kategorienseite, Artikelseite, individuelle Seiten usw.) gibt, auf denen die Inhalte verschieden dargestellt werden, sind dafür auch jeweils einzelne Schablonen notwendig. Das Standard-Theme *Kubrick* verfügt über die folgenden WordPress-Templates:

404.php
    404-Fehlerseite

archive.php
    Kategorienseite

archives.php
    Template, das die Einträge nach Monaten und Kategorien auflistet

comments-popup.php
    Kommentar-Pop-up

comments.php
    Kommentar

footer.php
    Fußzeile

header.php
    Kopfzeile

index.php
    Startseite

links.php
    Links-Ausgabe

page.php
    individuelle Seite

search.php
    Suche

searchform.php
    Suchformular

sidebar.php
    Seitenleiste

single.php
    Artikelseite

style.css
    Cascading Stylesheet

Jetzt fragen Sie sich sicherlich, wie so ein Template aussieht und funktioniert. Eigentlich ganz einfach: Templates bestehen aus einer Mischung aus XHTML und speziellen WordPress-Tags, die die Inhaltsausgabe steuern.

Wenn also von einem Besucher eine Website angefordert wird,

- überprüft WordPress, welche Art von Seite angefordert wurde,
- ruft daraufhin das dazugehörige Template auf,
- interpretiert die WordPress-Tag-Befehle des Templates,
- führt diese aus und
- liefert anschließend eine normale XHTML-Webseite an den Browser des Besuchers aus.

Diesen Vorgang führt WordPress bei jedem Seitenaufruf erneut aus.

Was sind WordPress-Tags?

WordPress gehört zu den leicht verständlichen Weblogs, nicht nur aufgrund der übersichtlichen und schnellen Bedienung des Redaktionssystems, sondern auch wegen seiner großartigen Flexibilität bezüglich der Programmierung. Diese ist leicht verständlich, denn wer die Funktionsweise von XHTML begriffen hat, der kann auch WordPress-Templates bauen. Denn die WordPress-Tags werden einfach in den XHTML-Code eingefügt. Ein kleines Beispiel: Möchten Sie an einer bestimmten Stelle einer XHTML-Seite den Namen Ihres Weblogs platzieren, den Sie bei der Installation eingegeben haben, so benutzen Sie das WordPress-eigene Tag `<?php bloginfo('name'); ?>`. Den Code interpretiert WordPress dann eigenständig.

```
<?php
/* Template Name: Test */
?>
<html>
<head>
<title><?php bloginfo('name'); ?></title>
</head>
<body>
<p>Mein Weblog nennt sich <?php bloginfo('name'); ?>.</p>
</body>
</html>
```

Durch diesen Code wird die folgende Webseite an den Browser gesendet:

```
<html>
<head>
<title>Sweet Surrender</title>
</head>
<body>
<p>Mein Weblog nennt sich Sweet Surrender.</p>
</body>
</html>
```

In dem obigen Beispiel haben Sie eine Art von WordPress-Tag kennen gelernt. Da WordPress auf der Sprache PHP basiert, werden die Befehle wie bei PHP auch mit `<?php BEFEHL ?>` eingeklammert. Jeder dieser Befehle führt eine eigene in PHP programmierte Funktion aus. Einem WordPress-Tag können außerdem Parameter für den jeweiligen Befehl übergeben werden. Das ist zum Beispiel notwendig, wenn Sie aus einer Vielzahl von Beiträgen nur die Beiträge einer Kategorie ausgeben wollen. Auch bei dem obigen Befehl wurde ein Parameter übergeben, nämlich (`'name'`). Der Befehl `<?php bloginfo; ?>` ermöglicht die Ausgabe einer großen Palette an Informationen (siehe *http://codex.wordpress.org/Template_Tags/bloginfo*). Wenn Sie anstelle des Parameters (`'name'`) den Parameter (`'description'`) übergeben, würde WordPress die Weblog-Beschreibung ausgeben.

Für die Inhaltssteuerung bietet WordPress eine große Palette an Tags an. Diese kommen dabei auf unterschiedliche Art und Weise zum Einsatz. Eine vollständige Übersicht finden Sie unter *http://codex.wordpress.org/Template_Tags*. Bei jedem Einsatz der Tags müssen Sie darauf achten, zu welcher Kategorie das jeweilige Tag gehört. WordPress unterscheidet dabei zwischen *Conditional Tags*, *Include Tags* und *The Loop-Tags*.

Conditional Tags

Conditional Tags sind dafür verantwortlich, welchen Inhalt Templates ausgeben und wie sie auf der jeweiligen Seite mit dem Inhalt umgehen. So könnte der Fall eintreten, dass Sie auf einer Kategorienseite eine zusätzliche Beschreibung anzeigen wollen, wenn es sich bei dieser Kategorie um die Artists-Kategorie handelt. Damit das Template die Beschreibung nicht in jeder Rubrik aufführt, können Sie dafür ein Conditional Tag verwenden. Dieses sähe dann zum Beispiel so aus:

```
<?php if (is_category('artists')) { ?>Unsere Künstler<?php } ?>
```

Der obige Befehl liest sich wie folgt: Wenn es sich bei dieser Seite um die Kategorie *artists* handelt, dann führe den Befehl zwischen `{?>` und `<?php }?>` aus. Handelt es sich um die *artists*-Kategorie, gibt WordPress im Browser *Unsere Künstler* aus.

Die hauptsächliche Schwierigkeit dabei besteht darin, die Übersicht zu bewahren. Denn alle Klammern müssen auch wieder geschlossen werden, ansonsten kommt WordPress bei der Interpretation durcheinander.

Include Tags

Im Gegensatz zu den Conditional Tags ist die Verwendung von *Include Tags* ungleich einfacher. Diese Tags benutzt man innerhalb von Templates, um XHTML- oder PHP-Befehle anderer Templates auszuführen. Dadurch ermöglicht WordPress eine modulare Programmierung und gestattet die Auslagerung von oft verwendeten Elementen. So verwendet das Standard-Template Kubrick regelmäßig Include Tags für die Kopfzeile (Header), die Seitenleiste (Sidebar) und die Fußzeile (Footer). Dies geschieht einfach mit einem Befehl wie:

```
<?php get_header(); ?>
```

WordPress interpretiert den get-Befehl, indem es nach einem Template im Themes-Ordner Ausschau hält, das auf *header.php* lautet. WordPress benutzt die Include Tags `<?php get_header(); ?>`, `<?php get_footer(); ?>`, `<?php get_sidebar(); ?>` und `<?php comments_template(); ?>`, Sie können jedoch auch eigene Templates über das Include Tag `<?php include (TEMPLATEPATH . '/template.php'); ?>` aufrufen und einbauen.

The Loop – Eine Schleife gibt Auskunft

Die am meisten verwendeten Tags sind jedoch die *Loop-Tags*. Denn sie bestimmen letztendlich die Ausgabe der Artikel und der dazugehörigen Daten. *The Loop*, die Schleife, ist dafür verantwortlich, welche Artikel ausgegeben werden. Die Befehle, die sich in der Schleife befinden, arbeitet WordPress so lange ab, bis sie alle ausgeführt wurden. Innerhalb der Schleife sind neben WordPress-Tags selbstverständlich auch XHTML-Tags erlaubt. Schließlich wollen Sie Ihre Einträge mit Hilfe von XHTML und CSS optisch stylen.

Neben statischen Inhalten wie dem Weblog-Namen oder der Weblog-Beschreibung brilliert ein CMS gerade durch die Darstellung dynamischer Inhalte. Diese können nach Titel, Datum, Autor, Kategorien und ähnlichen Parametern sortiert werden. Bei WordPress übernimmt *The Loop* diese Arbeit. Um *The Loop* zu starten, geben Sie den folgenden Befehl ein:

```
<?php if (have_posts()) : ?>
<?php while (have_posts()) : the_post(); ?>
<!-- Befehle der Schleife -->
```

Die Schleife beenden Sie mit:

```
<?php endwhile; ?>
<?php else : ?>
<!-- Alternativ-Befehle -->
<?php endif; ?>
```

Sämtliche Befehle, die sich innerhalb der Schleife befinden, arbeitet WordPress so lange ab, bis die Schleife beendet ist. Der Befehl selbst liest sich so:

`<?php if (have_posts()) : ?>`
   Prüfe, ob Artikel in der Datenbank vorhanden sind.

`<?php while (have_posts()) : the_post(); ?>`
   Sind Artikel vorhanden, dann beginne die Schleife und führe die Anweisungen innerhalb der Schleife so lange aus, bis keine Artikel mehr vorhanden sind.

`<?php endwhile; ?>`
   Hier endet die Schleife.

```
<?php else : ?>
```
   Wurden keine Artikel gefunden, dann starte diese alternative Befehlskette.
```
<?php endif; ?>
```
   Beende die alternative Befehlskette.

Ein kleines praktisches Beispiel. Wir möchten, dass WordPress alle Artikel ausgibt. Bei der Ausgabe soll WordPress neben dem Titel `<?php the_title(); ?>` des Artikels zusätzlich das Datum `<?php the_time('l, d. F Y'); ?>` und den Link `<?php the_permalink(); ?>` zum gesamten Artikel ausgeben, damit der Besucher diesen lesen kann. Findet WordPress keine Artikel, veranlassen wir mit dem `else`-Befehl die Ausgabe des Satzes: »Es liegen keine Artikel vor.« *The Loop* sieht dann so aus:

```
<?php if (have_posts()) : ?>
<?php while (have_posts()) : the_post(); ?>
  <h2><a href="<?php the_permalink(); ?>"><?php the_title(); ?></a></h2>
  <h4><?php the_time('l, d. F Y'); ?></h4>
<?php endwhile; ?>
<?php else : ?>
<p>Es liegen keine Artikel vor.</p>
<?php endif; ?>
```

WordPress-Styling: Erste Schritte zum eigenen Theme

Um innerhalb von WordPress ein eigenes Theme zu realisieren, gibt es zweierlei Möglichkeiten. Entweder Sie beginnen von Anfang an, oder Sie klonen ein bestehendes Template und modifizieren es für Ihre Wünsche. Empfehlenswert ist der letzte Schritt. Denn wenn Sie ein bereits getestetes und bewährtes Template, wie zum Beispiel das standardmäßig definierte Kubrick-Theme, auseinander nehmen, profitieren Sie von der Arbeit, die der Webdesigner und die WordPress-Community bereits erledigt haben. Denn ein bereits in unzähligen Tests geprüftes Theme hilft Ihnen beim Verständnis und garantiert Ihnen, dass es voll funktionstüchtig ist und in den meisten Browsern einwandfrei dargestellt wird.

> Sämtliche der nun folgenden Templates finden Sie auf der CD-ROM. Außerdem können Sie mit der im gleichen Verzeichnis liegenden Photoshop-Datei die Grafiken für das Template ändern und die vorgegebenen ersetzen.

Darum werde ich Ihnen nun zeigen, wie Sie das Kubrick-Theme klonen, es für Ihre Zwecke umprogrammieren und anschließend erweitern. Das Ziel besteht darin, unser bereits in Kapitel 2, *Programmierung der Webseiten*, erarbeitetes Layout innerhalb von WordPress umzusetzen. Dazu greifen wir wieder auf das imaginäre Netlabel Sweet Surrender zurück.

Bevor Sie mit einem neuen Theme loslegen, klonen Sie zuerst einmal das Kubrick-Template. Kopieren Sie dazu den Ordner des Default-Theme oder entpacken Sie es erneut aus dem WordPress-Download-ZIP. Anschließend überlegen Sie sich einen Namen für Ihr neues Theme und benennen den Ordner dementsprechend um. Das im Folgenden erläuterte Theme nenne ich der Logik halber »Sweet Surrender«.

Wenn Sie den Ordner umbenannt haben, müssen Sie nun das CSS-Dokument öffnen. Im Kopfbereich des CSS-Dokuments geben Sie nämlich den Namen und weitere Daten Ihres eigenen Themes an. Diese Daten liest WordPress aus, wenn man im Backend auf den Menüpunkt *Themes* klickt. WordPress listet dann die Themes auf, die sich im Ordner *wp-content/themes/* befinden, und liest dazu die CSS-Datei aus. Die Kopfzeile der CSS-Datei sieht beim Kubrick-Theme wie folgt aus:

```
/*
Theme Name: WordPress Default
Theme URI: http://wordpress.org/
Description: The default WordPress theme based on the famous
<a href="http://binarybonsai.com/kubrick/">Kubrick</a>.
Version: 1.5
Author: Michael Heilemann
Author URI: http://binarybonsai.com/
*/
```

Diese Daten werden auch im Menüpunkt *Themes* angezeigt. Modifizieren Sie nun die Daten und speichern Sie sie anschließend ab. Für unser Theme ändern wir die Kopfzeile wie folgt:

```
/*
Theme Name: Sweet Surrender
Theme URI: http://music-websites.de/
Description: Theme des Netlabels Sweet Surrender.
Version: 1.0
Author: mo.
Author URI: http://mo.phlow.de/
*/
```

Wenn Sie mit Ihren Modifikationen fertig sind, laden Sie anschließend das Theme per FTP-Programm in den Ordner *wp-content/themes/* hoch. Danach begeben Sie sich in das Backend von WordPress und klicken auf den Menüpunkt *Themes*. Dort sollte nun Ihr eigenes Theme erscheinen und aktivierbar sein. Aktivieren Sie es und schauen Sie sich Ihre Website an. Eigentlich sollte sich vom Design her nichts geändert haben, wenn Sie keine Änderungen an den Templates vorgenommen haben.

Viele XHTML-Editoren ermöglichen den direkten Zugriff auf Online-Dokumente per FTP. Schauen Sie in die Anleitung Ihres Editors, ob auch er das Öffnen von Dateien per FTP unterstützt. Wenn dem so ist, konfigurieren Sie den Editor, damit er auf den FTP-Webspace zugreifen kann. Dadurch erleichtern Sie sich generell das Arbeiten und das Programmieren von WordPress-Templates und XHTML-Dokumenten, weil Sie die Datei nach der Bearbeitung nicht immer separat per FTP-Programm hochladen müssen.

Um die Programmierung des Themes zu beginnen, öffnen Sie am besten einen geeigneten XHTML-Editor, in dem Sie die Dokumente bearbeiten. Da wir für unser Netlabel das vorgefertigte Design verwenden wollen, benutzen wir die Datei *zweispaltiges_layout_mit_reiter_navigation.html*, die Sie auf der CD-ROM im Ordner zum Kapitel 2, *Programmierung der Webseiten*, finden, und die dazugehörige CSS-Datei *zweispaltiges_layout_reiter_navigation_deluxe.css*. Beide Dateien werden wir nun schrittweise mit dem geklonten WordPress-Theme verknüpfen. Als Erstes öffnen Sie das Kubrick-CSS-Dokument, löschen sämtliche CSS-Befehle und ersetzen sie durch den Inhalt des CSS-Dokuments auf der CD-ROM. Beachten Sie dabei, dass Sie nicht die für WordPress wichtigen Kopfzeileninformationen löschen, die Sie wie oben beschrieben modifiziert haben. Nachdem Sie die alten CSS-Zeilen durch die neuen ersetzt haben, speichern Sie das Stylesheet ab.

header.php – Die Kopfzeile der Website

Nach einem Reload der Startseite sieht diese nun arg wüst aus. Doch wir werden sie jetzt schrittweise sanieren. Als Erstes laden Sie dazu die Platzhaltergrafiken, die sich auf der CD-ROM befinden, in das *images*-Verzeichnis Ihres Themes hoch. Anschließend öffnen Sie das PHP-Dokument *header.php*. Diese Datei wird wie das *footer.php*-Template in sämtlichen WordPress-Templates mit dem Befehl <?php get_header(); ?> bzw. <?php get_footer(); ?> eingebunden.

Löschen Sie den Inhalt von *header.php* vollständig und ersetzen Sie ihn durch die nun folgenden Codezeilen. Als Erstes fügen wir per WordPress-Tag einen Titel zwischen die <title>-Tags ein:

```
<!DOCTYPE html PUBLIC "-//W3C//DTD XHTML 1.0 Transitional//EN"
   "http://www.w3.org/TR/xhtml1/DTD/xhtml1-transitional.dtd">
<html xmlns="http://www.w3.org/1999/xhtml" lang="de">
<head>

<title><?php bloginfo('name'); ?> - <?php if (is_single()) {echo
single_cat_title();} ?> <?php wp_title('-'); ?></title>
```

Während <?php bloginfo('name'); ?> auf sämtlichen WordPress-Seiten den Weblog-Namen einfügt, fragen Sie mit dem Conditional Tag <?php if (is_single()) {echo single_cat_title();} ?> ab, ob es sich bei der angeforderten Webseite um einen Artikel handelt. Sollte dies der Fall sein, gibt WordPress den Namen des Eintrags aus. Mit <?php wp_title('-'); ?> veranlassen Sie schließlich, dass das CMS den Dokumenttitel ausgibt. Der Dokumenttitel kann hier der Name der Kategorie sein, oder bei einem Einzeleintrag der Titel des Artikels. Damit WordPress anstelle eines Doppelpfeils einen Bindestrich angibt, übergeben Sie an das Tag den Parameter ('-'). Zwischen die Anführungszeichen können Sie jede Art von Zeichenkette einfügen. Empfehlenswert ist aber ein einzelnes Trennzeichen.

Im nächsten Schritt kümmern wir uns um die Meta-Tags unseres XHTML-Dokuments. Hier veranlassen wir WordPress, dass das Weblog-System automatisch – wie beim <title>-Tag auch – den Titel in die Meta-Tags schreibt. Für die Beschreibung (description) nutzen wir einfach das WordPress-Tag <?php bloginfo('description'); ?>, das den Slogan unseres Weblogs in die Beschreibung einsetzt. Bei den Keywords setzen Sie am besten die Schlüsselbegriffe ein, unter denen Ihre Website gefunden werden soll. Der Code sieht dann wie folgt aus:

```
<meta http-equiv="Content-Type" content="text/html; charset=utf-8" />
<meta name="Title" content="<?php bloginfo('name'); ?> - <?php if (is_single()) {echo single_cat_title();} ?> <?php wp_title('-'); ?>" />
<meta name="Description" content="<?php bloginfo('description'); ?>" />
<meta name="keywords" lang="de" content="Keywords" />
```

Nachdem Sie nun die wichtigsten Meta-Tags angegeben haben, verknüpfen Sie im nächsten Schritt das Stylesheet, das FavIcon und die RSS/Atom-Feeds mit dem XHTML-Dokument. Das bewerkstelligen Sie mit den Link-Tags:

```
<link rel="stylesheet" href="<?php bloginfo('stylesheet_url'); ?>" type="text/css" media="screen" />
<link rel="alternate" type="application/rss+xml" title="RSS 2.0" href="<?php bloginfo('rss2_url'); ?>" />
<link rel="alternate" type="text/xml" title="RSS .92" href="<?php bloginfo('rss_url'); ?>" />
<link rel="alternate" type="application/atom+xml" title="Atom 0.3" href="<?php bloginfo('atom_url'); ?>" />
<link rel="shortcut icon" href="<?php bloginfo('stylesheet_directory'); ?>/favicon.ico" />
```

Wie Sie sehen, kommt hier kontinuierlich das WordPress-Tag bloginfo zum Einsatz. Diesem übergeben wir per Parameter unsere jeweilige Wunschinformation, die WordPress einfügen soll. Außer dem Link zum FavIcon fügt WordPress sämtliche URLs in voller Länge ein. Eine Übersicht über die Parameter zum Tag finden Sie im WordPress-Wiki unter *http://codex.wordpress.org/Template_Tags/bloginfo*.

Neben den <link>-Tags fügen Sie am besten auch noch Stylesheet-Angaben in den <head>-Bereich ein. Denn in der CSS-Datei wurden die Grafiken nur über einen relativen Pfad verlinkt. Entweder Sie passen diese URLs in der CSS-Datei an oder Sie nutzen den folgenden Code. Bei diesem verwenden wir abermals das Bloginfo-Tag und veranlassen WordPress zur Ausgabe des absoluten Pfades zu unseren Grafiken. Das geschieht mit <?php bloginfo('stylesheet_directory'); ?>. Dieses WordPress-Tag gibt nämlich den aktuellen Pfad zum momentan aktivierten Theme an. Der Vorteil liegt auf der Hand: Wenn Sie irgendwann Ihr Theme exportieren, kann es auf jedem neu installierten System genutzt werden, da WordPress selbstständig die korrekten URLs einfügt. Der einzige Nachteil ist, dass Sie dadurch das Layout nicht absolut vom Inhalt trennen. Unsere Stylesheet-Angaben sehen dann wie folgt aus:

```
<style type="text/css">
<!--
#gesamteseite { background: #fff url('<?php bloginfo('stylesheet_directory'); ?>/images/hintergrund.gif') repeat-y; }
```

```
#fusszeile { background: #fff url('<?php bloginfo('stylesheet_directory'); ?>/
images/fusszeile_hintergrund.jpg') bottom left no-repeat; }

#nav { background: #555 url('<?php bloginfo('stylesheet_directory'); ?>/
images/nav-hintergrund-dunkelgrau.gif') repeat-x top left; }

#nav li { background: url('<?php bloginfo('stylesheet_directory'); ?>/
images/nav-li-hintergrund.gif') no-repeat top right; }

#nav a:hover, #nav a.aktuell { background: #aaa url('<?php bloginfo('stylesheet_
directory'); ?>/images/nav-aktuell-hintergrund.gif') repeat-x bottom left; }

#nav a.aktuell { background: #777 url('<?php bloginfo('stylesheet_directory'); ?>/
images/nav-aktuell-hintergrund.gif') repeat-x bottom left; }

#subnav { background: #777 url('<?php bloginfo('stylesheet_directory'); ?>/
images/subnav-hintergrund-grau.gif') repeat-x top left; }

#subnav li { background: url('<?php bloginfo('stylesheet_directory'); ?>/
images/subnav-li-hintergrund.gif') no-repeat top right; }

#subnav a:hover, #subnav a.aktuell2 { background: #aaa
url('<?php bloginfo('stylesheet_directory'); ?>/
images/subnav-aktuell-hintergrund.gif') repeat-x bottom left; }

#subnav a.aktuell2 { background: #aaa url('<?php bloginfo('stylesheet_
directory'); ?>/images/subnav-aktuell-hintergrund.gif') repeat-x bottom left; }

-->
</style>
```

Selbstverständlich finden Sie auch dieses Code-Beispiel auf der CD-ROM.

Den letzten Schliff bekommt unsere Datei *header.php*, indem wir das <head>-Tag schließen und das Dokument mit <body> und unserem Inhaltscontainer für die gesamte Seite <div id="gesamteseite"> öffnen. Da jede Webseite unserer Site mit dem Kopfzeilenbild beginnen soll, fügen wir dieses obendrein hinzu. Später positionieren wir noch unterhalb des Kopfzeilenbildes die Navigation, während die Subnavigation im eigentlichen Template positioniert wird. Die Programmierung und Entwicklung der Navigation folgt später.

```
</head>
<body>
<div id="gesamteseite">

<div id="kopfzeile"><a href="<?php bloginfo('url'); ?>/"
title="Zur Startseite!" name="oben">
<img class="logo" src="<?php bloginfo('stylesheet_directory'); ?>/images/kopfzeile_
logo.jpg" width="770" height="210" alt="Bild mit Logo" />
</a></div>
<!-- + + ende kopfzeile + + -->
```

footer.php – Die Fußzeile der Website

Nachdem wir nun die Kopfzeile des WordPress-Themes entwickelt haben, springen wir ans Ende der Website und programmieren die Fußzeile. Wie die Kopfzeile auch, kommt die Fußzeile kontinuierlich auf jeder WordPress-Webseite zum Einsatz und kann als Modul eingebunden werden. Die Fußzeile eignet sich hervorragend für Basisauskünfte und kann die Adresse, einen Link zum Kontaktformular, einen Dankeschön-Link zu WordPress und Links zu RSS- und Podcast-Feeds enthalten. In unserem Beispiel verlinken wir auf unsere Startseite, auf WordPress und auf die RSS-Feeds. Außerdem legen wir einen provisorischen Link zum Kontaktformular und einen Link »nach oben« an.

Der Link »nach oben« katapultiert den Besucher zur Kopfzeile. Da wir im verlinkten Kopfzeilenbild einen so genannten Anker mit Hilfe des Attributs `name="oben"` gesetzt haben, können wir diesen über den Link `<a href="#oben">nach oben</a>` ansteuern. Der »nach oben«-Link ist vor allem bei langen Webseiten sehr hilfreich und macht ein Scrollen überflüssig. Der WordPress-Code für die Fußzeile sieht in Verbindung mit unserem Layout dann so aus:

```
<div id="fusszeile"><div id="fusszeile-abstand">
<a href="<?php bloginfo('url'); ?>">Start</a> |
<a href="<?php bloginfo('url'); ?>/kontakt/">Kontakt</a> |
<a href="feed:<?php bloginfo('rss2_url'); ?>">RSS 2</a> |
<a href="feed:<?php bloginfo('atom_url'); ?>">Atom</a> |
Wir nutzen <a href="http://wordpress.org">WordPress</a> |
<a href="#oben">nach oben</a>

</div><!-- + + ende fusszeile-abstand + + -->
</div><!-- + + ende fusszeile + + -->
</div><!-- + + ende gesamtseite + + -->
</body>
</html>
```

index.php – Die Startseite der Website

Das spannendste Unternehmen bei der Entwicklung einer Website in Kombination mit einem CMS ist das Jonglieren und Ausgeben der Inhalte. Zwar haben wir für unser imaginäres Netlabel bereits einige Angaben aus der WordPress-Datenbank abgerufen, richtig dynamisch wird es aber erst jetzt mit der Ausgabe der Inhalte. Öffnen Sie dazu nun das *index.php*-Template. Dieses ruft WordPress auf, wenn die Startseite unseres Weblogs angefordert wird. Das Template sieht vom Gerüst her so aus:

```
<?php get_header(); ?>

<div id="linkespalte"><div id="linkespalte-abstand">

INHALT LINKE SPALTE
```

```
</div><!-- + + ende linkespalte-abstand + + -->
</div><!-- + + ende linkespalte + +   -->

<div id="rechtespalte"><div id="rechtespalte-abstand">

INHALT RECHTE SPALTE

</div><!-- + + ende rechtespalte-abstand + + -->
</div><!-- + + ende rechtespalte + +   -->

<?php get_footer(); ?>
```

In der ersten Zeile ruft WordPress mit `<?php get_header(); ?>` den Code für die Kopfzeile auf. Gleiches geschieht mit `<?php get_footer(); ?>` für die Fußzeile. Zwischen diesen beiden Include Tags bauen wir das restliche Gerüst unseres Layouts auf: die linke und rechte Spalte. In diesen Containern positionieren wir die Inhalte. Dabei rufen wir auf der linken Seite jeweils nur ein Bild des neuesten Eintrags auf und geben in der rechten Spalte die Artikel aus.

Ein eigenes Bild-Feld

Damit man das Hauptbild eines Eintrags separat aufrufen kann, muss es vom Inhalt des Artikels getrennt werden. Leider bietet WordPress dafür kein eigenes Feld. Dieses müssen Sie selbstständig anlegen. Dazu klicken Sie im Backend auf *Schreiben*. Im Kasten *Erweitert* (Sie müssen sich in den erweiterten Schreiboptionen befinden) sehen Sie einen weiteren Kasten, der *Benutzerdefinierte Felder* heißt. Um ein Bild mitsamt seinem `<img>`-Tag für einen Artikel abspeichern zu können, müssen wir zuerst im *Schlüssel*-Feld ein neues Eingabefeld generieren. Geben Sie dazu den Schlüssel *Bild* ein. WordPress legt nun für uns ein neues Feld an, das Sie für alle Artikel benutzen und über das WordPress-Tag `<?php the_meta(); ?>` aufrufen können.

Da `<?php the_meta(); ?>` leider nicht über Parameter verfügt und selbstständig um unser Bild-Tag weiteren Code einfügt, den wir nicht gebrauchen können, müssen wir extra ein Plugin installieren. Das geht jedoch schnell von der Hand. Das Plugin heißt *Get Custom* und wird wie folgt installiert:

1. Laden Sie das Plugin von *www.coffee2code.com/archives/2004/06/30/plugin-get-custom/* herunter.
2. Entpacken Sie das Archiv und laden Sie das Plugin in den Ordner *wp-content/plugins/* auf Ihren Account hoch.
3. Gehen Sie in das Backend von WordPress, klicken Sie auf den Menüpunkt *Plugins* und wählen Sie *Aktivieren*. Fertig.

Das Plugin gibt uns nach der erfolgreichen Installation eine größere Kontrolle über die Ausgabe der benutzerdefinierten Felder. Der vollständige Befehlsstring sieht so aus:

```
<?php echo function c2c_get_
  custom ($field, $before='', $after='', $none='', $between='', $before_last='') ; ?>
```

Um das benutzerdefinierte Bild-Feld anzuzeigen, reicht jedoch `<?php echo c2c_get_custom ('bild'); ?>`, da wir weder vor noch hinter dem Bild weitere Tags beziehungsweise Daten einfügen.

Den Inhalt abrufen

Da wir auf der Startseite unseres Netlabels ausschließlich die News-Kategorie anzeigen wollen, positionieren wir direkt nach dem Aufruf unseres Headers das WordPress-Query-Tag: `<?php query_posts('); ?>`. Dieses Tag veranlasst WordPress, nur bestimmte Daten für die Webseite auszugeben. Dazu übergibt man WordPress die gewünschten Parameter. Möchte man mehrere Parameter miteinander verknüpfen, fügt man zwischen die Parameter ein &-Zeichen ein. Sämtliche Parameter des Query-Tags finden Sie unter *http://codex.wordpress.org/Template_Tags/query_posts*.

Damit WordPress uns nur den aktuellen Artikel aus der Kategorie 1 auf der Startseite anzeigt, geben wir den Befehl `<?php query_posts('cat=1&posts_per_page=1'); ?>` ein. Während `cat=1` die Ausgabe auf die Kategorie 1 (hier News) beschränkt, befehlen wir WordPress mit `posts_per_page=1`, nur den aktuellen Artikel auszugeben. Wichtig bei der Verwendung des Query-Tags ist, dass Sie den Befehl noch vor Beginn der Schleife aufrufen. Diese ruft man anschließend auf. Unser vorzeitiger Code für die *index.php*-Seite sieht bisher so aus:

```
<?php get_header(); ?>
<?php query_posts('cat=1&posts_per_page=1'); ?>
<?php if ( have_posts() ) : while ( have_posts() ) : the_post(); ?>

<div id="linkespalte"><div id="linkespalte-abstand">
   <?php echo c2c_get_custom ('bild'); ?>
</div><!-- + + ende linkespalte-abstand + + -->
</div><!-- + + ende linkespalte + + -->

<div id="rechtespalte"><div id="rechtespalte-abstand">
```

Nachdem wir den Container für die linke Spalte geöffnet haben, wollen wir WordPress nun anweisen, das Bild des aktuellen Artikels auszugeben. Da dieses im benutzerdefinierten Feld *bild* abgespeichert wurde, müssen wir es mit dem *Get Custom*-Plugin-Befehl aufrufen. Dazu nutzen wir den Befehl `<?php echo c2c_get_custom ('bild'); ?>`. Anschließend wird der Container wieder geschlossen und der rechte geöffnet.

Auch wenn wir WordPress per Query-Befehl angegeben haben, dass wir lediglich einen Artikel angezeigt haben wollen, so lässt sich dies mit dem `get_posts`-Befehl umgehen, mit dem wir weitere Artikel im Template aufrufen können. Dieses etwas umständliche Verfahren ist deswegen notwendig, weil WordPress nicht mehrere The Loop-Schleifen pro Template verarbeiten kann. Um innerhalb von The Loop weitere Schleifen zu platzieren, können Sie den `get_posts`-Befehl nutzen, der dafür vorgesehen wurde. Er ermöglicht das Extrahieren von Artikeln und kann innerhalb von The Loop mehrmals aufgerufen werden. Die wichtigsten drei Parameter von `get_posts` sind:

numberposts
: Bestimmt die Anzahl der angezeigten Artikel (Standard ist 5).

offset
: Legt fest, ab welchem Posting die Ausgabe startet (Standard ist 0).

category
: Definiert die Ausgabe der Artikel nach Kategorien.

Die get_posts-Schleife starten wir also wie folgt:

```php
<?php $posts = get_posts('numberposts=7&category=1'); foreach($posts as $post) :
setup_postdata($post); ?>

<!-- Befehle zum Abarbeiten -->

<?php endforeach; ?>
</div><!-- + + ende rechtespalte-abstand + + -->
</div><!-- + + ende rechtespalte + + -->

<?php endwhile; else: ?>
<?php endif; ?>
<?php get_footer(); ?>
```

Der Befehl liest sich wie folgt: Starte die Schleife und gib die letzten 7 Artikel aus der Kategorie 1 aus. Bearbeite dabei alle Befehle, die in der Schleife vorhanden sind. Wurde die Schleife erfolgreich von WordPress abgearbeitet, wird der Container der rechten Spalte wieder geschlossen. Abschließend beenden wir *The Loop*. Zwischen `<?php endwhile; else: ?>` und `<?php endif; ?>` können Sie WordPress weitere Befehle geben, falls das CMS keine Artikel finden sollte. Eine Möglichkeit wäre der Aufruf der Suchfunktion.

Jetzt müssen Sie sich nur noch überlegen, welche Daten des Artikels ausgegeben werden sollen. Auf der Website des imaginären Netlabel Sweet Surrender sollen neben dem Titel des Artikels auch das Datum und ein Link zur Kategorie angegeben werden. Darunter soll der Artikel angezeigt werden, der über einen Link aufrufbar ist. Dieser Link wird nur dann angezeigt, wenn der Artikel bei der Eingabe mit einem Anreißer versehen wurde. Den Anreißer erzwingen Sie bei der Texteingabe über `<!--more-->`. Damit Sie jeden Beitrag optisch vom nächsten Beitrag abheben können, umschließen Sie den Inhalt am besten mit einem `<div>`-Container und geben ihm den Parameter `class="artikel"` mit. Dadurch können Sie zum Beispiel am Ende eines jeden Artikels einen Abstand per `margin` oder `padding` einfügen, um die Beiträge visuell voneinander zu trennen. Und so sieht dann der Code aus:

```php
<div class="artikel">
    <h5><?php the_category(' | '); ?> &raquo; <?php the_time('d-m-y'); ?></h5>
    <h2><?php the_title(); ?></h2>
    <?php the_content('Weiterlesen...'); ?>
</div>
```

Um, wie im obigen Beispiel gezeigt, Daten eines Artikels (auch Posting genannt) auszugeben, nutzen Sie die Post-Tags. Eine vollständige Liste der Befehle und die jeweilige Erläuterung finden Sie unter *http://codex.wordpress.org/Template_Tags*. Außerdem kommt auch ein Category-Tag sowie ein Time-Tag zum Einsatz.

Und so funktioniert es: Mit `<?php the_category(' | '); ?>` erzeugen Sie Links zur Kategorie eines Eintrags. Da Sie einen Eintrag mehreren Kategorien zuordnen können, gibt WordPress alle Kategorien pro Eintrag aus. Mit (' | ') weisen wir WordPress an, dass bei Ausgabe mehrerer Kategorien diese durch einen horizontalen Strich getrennt werden sollen. Anschließend folgt die Ausgabe des Datums des Artikels, das von den Kategorien mit einem Doppelpfeil optisch getrennt wird. (Weitere Informationen zum Datum finden Sie in der Tabelle 3-1 weiter oben in diesem Kapitel). Da der Doppelpfeil ein Sonderzeichen ist, geben wir den dafür vorgesehenen XHTML-Zeichencode an, hier `&raquo;`.

Anschließend gibt WordPress per `<?php the_title(); ?>` den Titel aus. Darauf folgt der eigentliche Artikelinhalt, den das CMS über den Befehl `<?php the_content('Weiterlesen...'); ?>` ausgibt. Sollte der Artikel über einen Anreißer verfügen, zeigt WordPress automatisch nur den Anreißer an und generiert einen Link zum Artikel. In den Standardeinstellungen lautet der Link auf »more«. In unserem obigen Beispiel übergeben wir `the_content` aber den Parameter `'Weiterlesen...'`, woraufhin WordPress diesen Link in unserem Sinne umbenennt.

Nach beendigter Schleifenarbeit muss nur noch die Fußzeile in unser Template eingepflegt werden, und das Template ist einsatzbereit. Der ganze Code für die *index.php*-Seite sieht dann wie folgt aus:

```
<?php get_header(); ?>
<?php query_posts('cat=2&posts_per_page=1'); ?>
<?php if ( have_posts() ) : while ( have_posts() ) : the_post(); ?>

<div id="linkespalte"><div id="linkespalte-abstand">
<?php echo c2c_get_custom ('bild'); ?>
</div><!-- + + ende linkespalte-abstand + + -->
</div><!-- + + ende linkespalte + +  -->

<div id="rechtespalte"><div id="rechtespalte-abstand">

<?php $posts = get_posts('numberposts=7&category=1'); foreach($posts as $post) : ?>
<div class="artikel">
<h5><?php the_category(' | '); ?> &raquo; <?php the_time('d-m-y'); ?></h5>
<h2><?php the_title(); ?></h2>
<?php the_content('Weiterlesen...'); ?>
</div>
<?php endforeach; ?>

</div><!-- + + ende rechtespalte-abstand + + -->
</div><!-- + + ende rechtespalte + +  -->
```

```
<?php endwhile; else: ?>
<?php endif; ?>
<?php get_footer(); ?>
```

Eine horizontale WordPress-Navigation

Das einzige Element, das unserer Indexseite noch fehlt, ist die horizontale Navigation. Diese ist ein wenig trickreich. Bevor wir nun in die Trickkiste greifen, binden wir zuerst das Standard-Template *sidebar.php* mit dem schon bekannten Get-Befehl `<?php get_sidebar(); ?>` in die *header.php*-Datei ein. Zwar wird das *sidebar.php*-Modul standardmäßig für die Seitenleiste benutzt, aber das soll Sie nicht abhalten, es für die horizontale Navigation einzusetzen. Nachdem Sie *header.php* ergänzt haben, öffnen Sie das *sidebar.php*-Modul, löschen sämtliche Programmierzeilen und fügen folgende XHTML-Befehle ein:

```
<div id="navcon">
<ul id="nav">

<li><a id="kat-1" href="">Home/News</a></li>
<li><a id="kat-2" href="">Artists</a></li>
<li><a id="kat-3" href="">Music-Downloads</a></li>
<li><a id="kat-4" href="">Dates</a></li>
<li><a id="kat-5" href="">Press</a></li>
<li><a id="kat-6" href="">Links</a></li>

</ul>
</div>
```

Im Unterschied zu unserer Navigation aus Kapitel 2, *Programmierung der Webseiten*, bekommt jeder Link eine eigene ID zugewiesen. Über diese ID können Sie beim Aufruf der jeweiligen Kategorie gezielt die CSS-Befehle übergeben. Wie Sie die Kategorien benennen, ist ansonsten egal. Zur besseren Orientierung sollte die jeweilige Kategorie über die gleiche ID verfügen wie das CSS-Attribut. Welche ID eine Kategorie von WordPress zugewiesen bekommen hat, können Sie im Backend über *Verwalten > Kategorie* herausfinden.

Um die horizontale Navigation zu vervollkommnen, müssen Sie jetzt noch die URLs zur jeweiligen Rubrik angeben. Damit die Navigation auf allen Unter- und Kategorienseiten einwandfrei funktioniert, setzen Sie am besten absolute Pfade. Wichtig ist dabei, welche Einstellungen Sie unter *Optionen > Permalinks* vorgenommen haben. Haben Sie im Feld *Kategorie-Basis* ein Verzeichnis wie zum Beispiel *archiv* angegeben, so muss sich dieses in der URL wiederfinden. Verwenden Sie dazu am besten den Bloginfo-Befehl. Ein Link zu einem Verzeichnis namens News würde dann wie folgt aussehen:

```
<a id="kat-1" href="<?php bloginfo('url'); ?>/archiv/news/">News</a>
```

Haben Sie sämtliche Links ergänzt, speichern Sie abschließend *sidebar.php* ab und öffnen erneut *header.php*. Als Nächstes müssen Sie nämlich WordPress anweisen, bei Aufruf einer Kategorie die richtige Kategorie innerhalb der Navigation mit den richtigen Stylesheet-Informationen zu versorgen.

Dafür benötigen wir nun den oben angesprochenen Trick: Damit WordPress die richtige Kategorie markiert, müssen wir WordPress zuerst »befragen«, welche Kategorie gerade angefordert wird. Das erreicht man über eine Wenn-dann-Abfrage:

```
<?php if ( is_category('1') ) { $aktuell = 'kat-1'; } ?>
```

Da mehrere Kategorienseiten abgefragt werden sollen, fügen wir eine weitere Bedingung plus Alternative ein. Das ist eine Wenn-nicht-dann-Alternative.

```
<?php if ( is_category('1') ) { $aktuell = 'kat-1'; }
elseif ( is_category('2') ) { $aktuell = 'kat-2'; }
elseif ( is_category('3') ) { $aktuell = 'kat-3'; }
elseif ( is_category('4') ) { $aktuell = 'kat-4'; }
elseif ( is_category('5') ) { $aktuell = 'kat-5'; }
elseif ( is_category('6') ) { $aktuell = 'kat-6'; }
elseif ( is_category('7') ) { $aktuell = 'kat-7'; }
?>
```

Diese Befehle fragen WordPress ab, ob es sich bei der angeforderten Webseite um eine der ersten sieben Kategorien handelt. Wenn die Antwort »ja« lautet, übergibt WordPress der Variable $aktuell den jeweiligen Inhalt. Handelt es sich zum Beispiel um die Kategorie mit der ID 4, dann bekommt $aktuell den Wert kat-4.

Diese Werteübergabe nutzen wir nun für die Stylesheet-Angaben, die sich im <head>-Bereich befinden. Damit diese ausgegeben werden, nutzen wir den PHP-Befehl echo, der die Variable ausgibt.

```
#nav a#<?php echo $aktuell ?> {
  font-weight: bold;
  background: #777 url('nav-aktuell-hintergrund.gif') repeat-x bottom left;
}
```

Wird jetzt zum Beispiel die Kategorienseite mit der ID 5 aufgerufen, bekommt $aktuell den Wert kat-5, den WordPress dann automatisch in den Stylesheet-Angaben einfügt:

```
#nav a#kat-5 {
  font-weight: bold;
  background: #777 url('nav-aktuell-hintergrund.gif') repeat-x bottom left;
}
```

Dadurch bekommt in der horizontalen Navigation einzig und allein die id="kat-5" die Stylesheet-Angaben, die den Kategoriemenüpunkt hervorheben. Der Browser wiederum zeigt dem Besucher an, in welcher Kategorie er sich befindet. Was passiert aber, wenn die Website aufgerufen wird und der Besucher eigentlich in der News-Sektion landet, die auf der Startseite abgebildet wird? Wenn Sie möchten, dass WordPress auch in diesem Fall eine Kategorie markiert, dann gelingt Ihnen das über die folgende Abfrage:

```
<?php if ( is_home('') ) { $aktuell = 'kat-1'; } ?>
```

Diese liest sich so: Wenn es sich bei der Anfrage um die Startseite handelt, dann übergib $aktuell den Wert kat-1. Den Befehl fügen Sie ganz oben in der *header.php*-Datei ein.

archive.php – Die Kategorienseite

Zum Schluss fehlt nur noch die Programmierung der Kategorien- und Artikelseiten. Beide sind ähnlich strukturiert wie die Indexseite und nur mit leichten Änderungen versehen. Da es sich mit Hilfe von WordPress schwierig gestaltet, eine leicht verständliche, doppelte horizontale Navigation umzusetzen, geben Sie die Seiten einer Kategorie am besten in der rechten Spalte aus und füllen die linke Spalte mit einem Bild, das die jeweilige Kategorie illustriert. Das hat außerdem den Vorteil, dass die horizontale Navigation nicht gesprengt wird, wenn weitere Artikel hinzukommen. Der gesamte Code von *archive.php* baut sich wie folgt auf:

```
<?php get_header(); ?>
<?php if (have_posts()) : ?>

<div id="linkespalte"><div id="linkespalte-abstand">
<?php echo category_description(); ?>
</div><!-- + + ende linkespalte-abstand + +  -->
</div><!-- + + ende linkespalte + +  -->

<div id="rechtespalte"><div id="rechtespalte-abstand">
<h2>Rubrik: <?php echo single_cat_title(); ?></h2>

<ul>
<?php while (have_posts()) : the_post(); ?>
<li id="post-<?php the_ID(); ?>"><a href="<?php the_permalink() ?>"
title="<?php the_title(); ?>"><?php the_title(); ?></a></li>
<?php endwhile; ?>
</ul>

<?php else : ?>
<?php endif; ?>
</div><!-- + + ende rechtespalte-abstand + +  -->
</div><!-- + + ende rechtespalte + +  -->

<?php get_footer(); ?>
```

Damit auf der linken Seite Informationen zur jeweiligen Kategorie auftauchen, rufen Sie diese über `<?php echo category_description(); ?>` auf. Die Beschreibung der Kategorie geben Sie über das Backend unter *Verwalten > Kategorien* ein, indem Sie auf die Aktion *Bearbeiten* der jeweiligen Kategorie klicken. Neben Texten können Sie auch Bilder über das `<img>`-Tag einpflegen. In der rechten Spalte listet WordPress für Sie im nächsten Schritt mittels Schleife die in der Kategorie befindlichen Artikel auf und verlinkt diese. Mit `<?php echo single_cat_title(); ?>` sorgen Sie dafür, dass oberhalb der ungeordneten Liste der Kategorientitel ausgegeben wird.

single.php – Die einzelne Artikelseite

Auch bei dem Template von *single.php* kommt wieder die gleiche Struktur ins Spiel. Einziger Unterschied ist die Ausgabe des Inhalts in der linken wie auch der rechten Spalte. Neu ist nur ein Editieren-Link, ein Link zur Pages-Funktion und ganz oben über dem Artikel ein *Breadcrumb* (siehe Kapitel 1, *Die Website planen und vorbereiten*). Das Listing sieht dann wie folgt aus:

```
<?php get_header(); ?>
<?php if (have_posts()) : while (have_posts()) : the_post(); ?>

<div id="linkespalte"><div id="linkespalte-abstand">
<?php echo c2c_get_custom ('bild'); ?>
</div><!-- + + ende linkespalte-abstand + + -->
</div><!-- + + ende linkespalte + + -->

<div id="rechtespalte"><div id="rechtespalte-abstand">
<h6><?php if ( is_single() ) { ?><a href="<?php bloginfo('url'); ?>">Start</a>
 &raquo; <?php the_category(', '); ?> <?php } ?> <?php wp_title(); ?></h6>
<br />

<h2><?php the_title(); ?></h2>
<h5><?php the_category(' | '); ?></h5>
<h6><?php the_time('d-m-y'); ?></h6>
<?php the_content(''); ?>
<?php link_pages('<p><strong>Seiten:</strong> ', '</p>', 'number'); ?>
<h6><?php edit_post_link('Eintrag editieren','',''); ?></h6>

</div><!-- + + ende rechtespalte-abstand + + -->
</div><!-- + + ende rechtespalte + + -->

<?php endwhile; else: ?>
<?php endif; ?>
<?php get_footer(); ?>
```

Den Breadcrumb programmieren Sie mit diesem Code:

```
<?php if ( is_single() ) { ?>
<a href="<?php bloginfo('url'); ?>">Start</a>
&raquo; <?php the_category(', '); ?> <?php } ?>
<?php wp_title(); ?>
```

Wenn es sich bei der Webseite um einen einzelnen Eintrag handelt, gibt WordPress die URL aus, fügt anschließend die zugehörige Kategorie mit Link ein und schreibt den Titel des Dokuments in den XHTML-Code. In den nächsten Schritten liefert WordPress dann abermals den Titel, die Kategorie, die Zeit und schließlich den ganzen Inhalt des Beitrags. Wurde der Beitrag von Ihnen im Backend mit Hilfe des Befehls `<!--nextpage-->` in mehrere Seiten gegliedert, so verlinkt WordPress per Link-Pages-Befehl die weiteren Unterseiten des Artikels. Durch die Übergabe der Parameter weisen Sie WordPress außerdem an, vor den Links zur jeweiligen Unterseite das fett geschriebene Wort *Seiten* anzugeben. Damit das <p>-Tag wieder geschlossen wird, geben Sie mit dem zweiten Parameter an, den Paragraphen mit </p> zu beenden. Mit number legen Sie dann nur noch die Durchnummerierung der Unterseiten-Verlinkung fest. Möglich wäre auch ein Next-Page-Link. Sämtliche möglichen Parameter für das Link-Pages-Tag finden Sie unter *http://codex.wordpress.org/Template_Tags/link_pages*.

Zum Abschluss fügen Sie noch ein wenig Komfort in das Listing ein. Denn der Edit-Post-Link-Befehl fügt einen Link für die direkte Editierung des Artikels ein. Der Link wird jedoch nur dann angezeigt, wenn Sie sich selbst im WordPress-Backend angemeldet haben. Normale Besucher bekommen den Link nicht zu sehen. Über welche Parameter der Befehl verfügt, erfahren Sie unter *http://codex.wordpress.org/Template_Tags/edit_post_link*.

Tipps & Tricks: WordPress-Plugins und der eigene Podcast

Sicherlich haben Sie sich schon gefragt, was sich hinter dem Menü *Plugins* verbirgt. Wenn Sie den kleinen Exkurs für die Installation des Get-Custom-Plugins mitgemacht haben, haben Sie bereits Ihr erstes Plugin installiert. Die Plugin-Schnittstelle von WordPress erlaubt es Ihnen nämlich, den Funktionsumfang des Redaktionssystems zu erweitern. Zum einen lassen sich über die Plugin-Schnittstelle neue WordPress-Befehle installieren und einsetzen, und zum anderen gibt es kleine Plugin-Helferlein, die Ihnen bei der täglichen Arbeit als WordPress-Redakteur sinnvolle Dienste erweisen und Arbeit abnehmen.

Nach der Installation sind standardmäßig schon die Plugins *Hello Dolly*, *Markdown* und *Textile 1* installiert, aber nicht aktiviert. Während *Hello Dolly* eher als Gag beziehungsweise einfaches Beispiel zu verstehen ist, verbirgt sich hinter *Markdown* und *Textile 1* eine gewiefte Hilfestellung für die Texteingabe. Beide Plugins erleichtern nämlich die Texteingabe mit Hilfe von Sonderzeichen und ermöglichen einen übersichtlicheren Textinhalt, der frei von XHTML-Tags ist. Da sich *Markdown* und *Textile 1* von der Funktionsweise ähneln, sei hier nur kurz *Markdown* vorgestellt.

Die Texteingabehilfe Markdown

Begeben Sie sich in das Redaktionssystem von WordPress und aktivieren Sie im Menü *Plugins* das Plugin *Markdown*. Danach klicken Sie auf das Menü *Schreiben* und legen einen neuen Beitrag an. Möchten Sie zum Beispiel in Ihrem Beitrag eine ungeordnete Liste mit Fakten anlegen, so brauchen Sie dank *Markdown* nicht mehr wie zuvor Tags direkt oder über die Buttons einzugeben, sondern können einfach eine Liste mit einem vorangestellten * beginnen. Das Plugin fügt nach einem Klick auf *Veröffentlichen* selbstständig die korrekten XHTML-Befehle ein. Ein Beispiel:

```
Neu auf unserem Netlabel sind die folgenden Künstler:

* Nobukazo
* Brigitte
* Yuki Yumiyoshi
* Acoustic Junkie
```

Damit *Markdown* den Beginn der Liste erkennt, müssen Sie eine Leerzeile erzeugen. Wird der Artikel nun abgespeichert, wandelt *Markdown* die Eingabe selbstständig in den folgenden Quellcode um:

```
<p>Neu auf unserem Netlabel sind die folgenden Künstler:</p>
<ul>
<li>Nobukazo</li>
<li>Brigitte</li>
<li>Yuki Yumiyoshi</li>
<li>Acoustic Junkie</li>
</ul>
```

Ein weiterer Vorteil neben übersichtlicheren Texten ist auch der Export eines Artikels. Während der XHTML-Code für den Export in eine Textverarbeitung lästig ist, ist das obige Beispiel repräsentabel und für jeden Leser verständlich. Natürlich lassen sich mit *Markdown* auch durchnummerierte Listen anlegen. Aber das Plugin ermöglicht nicht nur Listen, sondern auch Links, Überschriften, Bilder, Zitate und Programmcode-Blöcke. Eine Überschrift erster und zweiter Ordnung erzielen Sie mit einem = oder -, womit die Überschrift unterstrichen wird. Dabei kommt es nicht auf die Anzahl der Zeichen an – selbst ein Gleichheitszeichen unter der Überschrift generiert eine Überschrift der ersten Ordnung.

```
Überschrift erster Ordnung
==========================
Überschrift zweiter Ordnung
---------------------------
```

Wenn diese Eingabe konvertiert wird, ergibt das:

```
<h1>Überschrift erster Ordnung</h1>
<h2>Überschrift zweiter Ordnung</h2>
```

Eine Übersicht der möglichen *Markdown*-Syntaxbefehle finden Sie unter *www.daringfireball.net/projects/markdown/syntax*.

Noch mehr Funktionalität und WordPress-Plugins

Weitere zahlreiche Plugins finden Sie im WordPress-Wiki unter *http://codex.wordpress.org/Category:Plugins*. Wenn Sie ein versierter Programmierer sind, sollten Sie sich die Beschreibung der WordPress-Plugin API durchlesen, die Sie im WordPress-Wiki unter *http://codex.wordpress.org/Plugin_API* finden. Diese unterstützt Sie bei der Entwicklung eigener Plugins.

Empfehlenswert ist vor allem das Plugin *IImage Browser*, das Sie unter *http://fred-fred.net/skriker/index.php/iimage-browser* herunterladen können. Dieses Plugin nimmt Ihnen viel Arbeit bei der Verwaltung, dem Hochladen und dem Einpflegen von Bildern in einen Beitrag ab.

Der eigene Podcast mit WordPress

Es gibt nichts Einfacheres, als mit WordPress einen eigenen Podcast aufzusetzen, weil das Weblog-System selbstständig das für Podcasts wichtige <enclosure>-Tag in den RSS-Feed einfügt. Um einen eigenen Podcast zu erstellen, müssen Sie lediglich die folgenden Schritte vornehmen:

1. Erstellen Sie eine neue Kategorie mit dem Namen Podcast.
2. Legen Sie einen neuen Artikel an, indem Sie auf *Schreiben* klicken.
3. Geben Sie dem Artikel einen aussagekräftigen Titel.
4. Kopieren Sie den absoluten Link zur MP3-Datei in das Beitrag-Feld.
5. Veröffentlichen Sie den Beitrag und WordPress übernimmt den Rest.

Achten Sie darauf, dass der Link mit *http://* beginnt, da MP3s auf FTP-Servern von Podcatchern in der Regel nicht aufgerufen werden können.

Der Link zu Ihrem Podcast-Feed sollte nun im Browser über die folgende URL *www.ihre-domain.de/wordpress/feed/?category_name=podcast* aufrufbar sein. Wenn Sie nicht das *mod_rewrite*-Modul verwenden, finden Sie den Feed unter *www.ihre-domain.de/wordpress/wp-rss2.php?category_name=podcast*.

Internet-Quellen

WordPress-Download:

www.wordpress.org/

Deutsche Sprachdatei:

http://files.wordpress.de/index.php?action=category&id=1

Anleitung in Englisch:

http://codex.wordpress.org

Anleitung in Deutsch:

http://doku.wordpress.de

Support-Forum:

www.wordpress.org/support/

Kubrick-Default-Theme:

www.binarybonsai.com/kubrick/

WordPress-Themes:

www.wordpress.org/extend/themes/

WordPress-Theme-Browser:

www.alexking.org/software/wordpress/theme_browser.php

WordPress-Plugins:

http://codex.wordpress.org/Category:Plugins

KAPITEL 4

Musik aufbereiten, komprimieren und streamen

In diesem Kapitel:
- Musik aufbereiten und komprimieren
- Musik mit Identität – Aussagekräftige Dateinamen und Metainformationen
- Audio-Streaming mit .m3u und Flash
- Internet-Quellen

Auch wenn Produzenten, Bands, Netlabels und DJs genügend darüber wissen sollten, wie man mit Musik umgeht, sprich Musik korrekt aufnimmt und abmischt, so werden doch oftmals die elementarsten Dinge bei der Aufbereitung von Musik auf Band-, (Net)Label- und DJ-Websites vergessen. Auch wenn sich ein MP3 schnell mit Hilfe eines Encoders erstellen lässt, ist nicht jedem klar, dass er auch weitere Informationen in den MP3s unterbringen kann, die über die reine Musik hinausgehen. Solche Metainformationen, die sich in den MP3ID-Tags abspeichern lassen, werden dann schlichtweg vergessen. Dazu gehören unter anderem die Website des Künstlers, eine Kontakt-E-Mail-Adresse, der Name des Albums und des Songs sowie Copyright-Informationen.

Weiterhin mag der ein oder andere noch nie etwas von Ogg Vorbis gehört haben oder ist sich nicht wirklich sicher, auf welche Weise er seine Songs präsentieren soll. Darum beschäftigen wir uns erst einmal mit den rudimentärsten Aktionen, um Musik aufzubereiten, komprimieren sie anschließend korrekt für das Web, versehen sie mit informativen MP3ID-Tags, um sie abschließend mittels Preview-Funktionen auf der Website zu präsentieren.

Musik aufbereiten und komprimieren

Im digitalen Zeitalter verfügen sicherlich die meisten Musiker über Software, mit deren Hilfe man Sounds aufnimmt, schneidet, manipuliert, arrangiert und abspeichert. Wie bei Autos variieren auch bei Software-Paketen die Preise und die Ausstattung. In diesem Buch beschränke ich mich auf die Open Source Software Audacity, die die Werkzeuge mitbringt, um Tracks, Songs und DJ-Mixe zu schneiden und zu optimieren, bevor sie in einem letzten Schritt als MP3-Datei oder Ogg Vorbis-Datei für das Web abgespeichert werden. Zwar kann man auch mit Audacity MP3s und Ogg Vorbis-Dateien generieren, komfortabler geht das aber mit den beiden Windows-Programmen RazorLame und oggdropXPd, die im Web frei erhältlich sind.

Garbage In, Garbage Out

Unter Produzenten gibt es ein Prinzip, das sich »Garbage In, Garbage Out« nennt. Gemeint ist damit schlicht die Tatsache, dass rudimentäre Fehler bei den Aufnahmen nicht mehr ausgebügelt werden können. Ist das Schlagzeug im Mix zu weit nach hinten gemischt worden, kann es selbst der gewiefteste Mastering-Ingenieur nicht mehr nach vorne holen. Oder die in einer Gesangsspur aufgenommenen Verzerrungen lassen sich nicht mehr beheben. Schrott kann zwar hübsch verpackt werden, bleibt aber Schrott. Darum sollte die Musik für die folgenden letzten Optimierungsschritte bereits auf der Festplatte in Form von *WAV*- oder *AIFF*-Dateien vorliegen, damit wir sie mit Hilfe der Sound-Software bearbeiten können.

 Für das Mastering dürfen Sie auf keinen Fall bereits komprimierte Audiodateien verwenden. Das ist entscheidend für die Qualitätssicherung der späteren Komprimierung.

Musik zuschneiden und normalisieren mit Audacity

Bevor man Musik für das Internet komprimiert und hochlädt, kontrolliert man am besten noch einmal, ob sämtliche Musikdateien korrekt beschnitten sowie »normalisiert« wurden. Das exakte Zuschneiden verhindert ein ungewolltes Verzögern der startenden Musikdateien und das Normalisieren bringt die Musik auf die maximale Lautstärke.

Tonspuren öffnet man in Audacity über *Datei > Öffnen*. Möchten Sie diese zurechtschneiden, benutzen Sie das Auswahlwerkzeug mit dem Doppel-T, das Sie in der Werkzeugleiste oben links finden (siehe Abbildung 4-2). Um einen Bereich wegzuschneiden, markiert man mit Hilfe des Auswahlwerkzeugs einfach den jeweiligen Bereich der Wellenform. Anschließend drückt man *STRG + X* oder wählt den Schnitt-Befehl über *Bearbeiten > Schnitt*. Wer gleich die Wellenform vorne und hinten beschneiden möchte, markiert den Bereich der Wellenform, der übrig bleiben soll. Um die Wellenform nun zu trimmen, drückt man entweder die Tastenkombination *STRG + T* oder wählt den Befehl über *Bearbeiten > Trimmen* aus. Audacity kürzt die Wellenform nun zurecht und schneidet sowohl den linken als auch den rechten Bereich jenseits der Markierung ab. Achten Sie unbedingt darauf, dass Sie am Ende des Musikstücks einen eventuell vorhandenen Fade-Out nicht beschädigen. Wurde die Wellenform passend zurechtgeschnitten, normalisieren wir sie noch, bevor wir sie endgültig als komprimierte Datei exportieren.

Audacity installieren und startklar machen

Die neueste Version des Open Source-Musikeditors findet man unter *http://audacity.sourceforge.net*. Nach der Installation über die Setup-Routine ist das Programm startklar. Zwar ist Ogg Vorbis für den Sound-Export bereits mitinstalliert worden, um jedoch MP3-Dateien generieren zu können, benötigt man noch den LAME-Codec. Befindet sich dieser noch nicht auf der eigenen Festplatte, kann eine aktuelle Version unter *http://mitiok.cjb.net/* heruntergeladen werden.

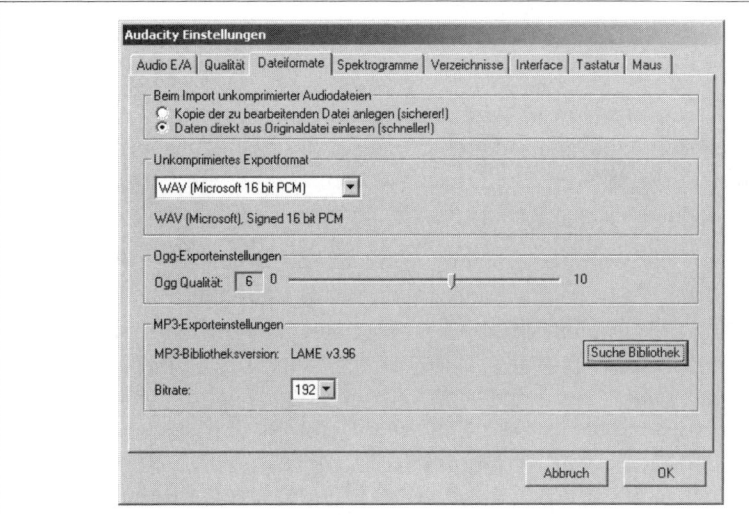

Abbildung 4-1: Sound-Einstellungen für Musikdateien in Audacity

Damit die Musik von Audacity korrekt wiedergegeben wird, öffnet man das Menü *Datei > Einstellungen > Audio E/A*. Für die Wiedergabe und Aufnahme wählt man dort die gewünschte Soundkarte aus. Anschließend springen Sie in das Reiter-Menü *Dateiformate* und suchen sich auf Windows-Systemen das *WAV*-Format als *Unkomprimiertes Exportformat* aus. Damit Ihre MP3- und Ogg-Dateien in einer ansprechenden Qualität exportiert werden, wählen Sie für Ogg die Qualitätsstufe 6, die einer Bitrate von 192 kbps entspricht, und für MP3-Dateien ebenfalls eine Bitrate von 192 kbps.

Kann die Bitrate des MP3-Formats nicht angewählt werden, muss zuerst über den Button *Suche Bibliothek* der LAME-Codec *lame_enc.dll* auf der eigenen Festplatte gesucht und ausgewählt werden. Zum Schluss übernehmen wir die Einstellungen mit einem finalen Klick auf *OK*. Audacity ist nun einsatzbereit.

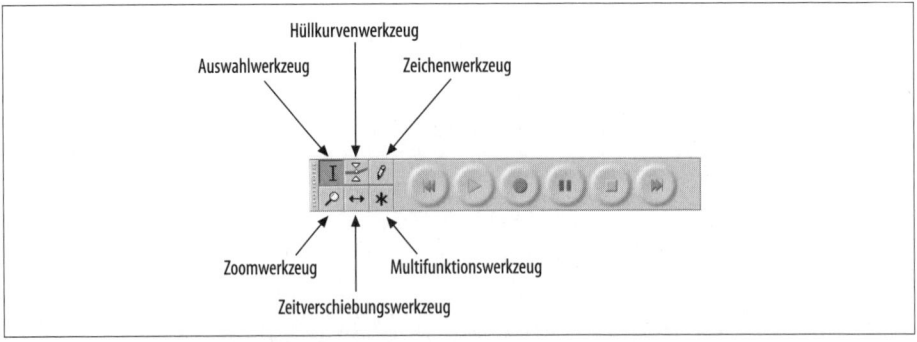

Abbildung 4-2: Die Audacity-Werkzeugleiste

Beim Normalisieren von Musik wird die eigentliche Musikdatei zwar »manipuliert«, es handelt sich dabei aber um keinen Effekt, der das Signal verfremdet. Denn beim Normalisieren wird lediglich die gesamte Sounddatei-Lautstärke so weit angehoben, bis die höchste Pegelspitze die Maximalgrenze von 0 dB erreicht.

Denn im Audiobereich geht man immer von einem Maximalpegel als Referenzpunkt aus. Dieser wird als 0dB bezeichnet. Daher befinden sich digitale Audiodaten immer in einem Bereich zwischen -oo dB und 0 dB. Bei einer Überschreitung dieses Pegels werden die zu hohen Pegelspitzen gnadenlos abgeschnitten und lassen grausige Verzerrungen entstehen. Darum sollten Sie vor dem Normalisieren unbedingt noch einmal überprüfen, ob die Datei tatsächlich normalisiert werden muss. Schauen Sie dazu im Editor nach, ob die höchste Pegelspitze etwa 0 dB erreicht. Wenn ja, so lassen Sie das Normalisieren einfach aus, da bei jedem Normalisieren Rundungsfehler entstehen, die sich als durchaus hörbares Rauschen manifestieren können.

 Die DA-Wandler vieler billiger Soundkarten übersteuern bereits unter 0 dB. Daher wird von Tontechnikern üblicherweise nicht auf 0 dB, sondern auf -0,2 dB oder -0,3 dB normalisiert. Das ist jedoch leider mit Audacity nicht möglich.

Missverständlicherweise übernimmt der Normalisieren-Befehl bei Audacity diese Arbeit nicht vollständig. Denn er hebt und senkt die Musikdatei lediglich auf eine Spitzenamplitude von -3 dB an oder ab (besprochen wird hier Version 1.2.3 von Audacity). Damit wir unser Signal trotzdem bis zur 0 db-Grenze anheben, benutzen wir den Effekt »Verstärken«, der in den Standardeinstellungen auch ein Signal normalisiert.

Ein weiteres interessantes Feature von Audacity ist das Arrangieren mehrerer Tonspuren. Dabei ermöglicht das Programm schnelle Arrangements mehrerer Tracks. Wenn man zum Beispiel ein Demo-MP3 mit Songs erstellen möchte, die nur kurz angespielt und sanft ineinander geblendet werden, ist das mit Audacity kein Problem und zügig erledigt.

Mastering-Tipps von Benfay

Benjamin Fay, der seine Musik im Internet unter dem Namen »Benfay« veröffentlicht, ist maßgeblich für das Mastering zahlreicher Musikveröffentlichungen auf dem Netlabel Thinner verantwortlich. Als Musiker mit Hang zur experimentellen Musik lebt der studierte Bassist in Bern und betreut dort gemeinsam mit Freunden das Netlabel Realaudio.ch. Auch dort ist er für zahlreiche Mastering-Arbeiten zuständig. Seine eigene Künstler-Website finden Sie unter *www.benfay.com*.

Was sind deiner Meinung nach die wichtigsten Schritte, um Musik für die Komprimierung vorzubereiten? Wie gehst du dabei vor? Verfolgst du bestimmte Schritte?

Benfay: Vom technischen Standpunkt her gesehen, ist der wichtigste Schritt, die magische Grenze von 0 dB nicht zu überschreiten. Das darf auf gar keinen Fall passieren, damit nicht digitale Clippings (Verzerrungen des Signals, hörbar als Click) entstehen. Dazu benötigt man einen Limiter. Üblich ist ein maximaler Pegel-Peak von -0.2 dB. Der RMS-Pegel (Root Mean Square - Loudness) sollte die -10 dB-Marke nicht ständig überschreiten. Ansonsten verliert man alle Dynamik und die Musik wird zu Brei. Lautstärke (Loudness) ist nicht alles. Lieber sollte man, besonders im Fall einer Compilation, eine einheitliche Lautstärke der verschiedenen Musikstücke anstreben.

Gibt es spezielle Mastering-Tipps für das Encodieren von MP3s? Muss man beim Mastering bestimmte Dinge beachten, wenn die Musik für das Internet aufbereitet werden soll?

Eigentlich nicht. Es gilt, entsprechend dem Material und Stil das Bestmögliche aus den Stücken zu holen. Es empfiehlt sich auch, das MP3 nach dem Encodieren anzuhören. Es kann immer passieren, zum Beispiel aufgrund von Phasenproblemen, besonders im Bass, dass Fehler hörbar werden.

Welche Werkzeuge bzw. Software benutzt du für das Mastering und das anschließende Encodieren der MP3s?

Ich benutze das Programm Wavelab von Steinberg und ausschließlich Software-Plugins für das Mastering und den Fraunhofer-Codec zum Encodieren. Es gibt auch Open Source-Programme, die sehr gut sind, beispielsweise Audacity und den Ogg Vorbis-Codec.

Hast du Erfahrungswerte bezüglich der Qualität von MP3 und Ogg Vorbis? Welches Format klingt nach deinen Ohren besser?

Ogg Vorbis klingt bei gleicher Dateigröße besser. Ich habe Tests gemacht und war sehr erfreut über die gute Qualität. Allerdings nimmt es sich nicht viel, wenn man mit 192 kbps oder gar 320 kpbs encodiert. Auch sehr beliebt und gut ist die variable Bitrate, mit der bleep.com (Warp Records) ihre Dateien codieren.

Sound-Formate – MP3 versus Ogg Vorbis

Musik liegt im Internet in vielen Dateiformaten vor. Richtig durchgesetzt hat sich aber nur ein Format: MP3. Natürlich gibt es auch andere Musikmediendateien wie das *WMA*-Format von Microsoft, Quicktime von Apple oder *RAM/RM*-Dateien von Realaudio. An dieser Stelle werfen wir außer auf das Komprimierungsverfahren des Fraunhofer-Instituts nur noch einen ausgiebigen Blick auf das Open Source-Format Ogg Vorbis. Denn das findet wegen seiner freien Verfügbarkeit immer mehr Anhänger, ist frei von sturen Patenten und übertrifft das MP3-Verfahren bei der Komprimierung mit niedrigeren Bitraten. Sprich: Es klingt einfach besser. Obendrein ist zu vermuten, dass Ogg Vorbis zukünftig von immer mehr MP3-Playern unterstützt wird und neben MP3 ein Musikformat mit Zukunft ist.

Grundsätzlich sollte man Folgendes im Hinterkopf behalten: Bei der verlustbehafteten Komprimierung von Musikdaten gehen immer Informationen verloren. Um eine neue MP3-Datei zu erstellen, muss unbedingt auf das unkomprimierte Original zurückgegriffen werden – egal wie hoch die Datenrate bei einer Kopie eingestellt wurde. MP3s, die bereits mit 64 kBit/s encodiert wurden, klingen nach einer zusätzlichen Komprimierung mit 256 kBit/s natürlich nicht besser. Garbage in, Garbage out. Da gibt es nichts zu retten.

MP3

MP3 heißt in der Fachsprache eigentlich MPEG-1 Audio Layer 3. Entwickelt wurde das Format 1987 am Fraunhofer-Institut für Integrierte Schaltungen in Erlangen in Zusammenarbeit mit AT&T Bell Labs und Thomson. Wie viele der aktuellen Codierverfahren sind Kernbereiche von MP3 durch Patente geschützt. Glücklicherweise gibt es neben dem Fraunhofer-MP3 auch noch eine Open Source-Alternative. Diese heißt LAME und kommt auch beim vorgestellten Musikeditor Audacity zum Einsatz.

MP3s erstellen mit RazorLame

RazorLame (siehe Abbildung 4-3) ist ein so genanntes *Frontend* für den LAME-Encoder. Mit der Frontend-Software und LAME lassen sich auf einfache Weise *WAV*-Dateien in MP3s umwandeln. Das Frontend ist deshalb nötig, weil der LAME-Encoder selbst nicht wirklich komfortabel zu benutzen ist. Bequem können dank »Batch«-Funktion auch mehrere Dateien aus verschiedenen Verzeichnissen in einem Rutsch umgewandelt werden.

Batch-Funktionen sind in Textdokumenten (Windows-eigene Batch-Dateien haben die Endung *.bat*) abgespeicherte Stapelverarbeitungen. Batch-Funktionen sind als eine Folge von Anweisungen beschriebene Abläufe, die von einer Anwendung ausgeführt werden können. Zum Beispiel lassen sich für jedes moderne Betriebssystem Batch-Dateien erzeugen, die automatisch Dateien installieren, umbenennen, sichern, verschieben und so weiter.

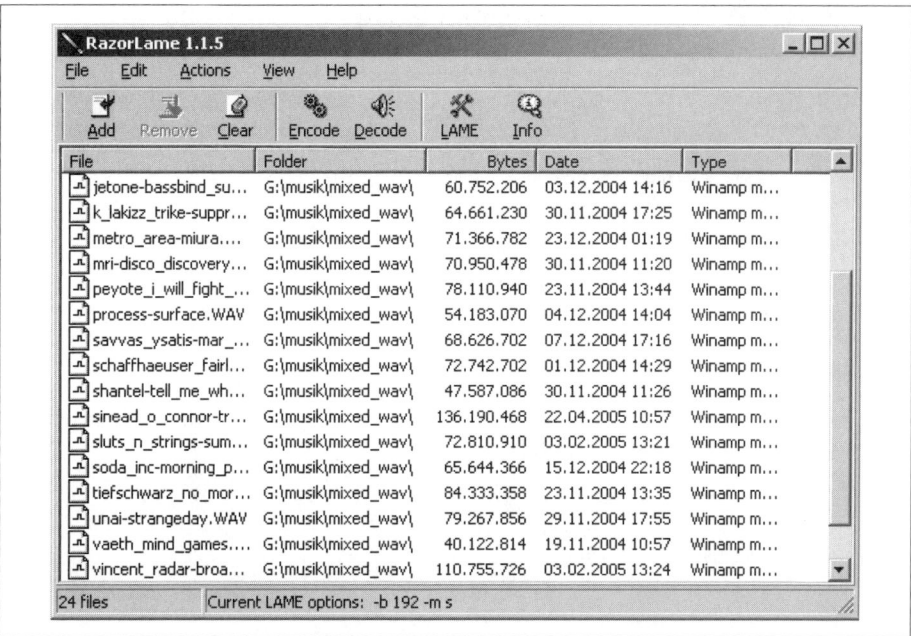

Abbildung 4-3: RazorLame: ein einfaches und übersichtliches Interface für den LAME-Encoder

Sowohl RazorLame als auch der LAME-Encoder sind im Netz frei erhältlich. Nach dem Download von *www.dors.de/razorlame/* benötigt das Frontend noch die aktuellste Version der Datei *lame.exe*, die in das RazorLame-Verzeichnis kopiert werden muss. Diese findet man leider nicht auf der RazorLame-Homepage, sondern zum Beispiel unter *www.free-codecs.com*.

Nach dem Entpacken der ZIP-Datei ist RazorLame dank fehlender Setup-Routine sofort einsatzbereit. Zuvor sollten Sie jedoch noch die Standardeinstellungen ändern. Dazu öffnen Sie über das Menü *Edit > LAME Options* die Encoder-Optionen.

Um qualitativ einwandfreie MP3s herzustellen, empfiehlt sich eine Bitrate ab 192 kbps (siehe Abbildung 4-4). Bei Netlabels hat sich diese Qualitätsstufe mittlerweile etabliert, weil Musikdateien unterhalb von 192 kbps eindeutig die Transparenz in den Höhen fehlt. Glücklicherweise wird Webspace immer billiger. Darum ist es nicht verwunderlich, dass es einen hörbaren Trend gibt, der noch hochauflösendere Bitraten nutzt, um noch näher an die CD-Qualität heranzukommen. Neben einer hohen Bitrate sollten die MP3s in Joint Stereo encodiert werden. Denn dadurch reduziert sich die Größe der Datei, und in den neuesten LAME-Versionen komprimiert man die Musik im Joint Stereo Modus mit weniger Artefakten. Das garantiert hochwertige Musikdateien – die Hörer werden es Ihnen danken. Alle weiteren Encodieroptionen können in den Standardeinstellungen belassen werden.

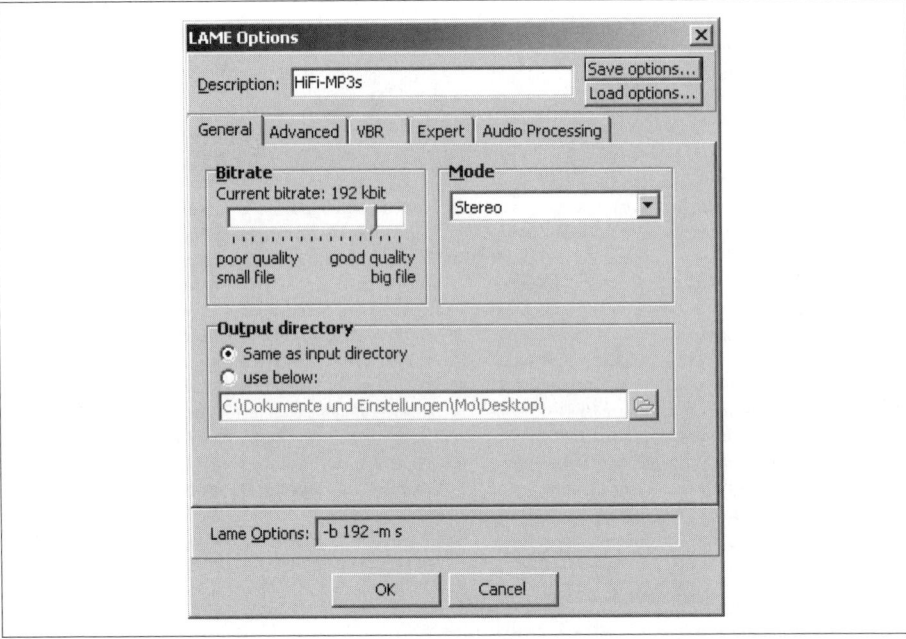

Abbildung 4-4: Sound-Einstellungen: Hochwertige MP3s erhält man ab 192 kbps in Stereo

Um MP3s zu erzeugen, importiert man die *WAV*- oder *AIFF*-Dateien entweder über den *Add*-Button oder zieht den jeweiligen Ordner in das Fenster. Ein anschließender Klick auf den *Encode*-Button startet die Komprimierung. Nett ist dabei die Zeitanzeige, die Auskunft über die Dauer des Vorgangs gibt.

Für MP3s mit niedrigen Bitraten – zum Beispiel für Previews, die auch Modem-Besitzer streamen können – nutzt man am besten eine Bitrate von 40 kbit in Mono. Das hält die Dateien klein und reicht für einen groben Eindruck von der Musik.

Ogg Vorbis

Der Vorbis-Codec wurde im Rahmen des Ogg-Projekts als freie Alternative zum weit verbreiteten MP3 entwickelt. Der Audio-Komprimierungsalgorithmus unterstützt bis zu 255 Kanäle mit variabler Bitrate. Besonders gut spielt das Format seine Möglichkeiten aus, wenn es um niedrige Bitraten geht: Bei gleicher Bitrate klingen Ogg Vorbis-Dateien wesentlich besser als MP3s.

Ogg Vorbis-Dateien mit oggdropXPd erstellen

Der Encoder *oggdropXPd* ist eines der kleinsten Werkzeuge im Musik-Softwarebereich und lässt sich von *www.rarewares.org* herunterladen. Das Programm braucht weder irgendwelche DLL-Dateien noch muss eine Setup-Routine gestartet werden. Ein Klick auf die *exe*-Datei reicht und es ist einsatzbereit und präsentiert sich als lustiges Fisch-Icon auf dem Desktop (siehe Abbildung 4-5). Um Ogg Vorbis-Dateien zu erzeugen, müssen Sie lediglich die WAV-Dateien über den Browser auf das Icon ziehen und sofort beginnt das Programm mit dem Encodieren. Die Aktivität des Programms wird dabei mit einem sich um die eigene Achse drehenden Fisch angezeigt.

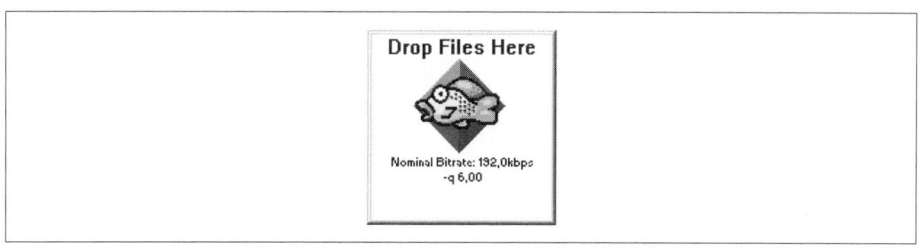

Abbildung 4-5: Der Ogg Vorbis-Encoder oggdropXPd: klein und unscheinbar, aber großartig und simpel in der Benutzerführung

Um zu den Optionen von oggdropXPd zu gelangen, klicken Sie mit der rechten Maustaste auf das *oggdropXPd*-Icon und wählen zuerst den Menüpunkt *Encoding Options* (siehe Abbildung 4-6). Um gut klingende Ogg Vorbis-Dateien zu erzeugen, wählt man die Qualitätsstufe 6, was einer Qualität von 192 kbps entspricht. Um kleine Musikdateien zu erstellen, empfiehlt sich die Stufe 0. Selbst bei dieser Stufe

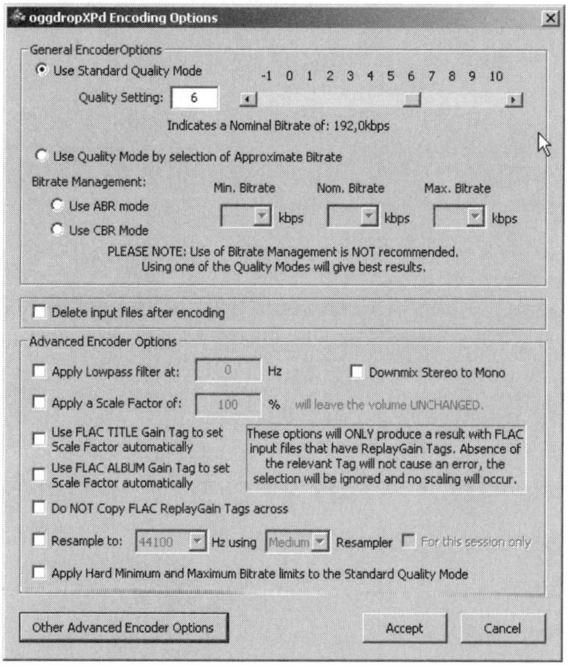

Abbildung 4-6: oggdropXPd: prägnante und übersichtliche Optionen für das Ogg Vorbis-Format

klingen Wortbeiträge noch sehr sauber. Nach einem Klick auf *Accept* öffnen wir mit der rechten Maustaste abermals das Menü und wechseln in das Menü *Tagging, File Renaming, Playlist Creation* (siehe Abbildung 4-7). Hier können Daten für das Auto-Tagging eingetragen werden (mehr dazu im Abschnitt »Musik mit Identität – Aussagekräftige Dateinamen und Metainformationen«), die man später für jede Ogg Vorbis-Datei vervollständigen kann.

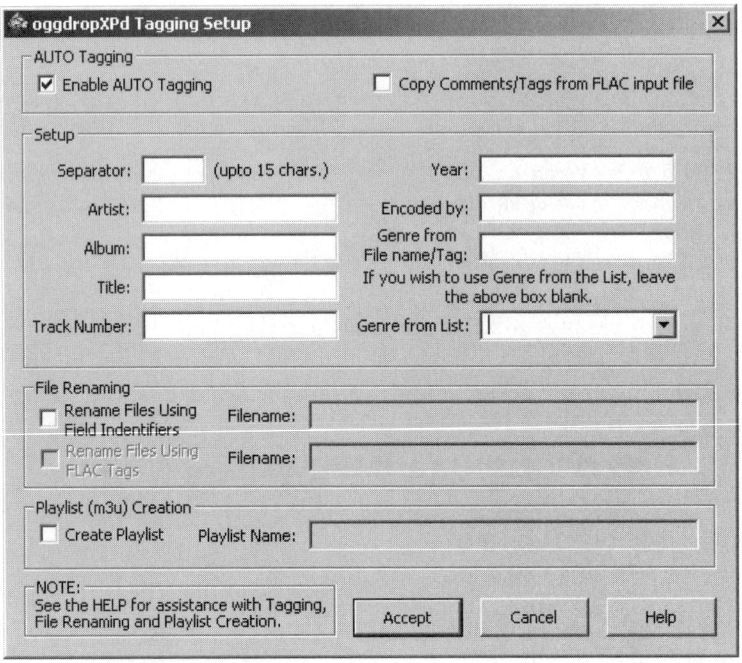

Abbildung 4-7: oggdropXPd ermöglicht Auto-Tagging

Zieht man nun die *WAV*- oder *AIFF*-Dateien auf das Icon, werden sie encodiert und im gleichen Verzeichnis abgelegt, in dem die *WAV*-Dateien bereits vorliegen. Wer die Sounds woanders abspeichern möchte, öffnet dazu im Menü den Unterpunkt *Select Output Directory* und sucht sich das Verzeichnis seiner Wahl.

Musik mit Identität – Aussagekräftige Dateinamen und Metainformationen

Früher, Anfang der 90er-Jahre des vorigen Jahrhunderts, durften Dateinamen unter DOS/Windows nicht länger als acht Zeichen sein. Das waren karge Bedingungen, die zu langem Suchen zwischen den Dokumentdateien der Festplatte führen konnten. Damals waren Harddiscs jedoch noch mit 40 MB recht übersichtlich gehalten.

Heute werden Dateinamen glücklicherweise nicht mehr so restriktiv behandelt, und wir haben mehr Möglichkeiten, unsere Ordner, Sounds, Dokumente und sonstigen Dateien zu benennen. Auch Dateien, die wir im Web speichern, dürfen mehr Zeichen als früher haben. Eine Grenze sollte man jedoch bei 64 Zeichen ziehen. Denn werden Dateien auf eine CD-ROM gebrannt, dürfen ihre Dateinamen nicht länger als 64 Zeichen sein. Verantwortlich hierfür ist die Joliet-Erweiterung der Norm ISO 9660. Gäbe es das Joliet-Format nicht, würde uns der CD-Standard ISO 9660 die Dateien und Verzeichnisse auf mickrige acht Zeichen herunterkürzen.

Musikdateien richtig benennen

Angesichts dieser Verbesserungen ist es oft erstaunlich, wie Benutzer, Musikfans und Netlabels ihre Sounds benennen. Auch hier gilt wieder: Gibt man sich von Anfang an Mühe und benennt die Daten, Ordner und Dateien sinnvoll, bekommt man am Ende den Lohn. Die Belohnung könnte neben einer netten E-Mail zum Beispiel auch ein mögliches Engagement für das nächste Festival sein, wenn der Zuhörer zufällig ein Veranstalter ist.

Wer sich oft Musik von Netlabels, DJ-Mixe oder Gratis-MP3s von Bands herunterlädt und nach einer Download-Session die Musik anhört, weiß oft nicht mehr hundertprozentig, welcher Track und Song von woher stammt. Vergehen einige Wochen und der Surfer stöbert durch seine aus dem Netz gefischten MP3s, hat er oftmals den Ursprungsort der Musik vergessen, wenn es nicht gerade sein Lieblingslabel war. Das berücksichtigen jedoch viele Musiker und Labels nicht und benennen ihre Musikdaten unverständlich oder lückenhaft.

Vergleichen Sie dazu die beiden Screenshots in Abbildung 4-8 und Abbildung 4-9. Schon auf den ersten Blick erhält man im zweiten Screenshot eine schnellere Übersicht und eindeutigere sowie umfangreichere Informationen.

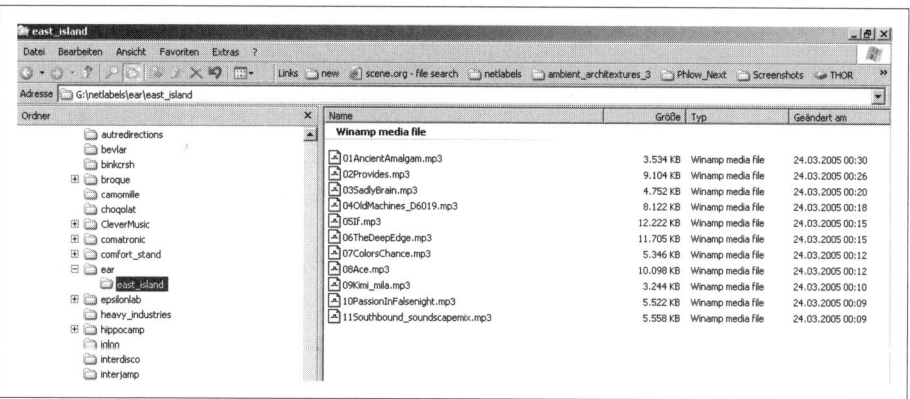

Abbildung 4-8: Wozu gehören diese MP3s? Wie lautet das Label und wie der Künstler?

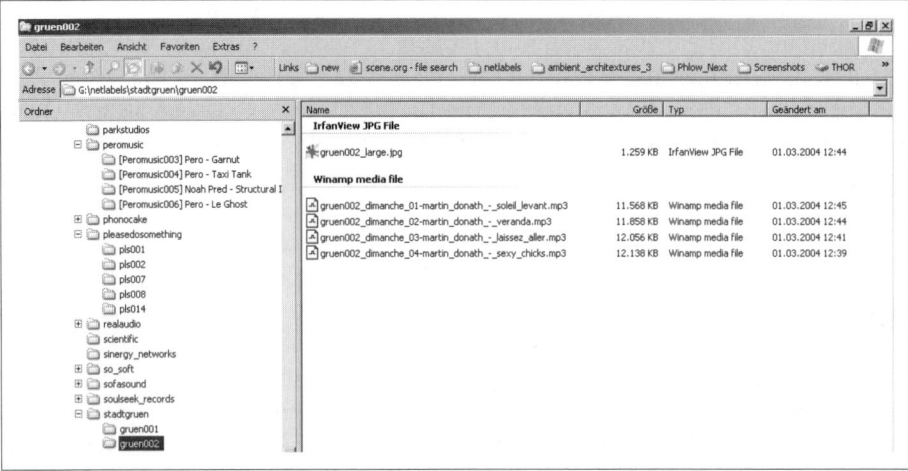

Abbildung 4-9: Übersichtlich benannt: MP3s mit korrekter Beschriftung

Neben einer Label-ID und Katalognummer (»gruen002«) erfährt man den Namen der EP (»Dimanche«), den Namen des Künstlers (»Martin Donath«), die Track-Nummer und den Titel des jeweiligen Tracks. Mit einer klitzekleinen Änderung würde der Benutzer auch noch schneller herausfinden, ob »Dimanche« oder »Martin Donath« der Künstler ist: nämlich mit dem Zusatz »EP«, »LP« oder »Single« hinter dem Albumtitel »Dimanche«. Der perfekte Dateiname würde sich somit folgendermaßen zusammensetzen:

> *Label-ID - Katalognummer - Albumtitel plus EP/LP/Single - Tracknummer - Künstlername - Songtitel*

Label-IDs

Um sich von anderen Netlabels abzugrenzen und um noch mehr Ordnung ins Chaos der MP3s zu bringen, haben Netlabels damit angefangen, sämtlichen ihrer MP3s eine eigene ID am Anfang des Dateinamens zu verpassen plus der jeweiligen Release-Nummer der LP/EP/Single. Von welchem Netlabel dies initiiert wurde, ist leider nicht bekannt. Hörer profitieren von den IDs, weil sie sich oft gut zuordnen lassen. Landen dann verschiedene MP3s in einem Ordner, finden wir schnell heraus, welche Labels sich dahinter verbergen. Man sollte sich im Netlabel-Land umschauen (*archive.org* und *scene.org*), bevor man sich eine eigene ID zulegt. Dadurch vermeidet man Ärger und Doppeldeutigkeiten. Eine ID sollte zwischen drei bis sechs Zeichen lang sein. Je länger die ID, desto weniger Platz bleibt für den Künstler. Kleines Ratespiel gefällig? Zu welchen Labels gehören diese IDs: thn, mia, one, sub, 63_, tdr, textn, 1bit, csr und eps? Wer es nicht errät, probiert es einfach mal per Google. Einfach die ID und den Begriff »Netlabel« eingeben.

Bei der Benennung kann man sich die Regel merken, dass man den Dateinamen immer umgekehrt gewichtet. Als Erstes gibt man die oberste Hierarchie-Ebene an, auf die die nächsten Ebenen folgen: das Label, der Name der Veröffentlichung, die Trackzahl, die Künstler und zum Schluss der Songname. Konkret könnte das bei der wunderschön relaxten Deep House-EP von Martin Donath auf dem Stadtgrün-Netlabel so aussehen:

```
gruen002_dimanche_ep_01-martin_donath-soleil_levant.mp3
gruen002_dimanche_ep_02-martin_donath-veranda.mp3
gruen002_dimanche_ep_03-martin_donath-laissez_aller.mp3
gruen002_dimanche_ep_04-martin_donath-sexy_chicks.mp3
```

Wer auf die Benennung besonders geachtet hat, hat sicherlich bemerkt, dass in der Benennung der Dateien keine Leerzeichen und auch keine Sonderzeichen vorkommen. Generell sollten Sie Unterstriche einem Leerzeichen vorziehen. Denn das minimiert die Probleme beim Upload und Download einer Datei. Auch wenn man im Internet ein Leerzeichen in einer verlinkten Datei durch »%20« ersetzen kann, ist das einerseits mühselig und sieht andererseits in der Status- und Adressenanzeige unschön und unübersichtlich aus. Einen Unterstrich erzeugen Sie, indem Sie *Umschalt + Minus* drücken.

Noch wichtiger ist es, auf Sonderzeichen und Satzzeichen wie ä, ö und ü sowie , ; # ' [ ] ( ) ! " § $ % & zu verzichten. Beschränken Sie sich auf Punkt, Unterstrich und Bindestrich und auf die englischen Buchstaben auf der Tastatur. Denn Spanier haben keine Tasten für ö, ä und ü, Deutsche keine französischen Buchstaben wie Ç oder Â und so weiter. Selbst wenn die Sonderzeichen für einen Download nicht in die Tastatur getippt werden müssen, so encodieren Browser mit verschiedenen Ländereinstellungen Webseiten mit Sonderzeichen oftmals falsch. Ein Beispiel sind Webseiten aus dem asiatischen Raum, die einen ganz eigenen Zeichensatz benutzen. Die wenigsten haben wohl asiatische Sonderzeichen installiert. Darum gilt: Je internationaler, sprich englischer, desto weniger Missverständnisse.

Netlabels, die verschiedene EPs und Alben im Netz zum freien Download anbieten, sollten auch Wert auf die korrekte Bezeichnung der Ordner legen. Wächst zum Beispiel der Katalog eines Netlabels auf mehr als 25 Releases, verliert man die Übersicht, wenn sämtliche Dateien in einem Verzeichnis landen oder die Ordner nicht ausreichend beschriftet wurden. Darum benennt man auch hier schon die Ordner auf der eigenen Festplatte mit sinnvollen Namen (siehe Abbildung 4-10 und Abbildung 4-11). Am Ende ist man damit ebenso glücklich wie der Downloader.

Vor allem MP3-Player-Besitzer und DJs, die mit Mix-Software wie Traktor von Native Instruments unterwegs sind, werden sich über einwandfrei ausgezeichnete Ordner freuen und schnell den Weg zum richtigen MP3 finden.

Außerdem beschriftet man Sound-Dateien nur mit Kleinbuchstaben. Natürlich lässt sich eine Datei mit Großbuchstaben besser visuell erfassen und lesen. Durch die Kleinschreibung minimieren Sie jedoch Fehler bei der Verlinkung auf der eigenen

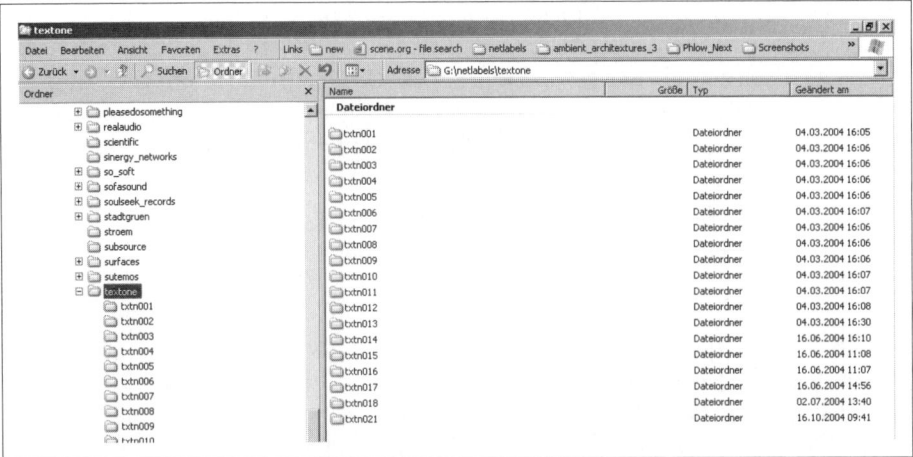

Abbildung 4-10: Dieser Ordner beherbergt Sounds vom Textone-Netlabel. Noch besser wären zusätzliche Künstlernamen.

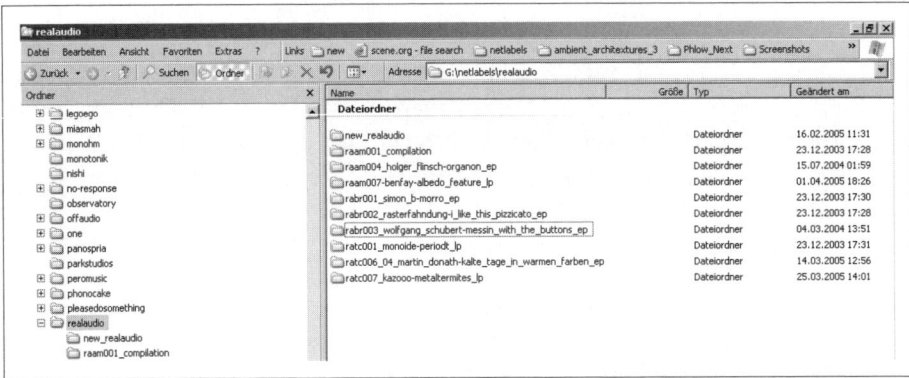

Abbildung 4-11: Hier findet man schnell seine Lieblingskünstler und sieht die Netlabel-ID

Website, weil auch Links »case-sensitive« sind. »Case-sensitive« bedeutet, dass der Server bei der Anforderung penibel auf die Schreibweise verlinkter Dokumente achtet und in keiner Weise fehlertolerant ist. Wenn eine Datei mit `<a href="http://domain.de/musik-song.mp3">mp3</a>` angefordert wird, sie jedoch als »Musik-Song.mp3« auf dem Server liegt, erhält der Besucher eine Fehlermeldung. Der Verzicht auf Groß-/Kleinschreibung erleichtert den Webmaster-Alltag, da nie die Frage der Schreibweise aufkommt – es wird einfach alles kleingeschrieben.

Hilfreiche Regeln:

- Dateien mit Kleinbuchstaben eliminieren Fehler bei der Verlinkung
- Keine Sonderzeichen außer Punkt, Bindestrich und Unterstrich
- Anstelle von Leerzeichen den Unterstrich verwenden

- Dateinamem hierarchisch benennen – die wichtigste Kategorie wie Label-ID, Name des Albums oder Art der Datei kommt zuerst
- Nicht mehr als 64 Zeichen verwenden

ID-Tags für MP3- und Ogg Vorbis-Dateien

Die korrekte Beschriftung einer Musikdatei ist der erste Schritt, damit Musikhörer herausfinden können, welchem Song sie gerade lauschen und wo sie die Datei möglicherweise heruntergeladen haben. Noch ausführlicher lassen sich MP3s und Ogg Vorbis-Musikstücke aber mit den so genannten ID-Tags auszeichnen. Im Weiteren gehen wir hauptsächlich auf MP3-ID-Tags ein, da sich die einzugebenden Daten bei Ogg Vorbis analog verhalten.

ID-Tags sind Zusatzinformationen, auch Metainformationen genannt, die mit der Sound-Datei abgespeichert werden. Mittlerweile können die meisten Abspielprogramme, ob in Form eines Hardware- oder Software-Players, die Metainformationen verwerten und vor allem anzeigen. Zudem lassen sich die Zusatzinformationen von vielen Soft- und Hardware-Media-Playern (Winamp, iPod, WinMedia-Player usw.) anzeigen. Bei dem verbreiteten Winamp-Player reicht hierbei ein Klick auf das kleine »i« in der linken Navigationsleiste, während die Musikdatei spielt, oder ein Rechtsklick auf den jeweiligen Song und die Auswahl des Menüpunkts *File info* (siehe Abbildung 4-12). Danach öffnet sich ein Menü mit den Metainformationen zum ausgewählten Song, wie in unserem Beispiel in Abbildung 4-13 zum Song »kurz vor danach ganz '05« von Comfort Fit.

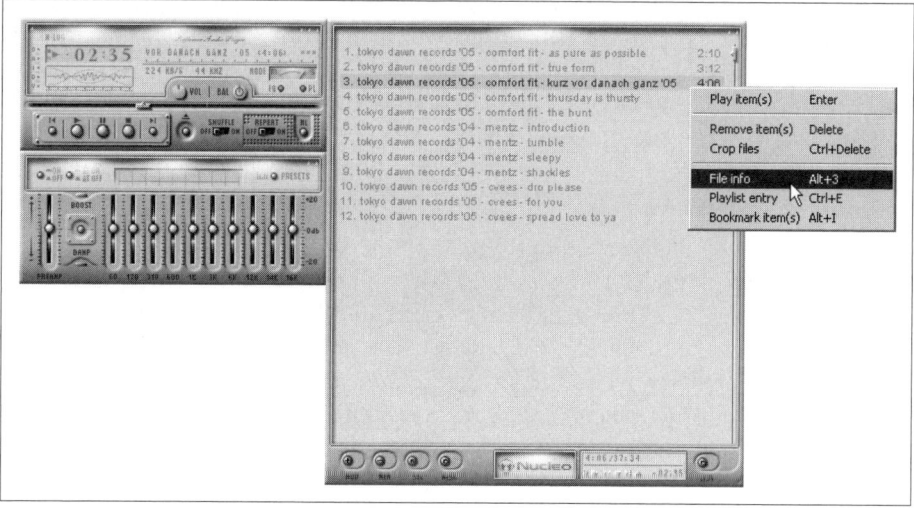

Abbildung 4-12: Winamp gehört zu den etabliertesten Software-MP3-Playern

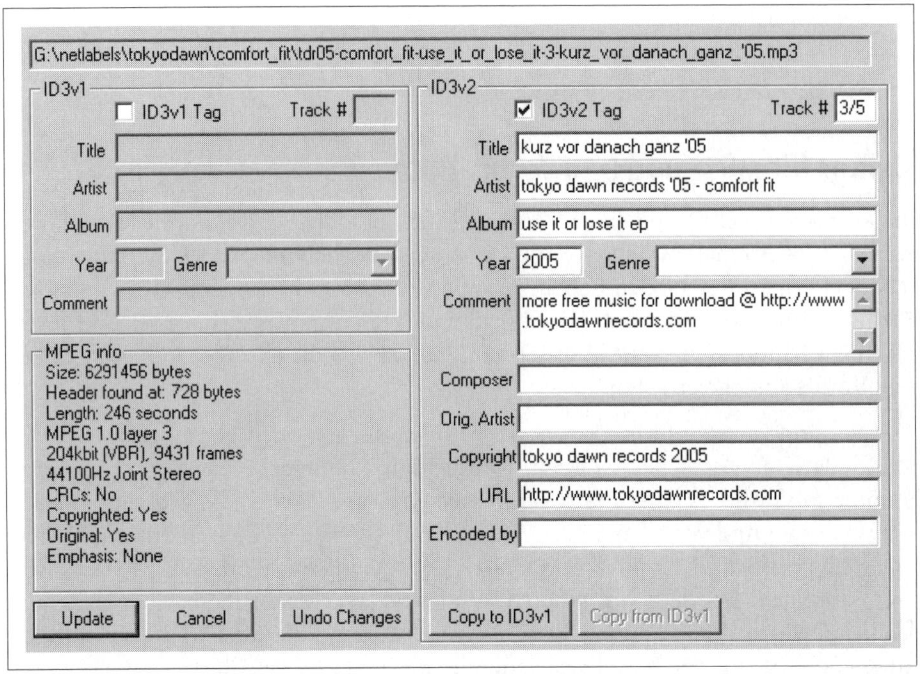

Abbildung 4-13: Darstellung der ID-Tags in Winamp

Wie in Abbildung 4-13 zu sehen ist, gibt es dabei zwei ID-Tags: ID3v1 und ID3v2. Das Tag ID3v1 gilt als Standard und wird in der Regel auch von älteren Playern ausgelesen. Die Version 2, also ID3v2, ermöglicht jedoch zusätzliche Felder für weitere Informationen, wird aber nicht von allen Playern unterstützt. Praktischerweise können aber beide ID-Tags gleichzeitig abgespeichert werden. Winamp unterstützt hierbei den Benutzer mit einer Copy-Funktion, mit der man die Inhalte der Felder zwischen beiden Tags hin- und herkopieren kann. In unserem Beispiel wäre das der Button *Copy to ID3v1*. Ein anschließender Klick auf *Update* sollte danach jedoch nicht vergessen werden.

Sie brauchen jedoch nicht unbedingt Winamp, um die ID-Tags eines MP3s zu bearbeiten. Unter Windows XP lassen sich die Metainformationen auch über das Kontextmenü erreichen. Klicken Sie dazu mit der rechten Maustaste auf die MP3-Datei und wählen im Kontextmenü *Eigenschaften* und anschließend den Reiter *Dateiinfo* (> *Erweitert*). Wenn Sie jetzt neben den *Eigenschaften* auf den Bereich *Wert* klicken, können Sie die Informationen verändern oder neu eingeben. Dabei bietet Ihnen Windows XP eine einfache und eine erweiterte Ansicht. Ein finaler Klick auf *OK* übernimmt Ihre Änderungen und schreibt sie in die ID-Tags der Musikdatei.

 Wenn Sie neue Ogg Vorbis-Dateien mit oggdropXPd erstellen, sollten Sie von der Auto-Tagging-Funktion Gebrauch machen (siehe Abbildung 4-6). Diese Funktion erreichen Sie, indem Sie mit der rechten Maustaste das Menü öffnen und *Auto-Tagging* anklicken. Anschließend öffnen Sie über die rechte Maustaste das Menü *Tagging, File Renaming, Playlist Creation*. Dort können Sie die Metadaten für das Auto-Tagging eintragen.

Auch wenn der Winamp-Player oder Windows XP ganz gut zum Ausfüllen der Metainformationen genutzt werden können, so gibt es dennoch ID-Tagger, die die Meta-Daten weitaus komfortabler handhaben. Ein besseres Werkzeug als Winamp zur Benennung von Musikdateien und zum Taggen ist zum Beispiel der Freeware-Editor Mp3tag von Florian Heidenreich, der im letzten Abschnitt dieses Kapitels vorgestellt wird.

Die meisten Felder eines ID-Tags sind selbsterklärend. Dazu gehören »Title«, »Artist« und »Album«. Die Verwendung von »Year« bleibt dem eigenen Ermessen überlassen. Gedacht ist das Feld in erster Linie sicherlich für das Jahr der Aufnahme des Songs. Von einem Label kann es aber durchaus auch als Veröffentlichungsdatum der LP/EP/Single gedeutet werden. Das »Genre«-Feld lässt sich bei einigen Editoren nur als ausklappbares Menü benutzen, andere Editoren erlauben sogar den Eintrag eines »neuen« Musikstils. Generell gilt hier, dass ID3v2 flexibler und ausbaufähiger ist. Das »Track«-Tag bezieht sich logischerweise auf die Track-Nummer des Songs auf dem jeweiligen Album. Anstelle einer Null ist hier eine Angabe mit Schrägstrich sinnvoll, die hinter dem Schrägstrich anzeigt, wie viele Tracks es insgesamt gibt – und vorne, an welcher Stelle dabei der jeweilige Track steht.

Eines der wichtigsten Felder ist das Kommentar-Feld. Dieses wird zwar normalerweise nicht in den Displays der MP3-Player angezeigt, dafür eignet es sich jedoch hervorragend, um eine E-Mail- oder Internet-Adresse zu hinterlassen. Denn Hörer, denen ein Musikstück besonders gut gefällt, schauen eventuell auch in die ID-Tags und besuchen die dazugehörige Website. Während sich im ID3v1 leider nur 30 Zeichen unterbringen lassen, kann man in das Kommentarfeld von Version 2 richtige Romane schreiben. Sehr sinnvoll ist das unter anderem für DJs, die die Playlist ihres Mixes innerhalb des MP3s mitliefern wollen.

Für Musiker eignet sich das Kommentarfeld hervorragend, um eventuelle Copyright-Informationen zu dem jeweiligen Song mitzuliefern. Das kann ein Link auf eine der Creative Commons-Lizenzen sein oder ein ganz eigener Copyright-Hinweis. Weiterhin können Bands das Kommentarfeld für weitere Metainformationen zum Song nutzen – zum Beispiel für Songtexte.

Creative Commons-Lizenzen

Die Initiative Creative Commons wurde offiziell am 16.12.2002 gestartet. Initiiert vom Copyright-Experten Lawrence Lessig, bietet die Lizenzierungsplattform die Möglichkeit, seinem geistigen Eigentum eine Urheberrechts-Lizenz mit auf den Weg zu geben. Lawrence Lessig, der Rechtsprofessor an der Stanford University ist, gründete das Projekt, damit Künstler ihre Werke mit den Freiheiten ausstatten, die sie den Nutzern einräumen wollen. So lassen sich Lizenzen zusammenklicken, die zum Beispiel das Sampling und das Kopieren der Musik erlauben, aber die kommerzielle Nutzung ohne Einwilligung des Künstlers untersagen.

Um dies zu ermöglichen, hat Lessig die Creative Commons-Lizenz (CC) geschaffen, die es mittlerweile in zahlreichen maßgeschneiderten Länderversionen gibt, so auch für Deutschland. Die Lizenzen der Creative Commons orientieren sich an einem Dreischichten-Modell: Es besteht aus einer allgemein verständlichen Darstellung der Lizenz, einer für Anwälte gedachten, langen Erläuterung sowie einer maschinenlesbaren Version. Über diesen Ansatz soll es möglich sein, den Austausch von Rechten an Inhalten in verschiedenen Projekten ohne Anwälte automatisch abzuwickeln. Gesamtziel der Creative Commons ist es, einen gigantischen, weltweiten Pool an Werken zu schaffen, der die jeweiligen Lizenzen nutzt.

Creative Commons bietet nicht nur Musikern, sondern auch Autoren, Fotografen und Filmemachern die Möglichkeit, sich für ihre Werke eigene Nutzungslizenzen zusammenzustellen. Die zusammenklickbaren Lizenzen werden mittlerweile von vielen Netlabels und ihren Künstlern genutzt. Innerhalb der ID-Tags kann somit auch gleich eine Lizenz für die Verwendung der Musik mittransportiert werden. Da jede Lizenz eine eigene URL besitzt, reicht ein Hinweis plus Link, um den Zuhörer mit den jeweiligen Copyright-Informationen zu versorgen.

Abbildung 4-14: Gerne verwendet: der Creative Commons-Button

Die Lizenzen und weiterführende Informationen findet man unter *www.creative-commons.org*.

Der ID-Editor Mp3tag

Oft sind es die kleinen Werkzeuge, die uns viel Mühe abnehmen. Wer schon einmal einen ganzen Katalog eines Labels digitalisiert und korrekt beschriftet hat, weiß ein Werkzeug wie Mp3tag zu schätzen. Vor allem liegt das an den zahlreichen Features und Funktionen, die so gut wie alle über Tastatur-Kombinationen zu aktivieren sind. Was in einer mühseligen und nervenaufreibenden Copy & Paste-Plackerei enden könnte, weiß das Freeware-Programm von Florian Heidenreich auf vielfältige Weise per Stapelbearbeitung obsolet zu machen. Schon nach kurzer Einarbeitungszeit ermöglicht das Programm das schnelle Korrigieren von IDs mit Hilfe von Aktionen, die 100 MP3s mit einer Label-ID im Dateinamen versehen. Dazu lassen sich auch häufig verwendete Tag-Felder mit Hilfe von Aktionen automatisch ausfüllen. Wer sich mit dem Programm vertraut macht und etwas Zeit investiert, bekommt bei kommenden Sessions jede Menge Zeit geschenkt, die sich besser nutzen lässt, als MP3s per Copy & Paste mit Metainformationen zu füttern.

Ein Beispiel: Wir haben in einem Verzeichnis neue MP3s von DJ Shufflemaster liegen (siehe Abbildung 4-15). Wir wollen nicht nur die Leerzeichen in den MP3s durch einen Unterstrich ersetzen, sondern obendrein die Namen der MP3s in Kleinbuchstaben konvertieren und den MP3s eine Label-ID »tresor« verpassen.

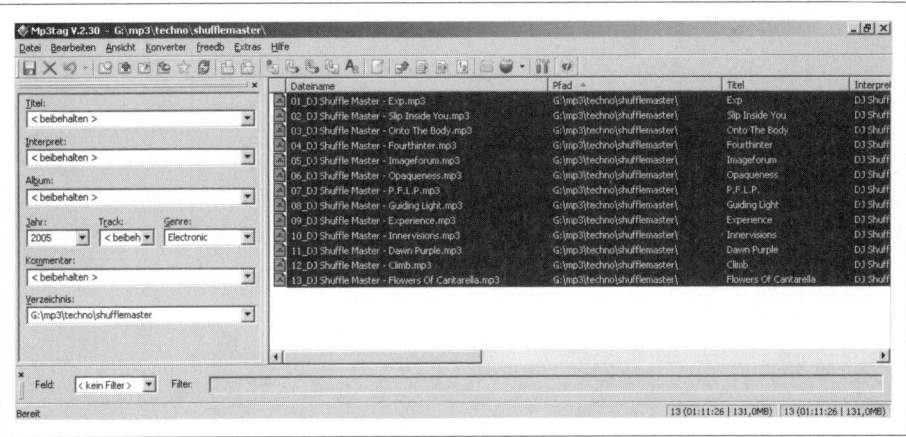

Abbildung 4-15: Das Freeware-Programm Mp3tag übernimmt lästige Copy & Paste-Arbeit beim Benennen von MP3s und ID-Tags mit Hilfe von Stapelbearbeitungen

Um mit dem Editor eine Stapelbearbeitungsfunktion aufzurufen, markieren Sie erst einmal die zu bearbeitenden MP3s. Danach wählen Sie über das Menü *Konverter > Aktionen* die Stapelbearbeitungsaktionen oder drücken flugs *ALT + F5*. Anschließend markieren Sie das Kästchen vor *Standard* und doppelklicken daraufhin *Standard* (siehe Abbildung 4-16). Mp3tag listet Ihnen nun die bereits vorhandenen Funktionen auf.

In den Voreinstellungen sind schon einige sinnvolle Funktionen vorhanden, doch die Funktion zum Versehen der MP3s mit einer Label-ID fehlt noch. Um eine neue Funktion zu erstellen, müssen Sie eine schon vorhandene duplizieren. Dazu wählen Sie eine Regel aus und klicken danach auf das Icon mit den beiden Dokumenten. Im aufspringenden Menü können Sie nun die Regel festlegen (siehe Abbildung 4-17). Da Sie alle MP3s umbenennen wollen, wählen Sie für *Feld* die Funktion _FILENAME aus. Im Feld *Original* setzen Sie nun den Begriff ein, den das Programm ersetzen soll. Dazu wählen Sie _DJ. Dann kümmern Sie sich um das darunter liegende Feld *Ersetzen durch:*. Dort tragen Sie die gewünschte ID plus _DJ ein. Das ergibt *tresor_ dj*. Danach klicken Sie auf *OK*, um die Regel anzulegen.

Abbildung 4-16: Mit Hilfe von Aktionen lassen sich Stapelbearbeitungen anlegen

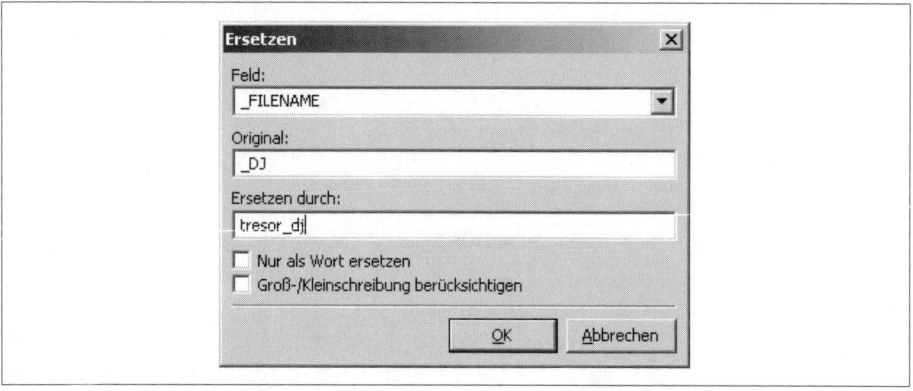

Abbildung 4-17: Eine Regel für alle – Funktionen erledigen lästige Copy & Paste-Arbeit

Da wir auch noch die Schreibweise ändern wollen, klicken wir zusätzlich das Kästchen für *Schreibweise aendern* an und wählen die Funktion. Im ersten Feld wählen Sie wieder *_FILENAME* aus, bei Schreibweise *klein* und löschen die Zeichen im Feld *Wortbeginn nach:*. Nun klicken Sie nacheinander zweimal auf *OK* und starten mit einem weiteren *OK* die Stapelbearbeitung. Voilà, der Editor Mp3tag übernimmt den Rest. Nun sollten alle MP3s nicht nur eine Label-ID besitzen, sondern auch in

Kleinbuchstaben vorliegen. Da das Programm von Installation an schon eine Funktion besitzt, Leerzeichen durch Unterstriche zu ersetzen, wurde auch diese Aufgabe bereits von Mp3tag übernommen.

Ähnliche und andere Stapelbearbeitungen lassen sich für sämtliche ID-Felder ausführen. Dazu gehören neben selbstständigen Nummerierungen sogar Formeln. Ein weiteres nützliches Feature von Mp3tag ist außerdem, dass das Programm auf Wunsch Ordner oder Playlisten in HTML- oder RTF-Dokumente umwandelt. Das erspart unter anderem die lästige Programmierung einer Tabelle für eine neue Netlabel-Veröffentlichung.

Audio-Streaming mit .m3u und Flash

Dank der multimedialen Funktionen des Webs können Sie auf Ihrer Website neben Downloads auch Audio-Streams anbieten. Der Begriff *Streaming* bezeichnet die kontinuierliche Übertragung von Daten in Datenströmen. Um eine einwandfreie Übertragung zu gewährleisten, darf der Stream nicht abbrechen. Das Wort »Streaming« kommt aus dem Englischen und steht für Strömung beziehungsweise fließend. Im Internet gibt es zweierlei Arten von Streaming: Audio- und Video-Streams.

Das bedeutet für Sie, dass Sie die Möglichkeit haben, Ihren Besuchern direkt auf der Website eine Musikhörgelegenheit anzubieten. Dadurch können die Surfer Ihre Musik anhören, ohne sie gleich herunterladen und abspeichern zu müssen. Vielleicht möchten Sie auch nur einen Stream anstelle von Downloads anbieten, weil Sie Ihre Musik nicht kostenlos über das Web vertreiben möchten. Eine Musik-Website ohne Sound kommt jedoch sehr trocken daher. Da Streams in der Regel nicht auf dem Computer gespeichert werden – das unterscheidet sie von Downloads – bieten sich Streams als gute Reinhörmöglichkeit an. Schauen Sie sich dazu ruhig einmal die Download-Portale wie www.bleep.com, www.finetunes.de oder auch www.beatport.com an. Ohne Stream würden die Kunden sicherlich kaum etwas kaufen.

Um Streaming-Angebote nutzen zu können, ist auf der Empfängerseite eine spezielle Software erforderlich. Dazu gehören Programme wie Quicktime, Windows Media Player, Real oder Winamp oder Plugins wie das weit verbreitete Flash-Plugin. Darum ergreifen Sie diese Möglichkeiten und veredeln Sie Ihre Website mit Streams, damit Ihre Besucher nicht zuerst etwas von Ihnen downloaden müssen, um es zu hören. Denn das vergrößert die Interaktivität auf Ihrer Website.

Deswegen erkläre ich Ihnen in diesem Kapitel, wie Sie auf zwei verschiedene Arten ohne große technische Tricks einen eigenen Stream beziehungsweise eine Funktion zum Reinhören anbieten, ohne weitere Programme zu nutzen. Ermöglicht wird die vorgestellte Streaming-Technik über eine kleine Textdatei oder das in den meisten Browsern integrierte Flash-Plugin.

Streaming mit .m3u-Listen

Eine *.m3u*-Datei ist eine Playlist in Form einer einfachen Textdatei, die Sie mit jedem Texteditor anlegen und editieren können. In der Textdatei selbst werden die direkten Links zu MP3-Dateien abgelegt, damit diese gestreamt werden können. Dabei ist es erst einmal egal, ob die Dateien auf Ihrem Rechner liegen oder im Internet. Hauptsache ist, dass das Abspielprogramm die Datei findet, um sie abzuspielen.

Damit eine *.m3u*-Datei im Internet aufgerufen werden kann und funktioniert, müssen sowohl die Playlist-Datei als auch die zugehörigen MP3s im Internet vorliegen. Ist das nicht der Fall, ist ein Musik-Stream auf Ihrer Website unmöglich.

Da die *.m3u*-Datei auf dem Server liegt, kann sie natürlich von jedem Besucher heruntergeladen und geöffnet werden. Das bedeutet, dass die Links zu den eigentlichen MP3s, die im *.m3u*-Dokument verlinkt sind, herausgefischt werden können. Darum eignet sich ein Musik-Streaming per *.m3u* nicht, wenn Sie die Links zu den eigentlichen Musikdateien schützen wollen, um einen Download zu vermeiden. Ansonsten gehört das Streaming per *.m3u*-Datei zu den simpelsten und einfachsten Möglichkeiten, weil sämtliche großen Programme wie Windows Media Player, Quicktime oder etwa Winamp dieses Format als Direktstrom empfangen können.

 Mit Hilfe von Winamp lassen sich komfortabel eigene Playlists generieren und abspeichern. Das funktioniert auch mit direkten URLs auf MP3-Dateien im Internet.

Die *.m3u*-Datei selbst ist wie folgt aufgebaut und kann eigenhändig programmiert werden:

```
#EXTM3U
#EXTINF:221,Musiker - Track 1
Musiker-Track1.mp3
#EXTINF:473,Musiker - Track 2
Musiker-Track2.mp3
#EXTINF:264,Musiker - Track 3
Musiker-Track3.mp3
```

Jede *.m3u*-Playlist startet in der ersten Zeile mit der Deklaration #EXTM3U. Die erste Zeile muss immer so lauten, da sie das Format der Playlist festlegt. Die darauf folgenden Zeilen bilden anschließend immer ein Paar. Während die erste Zeile mit #EXTINF: beginnt und die Länge (in Sekunden) der zu streamenden Datei und den Namen beinhaltet, folgt in der zweiten Zeile der absolute oder relative Pfad, der auf das MP3 verweist. In unserem Fall wäre das ein direkter Link auf ein MP3 im Internet. Ein solches Doppelpaar könnte dann wie folgt aussehen:

```
#EXTINF:422,Brigitte Bijoux - Desintoxication
http://www.sweet-surrender.jp/mp3/brigitte_bijoux-desintoxication.mp3
```

Um eigene Streaming-Playlists zu erstellen, müssen Sie erst einmal die jeweiligen MP3s auf Ihren Server hochladen. Danach erstellen Sie die *.m3u*-Datei und laden diese ebenfalls hoch. Damit Besucher nun in den Genuss des Streams kommen, müssen Sie auf Ihrer Website nur noch einen Link auf die *.m3u*-Datei setzen. Klickt ein Surfer auf diesen Link, sollte sich im Normalfall der per Systemsteuerung festgelegte Musik-Player öffnen und die Musik streamen (wenn er denn das Format unterstützt). Um Missverständnissen auf Empfängerseite vorzubeugen, ist darum ein aussagekräftiger Link, der auf ein kommendes Streaming hinweist, empfehlenswert. Besonders Modem-Besitzer werden sich über einen solchen Hinweis freuen, da ein Streaming selbst bei niedrigen Bitraten fast die ganze Bandbreite der Datenleitung belegt. Der Link könnte dann so aussehen:

```
<a href="http://www.ihre-domain.de/playlist.m3u">Musik-Stream
per m3u einschalten (DSL-optimiert)</a>
```

In der Regel surfen immer noch vorwiegend Modem-Besitzer durch das Internet. Möchten Sie auch diesen Surfern einen Audio-Stream anbieten, sind kleinere MP3s mit niedrigen Bitraten empfehlenswert, damit der LoFi-Stream ruckelfrei hörbar bleibt. Komprimieren Sie darum die Dateien mit einer Bitrate von 40 kbps, einer Sample-Rate von 22.050 Hz sowie in Mono. Selbstverständlich taugen diese stark komprimierten MP3s nur für einen ersten Höreindruck und sind Meilen von guter Soundqualität entfernt. Dafür jedoch sollten selbst Modem-Besitzer in den Genuss eines konstanten Streams kommen.

Bieten Sie darum am besten immer zwei Streaming-Möglichkeiten für Besitzer von Breitbandzugängen und von Modems an. Das erfordert zwar mehr Arbeit und mehr Webspace, da Sie sowohl LoFi- als auch HiFi-MP3s hochladen müssen, aber die Arbeit lohnt sich. Die Links könnten dann wie folgt lauten:

```
Musik-Stream per m3u als <a href="http://www.ihre-domain.de/
playlist_lofi.m3u">LoFi-Version (Modem)</a> oder <a href=
"http://www.ihre-domain.de/playlist_hifi.m3u">HiFi-Version
(DSL)</a> einschalten.
```

Flash-Streaming: Der individualisierte Netaudio-Player

Mittlerweile gehört Flash zu den elegantesten Werkzeugen, um MP3s über das Netz zu streamen. Denn Flash verfügt gleich über mehrere Vorteile. Einmal ist Flash sowohl für Windows als auch Macintosh erhältlich und sieht auf beiden Systemen gleich aus. Zweitens muss, wenn Flash als Plugin im Browser installiert ist, kein externes Programm wie zum Beispiel der Windows Media Player oder Winamp gestartet werden, damit Flash funktioniert. Und drittens gehört Flash zu einer der verbreitetsten Anwendungen.

Als Autor muss ich an dieser Stelle meinen Stolz ausdrücken, denn der in diesem Abschnitt vorgestellte Flash-Player wurde extra für dieses Buch von Fabien Schivre

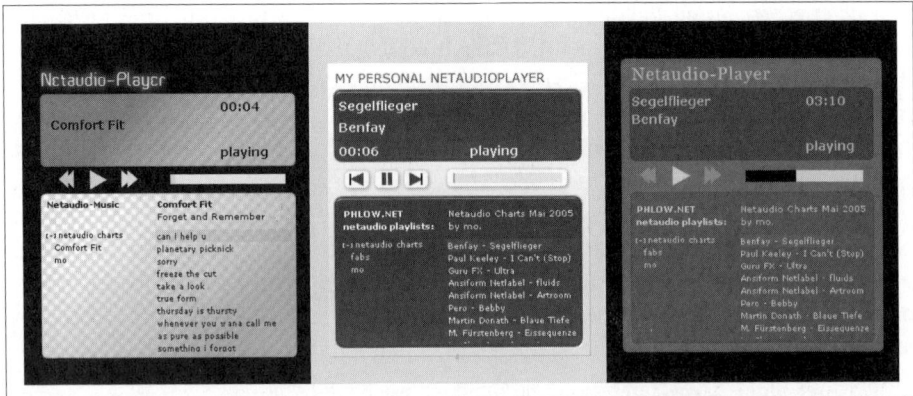

Abbildung 4-18: Der in Flash realisierte Netaudio-Player erlaubt ein individuelles Design und einfaches Audio-Streaming von MP3-Dateien

programmiert. Bei unseren Recherchen im Netz sind wir auf keinen vergleichbaren Musik-Player gestoßen, denn unser Netaudio-Player verfügt über die folgenden Funktionen:

- Kontrolle des Players über XML-Dateien
- Individuelles Aussehen mit Hilfe externer Grafiken
- Einfache Handhabung sowohl für den Hörer als auch für den Installierenden
- Debug-Modus als Kontrollfunktion und Fehlersuche
- Verwaltung mehrerer Playlists

Vor allem das so genannte *Skinning* erlaubt es Ihnen, Ihren ganz eigenen Player zu gestalten (siehe Abbildung 4-18), der sich individuell an Ihre Website anpassen lässt. Mit Hilfe von externen Grafiken, die der Flash-Player bei seinem Start aufruft, lässt sich ein Player designen, der sowohl für Heavy Metal-Websites, HipHop-Websites oder zum Beispiel Techno-Websites verwendbar ist. Der Netaudio-Player ist nämlich optisch jedem Genre anpassbar. Außerdem ist er werbefrei und gibt lediglich im Informations-Modus Auskunft über seine Herkunft und seinen Programmierer. Die neueste Version des Netaudio-Players finden Sie immer auf der Website *www.phlow.de/netaudio-player/* als kostenlosen Download. Dort finden Sie neben Updates auch weitere Skins von Grafikern und Designern. In diesem Kapitel besprechen wir die Version 1.0. Den Netaudio-Player finden Sie auch auf der CD-ROM zum Buch.

Funktionsweise des Netaudio-Players

Der Netaudio-Player ermöglicht das Streaming sämtlicher MP3s, ob sie nun als HiFi- oder LoFi-Datei vorliegen. Da der Player über leicht verständliche XML-Dateien gesteuert wird, müssen Sie kein Flash-Designer oder -Programmierer sein,

Fabien Schivre über die Audio-Möglichkeiten von Flash

Fabien Schivre ist der Flash-Programmierer des Labels TokyoDawn.com. Die Website wurde schon dreimal als beste Musik-Website bei den Online Music Awards der PopKomm nominiert. Neben der Flash-Programmierung ist er auch maßgeblich für das Mastering und Abmischen der Songs auf TokyoDawn.com verantwortlich. Außerdem arbeitet Fabien Schivre für renommierte Medienagenturen, entwickelt hochwertige Plugins für das Musik-Engineering im Highend-Bereich und programmiert nebenbei noch Videospiele. Gemeinsam mit dem Autor wurde für dieses Buch der Netaudio-Player entworfen und programmiert.

Mit welcher Intention hast du den Flash-Player programmiert?

Fabien Schivre: Mein Ziel war es, einen möglichst flexiblen Internet-Audioplayer zu erstellen, mit dem sich ohne besondere Vorkenntnisse eine Musikvorhör- und Musikdownload-Funktion in eine übliche HTML-Webseite elegant einbinden lässt. Die derzeit im Internet frei verfügbaren Lösungen lassen sich in der Regel nicht designen und sind demnach nicht wirklich flexibel einsetzbar. Diese Lücke wollte ich schließen.

Was kann der Netaudio-Player?

Der Player kann verschiedene Playlists hierarchisch verwalten, MP3s streamen und bietet auch sonst alle Funktionen, die man von einem klassischen Player erwartet. Durch das flexible Skinning lässt er sich kunstvoll in jeder Webseite einbetten. Außerdem müssen keinerlei Serverskripten oder Datenbanken installiert werden, somit ist die Konfiguration des Players sehr schnell erlernt und die Software schnell einsetzbar.

Wie funktioniert der Netaudio-Player?

Der Player besteht primär aus einer Flash-Datei, die die komplette Funktionalität enthält. Alle Daten und Design-Einstellungen sind übersichtlich in XML-Dateien gespeichert, somit werden Flash-Kenntnisse nicht benötigt.

Ist die Technik vollkommen ausgereizt oder gibt es weitere Möglichkeiten, Sounds mit Flash zu verarbeiten und abzuspielen?

Die Verarbeitung von Sounds ist in Flash nur in sehr eingeschränktem Maße möglich, im Grunde lässt sich nur die Lautstärke verändern – die linke und rechte Seite jedoch unabhängig voneinander. Dadurch ist es mit allerlei Tricks durchaus möglich, beeindruckende Effekte wie Pannings, Überblendungen und Echos zu erzeugen. Ausgereizt ist die Technik noch lange nicht, gerade bei der akustischen Untermalung von Webauftritten ist sicher noch einiges möglich.

um den Player zu nutzen. Sie müssen sich einzig und allein diese Anleitung durchlesen und ein wenig Kenntnisse von XHTML mitbringen. Doch selbst diese sind eigentlich nicht notwendig.

Damit die Konfiguration des Players leicht von der Hand geht, müssen Sie erst einmal die Struktur und den Aufbau des Players verstehen. Dabei bildet die eigentliche Flash-Datei *netaudio-player.swf* den Kern der Anwendung. Der Player selbst greift nach seinem Aufruf via Browser auf die beiden Verzeichnisse *data* und *skins* zu. Dabei findet der Player die eigentliche Konfiguration wie auch die Playlists in Form von XML-Listen im *data*-Verzeichnis. Im *skins*-Ordner befinden sich hingegen die Grafiken, die der Player für seine optische Darstellung benötigt.

Insgesamt greift der Player auf vier Arten von XML-Listen zu:

audioplayerconfig.xml
> Konfigurationsdatei des Players

browser.xml
> Verwaltungsdatei der angebotenen Playlists

skin.xml
> Konfigurationsdatei für das Aussehen des Players

pl_name_playlist.xml
> Individuelle Playlist-Datei mit den Links zu MP3s

pl_beispiel.xml: Die eigene Playlist konfigurieren

Sicherlich wollen Sie den Player am liebsten sofort ausprobieren. Dazu laden Sie einfach den Ordnerinhalt des Netaudio-Players auf Ihren Server hoch und rufen anschließend den Player über den Browser auf, indem Sie diese Adresse ansteuern: *netaudio-player-start.html*. Diese HTML-Seite überprüft, ob der Browser Flash installiert hat. Wurde Flash gefunden, wird anschließend der Player aufgerufen und gestartet.

Beim ersten Aufruf startet der Player die vorkonfigurierten Playlists. Eine Playlist hat immer das Format *pl_name.xml*, wobei der Name beliebig wählbar ist. Innerhalb der jeweiligen Playlist findet der Netaudio-Player sowohl die zu streamenden MP3s als auch Zusatzinformationen, die er im Browser anzeigen soll. Dazu gehören selbstverständlich der Titel des Musikstücks und der Interpret. Öffnen Sie nun die Beispiel-Playlist *pl_beispiel.xml*. In dieser befinden sich fünf verlinkte MP3s mit den dazugehörigen Informationen.

 Beachten Sie bei der Konfiguration der XML-Listen, dass Sie sauberen Code eingeben. Dazu müssen Sie sich unbedingt an die Regeln zur XML-Programmierung halten. Worauf man bei der Programmierung von XML-Dokumenten achten muss, haben Sie bereits im Abschnitt »Ein Layout mit XHTML und CSS« in Kapitel 2, *Programmierung der Webseiten*, erfahren. Wenn Sie sich an die gleichen Regeln wie bei der Programmierung von XHTML halten, sollte der Player einwandfrei funktionieren.

Jede Playlist verfügt über ein <data>-Tag, das alle anderen Tags umschließt. Innerhalb des <data>-Containers kommen die folgenden Playlist-Tags zur Anwendung:

<info>
    Informationsfeld/Überschrift der Playlist

<setautoindex autoindex="false" />
    Nummerierungsoption der Tracks

<setbasicpath path="" />
    Genereller Pfad zu allen Playlist-MP3s

<track titel="" interpret="" menulabel="" path="" infolink="" allowdownload="true" />
    Link, Titel und Zusatzinformationen zum MP3

Das Informationsfeld <info> wird im Netaudio-Player oberhalb der Playlist angezeigt. Es hat den folgenden Aufbau:

```
<info><![CDATA[Inhalt]]></info>
```

In dieses Feld können Sie nicht nur Texte schreiben, sondern sogar Links und Fettschrift anwenden. Das ermöglicht den Aufruf einer Webseite zur jeweiligen Playlist. Wichtig bei der Nutzung von XHTML-Tags innerhalb des <info>-Tags ist, dass Sie die Befehle im CDATA-Feld zwischen den inneren eckigen Klammern platzieren – an der Stelle des Wortes *Inhalt*. In der Beispiel-Playlist wird die Website zum Player aufgerufen. Das <info>-Tag sieht wie folgt aus:

```
<info>
<![CDATA[<a href="http://www.phlow.de/netaudio-player/" target="_blank">Phlow.de</a> präsentiert den <b>Netaudio-Player</b>]]>
</info>
```

Nach dem <info>-Tag folgt das Tag <setautoindex autoindex="Parameter" />. Dieses Tag steuert die automatische Durchnummerierung der Playlist. Das macht zum Beispiel dann Sinn, wenn Sie ein Album eines Künstlers anlegen möchten. Wenn Sie den Parameter auf autoindex="true" setzen, nummeriert der Netaudio-Player die Playlist automatisch. Mit autoindex="false" schalten Sie die Nummerierung ab. Für die Beispiel-Playlist ist die Durchnummerierung abgestellt:

```
<setautoindex autoindex="false"/>
```

In der Regel liegen die MP3s einer Playlist in einem einzigen Verzeichnis. Damit Sie sich ein wenig Arbeit sparen, können Sie mit dem Tag <setbasicpath path="http://link.de/pfad/"/> den Hauptpfad zu jedem MP3 angeben. Anschließend müssen Sie nur noch das jeweilige MP3 verlinken, ohne jeweils den gesamten Pfad anzugeben. Wenn Sie <setbasicpath> verwenden, beginnt der Aufruf jedes MP3s mit diesem Pfad und MP3s, die nicht mit diesem Pfad anfangen, können nicht aufgerufen werden. In der Beispiel-Playlist wurden für den Basispfad keinerlei Angaben gemacht:

```
<setbasicpath path="" />
```

Das <track>-Tag teilt dem Netaudio-Player mit, wo er die abzuspielenden MP3s findet. Obendrein geben Sie mit dem Tag weitere Zusatzinformationen zum jeweiligen Track an. Dabei kommen die folgenden Parameter zum Einsatz:

`titel=""`
Titel des Musikstücks

`interpret=""`
Interpret des Musikstücks

`menulabel=""`
Angezeigter Text im Player-Fenster

`path=""`
Link zum MP3

`infolink=""`
Zusätzlicher Info-Link des Musikstücks

`allowdownload="true"`
Download-Erlaubnis ja/nein

In seiner vollen Länge sieht das <track>-Tag wie folgt aus:

```
<track titel="" interpret="" menulabel="" path="" infolink="" allowdownload="true"/>
```

Bei den Angaben der Parameter können Sie auf `menulabel=""` verzichten, weil der Netaudio-Player bei einem fehlenden `menulabel=""`-Feld auf die beiden Felder für Titel und Interpret zurückgreift. Der Parameter `menulabel=""` kann jedoch im Fall einer Album-Playlist eingesetzt werden, in der Sie nicht für jeden Track den Künstler anzeigen wollen. Weiterhin kann es vorkommen, dass die beiden Felder *Titel* und *Interpret* im Display des Netaudio-Players zu viel Platz einnehmen. Mit `menulabel=""` können Sie dann exakt den Text pro Track eingeben, der angezeigt werden soll.

Da in den Standardeinstellungen der Titel des Musikstücks und der Künstlername im Player verlinkt werden, sind zwei weitere Tags wichtig. Das ist zum einen `infolink=""`, das einen Informations-Link (vergessen Sie das `http://` nicht) zum jeweiligen Track ermöglicht. Zum anderen ist das `allowdownload=""`. Mit diesem Tag bestimmen Sie, ob der Benutzer des Players das derzeitige MP3 herunterladen kann oder nicht. Setzen Sie den Parameter wahlweise auf `true` oder `false`, um den Download zu erlauben oder zu unterbinden. Lassen Sie den Parameter weg, wird per Standardeinstellung das Herunterladen des jeweiligen MP3s erlaubt.

Ein vollständiges <track>-Tag könnte dann zum Beispiel so aussehen:

```
<track titel="Seduction Douce" interpret="Brigitte Bijoux" menulabel="Brigitte Bijoux [Downbeat]" path="http://www.brigittebijoux.de/mp3/seduction_douce.mp3" infolink="http://www.brigittebijoux.de" allowdownload="true" />
```

Die Anzahl der einzugebenden Tracks ist unbegrenzt. Können nicht alle Musikstücke im Browserfenster des Netaudio-Players angezeigt werden, schaltet er automatisch in den Scroll-Modus um. Anzumerken ist noch, dass sowohl die Titelanzeige als auch das abgespielte Musikstück im Player verlinkt werden. Wenn der Benutzer des Players auf den Songtitel klickt, kann er direkt das MP3 herunterladen. Klickt er jedoch auf den Namen des Künstlers, gelangt er zur Website, die dem Track über den Parameter `infolink` mitgegeben wurde.

Möchten Sie nun eine eigene Playlist anlegen, öffnen Sie am besten die Playlist *pl_leer.xml*, benennen diese um und editieren sie anschließend nach Ihren Wünschen.

Achten Sie darauf, dass Sie sämtliche XML-Dokumente im UTF-8-Format abspeichern.

browser.xml: Die Playlist-Verwaltung

Die Datei *browser.xml* verwaltet sämtliche Playlists des Netaudio-Players. Die Playlists lassen sich ineinander verschachteln und sortieren. Der Benutzer des Players kann die Playlists per Klick auf das Plus- oder Minuszeichen aus- und einklappen. Innerhalb der *browser.xml*-Datei umschließt das `<browser>`-Tag alle anderen Tags. Dabei kommen die folgenden Tags zum Einsatz:

`<info>`
Zeigt eine Information oberhalb des linken Browserfensters an.

`<startlist>`
Bestimmt die Playlist, die beim Start des Players als Erstes gespielt wird.

`<folder>`
Fasst eine oder mehrere Playlists in einem Ordner zusammen.

`<playlist>`
Beherbergt den Namen der Playlist und den dargestellten Titel.

Das `<info>`-Tag der *browser.xml*-Datei funktioniert genauso wie das einer Playlist. Auch hier lassen sich Links und Formatierungs-Tags einsetzen. Mit Hilfe von `<startlist path="pl_beispiel.xml"/>` bestimmen Sie anschließend die Playlist, die als Erstes gestartet werden soll. Dabei ist es unwichtig, in welchem `<folder>`-Ordner sich die jeweilige Playlist befindet.

Einen neuen Playlist-Ordner öffnen Sie mit `<folder>`. Dem `<folder>`-Tag können Sie dabei zwei Parameter übergeben: einen Ordnertitel, den Sie mit `title="ordnername"` bestimmen, und einen Parameter, der festlegt, ob der Ordner im Browser bereits geöffnet oder geschlossen angezeigt wird. Um einen Ordner beim Start des Netaudio-Players ausgeklappt zu präsentieren, übergeben Sie einfach den Parameter `state="open"`. Wenn Sie den Parameter weglassen, muss der Benutzer den Ordner selbstständig per Klick auf das Plus-Zeichen ausklappen.

Wie oben erwähnt, können Playlist-Ordner auch ineinander geschachtelt werden. So können Netlabels zum Beispiel einen Ordner pro Genre anlegen, in das sie ihre

Künstler einsortieren. Oder aber Sie trennen als DJ im Netaudio-Player Ihre Mixe von den eigenen Produktionen. Die Ordner lassen sich dabei endlos ineinander verschachteln, was angesichts des begrenzten Browserfensters jedoch wenig Sinn macht. Ein komplettes Beispiel der *browser.xml*-Datei sieht dann so aus:

```xml
<?xml version='1.0' encoding='UTF-8'?>
<browser>
<info><![CDATA[<b>Netaudio-Player<br /> - Playlist</b>]]></info>

<startlist path="pl_beispiel.xml" />

<folder title="netaudio charts" state="open">
  <playlist title="Start Playlist" path="pl_beispiel.xml"/>
  <playlist title="mo.'s favoriten" path="pl_mo.xml"/>
</folder>

<folder title="Netaudio Musik">
  <folder title="Künstler Alben">
    <playlist title="Comfort Fit" path="pl_comfort-fit.xml"/>
  </folder>
  <folder title="Netaudio DJ Mixes">
    <playlist title="Selected Mixes" path="pl_selected_mixes.xml"/>
    <playlist title="Subsource Mixes" path="pl_subsource_mixes.xml"/>
    <playlist title="Realaudio Mixes" path="pl_realaudio_mixes.xml"/>
  </folder>
</folder>

</browser>
```

Startet der Benutzer den Netaudio-Player, wird als aller Erstes über `<startlist />` die Playlist *pl_beispiel.xml* aufgerufen. Über dem Browserfenster erscheint dabei die Information *Netaudio-Player – Playlist*, die per `<info>`-Tag angegeben wurde. Während der erste Ordner jeweils nur zwei Playlists anbietet und über den Parameter `state="open"` beim Start bereits geöffnet ist, beherbergt der zweite Ordner *Netaudio Musik* die beiden Unterordner *Künstler Alben* und *Netaudio DJ Mixes*. Sämtliche Ordner müssen vom interessierten Benutzer per Klick auf das Pluszeichen ausgeklappt werden.

Anhand des oberen Listings sehen Sie außerdem, wie das `<playlist>`-Tag strukturiert ist. Mit ihm bestimmen Sie per `title` den Namen der Playlist, und mit `path` weisen Sie dem Netaudio-Player den Weg zur Playlist.

audioplayerconfig.xml: Pfade und Fehleranalyse

Im Vergleich zu den bereits beschriebenen XML-Dateien gestaltet sich die Datei *audioplayerconfig.xml* recht übersichtlich. Diese brauchen Sie in der Regel nicht zu verändern. Belassen Sie die Standardpfade einfach so, wie sie vorgegeben sind. Dadurch vermeiden Sie unnötige Fehler. Der Vollständigkeit halber seien hier die Tags kurz aufgeführt, die vom `<config>`-Container umschlossen werden:

`<debug>`
Aktiviert die Fehleranalyse.

`<GUIfile>`
Gibt den Pfad zu den Grafikdateien des Players an.

`<browserfile>`
Gibt den Pfad zur Browser-Playlist-Verwaltung an.

Die gesamte *audioplayerconfig.xml*-Datei sieht wie folgt aus:

```xml
<?xml version='1.0' encoding='UTF-8'?>

<config>
  <debug activate="false"/>
  <GUIfile path="skins/default/skin.xml"/>
  <browserfile path="data/browser.xml"/>
</config>
```

Damit Sie die XML-Dateien offline auf Tauglichkeit prüfen können, hat Fabien Schivre extra eine Fehleranalyse in den Player eingebaut. Diese aktivieren Sie, indem Sie `<debug activate="false"/>` auf `<debug activate="true"/>` umstellen. Wenn Sie nun den Player starten, überprüft er, ob die XML-Dokumente einsatzbereit sind, und startet das Streaming. Der Debug-Modus unterstützt Sie somit bei der Fehlersuche.

skin.xml: Freie grafische Gestaltung des Netaudio-Players

Nachdem Sie nun gelernt haben, wie Sie mit dem Netaudio-Player eigene Playlists anlegen, verwalten und abspielen, kommen wir nun zum Spaßteil des Netaudio-Players. Denn der Netaudio-Player lässt sich eigenhändig gestalten und mit Hilfe von Einzelgrafiken optisch an Ihren Geschmack und Ihre Website anpassen. Der Netaudio-Player selbst ist 320 Pixel breit und 330 Pixel hoch.

Wie bei den Einstellungen und Playlists werden auch die Grafiken mit Hilfe einer XML-Datei mit dem Player verknüpft. Diese lautet auf den unprätentiösen Namen *skin.xml*. Über *skin.xml* verlinken Sie nicht nur die anzuzeigenden Grafiken, sondern können obendrein die Position der Texte eigenhändig bestimmen. Darüber hinaus können Sie sowohl die Hintergrundfarbe als auch die Textfarbe bearbeiten. Innerhalb des umschließenden `<GUI>`-Containers kommen dabei die folgenden Skin-Tags zum Einsatz, die wiederum eigene Tags besitzen:

`<background>`
Bestimmung der Hintergrundfarbe und der Hintergrundgrafik

`<display>`
Positionierung und Verwaltung der Textanzeige

`<maintext>`
Bestimmung der Textfarbe und Positionierung auf der Y-Achse des Haupttexts

`<sectext>`
: Bestimmung der Textfarbe und Positionierung auf der Y-Achse der Sekundenanzeige

`<timetext>`
: Bestimmung der Textfarbe und Positionierung auf der Y-Achse der Zeitangabe

`<statustext>`
: Bestimmung der Textfarbe und Positionierung auf der Y-Achse der Statusanzeige (playing/buffering)

`<controls>`
: Verwaltung der Schaltknöpfe des Players

`<prevbutton>`
: Verlinkung und Positionierung der Grafiken für den Rückspul-Button

`<playbutton>`
: Verlinkung und Positionierung der Grafiken für den Play-Button

`<pausebutton>`
: Verlinkung und Positionierung der Grafiken für den Pause-Button

`<nextbutton>`
: Verlinkung und Positionierung der Grafiken für den Vorspul-Button

`<statusbar>`
: Konfiguration der Farben und Positionierung des Fortschrittsbalkens

`<playlists>`
: Verwaltet die Darstellung des linken und rechten Browserfensters

`<browser>`
: Bestimmung der Textfarbe und Positionierung des linken Browserfeldes

`<playlist>`
: Bestimmung der Textfarbe und Positionierung des rechten Playlist-Feldes

`<background>` Mit dem Befehl `<background>` bestimmen Sie das Aussehen des Player-Hintergrunds. Für diesen gibt es zwei Parameter. Entweder Sie geben eine Hintergrundfarbe oder die relative Adresse zu einem Hintergrundbild an. Die Farben übergibt man wie bei XHTML und CSS als Hexadezimalwerte, und das Bild sollte ein JPEG-Bild sein.

Eine gute Methode, um hexadezimale Farbwerte herauszufinden, ist in Photoshop die Pipette. Um das Werkzeug zu aktivieren, drücken Sie entweder den Buchstaben »i« auf der Tastatur oder wählen das Werkzeug per Mausklick aus. Sie finden es in der Werkzeugleiste weiter unten direkt über der Lupe. Haben Sie ein Bild geöffnet, aus dem Sie Farben herausfiltern wollen, so klicken Sie mit dem Werkzeug einfach die Farbe an und Photoshop übernimmt diese als Vordergrundfarbe. Anschließend doppelklicken Sie auf das Feld der Hintergrundfarbe. Wie Sie in Abbildung 4-19 sehen, gibt Photoshop die Hexadezimalwerte für die aktuelle Farbe im untersten Feld nach dem vorangestellten # an. Kopieren Sie diese Farbwerte und fügen Sie sie

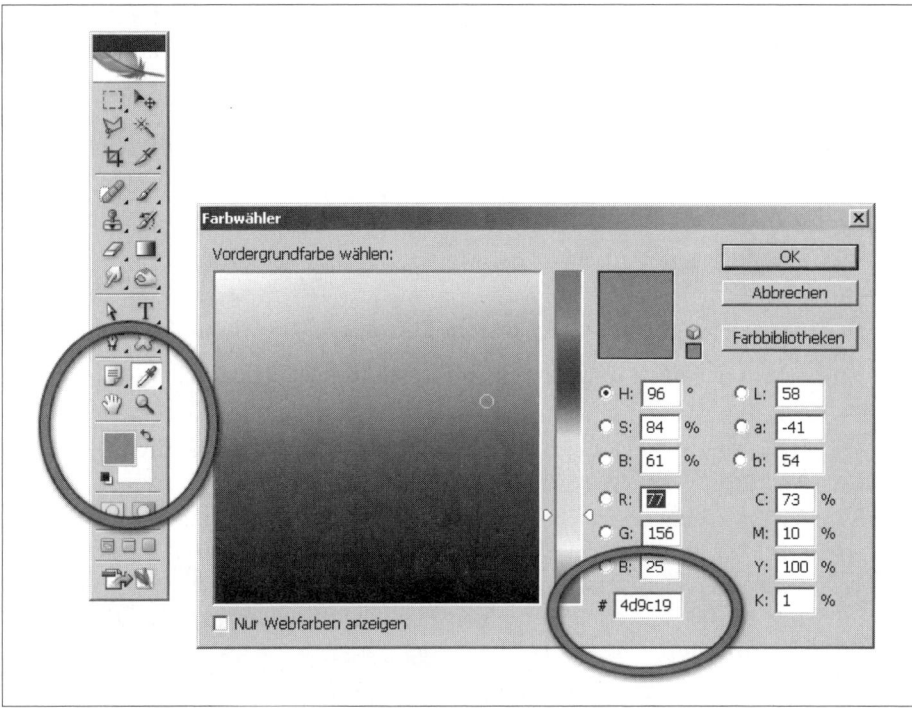

Abbildung 4-19: Mit Hilfe der Photoshop-Pipette extrahiert man einzelne Farben aus Bildern oder sucht sich die gewünschte Farbe direkt über den Farbwähler aus

in die XML-Datei ein. Natürlich können Sie auch direkt auf das Farbfeld klicken und mit dem Farbwähler Farben aus dem Farbspektrum herauspicken.

<display> Mit <display> steuert man die Textanzeige für Titel, Track-Name, Zeit und Buffer-Status. Neben der Textfarbe lässt sich auch per x- und y-Parameter die Positionierung der jeweiligen Anzeige steuern. Während sich die Zeitangabe und der Buffer-Status auf der y- und x-Achse positionieren lassen, können Sie Titel und Track-Name lediglich auf der y-Achse ausrichten. Mögliche Werte wären zum Beispiel:

```
<maintext fontcolor="ffaa00" y="36"/>
<sectext fontcolor="ffaa00" y="56"/>
<timetext fontcolor="ffaa00" x="210" y="36"/>
<linktext fontcolor="ffaa00" x="210" y="87"/>
```

<controls> Das <controls>-Tag steuert die interaktiven Elemente. Dazu gehört die Statusleiste, die anzeigt, wie viel vom Musikstück bereits gepuffert und wie weit es bereits abgespielt wurde. Während die Statusleiste von Flash gesteuert wird und auf Vektorbasis beruht, bestehen die anderen Elemente aus JPEG-Grafiken: <prevbutton>, <playbutton>, <pausebutton> und <nextbutton>.

Alle Buttons sind dabei nach dem gleichen Muster strukturiert und kommen mit vier Parametern aus. Um den Button zu positionieren, benutzen Sie die Parameter x und y. Welche Grafiken für welchen Button verwendet werden sollen, geben Sie mit den folgenden Tags an:

`up_pic=""`
    Bild, das angezeigt wird, wenn der Button aktiv ist.

`over_pic=""`
    Bild, das angezeigt wird, wenn der Mauszeiger darüber fährt.

`down_pic=""`
    Bild, das angezeigt wird, wenn auf den Button geklickt wird.

Die Angaben in der XML-Datei für einen Play-Button sehen dann zum Beispiel wie folgt aus:

```
<playbutton up_pic="skins/default/play_up.jpg" over_pic="skins/default/play_over.jpg" down_pic="skins/default/play_down.jpg" x="50" y="118"/>
```

Das Wurzelverzeichnis des Players ist dabei das Verzeichnis, in dem die Flash-Datei gestartet wird. Erreicht man den Netaudio-Player zum Beispiel über *http://www.phlow.de/netaudio-player/netaudio-player.html*, so sucht die Anwendung bei unserem obigen Beispiel die Grafiken für den Play-Button unter *http://www.phlow.de/netaudio-player/skins/default/*.

Da die Statusleiste keine Grafik benötigt, ist sie in ihrer Höhe und Breite variabel. Dafür stehen die beiden Parameter w (width) und h (height) zur Verfügung. Wie die Grafiken auch, lässt sich die Leiste über die x- und y-Werte positionieren. Außerdem können Sie ihr drei Farbwerte übergeben:

`backcolor=""`
    Farbe für den Hintergrund der Leiste

`streamcolor=""`
    Farbe für die Stream-Daten

`poscolor=""`
    Farbe für den vertikalen Positionsstrich

Der vollständige Befehl sieht zum Beispiel so aus:

```
<statusbar backcolor="0x673b15" streamcolor="0xffce00" poscolor="7d5024" x="143" y="126" w="135" h="13"/>
```

<playlists> Zum Schluss müssen Sie nur noch die beiden Browserfenster positionieren und die Schrift einfärben. Dazu dienen die beiden Tags <browser> und <playlist>. Sowohl <browser> als auch <playlist> benutzen die gleichen Parameter:

`fontcolor`
    Parameter für die Textfarbe

`x`
    Parameter für die x-Position

y
: Parameter für die y-Position

w
: Parameter für die Breite des Fensters

h
: Parameter für die Höhe des Fensters

Beide Befehle sehen dann zum Beispiel so aus:

```
<browser fontcolor="ffce00" x="15" y="160" w="120" h="155"/>
<playlist fontcolor="ffce00" x="135" y="160" w="150" h="155"/>
```

Entwicklung eines eigenen Netaudio-Player-Designs

Um Ihnen die Entwicklung eines eigenen Designs zu erleichtern, öffnen Sie am besten eine der Photoshop-Dateien auf der CD-ROM. Jede Datei ist 320 Pixel breit und 330 Pixel hoch. Nach dem Öffnen der Dateien sollten Sie zuerst einmal die Hilfslinien einblenden. Dies geschieht mit dem Tastaturkürzel STRG + H oder über das Menü *Ansicht > Einblenden > Hilfslinien*. Da Sie nach Fertigstellung Ihres eigenen Designs die Grafiken einzeln abspeichern müssen, können Ihnen die Hilfslinien von Nutzen sein. Denn das Schneidewerkzeug orientiert sich beim Ausschneiden der Grafiken an den Hilfslinien, wenn Sie die Magnetisierung über *Ansicht > Ausrichten an > Hilfslinien* aktiviert haben.

Für den Entwurf eines eigenen Interface-Designs empfiehlt Ihnen Fabien Schivre die Software Fireworks von Macromedia. Diese eignet sich hervorragend für die Gestaltung des Netaudio-Players, da sie auf die Gestaltung grafikorientierter Benutzeroberflächen zugeschnitten ist. Auf der CD-ROM befinden sich die Beispieldateien der Standard-Skin als PNG-Dateien. Diese können Sie in Fireworks öffnen und erhalten somit einen Einblick in die Funktionsweise des Netaudio-Player-Interfaces.

Bevor Sie einen eigenen Player entwerfen, sollten Sie sich ein Konzept überlegen. Am besten »scribbeln« Sie dazu einfach einmal auf Papier, wie Sie sich Ihren eigenen Player vorstellen. Da die Gestaltung mit Hilfe der XML-Steuerungsdatei extrem variabel ist, ist ein wenig Planung nützlich. Falls Sie Schwierigkeiten beim Entwurf eines eigenen Designs haben, lassen Sie sich am besten inspirieren. Nutzen Sie dazu die vorgefertigten Dateien, schauen Sie sich weitere Designs und Vorlagen unter *www.phlow.de/netaudio-player/* an oder lassen Sie sich von den zahlreichen Winamp-Skins und ähnlicher Abspiel-Software begeistern.

Internet-Quellen

Musik-Software – Editoren, CD-Ripper und Encoder

Audacity – Open Source-Musikeditor:

http://audacity.sourceforge.net

Netaudio-Player: aktuelle Version, weitere Informationen und neue Skins:

www.phlow.de/netaudio-player/

oggdropXPd:

www.rarewares.org

Ogg Drop für MAC:

www.nouturn.com/oggdrop

Audiograbber – kostenloser CD-Ripper, der MP3- und Ogg Vorbis-Dateien encodiert:

www.audiograbber.de

Exact Audio Copy – CD-Ripper, der MP3- und Ogg Vorbis-Dateien encodiert:

www.exactaudiocopy.de

MP3 – Codecs, Encoder und Informationen

Website des Open Source-Codecs LAME:

http://lame.sourceforge.net

Download der lame.exe-Datei:

www.free-codecs.com

RazorLame – Windows-Interface für den LAME-Encoder:

www.dors.de/razorlame/

Englischsprachige Seite des Fraunhofer Instituts zu MP3:

www.iis.fraunhofer.de/amm/techinf/layer3/

Allgemeine Informationen zu MP3:

http://de.wikipedia.org/wiki/Mp3

Informationen über Musikkomprimierung

www.soundonsound.com/sos/may00/articles/mp3.htm
http://swpat.ffii.org/pikta/xrani/mpeg/index.en.html
http://datacompression.info/Audio.shtml
www.softsynth.com/links/compression.html

ID-Tag-Editoren

Mp3tag – der universelle Tag-Editor (Windows):

www.mp3tag.de

The GodFather (Windows):

http://users.otenet.gr/~jtcliper/tgf/

Tritag (Mac OS X 10.2):

www.feedface.com/projects/tritag.html

TagScanner (Windows):

http://xdev.narod.ru/tagscan_e.htm

Easytag (Linux):

http://easytag.sourceforge.net/

Winamp (Windows):

www.winamp.com

In diesem Kapitel:
- Leseverhalten am Bildschirm
- Schreibregeln
- Webgerechte Typografie und optische Aufbereitung von Texten für den Bildschirm
- Internet-Quellen und Buchtipps

KAPITEL 5
Texte und Typografie für das Web

Ich gebe zu, dieses Kapitel schreibe ich mit einiger Aufregung. Denn nun folgen Regeln, Hinweise und Tipps, wie man Texte schreibt und anschließend für das Web aufbereitet. Aufgeregt bin ich als Autor deswegen, weil natürlich jetzt auch meine Texte und Kapitel auf den Prüfstand kommen. Artikel zu verfassen, die jeder versteht, die Spaß beim Lesen bereiten und die leicht und locker unterhalten, ist eine Kunst. Als Autor lernt man nie aus. Niemand ist perfekt und Übung macht den Meister. Darum zeige ich in den folgenden Anleitungen und Tipps, wie Sie Ihre Texte bestmöglich optimieren. Werden die Regeln beachtet, sollten Ihre Texte für Promotionzwecke, News, Newsletter und Biografien anschließend sehr gut lesbar sein. Nach den Tipps für das Schreiben folgen dann technische Hinweise und Anmerkungen, wie man Texte mittels Typografie speziell für das Lesen im Web aufbereitet.

Leseverhalten am Bildschirm

Laut Jakob Nielsen, dem bekannten Experten für Benutzerführung, lesen Menschen am Computerbildschirm etwa 25% langsamer als auf Papier. Das ist vielleicht auch ein Grund, warum viele Benutzer überhaupt ungern am Rechner lesen. Denn neben der verlangsamten Texterfassung erschwert außerdem oft das lästige Scrollen des Bildschirms den Lesefluss. Deswegen sollte man, wann immer es geht, die Texte aufbereiten und so kurz wie möglich halten.

Wer für das Internet schreibt, der beeinflusst das gesamte Surf-Erlebnis. Da sich Besucher in erster Linie neben den Bildern den Überschriften widmen, um sich eine Übersicht über die Themen zu verschaffen, muss ihnen große Aufmerksamkeit entgegengebracht werden. Zwar schauen Surfer zuerst immer auf die Bilder, um sich dann den Texten zu widmen, hierbei verhält sich der Lesefluss jedoch anders als in Print-Magazinen. Während Bildunterschriften bei Print-Magazinen in der Regel noch vor der eigentlichen Überschrift des Artikels, auch Headline genannt, gelesen werden, ist das im Web aufgrund fehlender Bildunterschriften meist anders. Nicht so bei Internet-Zeitungen und -Magazinen wie zum Beispiel *stern.de*, *spiegel.de* oder der *netzeitung.de*.

Außerdem sind Texte vor allem deswegen wichtig, da Texte zu Neuveröffentlichungen oder Konzertbeschreibungen oftmals von anderen Redakteuren wieder verwendet werden. Lesen Sie die Texte deswegen Korrektur oder lassen Sie sie von Freunden oder Bekannten gegenlesen. Die eigene Betriebsblindheit lässt oft die simpelsten Fehler oder Wortdopplungen übersehen. Haben Sie keinen Korrekturleser an der Hand, sollten Sie zumindest die Rechtschreibprüfung der eigenen Textverarbeitung nutzen.

Denn nichts ist peinlicher, als wenn die eigenen Pressemeldungen voller Rechtschreibfehler stecken. Das wirkt nicht nur unprofessionell, sondern kann sich negativ auswirken, zum Beispiel wenn Redakteure Ihre Konzertankündigungen blind für den eigenen Terminkalender für ihr Heft übernehmen. Doof, wenn da ein Begriff verkehrt gedruckt wird. Zwar behaupten Promoter »any promotion is good promotion«, dann aber wenigstens richtig geschrieben. Denn eine Funk-Band ist keine Punk-Band. Und keine Funk-Truppe möchte ein verärgertes Publikum mit Nietengürtel und Irokesenschnitt vor der Bühne stehen haben, das einen ganz anderen Sound erwartet. Und wer ist der Verantwortliche? Ein übersehener Tippfehler.

Schreibregeln

Wer Texte schreibt, der möchte Inhalte, Ideen und Tatsachen vermitteln. Deswegen schreibt man für den Leser. Betreiben Sie darum keine Selbstbeweihräucherung innerhalb Ihrer Texte. Natürlich befinden sich Schreiber von Pressetexten für Musikveröffentlichungen, Band/Künstler-Biografien und News in einem Zwiespalt. Denn als Texter möchte man natürlich seine »Produkte« so gut wie möglich vermarkten. Nichtsdestotrotz sollte man Vorsicht walten lassen. Allzu schnell wirken Superlative ausgelutscht und strapazierend, und bei der ein oder anderen Behauptung fragt sich der aufmerksame Leser vielleicht: »Und warum kennt diese Band noch keiner, wenn sie so toll ist?«

Auf der Liste der »Don´ts« stehen auch Fremdwörter. Sätze mit zu vielen Fremdwörtern verstehen nur Minderheiten. Klar, Sie möchten Ihren Lesern das neue Disco-Grunge-Pop-Glitch-Hop-Album näher bringen… Aber hey, was ist denn bitteschön Glitch-Hop und wie klingt Disco-Grunge? Bleiben Sie lieber auf dem Boden der Tatsachen und merken Sie sich: Einfache Sprache ist nicht gleich einfaches Denken. Denn einfach, kompakt und verständlich zu schreiben ist eine Kunst. Gute und verständliche Texte sind um einiges schwieriger zu schreiben, als umständlich, langatmig und kryptisch das letzte Konzert zu beschreiben.

Vermeiden Sie lange abschreckende Sätze. Kurze Sätze fördern die Textaufnahme. Schließlich wollen Sie Ihre »Message« an den Mann bzw. die Frau bringen und wenn möglich in die Medien. Neben Fremdwörtern sollten auch Abkürzungen vermieden werden, da sie den Lesefluss hemmen sowie manchen Menschen nicht geläufig sind.

Weil Texte im Internet eher »gescannt« als gelesen werden, ist es sinnvoll, sie so kurz und knapp wie möglich zu halten. Auch hier gilt, weniger ist mehr. Das fördert das Verständnis und verhindert, dass das Lesen vorzeitig abgebrochen wird. Im Gegensatz zu dem, was wir in der Schule unter Einleitung-Hauptteil-Schluss gelernt haben, funktioniert das Web genau andersherum. Stellen Sie sich Ihren Webtext als Trichter vor. Da die Texte überflogen werden, stellt man die wichtigsten Fakten ganz an den Anfang, um sie anschließend näher auszuführen. Dadurch gewinnen die Leser schnell einen Einblick in den Inhalt des Artikels, bekommen schnellstmöglich die wichtigsten Fakten vorgelegt und können bei Interesse ihr Wissen mit Hilfe des restlichen Artikels vertiefen. Die Trichterform eines Textes hat aber noch einen weiteren Vorteil. Bei Platzproblemen können abfallend geschriebene Texte problemlos gekürzt werden, da das Wichtigste bereits mitgeteilt wurde.

Ein weiteres Element zur Strukturierung und Förderung der Textaufnahme sind Aufzählungen. Damit diese flüssig gelesen werden können, sollten sie gleichmäßig formatiert sein und sowohl einen gleichen Satzaufbau als auch eine ähnliche Länge besitzen. Außerdem sollte eine Aufzählung maximal sieben Punkte haben. Menschen können in der Regel nur maximal sieben Informationseinheiten im Kurzzeitgedächtnis speichern. Darüber hinausgehende Informationen werden nur schwer erfasst. Bieten sich jedoch nur weniger als drei Aufzählungspunkte an, erwähnen Sie diese lieber im Fließtext. Der Leser könnte sich sonst unterfordert fühlen.

Zusammenfassend sollten Sie folgende Regeln bei Aufzählungen beachten:

- Verwenden Sie nur eine Art von Aufzählungszeichen.
- Gehen Sie sparsam mit Aufzählungen um.
- Formatieren Sie Aufzählungszeichen und Absätze bündig untereinander.
- Konstruieren Sie Aufzählungen mit einem gleichen Satzbau und ähnlicher Länge.
- Listen Sie maximal sieben Punkte in einer Aufzählung auf.
- Vermeiden Sie Aufzählungen mit weniger als drei Punkten.
- Geben Sie einer ungeraden Anzahl von Aufzählungspunkten den Vorzug.

Da die deutsche Sprache komplizierte Satzkonstruktionen begünstigt, ist es wichtig, auf einen einfachen Satzaufbau zu achten. Grundsätzlich sollte ein Satz nicht mehr als 20 Wörter lang sein. Denn lange Schachtelsätze mit zahlreichen Einschüben verwirren den Leser. Oft lassen sich lange Sätze einfach in zwei kurze Sätze zerlegen, die den Lesefluss erleichtern. Aber auch das andere Extrem, das stumpfe Aneinanderreihen von Hauptsätzen, liest sich schlecht, weil es nicht unbedingt das Lesevergnügen fördert. Deswegen tut Abwechslung gut.

Generell können Sie hier folgende Regel beachten: Wichtiges in Hauptsätze, Nebensächliches in Nebensätze. Weiterhin vermeidet man am besten eingeschobene Nebensätze, sie erzeugen unnötige Gedankensprünge und erschweren die Inhaltsaufnahme. Außerdem können manche Sätze mit Einschüben erst am Ende gedeutet werden. Das ist natürlich schlecht, wenn der Leser den Anfang bereits wieder vergessen hat. Oft tragen eingeschobene Nebensätze auch nur zusätzlichen Ballast in einen Satz, der locker über Bord geworfen werden kann. Also kürzen Sie, wo es nur geht, und halten Sie Ihre Sätze kurz und knackig.

Damit sich Inhalte gut lesen, sollten Sie auch »anregende Zusätze« verwenden. Darunter versteht der Kommunikationspsychologe Schulz von Thun zum Beispiel praktische Beispiele, wörtliche Rede, Ausrufe, rhetorische Fragen oder auch humorvolle Einlagen. Solche Einschübe verleihen einem Text eine zusätzliche Würze und lassen ihn persönlicher wirken. Wie überall im Leben kommt es auch hier auf die richtige Mischung an. Wenn einem Schreiber kein richtig guter Gag oder eine witzige Idee beim Schreiben einfällt, sei ihm geraten, den Humor nicht über das Bein zu brechen. Denn schlechte oder peinliche Humoreinlagen wirken eher kontraproduktiv und unfreiwillig komisch. Dann doch lieber einfach und sachlich.

Auch auf das korrekte Setzen von Satzzeichen muss geachtet werden. Vermeiden Sie das so genannte »Plenken«. Vor einem Satzzeichen wie »?«, »!« oder einem Punkt wird niemals ein Leerzeichen gesetzt. Und übrigens, auch das Erfinden eigener Rechtschreibregeln vermeidet man am besten ganz. Dazu gehört die bei E-Mail-Verkehr oft benutzte Alles-Kleinschreibung. Die kommt im Web genauso wenig an wie in einer Zeitung oder in einem Buch.

Webgerechte Typografie und optische Aufbereitung von Texten für den Bildschirm

Wie oben beschrieben, ist das Erfassen von Texten auf Bildschirmen immer noch eine anstrengende Angelegenheit. Auch wenn sich immer mehr Menschen an das Lesen am Bildschirm gewöhnen, sollte die Aufnahme von Informationen erleichtert werden. Dabei hilft Ihnen neben der Gliederung und Strukturierung der Texte auch die Typografie. Hierbei stellen sich Fragen zu den Themen Schriftart, Schriftgröße, Laufweite, Zeilenabstand und Schrifttyp.

Kurz & knackig: Schreibregeln für das Internet

1. Halten Sie die Texte kurz und knackig.
2. Bilden Sie keine Sätze, die mehr als 20 Wörter lang sind.
3. Bringen Sie Abwechslung in den Satzbau und schreiben Sie nicht alle Sätze nach dem gleichen Schema.
4. Gliedern Sie die Texte so, dass jeder Absatz einen, maximal zwei Gedanken enthält.
5. Schreiben Sie konkrete Sätze und benutzen Sie aktive Formen bei Verben. Passive Form: Der Rockstar wurde von den Fans frenetisch begrüßt. Aktive Form: Die Fans begrüßten den Rockstar frenetisch.
6. Knausern Sie mit Silben und Wörtern, wann immer es Ihnen möglich ist.
7. Formulieren Sie Ihre Texte originell und humorvoll. Bleiben Sie jedoch lieber sachlich, als einen Witz über das Bein zu brechen.
8. Bieten Sie Ihren Lesern ein lesefreundliches Layout und strukturieren Sie die Texte.
9. Nutzen Sie strukturierende Aufzählungen und verzichten Sie auf Klammern, Abkürzungen und Trennungen.
10. Lassen Sie sich von Ihrem Computer helfen und verwenden Sie die Rechtschreibprüfung.

Kontraste, Hintergründe und Schriften

Da nicht jedem die gleichen Schriften auf seinem Computer zur Verfügung stehen, greift man am besten auf Universalschriften mit der größten Verbreitung zurück. Zu den gängigsten Serifenschriften gehören unter anderem Times New Roman, Courier New und Georgia.

 Serifen sind die kleinen Striche, die den Buchstaben begrenzen und das Lesen von gedrucktem Text erleichtern. Schriften mit Serifen werden im professionellen Gebrauch Antiqua genannt. Schriften ohne Serifen heißen serifenlose Linearantiqua oder Groteske.

Da Schriften mit Serifen besonders in kleinen Größen am Bildschirm so gut wie unleserlich sind, nutzen Sie besser serifenlose Schriften. Zu den serifenlosen Schriften gehören Arial/Helvetica, Verdana, Trebuchet MS und Tahoma. Mein persönlicher Favorit ist Verdana, die sich optimal für das Lesen am Bildschirm eignet und locker und modern wirkt. Wenn Sie ein wenig Abwechslung in Ihre Texte und Artikel bringen möchten, können Sie Serifenschriften für Überschriften und Zwischenüberschriften benutzen. Achten Sie dabei aber darauf, dass die Schriftgröße entsprechend groß ausfällt, damit der Lesefluss nicht gestört wird. Eine Mindestgröße von 12 Pixeln sollte eingehalten werden. Je größer die Serifenschrift, desto besser liest sie sich am Ende auf dem Bildschirm.

Für das Erfassen von Text spielt auch der Kontrast zwischen Schrift und Hintergrund eine wesentliche Rolle. Der stärkste Kontrast besteht natürlich zwischen Schwarz und Weiß. Je nach Lichtstärke eines Bildschirms kann zu viel Kontrast jedoch auch blenden. Schließlich könnte man einen Bildschirm auch als farbige Lampe beschreiben. Und wer schaut schon gerne in eine Lampe, die blendet? Die beste Wirkung erzielen Sie, wenn Sie deutlich unterschiedlich helle Farben oder unterschiedlich bunte Farben verwenden, also beispielsweise ein Weiß auf dunkelblauem Hintergrund. Ist die Farbe des Hintergrunds im Vergleich zur Farbe eines Objekts im Vordergrund zu hell, besteht die Gefahr, dass das Vordergrundobjekt an den Rändern überstrahlt wird. Es wirkt dadurch optisch kleiner, als es in Wirklichkeit ist. Schwarze Schrift wird von einem weißen Hintergrund überstrahlt und wirkt kleiner. Darum eignet sich für ein leichtes Lesen am besten eine etwas abgedämpfte Textfarbe bei Schwarz-Weiß-Kontrasten. Der Hintergrund kann gedämpft werden, indem Sie ihm ein leicht blässliches Weiß, Grau oder Blau zuweisen.

In Bezug auf Lesbarkeit und Kontrast gelten auf dem Bildschirm andere Gesetzmäßigkeiten als auf dem Papier. Deshalb ist, wie oben beschrieben, ein weißer Hintergrund nicht unbedingt der beste. Das liegt in erster Linie an den technischen Bedingungen. Bei alten Geräten mit einer Bildröhre wird der Bildaufbau immer von einem Flimmern begleitet. Arbeitet der Computernutzer länger an einem Monitor mit weißem Hintergrund, wird er zum einen ständig mit der maximalen Leuchtkraft konfrontiert, und zum anderen ist das Flimmern bei einem weißen Bildschirmhintergrund am stärksten, weil am meisten Licht durch den Monitor aufgebaut werden muss. Dieses Flimmern wird auf alle Fälle unterbewusst wahrgenommen und lässt das Auge schnell ermüden. Glücklicherweise steigt die Anzahl der TFT-Bildschirme kontinuierlich, bei denen es kein Flimmern gibt. Aber auch diese Bildschirme können heftig strahlen.

Werden gemusterte Hintergründe eingesetzt, müssen diese äußerst dezent ausfallen. Charakterstarke Hintergründe werden am besten vermieden, da sich sonst die Zeilen schwer erfassen lassen und die Buchstaben mit dem Hintergrund verschwimmen. Zudem sollte sich der Text niemals bewegen – weder durch den Einsatz einer Animation noch durch das veraltete `<blink>`-Tag.

Schriftgrößen, logische Textauszeichnung, Zeilenabstand und Textbreite

Moderne Webseiten realisiert man heute durch die Trennung von Inhalt und Layout: Während im Quellcode von XHTML lediglich die Inhalte gespeichert werden, formatiert man das Aussehen mittels CSS (Cascading Stylesheets, siehe Kapitel 2, *Programmierung der Webseiten*).

Wer Wert auf pixelgenaues Webdesign legt, der benutzt für die Auszeichnung von Schriftgrößen die Maßeinheit px. Zum Beispiel so:

```
p {font-size: 14px;}
```

Möchten Sie jedoch lieber auf die Vorlieben Ihrer Besucher eingehen, die in ihrem Browser eventuell eine gewünschte Mindestschriftgröße angegeben haben, benutzen Sie %- oder em-Angaben und stufen die unterschiedlichen Schriftgrößen nur proportional aufeinander ab. In den kommenden Beispielen geben wir die Schriftgröße in Prozent an und lassen den Browser die Formatierung übernehmen. Der Browser orientiert sich dabei an den internen Vorgaben. Wenn man jedoch als Webmaster dem body-Tag eine feste Schriftgröße in Pixeln übergibt, orientiert sich der Browser an dieser obersten festgelegten Größe. Wird einem Element wie <p> eine Größe von 100% übergeben, so wird die Schriftgröße 14 Pixel betragen, wenn Sie zuvor dem <body>-Tag diese Schriftgröße zugewiesen haben. Die folgende Überschrift ist zum Beispiel 30% größer als die Ausgangsschrift:

```
h1 {font-size: 130%;}
```

Zwar kann man Texte per <div>-Container stylen, dabei geht jedoch die Bedeutung, der Sinn, verloren. Für die Textauszeichnung sollte man deshalb logische Tags benutzen. Das hat zwei Vorteile: Einerseits wird dadurch oftmals der Quellcode übersichtlicher und kleiner und andererseits können Suchmaschinen die Texte besser interpretieren. Ein Beispiel:

```
<div class="haupt-ueberschrift">Titel des Artikels</div>
<div class="anreisser">Dies ist der heiße Anreißer.</div>
<div class="fliesstext">Nun folgt der eigentliche Text... </div>
```

Kürzer, übersichtlicher und sinnbewahrender ist das folgende Beispiel:

```
<h1>Titel des Artikels</h1>
<h2>Dies ist der heiße Anreißer.</h2>
<p>Nun folgt der eigentliche Text...</p>
```

Ein weiterer Vorteil der logischen Textauszeichnung ist, dass das zweite Beispiel auch bei verloren gegangener CSS-Datei immer noch in unterschiedlichen Textgrößen und Abständen dargestellt wird. Denn die Browser geben logischen Tags von Haus aus eine Formatierung mit, die erst beim Einsatz eines Stylesheets oder von Style-Angaben überschrieben wird.

Tabelle 5-1: Logische Tags und ihre Standardauswirkung

Element	Bedeutung	Standardauswirkung im Browser
<p>...</p>	Absatz	Normale Schrift
<h1>...</h1> bis <h6>...</h6>	Überschriften der Ordnung 1 bis 6	Verschiedene Schriftgrößen in Fettschrift
<ul>...</ul>	Ungeordnete Liste	Gemeinsam mit dem Listenelement <li> wird der Text eingerückt und mit Bullet-Zeichen versehen

Tabelle 5-1: Logische Tags und ihre Standardauswirkung (Fortsetzung)

Element	Bedeutung	Standardauswirkung im Browser
`<ol>...</ol>`	Nummerierte Liste	Gemeinsam mit dem Listenelement `<li>` wird der Text eingerückt und erhält eine vorangestellte Zahl
`<li>...</li>`	Listenelement	Eingerückter Normaltext mit vorangestelltem Zeichen je nach Art der Liste
`<em>...</em>`	Betonter beziehungsweise hervorgehobener Text	Kursivschrift
`<strong>...</strong>`	Stark betonter Text	Fettschrift
`<blockquote>...</blockquote>`	Zitat	Eingerückte normale Schrift
`<code>...</code>`	Programmcode/Quelltext	Normale Schrift/Courier New
`<samp>...</samp>`	Beispiel	Normale Schrift/Courier New
`<kbd>...</kbd>`	Tastatureingabe	Normale Schrift/Courier New
`<var>...</var>`	Variable	Kursivschrift
`<cite>...</cite>`	Zitat	Kursivschrift
`<dfn>...</dfn>`	Definition	Kursivschrift
`<abbr>...</abbr>`	Abkürzung	Normale Schrift
`<acronym>...</acronym>`	Abkürzung	Normale Schrift
`<pre>...</pre>`	Vorformatierter Text	Richten Sie Text in dicktengleicher Schrift aus. Bei dicktengleichen Schriften nehmen alle Buchstaben den gleichen Platz ein – zum Beispiel bei der Schrift Courier New. Einrückungen werden genau so wiedergegeben, wie sie eingegeben wurden.

Sollte die Notwendigkeit bestehen, Tags in verschiedenen Bereichen der Website unterschiedliche Größenangaben zu geben, löst man dies mit Hilfe von `<div>`-Containern. Dazu umschließen Sie die Text-Tags mit `<div>`-Tags und geben dem `<div>` eine ID.

```
<div id="linkespalte">
  <h1>Titel des Artikels</h1>
  <h2>Dies ist der heiße Anreißer.</h2>
  <p>Nun folgt der eigentliche Text...</p>
</div>
```

Um die Text-Tags des Containers für die linke Spalte separat per CSS zu stylen, stellen Sie den Tags die jeweilige ID für das `<div>` voran:

```
#linkespalte h1 {font-size: 22px;}
#linkespalte h2 {font-size: 16px;}
#linkespalte p {font-size: 12px;}
```

Der Browser interpretiert diese Angaben dann so: Jede h1-Überschrift innerhalb eines Containers mit der ID linkespalte bekommt die Größe 22px. Außerhalb des Containers bekommt <h1> die Größe, die ihr sonst zugewiesen wurde.

Neben der Schriftgröße spielt auch der Zeilenabstand des Textes eine maßgebliche Rolle bei der Erfassung des Inhaltes. Fällt der Zeilenabstand zu gering aus, erschwert sich die Wahrnehmung und der Text wirkt gestaucht. Bei zu weit eingestelltem Abstand fängt der Text an, auseinander zu fliegen (siehe Abbildung 5-1).

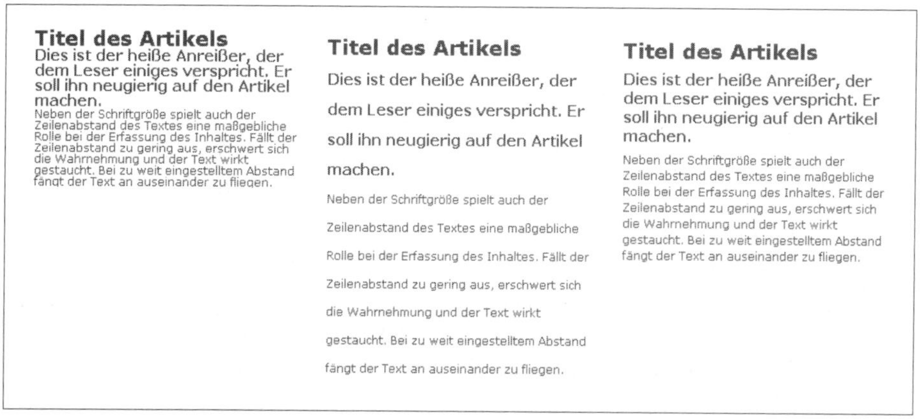

Abbildung 5-1: Zeilenabstände erschweren oder erleichtern das Lesen

Die richtige Satzbreite ist abhängig von der Schrift, die zur Anwendung kommt. Während man bei der Gestaltung von Drucksachen von etwa 55 bis 75 Zeichen pro Zeile ausgeht, gelten am Bildschirm 45 bis 55 Zeichen pro Zeile als optimale Werte. Orientieren können Sie sich auch an Spaltenbreiten von 320 bis 500 Pixel. Je breiter die Spalte, desto größer sollte auch die Schrift ausfallen, denn kurze Zeilen erleichtern das Lesen. Wenn Sie jedoch längere Artikel veröffentlichen, würde sich eine schmale Spaltenbreite negativ auf die Spaltenlänge auswirken. Das führt dazu, dass der Benutzer unnötig viel scrollen muss. Suchen Sie als Webdesigner darum den goldenen Mittelweg.

Tabelle 5-2: Unterschiedliche Spaltenbreite bei Online-Medien (bei einer Bildschirmauflösung von 1024 x 768 Pixel)

	Startseite	Artikelseite
heise.de	512 Pixel	512 Pixel
spiegel.de	420 Pixel	420 Pixel
stern.de	368 Pixel	500 Pixel
netzeitung.de	360 Pixel	318 Pixel
zeit.de	480 Pixel	550 Pixel
faz.net	237 Pixel	363 Pixel

Um den Augen beim Scrollen eine Orientierungshilfe zu geben, werden Textabschnitte am besten als überschaubare Blöcke formatiert. Textwüsten, die in einem fort Wörter auftürmen, sehen nicht nur unleserlich aus, sondern motivieren in keinster Weise das Lesen. Ein psychologischer Effekt beim Lesen von einzelnen Absätzen ist neben der Orientierung auch das Gefühl des Voranschreitens. Das »Bewältigen« eines Absatzes hinterlässt ein gutes Gefühl und Stolz, da man als Leser vorangekommen ist.

Blockförmige Absätze erreichen Sie innerhalb von XHTML-Dokumenten am besten, indem Sie das <p>-Tag verwenden. Zwar lassen sich Zeilenumbrüche auch mit Hilfe des
-Tags erreichen, trotzdem bietet das <p>-Tag eine elegantere Lösung. Denn per CSS können Sie dem Absatzende des <p>-Tags einfach einen Innenabstand (Padding) zuweisen, zum Beispiel einen Innenabstand von 8 Pixeln über den CSS-Befehl p {padding-bottom: 8px;}. Dem Text zwischen den <p>-Tags wird nun automatisch am Ende des <p>-Elements ein Innenabstand von 8 Pixeln zugewiesen.

Neben blockförmigen Absätzen empfiehlt es sich auch, die Inhalte linksbündig zu setzen. Die unregelmäßige Form der rechten Textseite unterstützt die Augen bei der Orientierung und fördert das schnelle Lesen. Zentrierten oder rechtsbündigen Text sowie Blocksatz sollten Sie vermeiden und nur für besondere Zwecke nutzen – zum Beispiel für Zwischenüberschriften oder Zitate.

Das Salz in der HTML-Suppe: Links

Links sollten aussehen wie Links. Und weil der Usability-Experte Steve Krug so schön feststellte »Don't make me think!«, sollten Sie das Rauschen im Kopf Ihres Besuchers so niedrig wie möglich halten. Denn wer erst herausfinden muss, wo und wie Links auf der Website gesetzt wurden, ist oftmals schon wieder von ihr verschwunden, ehe er sich mit den Inhalten beschäftigt hat. Darum beachten Sie am besten folgende Regeln für das Setzen von Links:

- Damit Links vom Leser erfasst werden, sollten sie andersfarbig und unterstrichen sein.
- Der verlinkte Text muss inhaltlich relevant sein, damit ein Besucher einen Text nach Hyperlinks überfliegen kann. Verweise wie *hier* und *dort* sagen nichts aus.
- Der Linktext sollte einen Hinweis darauf geben, welche Informationen nach dem Anklicken zu erwarten sind.
- Der Unterschied zwischen internen und externen Links kann auch durch eine kleine Icon-Grafik sichtbar gemacht werden.
- Das zu frühe Setzen von Links innerhalb eines Textes lenkt den Leser unnötig ab und gibt ihm zu denken: »Soll ich dem Link jetzt schon oder erst später folgen?«
- Zu viele Links stören und erschweren den Lesefluss. Wenn die Verweise wichtig für den Artikel sind, können sie auch am Ende zusammengefasst oder in einer Box am Rand des Artikels platziert werden.

Typografie-Leitsätze für das Web

1. Benutzen Sie nur Schriften, die auf allen Computern zur Verfügung stehen (Verdana, Arial, Trebuchet MS, Courier New, Times New Roman und Georgia).
2. Achten Sie auf einen ausgewogenen Hell-Dunkel-Kontrast zwischen Schrift und Hintergrund.
3. Gestalten Sie die Schriften per CSS so, dass sie niemals kleiner als 11 Pixel sind.
4. Verwenden Sie für die Darstellung von Texten hauptsächlich serifenlose Schriften und nur für große Überschriften Fonts mit Serifen.
5. Verwenden Sie nur logische Tags wie <strong>, <p>, <h1> bis <h6>, <em> usw. zur Textauszeichnung in HTML-Dokumenten.
6. VERMEIDEN SIE DIE GROSSSCHREIBUNG GANZER ABSCHNITTE.
7. Gestalten Sie Links so, wie Links auch sonst aussehen.
8. Verzichten Sie auf blinkenden und bewegten Text.
9. Setzen Sie alle Texte zur besseren Orientierung linksbündig.
10. Trennen Sie die Absätze und nutzen Sie Zwischenüberschriften.

Ein Artikel aufbereitet mit XHTML

Für welche Schriftart Sie sich nun entscheiden und welche Abstände in Ihren Augen dem Textfluss am besten zu Gesicht stehen, ist Geschmackssache. Ein guter Orientierungspunkt sind immer Webseiten, die viele Textinhalte transportieren. Dazu gehören zum Beispiel die Online-Medien der Verlagshäuser wie *stern.de*, *spiegel.de*, *heise.de* und ähnliche.

Das nun folgende CSS-Beispiel befindet sich auch auf der beiliegenden CD-ROM und soll ein erster Ausgangspunkt für den Einsatz von Typografie im Netz sein. Öffnen Sie die CSS-Datei von der CD-ROM. Die angebrachten Kommentare helfen Ihnen beim Anpassen des CSS-Codes für Ihre eigenen Zwecke. Natürlich kann das <div>-Tag mit der id="spaltenbreite" ignoriert und gelöscht werden. Es dient lediglich dazu, den Fließtext des XHTML-Dokuments auf eine Breite zu fixieren, damit der Text nicht über den ganzen Bildschirm fließt.

```
/* Dokument-Formatierung -----------------------------------*/

html, body {
   margin: 0;              /* kein Außenabstand */
   padding: 0;             /* kein Innenabstand */
   font-family: Verdana, Helvetica, Arial, sans-serif; /* Schriftfamilie */
   color: #333;            /* Schriftfarbe dunkelgrau */
   background: #fafafa;    /* Hintergrundfarbe */
```

```css
    font-size: 13px;        /* Basis-Schriftgröße */
}

/* ANMERKUNG:
Wird die Schriftgröße des body-Elements geändert, ändern sich die
Schriftgrößen aller Elemente proportional, da die Schrift überall
in Prozent angegeben wurde.
*/


/* Zurücksetzen des Randes aller wichtigen Text-Elemente */

a, p, h1, h2, h3, h4, h5, h6, td, tr {
    margin: 0;
    padding: 0;
}

/* Formatierung Bilder */
img {
    border: 1px solid #000;  /* 1-Pixel-Rand in Schwarz */
    float: left;             /* Inhalte umfließen Bilder an der rechten Seite */
    margin: 0 8px 8px 0px;   /* Abstand rechts und unten 8 Pixel */
}

/* Formatierung Spalte */
div#spaltenbreite {
    margin-left: 50px;              /* Außenabstand rechts */
    padding-left: 10px;             /* linker Innenabstand zum Elementinhalt */
    padding-right: 10px;            /* rechter Innenabstand zum Elementinhalt */
    border-left: 1px solid #ddd;    /* linke Orientierungslinie */
    border-right: 1px solid #ddd;   /* rechte Orientierungslinie */
    text-align: left;               /* Textverlauf linksbündig */
    width: 420px;                   /* Spaltenbreite */
}

/* TEXTFORMATIERUNG ------------------------------------------*/

/* Hauptüberschrift */
h1 {
    font-size: 160%;         /* Schriftgröße */
    line-height: 170%;       /* Zeilenabstand */
    font-weight: bold;       /* Fettschrift */
    padding-bottom: 8px;     /* unterer Innenabstand zum Elementinhalt */
}

/* Zweite Überschrift */
h2 {
    font-size: 130%;         /* Schriftgröße */
    line-height: 120%;       /* Zeilenabstand */
    font-weight: bold;       /* Fettschrift */
    padding-bottom: 8px;     /* unterer Innenabstand zum Elementinhalt */
}
```

```css
/* Zwischenüberschrift */
h3 {
  font-size: 120%;          /* Schriftgröße */
  line-height: 120%;        /* Zeilenabstand */
  font-weight: bold;        /* Fettschrift */
  padding-top: 12px;        /* oberer Innenabstand zum Elementinhalt */
  padding-bottom: 8px;      /* unterer Innenabstand zum Elementinhalt */
}

/* Anreißertext */
.anreisser {
  font-size: 110%;          /* Schriftgröße */
  line-height: 120%;        /* Zeilenabstand */
  font-weight: bold;        /* Fettschrift */
  padding-bottom: 6px;      /* unterer Innenabstand zum Elementinhalt */
}

/* Datum */
.datum {
  font-size: 80%;           /* Schriftgröße */
  line-height: 120%;        /* Zeilenabstand */
  font-weight: bold;        /* Fettschrift */
  padding-bottom: 8px;      /* unterer Innenabstand zum Elementinhalt */
}

p {
  font-size: 100%;          /* Schriftgröße */
  line-height: 120%;        /* Zeilenabstand */
  font-weight: normal;      /* Fettschrift */
  padding-bottom: 12px;     /* unterer Innenabstand zum Elementinhalt */
}

ul {
  margin: 0 0 12px 24px;    /* unterer und linker Außenabstand */
  padding: 0;               /* Innenabstand */
}

ol {
  margin: 0 0 12px 24px;    /* unterer und linker Außenabstand */
  padding: 0;               /* Innenabstand */
}

li {
  margin: 0;                /* Außenabstand */
  padding: 0;               /* Innenabstand */
  line-height: 140%;        /* Zeilenabstand */
}

blockquote {
  margin: 0 0 0 24px;       /* Außenabstand */
  padding: 0px 0 12px 0;    /* Innenabstand */
}
```

```css
/* Link-Verhalten ------------------------------------*/

/* Link */
a {
  text-decoration: none;        /* Keine Unterstreichung der Links */
  font-weight: bold;            /* Fettschrift */
  color: #050;                  /* Schriftfarbe dunkelgrün */
  border-bottom: 1px dashed #777; /* gestrichelte 1-Pixel-Linie in grau
                                    unter dem Link */
}

/* Link bei darüber fahrender Maus */
a:hover {
  color: #0d0;                  /* Schriftfarbe hellgrün */
  border-bottom: 1px solid #0d0; /* durchgezogene 1-Pixel-Linie in hellgrün */
}

/* Bereits besuchter Link */
a:visited {
  color: #333;                  /* Schriftfarbe hellgrün */
}

/* Angeklickter Link */
a:active {
  color: #0cc;                  /* Schriftfarbe türkis */
  border-bottom: 1px solid #0cc; /* durchgezogene 1-Pixel-Linie in türkis */
}
```

Internet-Quellen und Buchtipps

Weiterführende Informationen zu den HTML-Tags:

http://de.selfhtml.org/

Weiterführende Informationen von Microsoft zu Fonts, Darstellung und Entwicklung:

www.microsoft.com/typography

Stefan Heinjk: »*Texten fürs Web*« Dpunkt Verlag, 2002, ISBN 3-932588-99-1

Ulli Neutzling: »*Typo und Layout im Web*« Rowohlt Taschenbuch Verlag, 2002, ISBN 3-499-61211-9

In diesem Kapitel:
- Bildformate – JPEG, GIF und PNG
- Bilder optimieren – Tonwertkorrekturen und andere Tricks
- Bilder für das Web speichern

KAPITEL 6
Logos, Fotos und Bilder für Websites optimieren

Bilder gehören noch vor Texten und Musik zum wichtigsten Bestandteil einer Website, weil sie am ehesten wahrgenommen werden. Mittlerweile heißt es ja auch des Öfteren »Internet-Gucken«, und das Web ersetzt vielerorts den Fernsehkonsum. Außerdem entsteht Lesebereitschaft, ob in Magazinen oder Zeitungen, meist über Bilder und Fotos. Denn diese lösen beim Betrachten am ehesten Neugierde aus, und wir lesen dann womöglich den dazugehörigen Artikel.

Darum sollten Sie besonderes Augenmerk auf die Auswahl der richtigen »Visuals« legen. Und da man leider nicht einfach jedes Bild in der besten Auflösung präsentieren kann, muss man beim Optimieren der Bilder den jeweils geeignetsten Grafik-Komprimierungsalgorithmus aussuchen. Denn neben Musik-Dateien werden auch Bilder verkleinert, damit sie über die Datenleitung schneller an den Browser des Besuchers ausgeliefert werden können.

Bildformate – JPEG, GIF und PNG

Wer im Internet surft, dem begegnen in der Regel die Bilddateiformate JPEG (meist JPG abgekürzt), GIF und PNG. Auch wenn PNG die besten Eigenschaften von JPG und GIF vereint und darüber hinaus frei von Patentbeschränkungen ist, so beherrschen vorwiegend GIF und vor allem JPEG das Internet. Jedes Format verfügt über eigene Komprimierungsalgorithmen, die sich für verschiedene Arten von Bildern eignen. Wenn man Bilder für den Einsatz in Print-Magazinen abspeichert, sollten diese wenn möglich nicht komprimiert werden. Beliebt sind in diesem Fall verlustfrei gespeicherte

Bilder im TIFF-Format. Dieses Format sollte für die zum Herunterladen bereitgestellten Pressebilder benutzt werden, aber nicht für Bilder auf Ihren Webseiten.

JPEG/JPG – Der Standard für detaillierte Bilder

Das JPEG-Bildformat wurde im September 1992 von der Joint Photographic Experts Group (JPEG) standardisiert und nach ihr benannt. Das Gremium entwickelte JPEG als standardisiertes Verfahren sowohl zur verlustbehafteten wie auch zur verlustfreien Komprimierung von digitalen Bildern. Grundsätzlich gilt als Leitfaden bei allen Bildkomprimierungsverfahren: Je mehr Details ein Bild aufweist, desto größer wird die Datei. Bei großer Detaildichte, zum Beispiel bei Fotos oder fotorealistischen Grafiken, sollte JPEG das Format der Wahl sein. Das JPEG-Format lohnt sich darum vor allem für das Komprimieren von Fotos und Bildern. Dahingegen eignet es sich nicht für den Einsatz bei Bildern wie Hintergründen und Logos mit großen einfarbigen Flächen, da dabei unschöne Artefakte entstehen, wenn die Dateien sehr stark komprimiert werden (siehe Abbildung 6-1).

Abbildung 6-1: Das JPG-Format sollte man bei Bildern mit großen einfarbigen Flächen vermeiden

Bei der Verwendung von Bildern sollte man immer die Gesamtgröße der jeweiligen Webseite im Auge behalten. Eine Webseite sollte maximal um die 200 KByte groß sein, damit auch Modem-Nutzer, von denen es noch viele gibt, nicht frustriert in die Tastatur beißen, während sich die Webseite im Schneckentempo vor ihnen aufbaut. Ein optimaler und für Modem-Besitzer akzeptabler Wert liegt bei etwa 100 Kbyte.

Wie viele Bilder man schließlich pro Webseite einsetzt, bleibt jedem selbst überlassen. Empfehlenswert sind jedoch lieber einige wenige große, aber scharfe Bilder pro Webseite als jede Menge aussageloses Kleingemüse, das womöglich noch stark komprimiert wurde. Denn scharfe Künstlerbilder ohne »JPG-Akne« wirken professioneller und lassen mehr Profil erkennen. Ein weiterer Trick, um die Dateigröße bei Fotos zu reduzieren, ist die Möglichkeit, auf einen detaillierten Hintergrund zu verzichten. Dazu lässt man sich als Band oder Musiker entweder vor einfarbigen Hintergründen fotografieren oder bearbeitet den Hintergrund mit Hilfe von Bildbearbeitungsprogrammen.

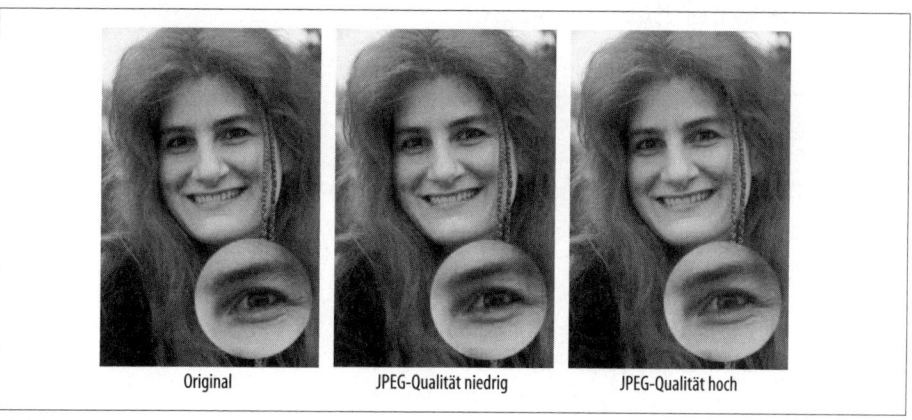

Abbildung 6-2: Unschöne Portraits: Bei zu starker Bildkomprimierung entsteht JPG-Akne und präsentiert die Künstlerin Pat Stucki in keinem guten Licht

GIF – Animationen und Bilder mit Transparenz

Im Gegensatz zum JPG-Format eignet sich das GIF-Format in erster Linie für Bilder mit großen Flächen. GIF steht für Graphics Interchange Format und ist ein Grafikformat mit guter verlustfreier Komprimierung für Bilder mit geringer Farbtiefe. GIF-Bilder können maximal bis zu 256 verschiedene Farben beinhalten. Die Farbinformationen werden hierbei in einer Farbtabelle abgelegt, die mit Hilfe von Bildbearbeitungssoftware wie zum Beispiel Photoshop bearbeitet werden kann. Dabei sind bis zu 16,7 Millionen verschiedene Farbwerte möglich, jedoch maximal 256 gleichzeitig einsetzbar. Das GIF-Format eignet sich hervorragend für Zeichnungen, Pläne, Cartoons und Logos, bei denen wenige Farben zum Einsatz kommen. Selbst Bilder mit hoher Auflösung können äußerst platzsparend abgespeichert werden.

Ein weiterer Vorteil von GIF-Bildern ist die Möglichkeit, eine Farbe als transparent zu definieren. Dadurch kann man zum Beispiel ein Logo an den Rändern freistellen und es mit dem Hintergrund verschmelzen lassen, der aus einem anderen Bild besteht. Halbtransparenzen wie beim PNG-Format (siehe den folgenden Abschnitt) sind mit GIF aber nicht möglich. Ein Pixel kann entweder nur vollständig sichtbar oder komplett »durchsichtig« sein.

Eine weitere wichtige Eigenschaft des GIF-Formats sind animierte – sprich bewegte – Bilder. Wenn man kleine Animationen für seine Website erstellen möchte, ist GIF das Format der Wahl. Wer Animationen einsetzen und erstellen will, sollte bedenken, dass für eine Animation anstelle von nur einem Bild mehrere Bilder abgespeichert werden, die wie bei einem Daumenkino nacheinander ablaufen. Achten Sie auch darauf, dass Ihre Website nicht zu einer blinkenden Ampelanlage verkommt – weniger ist mehr sowie professioneller.

PNG – König der Halbtransparenzen

Das Grafikformat PNG wurde als freier Ersatz für das ältere proprietäre Format GIF entwickelt und unterliegt keinerlei Patentbeschränkungen. PNG steht für Portable Network Graphics. Es ist ein universelles, vom World Wide Web Consortium anerkanntes Format und wird von modernen Webbrowsern weitestgehend unterstützt. Herausragendes Merkmal von PNG sind die in Form eines Alphakanals – oder für jede Farbe der Farbpalette einzeln – abspeicherbaren Transparenzinformationen. Hierbei ist ein Alphakanal eine zusätzliche Information, die für jedes Pixel angibt, wie viel vom Hintergrund des Bildes durchscheinen soll. Damit ist »smoothes« Kantenglätten von Schriftzügen, Logos und freigestellten Bildern möglich. PNG ermöglicht somit echte Schlagschatten und bietet interessante Grafikspielereien wie Wasserzeichen- oder Milchglaseffekte, die den Hintergrund durchscheinen lassen.

Leider lässt die PNG-Unterstützung durch den immer noch sehr verbreiteten Internet Explorer auf Windows-Rechnern zu wünschen übrig. Die neuesten Versionen von Mozilla bzw. Firefox, Opera und Internet Explorer für Macintosh unterstützen PNG dagegen weitgehend fehlerfrei. Aufgrund fehlender Patentbeschränkungen und dank der Transparenzfunktionen wird sich das PNG-Format aber in Zukunft im Web durchsetzen und sicherlich das GIF-Format zunehmend ablösen. Lediglich Animationen sind mit Hilfe von PNG-Bildern nicht möglich.

Weiterführende Informationen zu den Formaten JPEG, GIF und PNG finden Sie unter *http://de.wikipedia.org/wiki/Jpg*, *http://de.wikipedia.org/wiki/Gif* und *http://de.wikipedia.org/wiki/Portable_Network_Graphics*.

Bilder optimieren – Tonwertkorrekturen und andere Tricks

Photoshop bietet hervorragende Funktionen, um Bilder und Fotos aufzuwerten. Dazu muss man nicht unbedingt ein großer Künstler oder Grafiker sein, weil einige Funktionen auch als automatisierte Prozesse vorliegen. Die Augen sollte man trotz Auto-Funktionen jedoch offen halten.

Um Bilder für das Web aufzubereiten, lohnt sich vor allem ein Blick auf die Funktionen *Auto-Tonwertkorrektur*, *Auto-Kontrast* und die seit Photoshop 7 integrierte *Auto-Farbe*-Funktion. Diese Funktionen erreichen Sie über das Menü *Bild > Anpassen*.

Werden diese Funktionen richtig angewendet, ist man oft überrascht, wie viele Farb- und Helligkeitsinformationen selbst in leicht matschigen Bildern noch stecken. Flaue Bilder weiß die *Auto-Tonwertkorrektur* oftmals exzellent zu tunen; sie kann jedoch etwas zu engagiert mit zarten Tönungen umgehen, die spezielle Stimmungen erzeugen.

Tonwertkorrekturen

Über die Funktion *Tonwertkorrektur* lassen sich Bilder und Fotos bezüglich ihrer Prägnanz oft innerhalb von Sekunden optisch um einiges aufwerten (siehe Abbildung 6-3). Wer richtig faul ist oder schnell arbeiten muss, der verzichtet dabei auf das manuelle Tuning und nutzt gleich die Auto-Tonwertkorrektur von Photoshop. Dazu reicht die Tastenkombination *STRG-Umschalt-L* oder man dirigiert seinen Mauszeiger in das Menü *Bild > Anpassen > Auto-Tonwertkorrektur*.

Wer sich lieber auf das eigene Geschick und Augenmerk verlässt, der ruft mit *STRG-L* die manuelle Tonwertkorrektur auf oder findet sie über das Menü unter *Bild > Anpassen > Tonwertkorrektur*. Ist das Fenster geöffnet, zeigt sich ein Histogramm wie in Abbildung 6-4. Damit das Bild schärfer wird, müssen die beiden kleinen Dreiecke links und rechts vom Histogramm manuell näher an den Beginn des »Histogramm-Bergs« gerückt werden. Ein abschließender Klick auf *OK* korrigiert das Spektrum der Tonwerte.

Eine weitere gute Funktion für Einsteiger, um Bilder zu optimieren, findet man als letzten Punkt unter *Bild > Anpassen > Variationen*. Mit dieser Funktion können Bilder schrittweise farblich korrigiert werden. Dazu wählt man die Variation, die einem am überzeugendsten erscheint. Mit Variationen lassen sich die Farbkomponenten RGB sowie CMY für Tiefen, Mitteltöne und Lichter verstärken, ebenso die Sättigung.

Abbildung 6-3: Angewandte Tonwertkorrektur auf ein Foto der Saxophonistin Pat Stucki

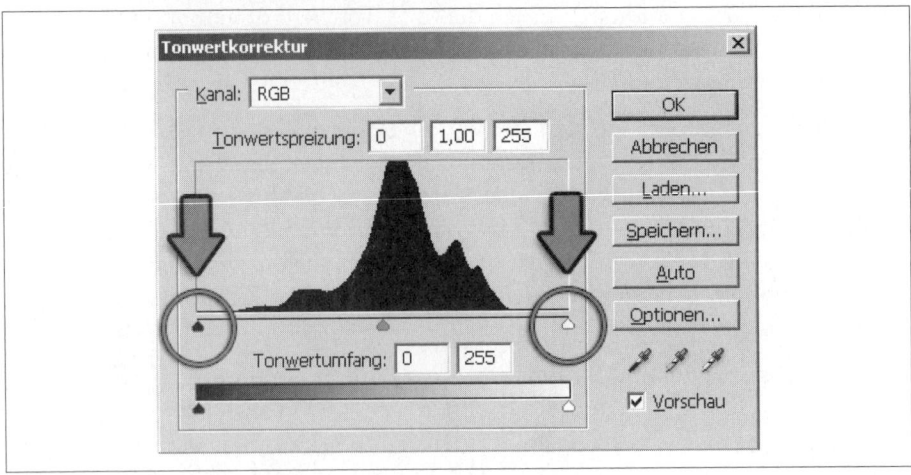

Abbildung 6-4: Bessere Bildkontraste mittels Tonwertkorrektur

Auto-Kontrast und Auto-Farbe

Die Funktion *Auto-Kontrast* erreichen Sie über das Menü *Bild > Anpassen > Auto-Kontrast* oder über die Tastenkombination ALT-Umschalt-STRG-L. Mit Hilfe des Befehls können Sie Bildkontraste automatisch anpassen. Die Funktion greift Ihnen bei vielen Fotos und Halbtonbildern unter die Arme und verbessert sie merklich. Liegt jedoch ein Bild mit kontrastarmen Farben vor, versagt der Befehl.

Dahingegen beseitigt die Funktion *Auto-Farbe* einen Farbstich eines Bildes. Dadurch lassen sich vergilbte, eingescannte Bilder verbessern. Im Vergleich mit der Auto-Tonwertkorrektur geht dieses Verfahren sanfter mit dem Bildmaterial um. Die Funktion rufen Sie entweder über das Menü *Bild > Anpassen > Auto-Farbe* oder über die Tastenkombination Umschalt-STRG-B auf. *Auto-Farbe* stellt den Kontrast und die Farbe eines Bildes ein, indem im Bild nach Tiefen, Mitteltönen und Lichtern gesucht wird.

Bilder für das Web speichern

Wenn man Bilder für das Internet abspeichert, prüft man zuerst, ob das Bild im RGB-Modus vorliegt. Das findet man in der Regel über die Bildeigenschaften heraus. Bei Photoshop öffnet man dazu das Menü *Bild > Modus*. Das Programm listet dort sämtliche möglichen Optionen auf. Sollte das Häkchen vor *RGB-Farbe* nicht gesetzt sein, ändert man den Farbmodus einfach per Klick.

Auch wenn man beim Speichern von Bildern für das Internet auf Standardwerte setzen kann, lohnt es sich immer, noch einmal mit den eigenen Augen richtig hinzuschauen. Denn manche Bilder sehen bei stärkerer Komprimierung immer noch gleich scharf oder detailliert aus, wo andere Bilder bei identischer Komprimierungsstufe schon deutliche Artefakte aufweisen. Trotzdem gibt es ein paar übliche Orientierungswerte.

Um Bilder optimal mit guter Komprimierung und Qualität abzuspeichern, bietet Photoshop eine hervorragende Funktion. Diese finden Sie über das Menü *Datei > Für Web speichern...* oder noch schneller über die Tastenkombination ALT-Umschalttaste-STRG-S. Diese Tastenkombination liest sich kompliziert, aber wenn Sie oft mit Photoshop optimierte Bilder abspeichern müssen, wird Ihnen die Kombination schnell in Fleisch und Blut übergehen.

Während man auf der rechten Seite (siehe Abbildung 6-5) bei den Voreinstellungen das Grafikformat und die jeweilige Qualität auswählen kann, zeigt Photoshop bereits mehrere Vorschläge. Die Anzahl der Vorschläge bestimmt man über die Reiter an der oberen Leiste. Während *Original* das Bild in unveränderter Qualität zeigt, zeigen die Reiter *2fach* und *4fach* jeweils eine oder drei weitere Qualitätsstufen. Wirklich klasse ist hierbei der leichte Vergleich zwischen Originalbild und komprimierter Version. Spielt man mit dem Qualitätsregler auf der rechten Seite, den Sie als Pulldown-Menü über den kleinen Pfeil nach links ausklappen können, so lässt sich schnell die Stärke der Bildkomprimierung ändern.

Wer kontinuierlich mit der Funktion *Für Web speichern...* arbeitet, dem rate ich, lediglich die *2fach*-Ansicht zu verwenden. Diese eignet sich besser für den Vergleich, da man sich lediglich auf das Original und die komprimierte Version konzentriert.

Unter den Bildern stehen jeweils die Größe der optimierten Bilder in Bytes und die anzunehmende Download-Zeit je nach Modem. Um die Modem-Geschwindigkeit zu verändern, klickt man in der rechten oberen Ecke des Bildes auf den Button mit dem Pfeil-nach-rechts-Symbol.

JPEG – Welche Qualitätsstufe?

Wie oben beschrieben, ist JPEG das Format der Wahl, wenn es um Fotos und detaillierte Bilder geht. Richtig gut sehen JPEG-Bilder ab der Qualitätsstufe 6 beziehungsweise 60% aus (siehe Abbildung 6-5). Auch wenn niedrigere Stufen auf den ersten Blick oft ebenfalls gut aussehen, so altern Menschen und Gesichter jedoch mit zunehmender Komprimierung und bekommen fiese JPEG-Akne.

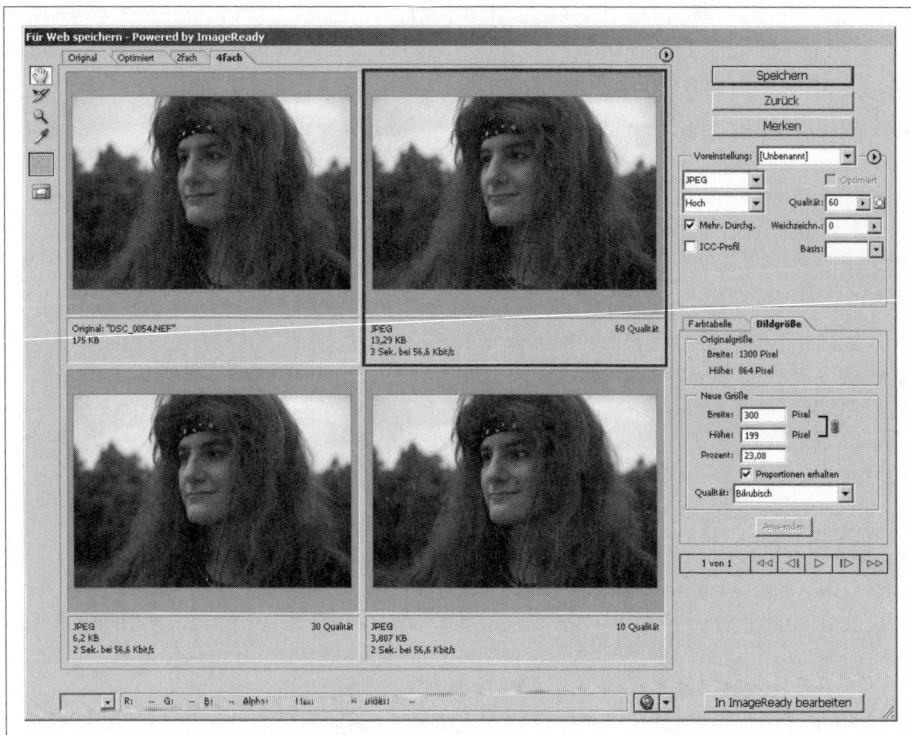

Abbildung 6-5: Photoshop zeigt auf Wunsch mehrere Komprimierungsversionen eines Bildes

GIF-Bilder optimieren und mit dem Hintergrund überblenden

GIF-Bilder kann man hervorragend optimieren, weil jedes Bild mit einer eigenen Farbtabelle abgespeichert wird. Diese Farbpalette kann man sich in den meisten Bildbearbeitungsprogrammen anzeigen lassen. Anschließend sucht man die Farben heraus, die sich gleichen – zum Beispiel Blau-Töne wie in Abbildung 6-6. Diese Farben löscht man dann selektiv aus der Farbpalette. Das Bildbearbeitungsprogramm ersetzt anschließend den Farbton im Bild durch einen ähnlichen Farbton aus der Farbtabelle.

Um Farben aus der GIF-Farbpalette selektiv zu löschen, eignet sich hervorragend Photoshop beziehungsweise das mitgelieferte Image Ready. Wenn Sie sich in Photoshop befinden und ein Bild als GIF-Grafik abspeichern wollen, öffnen Sie über *Datei > Für Web speichern...* die dazugehörige Option. Als Bildformat wählen Sie danach GIF. Jetzt sollte Photoshop Ihnen unten die Farbpalette anzeigen (siehe Abbildung 6-6). Ist dem nicht so, wählen Sie den Reiter *Farbpalette* selbst.

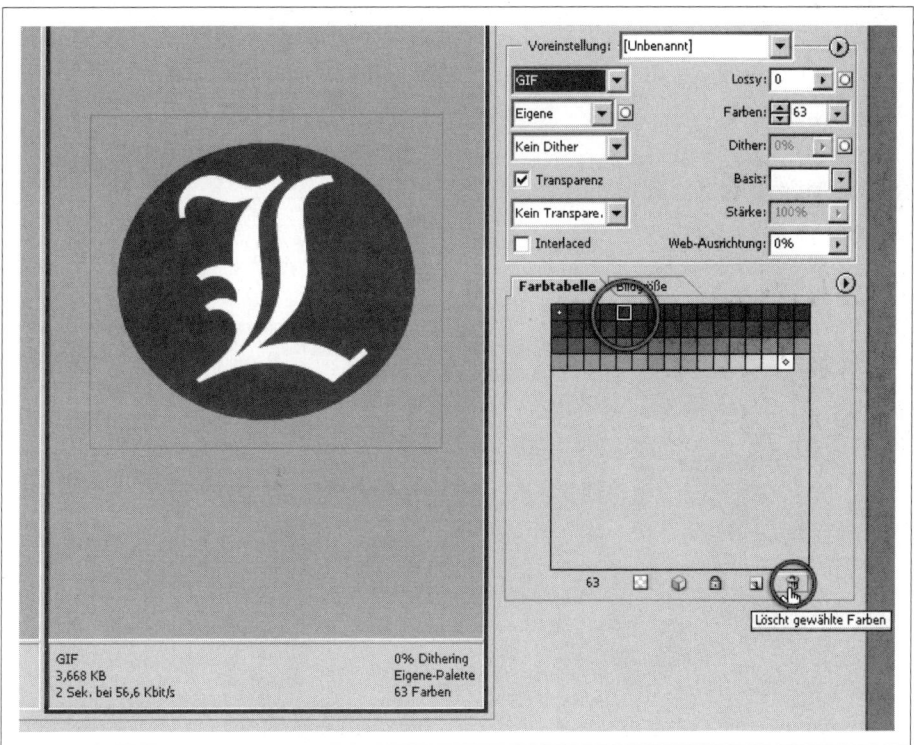

Abbildung 6-6: Photoshop erlaubt das selektive Löschen von Farben der GIF-Farbpalette

Um eine Farbe aus der Palette zu löschen, klicken Sie diese einfach an und klicken anschließend auf das Symbol mit dem Mülleimer. Sie können die Auswahl der Farben jedoch noch schneller eingrenzen, indem Sie die Farben von Photoshop reduzieren lassen. Dafür ist das Feld *Farben* zuständig, das Ihnen die derzeitige Anzahl der Farben in der Palette anzeigt. Eine weitere Option, um die Farben der Palette zu sortieren, bietet sich Ihnen über den Nach-rechts-Pfeil, den Sie rechts über der Farbpalette finden. Wenn Sie auf den Pfeil klicken, öffnet sich ein Kontextmenü, in dem Sie die Farben nach Farbton, Luminanz oder Häufigkeit sortieren können. Diese Modi helfen Ihnen dabei, unwichtige Farben zu löschen.

Um mit Photoshop transparente GIFs zu erzeugen, muss die Hintergrundebene ausgeblendet werden (siehe Abbildung 6-7). Wenn Sie nun Pixel in der darüber liegenden Ebene löschen, scheint eine gekachelte Fläche durch, die Ihnen symbolisiert, dass hier keine Farben vorhanden sind. Stellen Sie die Grafik nun so frei, wie Sie möchten. Anschließend öffnen Sie wieder *Datei > Für Web speichern...* Damit für die transparenten Flächen kein Farbton abgespeichert wird, müssen Sie unbedingt ein Häkchen bei *Transparenz* setzen. Das Feld für die Transparenz erscheint aber nur dann, wenn Sie bereits GIF als zu speicherndes Grafikformat ausgewählt haben. Wenn Sie abschließend die Grafik speichern, speichert Photoshop für den transparenten Bereich einen Farbton »Transparenz« ab. Im Browser sollten nun unter der Grafik liegende Bilder an den Stellen der Transparenz zu sehen sein.

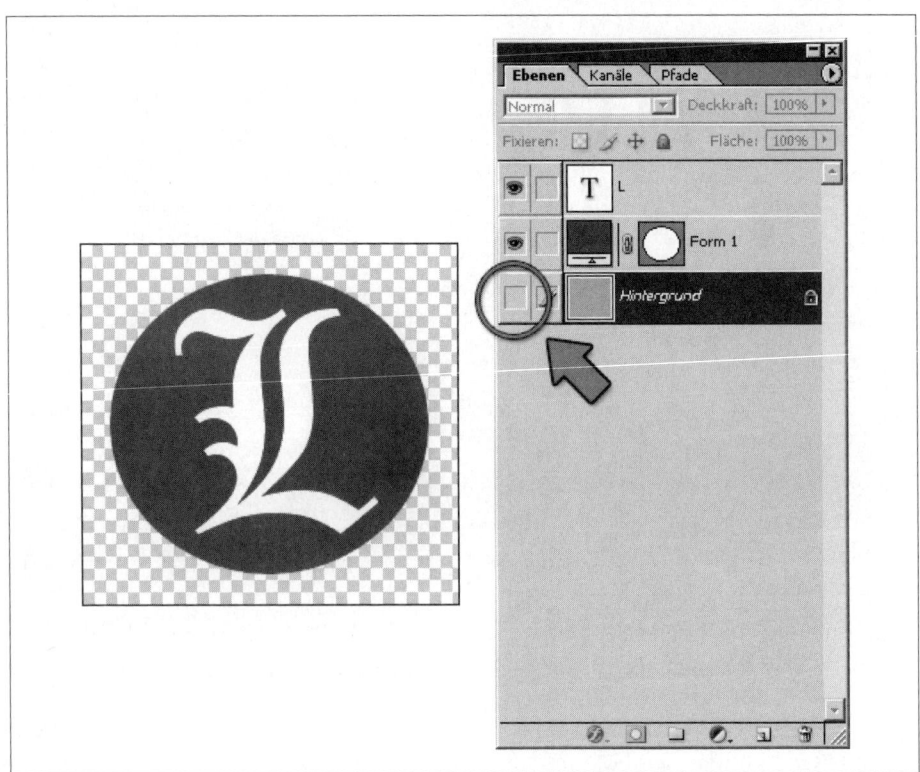

Abbildung 6-7: Für transparente GIFs muss die Hintergrundebene ausgeblendet werden

Sollten Sie mit Photoshop GIF-Bilder mit Animationen erstellen wollen, dann benutzen Sie am besten das Sonderwerkzeug *Image Ready*. *Image Ready* ist hervorragend dafür geeignet, um GIF-Animationen zu erstellen. Achten Sie beim Speichern der Animationen darauf, dass Sie die Farbpalette so gut wie möglich optimieren und reduzieren. Da bei Animationen mehrere Bilder abgespeichert werden, die nacheinander angezeigt werden, kann der Einsatz von weniger Farben die Datei um einige KBytes erleichtern.

Häufig hat man ein komplexes Hintergrundbild, über das man eine Grafik legen möchte. Dabei ist bei XHTML angesichts der verschiedenen Browser-Macken ein pixelgenaues Positionieren der Grafiken fast unmöglich. Darum befindet man sich bei Bildern mit einem unregelmäßigen Rand in einer ungünstigen Ausgangsposition. Damit die Grafik trotzdem einen weichen Anti-Aliasing-Rand (siehe den folgenden Kasten) bekommt und mit dem Hintergrund harmoniert, nutzen Sie am besten ein weiteres Mal die hervorragende *Für Web speichern*-Funktion von Photoshop. Dabei gehen Sie wie folgt vor:

1. Bevor Sie das Bild für das Web abspeichern, müssen erst einmal alle Bereiche, die transparent sein sollen, frei von jeglicher Farbe sein. Am besten löschen Sie die Farben in einer Ebene und blenden die Hintergrundebene aus.
2. Anschließend öffnen Sie das Menü *Datei > Für Web speichern*.
3. Als Grafik-Format wählen Sie GIF.
4. Dann öffnen Sie das Pulldown-Menü *Basis* und wählen den Menüpunkt *Andere*. Dort wählen Sie nun die Hauptfarbe Ihres Hintergrunds aus. Um den Effekt genauer zu beobachten, können Sie das Bild mit Hilfe der Lupe in der Leiste links oben vergrößern.
5. Um die Dateigröße des GIFs zu reduzieren, löschen Sie anschließend noch überflüssige Farben aus der Farbtabelle.
6. Abschließend speichern Sie das Logo bzw. Bild mit dem weichen Rand ab.

Smoothe Halbtransparenzen mit PNG

PNG-Bilder können gewieften Webdesignern richtig Freude bereiten, weil man mit ihnen geglättete Übergänge erstellen kann. Bei PNG können Bilder über Hintergründe fließen, ohne dass »kratzige« Übergänge sichtbar werden, wie Sie in Abbildung 6-9 sehen.

Leider hemmt der Internet Explorer den Einsatz von PNG-Grafiken, da er das Format nicht korrekt darstellt. Wenn Ihnen jedoch eine stylishe Website lieber ist, die zumindest in Firefox & Co. korrekt dargestellt wird, sollten Sie wenigstens darauf achten, dass alle Inhalte im IE zu erkennen sind und nicht durch den Einsatz der PNG-Technik verschwinden oder überdeckt werden.

Was ist Anti-Aliasing?

Anti-Aliasing, auch »Kantenglättung« genannt, dient zur Verminderung des Treppenstufeneffektes, der bei der Pixeldarstellung von schrägen und gekrümmten Linien auftritt, zum Beispiel bei Schrift. Mit Hilfe von Anti-Aliasing können Sie im Internet Text mit weichen Kanten erzeugen, der »smoother« und sanfter mit dem Hintergrund harmoniert. Der Anti-Aliasing-Effekt wird mittels Interpolation erreicht. Dabei werden benachbarte Bildpunkte farblich angeglichen, um die sichtbaren Treppenstufen zu vermindern.

Anti-Aliasing sollten Sie hauptsächlich bei großen Schriften anwenden, da der Effekt kleine Schriften unleserlich beziehungsweise für das Auge schwer erfassbar macht. Außerdem entsteht durch das Glätten eine höhere Anzahl an Farben, die mit dem Bild abgespeichert werden. In einigen Fällen der Kantenglättung können durch den Effekt auch unschöne Streufarben auftreten. Wie immer sollte das Auge mitentscheiden.

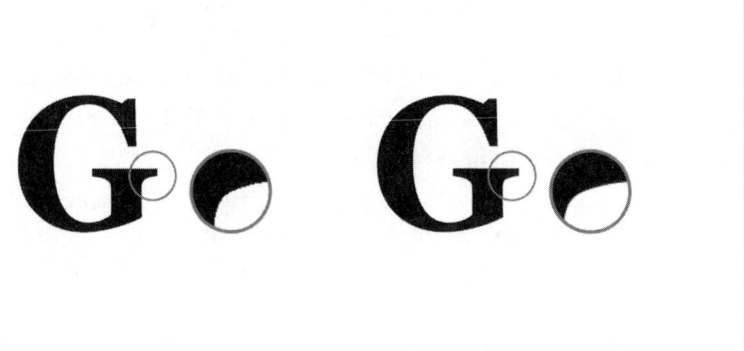

Abbildung 6-8: Anti-Aliasing (rechts) glättet pixelige Treppenstufen bei schrägen oder gekrümmten Linien

Um in Photoshop Bilder mit unterschiedlicher Deckkraft zu erstellen, gehen Sie am besten wie folgt vor. In unserem Beispiel erstellen wir eine Schrift mit einem Schatten, dem eine Transparenz zugewiesen wird. Da man Hintergründe nur ein- oder ausblenden kann, müssen Sie zuerst immer eine neue Ebene erstellen, deren Deckkraft Sie anschließend justieren.

Erstellen Sie also ein neues Bild über *Datei > Neu* oder mit Hilfe von STRG-N und geben für das Bild eine Breite von 400 Pixel und eine Höhe von 60 Pixel ein. Als Auflösung eignet sich für das Web 72 Pixel/Zoll (auch als dpi bezeichnet), und als Farbmodus wählen Sie RGB. Als Nächstes blenden Sie die Hintergrundebene aus, indem Sie auf das Auge klicken. Drücken Sie nun auf die Taste D, um die beiden Farbfelder auf Schwarz und Weiß zurückzusetzen.

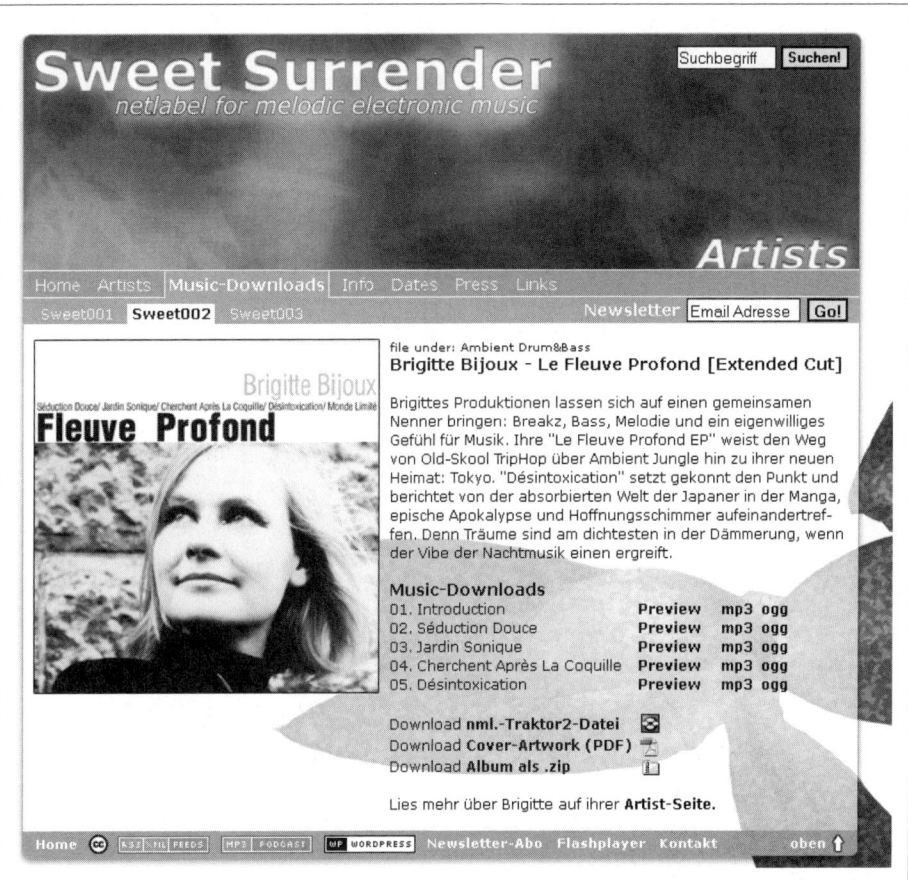

Abbildung 6-9: Transparente Bilder: schnieker Milchglaseffekt mit PNG-Bild

Anschließend wählen Sie in der Werkzeugleiste das Schriftwerkzeug. Wählen Sie für unser Beispiel die Schrift Verdana als Fettschrift, setzen Sie ihre Größe auf 48 und wählen im Feld rechts daneben die Darstellungsweise *Scharf*. Klicken Sie nun einfach in das Bild. Photoshop erstellt sodann eine neue Ebene, in die Sie einfach ein Wort eingeben. Wenn Sie fertig sind, duplizieren Sie die Ebene, indem Sie im Menü *Ebene* einfach *Ebene duplizieren...* wählen. Jetzt liegen zwei Ebenen übereinander.

Um die Grafik einer Ebene zu verschieben, wählen Sie in der Werkzeugleiste das Verschieben-Werkzeug (das ist das Symbol mit dem Viereck in Form eines Pfeils und dem Steuerkreuz). Sie können analog auch die Taste V drücken. Wählen Sie danach die untere Ebene aus und bewegen Sie diese mit den Pfeiltasten. Dazu tippen Sie auf die Pfeiltasten und verschieben den Schriftzug Pixel um Pixel. In unserem Fall tippen Sie am besten zweimal auf Pfeil-nach-links und zweimal auf Pfeil-nach-unten.

Damit unser Schatten eine andere Deckkraft bekommt, können Sie die Deckkraft bei ausgewähltem Verschieben-Werkzeug über die Zahlen auf der Tastatur verändern. Oder Sie benutzen den Schieberegler des Ebenen-Fensters – siehe Abbildung 6-10. (Sollte das Ebenen-Fenster nicht angezeigt werden, blenden Sie es über die Funktionstaste F7 oder über das Menü *Fenster > Ebenen* ein.) Dabei markiert der Wert 100 die volle Deckkraft und der Wert 0 vollkommene Durchsichtigkeit. Geben Sie dem Schatten eine Deckkraft von 30%.

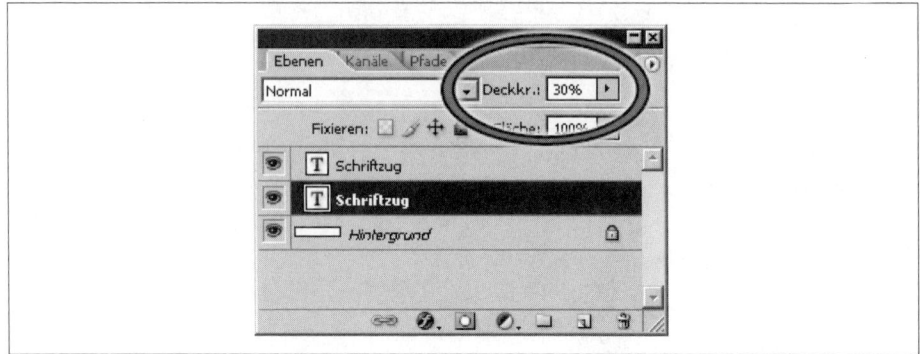

Abbildung 6-10: Um in Photoshop transparente Ebenen zu erzeugen, reduziert man im Ebenen-Fenster die Deckkraft

Die Schrift ist nun dank ihrer schwachen Deckkraft kaum auf dem Bildschirm zu erkennen. Blenden Sie einfach einmal die Hintergrundebene ein, um zu sehen, wie der Schatten aussieht. Um jedoch den Schriftzug mit dem transparenten Schatten abzuspeichern, muss die Hintergrundebene ausgeblendet sein. Wählen Sie nun *Datei > Für Web speichern...*, um das Bild als PNG-Datei abzuspeichern. Denken Sie daran, als Grafik-Format PNG-28 auszuwählen und ein Häkchen ins *Transparenz*-Feld zu setzen. Nach dem Klick auf *OK* haben Sie Ihre erste transparente Grafik abgespeichert.

Um den Effekt zu überprüfen, legen Sie am besten eine neue XHTML-Webseite an. Dieser geben Sie einen gemusterten Hintergrund und binden einfach die Schriftzuggrafik ein. Um mitverfolgen zu können, wie der Hintergrund unter dem Schatten herfließt, wenn Sie den Scrollbalken bewegen, sollten Sie einfach zu dem Bild innerhalb des <body>-Tags ein paar
 -Tags hinzufügen. Oder Sie öffnen einfach die Beispieldatei *schrift-mit-schatten.html* auf der CD-ROM. Vergessen Sie jedoch nicht, dass der Internet Explorer die Transparenz nicht anzeigen kann. Um den Effekt zu sehen, öffnen oder installieren Sie am besten den Browser Firefox oder den skandinavischen Alleskönner Opera.

In diesem Kapitel:
- Der sinnvolle Einsatz von Keywords
- Onsite-Optimierung: Verbesserungen auf der eigenen Site
- Link Popularity, Click Popularity und Pagerank
- Internet-Quellen und Buchtipps

KAPITEL 7
Webseiten für Suchmaschinen optimieren

Über Suchmaschinen und Suchportale finden zahlreiche Surfer neue Webseiten. Damit Ihr Web-Auftritt auch dazugehört, sollten Sie Ihre Website optimieren. Dazu gehören neben einem einwandfreien XHTML-Code eine Verlinkung durch andere Websites, der intelligente Einsatz von Schlüsselbegriffen und eine ganze Menge anderer Kniffe. Da die meisten Suchenden in der Regel nicht mehr als drei Unterseiten der Suchergebnisse aufrufen, müssen Sie dafür sorgen, dass auch Sie auf den vorderen Seiten erscheinen. Denn oftmals ist die Anzahl der Konkurrenzseiten so groß, dass bei bestimmten Stichwörtern nur diejenigen auf den vorderen Plätzen landen, die sich speziell auf die Erfordernisse seitens der Suchmaschinen eingestellt haben. In diesem Abschnitt erlangen Sie ein grundlegendes Basiswissen, worauf Sie achten sollten. Wenn Sie die Regeln beachten, wird Ihre Website sicherlich auf den vorderen Plätzen mittanzen. Und wirklich schwierig ist das auch nicht.

Die oberste Regel bei der Optimierung von Webseiten für Suchmaschinen klingt simpel: Es kommt auf den Inhalt an. Denn guter Inhalt setzt sich immer durch. Ob bei den Surfern, Webloggern oder Suchmaschinen, im Endeffekt erreicht Qualität ein Publikum. Trotzdem kann man natürlich nachhelfen. Die zweite Regel lautet: Es gibt keinen Königsweg, der auf die Top-Positionen aller Suchmaschinen, -kataloge und -portale führt. Denn jede Suchmaschine arbeitet nach anderen Algorithmen, und Suchkataloge werden oft von Redakteuren betreut, die sich den Inhalt Ihrer Website anschauen, bevor sie sie unter einem Stichwort oder in einer Rubrik einordnen. Die dritte Regel lautet: Fortschrittliche Webtechniken wie Javascript, Flash, Shockwave, Java und ähnliche wirken meist kontraproduktiv bezüglich der Positionierung in Suchmaschinen. Das liegt an der Tatsache, dass Suchmaschinen das Web wie alte Browser sehen. Dabei berücksichtigen sie häufig weder Grafiken noch analysieren sie Tabellen. Das liegt in erster Linie an ihrer Funktionsweise. Deshalb sind Texte das wichtigste Kriterium für Suchmaschinen, weil Suchmaschinen Texte aus den Seiten extrahieren, analysieren und anschließend in ihren Index einpflegen können.

Der sinnvolle Einsatz von Keywords

Wie oben bereits erwähnt, kommt es auf die Inhalte an. Und je spezieller die eigenen Inhalte sind, desto größer ist die Wahrscheinlichkeit, eine Top-Platzierung innerhalb der Suchmaschinen zu erreichen. Diese Platzierung können Sie maßgeblich beeinflussen, indem Sie Ihr Material sinnvoll aufarbeiten. Denn ein Dokument wird nur dann Teil eines Suchergebnisses, wenn es das gesuchte Wort als Begriff enthält. Darum gehört zu den wichtigsten Aufgaben die Wahl der geeigneten Schlüsselwörter. Im Suchmaschinenoptimierer-Slang heißen diese *Keywords*. Die Suchmaschinenoptimierer selbst bezeichnen sich auch gerne als *SEOs*, Search Engine Optimizer.

Damit Keywords richtig funktionieren, müssen sie den Inhalt optimal repräsentieren. Gleichzeitig müssen die Keywords aber genau so vom Surfer als Schlagwörter in das Suchfeld der Suchmaschine eingegeben werden. Um geeignete Keywords zu finden, sollten Sie sich die folgenden Fragen stellen:

- Welche Ziele verfolgt Ihre Website?
- Welche Produkte und Dienstleistungen bieten Sie an?
- Welche Zielgruppe visieren Sie an?
- Welche Suchbegriffe würden Sie selbst benutzen, wenn Sie Ihr eigenes oder ein ähnliches Projekt finden wollten?

Achten Sie vor allem auch darauf, Synonyme, Abkürzungen und Begriffe aus der Umgangssprache zu verwenden. Surfer, die einen Blumenladen in ihrer Nähe suchen, geben anstelle von »Florist« wohl eher »Blumen«, »Blumenladen« oder »Blumengeschäft« in die Suchmaske ein. Sie sollten sich deshalb eine Liste erstellen, die alle möglichen Keywords aus Fachbegriffen, Synonymen und umgangssprachlich verwendeten Begriffen zusammenfasst. Firmennamen eignen sich in aller Regel nicht dafür, Gattungsbegriffe beziehungsweise Bezeichnungen für Produkte und Musikkategorien aber schon.

Damit Sie die richtigen Keywords und Wortkombinationen finden, sollten Sie Ihr »Dienstleistungsspektrum« immer aus dem Blickwinkel des Anwenders betrachten. Lesen Sie Ihre eigenen Texte und eliminieren Sie alle alltäglichen Wörter. Die übrig gebliebenen könnten geeignete Suchwörter sein. Auch das bewusste Falschschreiben kann von Vorteil sein, wenn erfahrungsgemäß eine ausreichend große Anzahl von Personen bestimmte Begriffe falsch schreibt. Besonders bei Musikkategorien kann eine falsche Schreibweise vorkommen, weil nicht jeder weiß, wie man zum Beispiel »Grunge« schreibt. Pro Webseite sollten Sie dann verstärkt maximal drei bis fünf Keywords einsetzen, die Sie wiederholt benutzen – am besten beschränken Sie sich auf drei. Behandelt Ihre Site mehr als drei Keywords, lohnt es sich, für die jeweiligen Keywords Unterseiten zu erstellen.

Funktionsweise von Suchmaschinen, Spidern und Webrobots

Suchmaschinen schicken Webrobot-Systeme durch das Internet, um Inhalte zu finden, zu analysieren und um sie in den eigenen Katalog einzuordnen. Häufig verwendete Synonyme für ein Webrobot-System sind auch Webrobot (kurz Bot), Web Wanderer, Web Crawler oder Spider. Webrobots sind global verteilt arbeitende Software- und Hardwaresysteme. Die Webrobots finden neue Inhalte und überprüfen alte, bereits gespeicherte Inhalte auf Veränderungen. Webrobots bestehen aus mehreren Komponenten, die miteinander in Arbeitsprozessen verzahnt sind. Dazu gehören vier Komponenten:

- Gatherer: sammelt Dokumente im WWW
- Loader: organisiert die auszuführenden Aufträge des Robots
- URL-Datenbank: verwaltet alle gespeicherten URLs
- Checker: wenden unterschiedliche Filter an

Während die wesentliche Aufgabe des Gatherers darin besteht, den Datenbestand der jeweiligen Suchmaschine auf dem neuesten Stand zu halten und zu erweitern, arbeiten die beiden Komponenten Loader und URL-Datenbank in einem funktionalen Zusammenhang. Dabei koordiniert der Loader die verteilt arbeitenden Suchroboter (Gatherer). Neben der Überwachung der Ausführung analysiert der Loader die Auslastung der jeweiligen Gatherer. Damit die Suchroboter über Informationen verfügen, welche URLs zu überprüfen sind, erhalten sie vom Loader URL-Listen. Welche Internet-Adresse zu welchem Zeitpunkt besucht werden soll, wird jedoch nicht durch den Loader bestimmt, sondern durch die Komponente URL-Datenbank.

Der Checker übernimmt anschließend die Dokumente und untersucht sie. Hierbei können drei wesentliche Filterprozesse zum Einsatz kommen: Dokumentenfilter, Dublettenerkennung und URL-Filter. Während der erste Filter die Art des Dokuments bestimmt (XHTML, PDF, Flash usw.), überprüft die Dublettenerkennung, ob bereits ein gleiches Dokument vorhanden ist. Der URL-Filter durchsucht und überprüft das Dokument abschließend auf Links und deren Erreichbarkeit. Außerdem überprüft er, ob ein Link auf eine Blacklist gesetzt wurde. Eine Blacklist ist eine Liste zu ignorierender Links und Webseiten. Warum eine URL auf eine Blacklist gesetzt wurde, kann auf ihren Inhalt oder mögliche Spam-Versuche zurückzuführen sein.

Oftmals gibt es Begriffe, die das Gleiche meinen, von denen Sie jedoch nicht wissen, welchen Begriff der Suchende eher eintippt. Geben Surfer eher »Netlabel« oder »Netlabels« ein, wenn sie auf der Suche nach neuen Sounds sind? Hilfreich bei der

Analyse ist unter anderem das *Search Term Suggestion Tool* des Suchspezialisten Overture (siehe Abbildung 7-2). Dieses kann Ihnen bei der Entscheidung hilfreich unter die Arme greifen. Das Online-Werkzeug finden Sie unter *http://inventory. overture.com*. Zu unserer Frage oben stellte Overture am 26.07.2005 fest, dass Surfer eher »Netlabels« (355 Anfragen) als »Netlabel« (51 Anfragen) bei einer Suchanfrage eingeben. Die Zahlen geben jedoch nur Tendenzen an und können schon mal durch automatisierte Abfragen verfälscht werden.

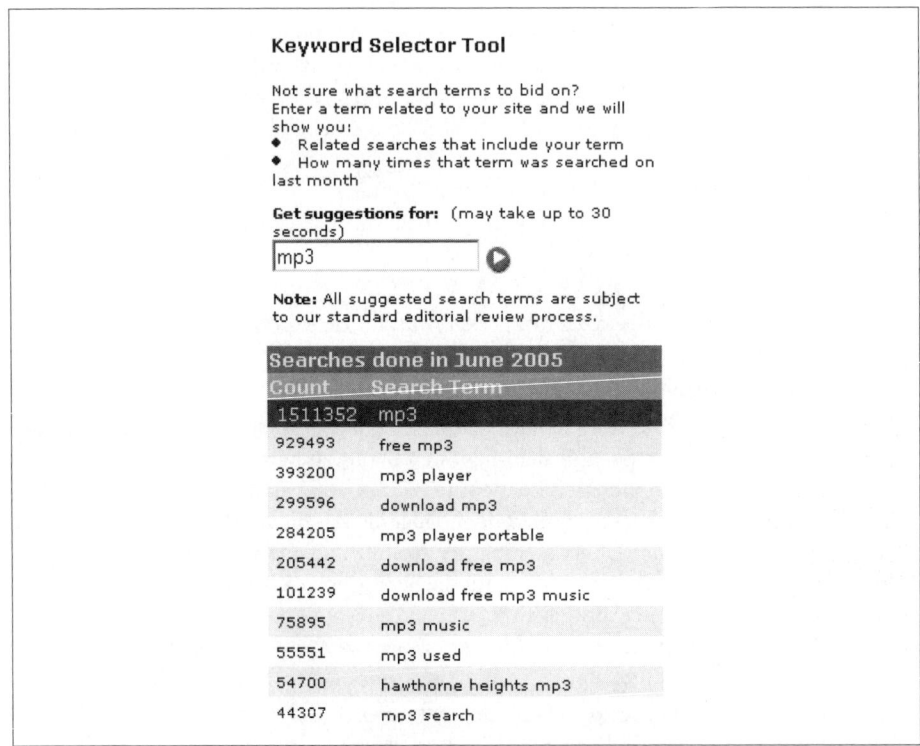

Abbildung 7-1: Das Search Term Suggestion Tool von Overture hilft bei der Suche nach ähnlichen Suchbegriffen, hier MP3

Ein weiteres hervorragendes Werkzeug bei der Suche nach den richtigen Begriffen ist der *MetaGer-Web-Assoziator*, den Sie unter *www.metager.de/asso.html* finden. Diesen sollten Sie benutzen, wenn Sie neue oder bessere Begriffe zu einem Thema suchen. Zwei weitere Werkzeuge sind der Keyword-Generator von Espotting unter *http://de.espotting.com/popups/keywordgenbox.asp* und das Google AdWords Keyword Tool unter *https://adwords.google.com/select/KeywordSandbox*.

Neben der eigenen Suche lohnt es sich manchmal auch, die Konkurrenz auszuspionieren. Schauen Sie doch einfach mal bei Ihrem Nachbarn im XHTML-Quellcode zwischen den <head>-Tags nach. Oftmals finden sich dort interessante Suchbegriffe in den <meta>-Tags. Achten Sie aber darauf, keine Markennamen anderer Hersteller zu verwenden. Das könnte im schlimmsten Fall zu einer Abmahnung führen.

Ein letzter Trick zur Überprüfung geeigneter Suchwörter ist die Eingabe in einem Suchriesen wie Google. Denn Google gibt bei jedem Ergebnis auch die Anzahl der jeweils gefundenen Dokumente an, die den Begriff beherbergen (siehe Abbildung 7-2). Je geringer die Anzahl der gefundenen Seiten hinsichtlich des Suchbegriffs ist, desto leichter sollte eine gute Platzierung sein.

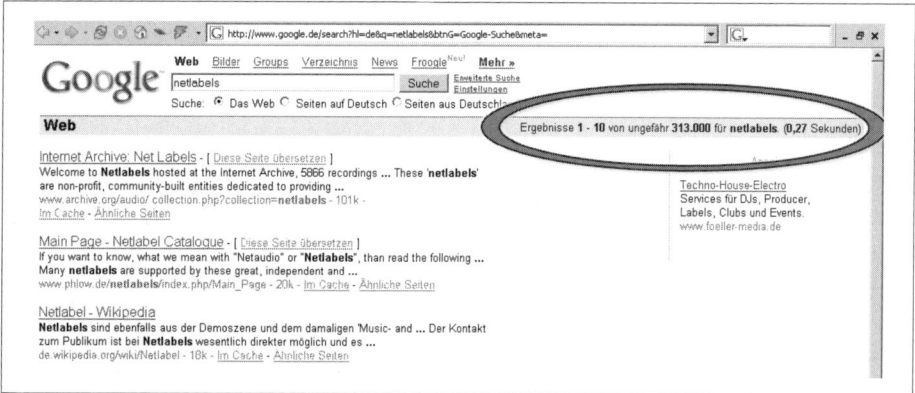

Abbildung 7-2: Google zeigt für jeden Suchbegriff die Anzahl der gefundenen Dokumente an

Onsite-Optimierung: Verbesserungen auf der eigenen Site

Als *Onsite-Optimierung* bezeichnen SEOs das Tuning am eigenen XHTML-Code sowie die Aufwertung der Seiten-Inhalte. Zu den Verbesserungsmaßnahmen gehören neben einem intakten Code auch eine clevere Programmierung, die Webstandards beachtet. Bei der Erstellung des Layouts haben Sie dafür schon die ersten Grundsteine gelegt. Denn eine fehlerfreie Programmierung verhindert, dass die Suchmaschine stolpert und sich bei der Suche verrennt oder verheddert. Sind Sie nicht sicher, ob Ihr Quellcode korrekt ist, dann überprüfen Sie ihn mit den jeweiligen Online-Tools, zum Beispiel mit dem deutschen Validator unter *www.validome.org/lang/de/*. Dieser hilft Ihnen bei der Analyse und Fehlerkorrektur.

Damit eine Suchmaschine einen XHTML-Code »versteht«, greift man ihr am besten unter die Arme. Um eine Gewichtung der Inhalte eines Dokuments zu erreichen, benutzt man anstelle von <div>-Containern die herkömmlichen Textauszeichnungs-Tags. Anstatt eine Überschrift mittels <div>-Container zu klammern, setzt man sie besser zwischen die üblichen Headline-Tags <h1> bis <h6>. Bevorzugen Sie deshalb Standard-Tags. Kontraproduktiv wäre folgender Code:

```
<div id="ueberschrift">Titel des Artikels</div>
```

Suchmaschinenfreundlicher und kürzer wäre ein Code-Schnipsel wie:

```
<h1>Titel des Artikels</h1>
```

Dadurch gliedert man den Text, und die Suchmaschine indiziert die Inhalte zwischen den Tags je nach Gewichtung. Keywords, die von einem `<h1>`-Tag geklammert sind, finden mehr Beachtung als Begriffe zwischen Tags der unteren Ebenen. Das bedeutet, dass Google & Co. einem Begriff größere Bedeutung beimessen, wenn er zum Beispiel mit einem `<h3>`-Tag ausgezeichnet wurde, als einem Begriff, den die Suchmaschine innerhalb eines `<p>`-Tags findet. Einige Suchmaschinen gewichten Keywords innerhalb von Texten außerdem dann besonders, wenn diese mit Hilfe des `<strong>`-, `<b>`- oder `<i>`-Tags fett beziehungsweise kursiv dargestellt werden. Vorsicht! Übertreiben Sie solche Maßnahmen aber nicht. Eine Betonung wird nur dann erreicht, wenn nicht der halbe Text in Fettschrift vorliegt.

Je mehr die Suchbegriffe sich wie ein roter Faden durch den Inhalt eines Dokuments ziehen, desto wichtiger wird die Suchmaschine die Begriffe »empfinden« und in Zusammenhang miteinander bringen. Dabei sollten die Schlüsselwörter unter anderem in den folgenden Bereichen auftauchen, jedoch nicht in allen:

- Domainname/Subdomainname oder Verzeichnisname oder Name des Dokuments
- URL des Dokuments
- Titel-Tag
- Artikelinhalt
- Bildname sowohl im `alt`- als auch im `title`-Attribut des `<img />`-Tags

`<title>` – Ein Dokumenttitel gibt Auskunft

Damit man Dateien schnell wiederfindet, speichert man sie unter einem logischen Namen ab, der mit den Inhalten des Dokuments korrespondiert. Auch XHTML-Dokumente besitzen einen Titel. Dieser wird für jede Webseite in der oberen Zeile des Fensters angezeigt. Da Suchmaschinen diesen Titel anzeigen, wenn Ihre XHTML-Seite Teil des Suchergebnisses ist, müssen Sie dem Titel besondere Beachtung schenken. Einerseits wird er als Erstes aufgelistet, und andererseits beeinflusst er maßgeblich den Suchenden bei seiner Entscheidung, ob Ihre Seite das von ihm Gesuchte bietet. Es ist also nur logisch, dass die Webrobots dem Titel zwischen `<title>`-Tags eine besondere Gewichtung beimessen.

Platzieren Sie zwischen den `<title>`-Tags die wichtigsten Keywords der jeweiligen Website. Das W3C empfiehlt hierbei eine Länge von 64 Zeichen, und viele SEOs richten sich nach diesen Maßgaben. Verschwenden Sie dabei nicht zu viele Zeichen für Ihren Band-, DJ- oder Netlabel-Namen. Auch auf einen Slogan sollten Sie verzichten, wenn dieser nicht wirklich wichtige Keywords enthält. Da Google sich auch an der Abfolge der Begriffe orientiert, sollten Sie eventuell den Band-, DJ- oder Netlabel-Namen hintenanstellen, weil Begriffe, die im Titel weiter vorne stehen, eine höhere Wertung erhalten.

Sind Sie zum Beispiel der Webmaster eines Netlabels und bauen eine neue Seite für einen Künstler, dann sollten Sie zuerst den Namen des Künstlers vorne an stellen sowie Begriffe, die den Inhalt der Seite repräsentieren. Anschließend können Sie den Namen Ihres Netlabels nennen. Dadurch erreichen Sie erst einmal eine Gewichtung für den Namen des Künstlers.

Probieren Sie es deshalb entweder mit ganz kurzen Titeln mit maximal zwei Suchausdruck-Kombinationen oder mit Abwandlungen des Begriffs als Quasi-Wiederholung in Singular, Plural, zwei Schreibweisen oder unterschiedlich deklinierten und konjugierten Begriffen.

Meta-Tags

Auch wenn viele Suchmaschinen heutzutage die Meta-Tags ignorieren, schadet es nicht, diese trotzdem zwischen den <head>-Tags zu positionieren und sie mit Inhalt zu füllen. Die drei wichtigsten Attribute innerhalb der <head>-Tags sind title, description und keywords. Vor allem die *Description* sollte sorgsam ausgefüllt werden. Sie wird häufig bei den Suchergebnissen angezeigt. Für einen imaginären Techno-DJ namens Schranzgott könnten die Meta-Tags zur Biografie-Webseite zum Beispiel so aussehen:

```
<meta name="title" content="DJ Schranzgott Biografie Discografie Bio" />
<meta name="Description" content="Biografie und Discografie des Kölner DJs
Schranzgott, der sich mit Herz und Seele treibendem Techno verschrieben hat." />
<meta name="keywords" lang="de" content="schranzgott, Biografie, dj,
veröffentlichungen, discografie, techno, beschreibung" />
```

URL-Design: sprechende, aussagekräftige Links

Außer im Titel platzieren SEOs die gleichen Keywords im Dateinamen des Dokuments. Denn auch diesen analysieren die Robots. Zudem tauchen die Links auch innerhalb der Suchergebnisse auf und beeinflussen ein weiteres Mal den Suchenden bei seiner Auswahl. Beobachten Sie sich einmal selbst, wenn Sie per Suchmaschine etwas suchen. Meist beachten Sie unbewusst auch die Namen der Links und beziehen sie in Ihre Auswahl mit ein. Darüber hinaus lohnt es sich, auch die Dateien in verschiedenen Ordnern mit aussagekräftigen Namen abzuspeichern. Diese Taktik ermöglicht Ihnen ein weiteres Mal die Platzierung eines Keywords und gibt dem Suchenden einen Orientierungspunkt mehr. Achten Sie auf eine sinnvolle Baumstruktur, die sich womöglich in Ihrer Navigation widerspiegelt. So klicken Surfer sicherlich eher auf einen sprechenden Link als auf einen ominösen Link, der aus einer wirren Kombination von Zeichen besteht. Aussagelos wäre unter anderem ein solcher Link:

```
http://www.ihre.domain.de/arc/item=023759
```

Ansprechender und sinnvoller wäre der folgende Link zum gleichen Inhalt:

`http://www.ihre.domain.de/biografie/bio-dj-schranzgott.html`

Vermeiden Sie Übertreibungen, die von den Suchmaschinen als Spam-Versuch gewertet werden könnten:

`http://www.ihre.domain.de/biografie/biografie/biografie-dj-schranzgott.html`

Im schlimmsten Fall führt ein solches Vorgehen zur Verbannung Ihrer Site aus dem Suchkatalog der jeweiligen Suchmaschine. Merken Sie sich auch die folgenden Richtlinien zum URL-Design:

- Benutzen Sie den Bindestrich beziehungsweise das Minus-Zeichen zum Trennen von Keywords. Der Unterstrich liest sich zwar besser, aber ihm wird von Suchmaschinen eher eine wortverbindende Wirkung zugewiesen.
- Überschreiten Sie nicht eine Verzeichnistiefe von mehr als drei Unterverzeichnissen. Je weiter hinten Sie ein Dokument in der Baumstruktur anordnen, desto unwichtiger wird es gewertet.
- Vermeiden Sie Parameterangaben, denn Zeichen wie »?« oder »&« verschlechtern das Ergebnis. So stuft Google diese Dokumente als dynamisch ein. Das bedeutet: Je statischer eine Webseite, desto besser.

Link Popularity, Click Popularity und Pagerank

Zu einem der wichtigsten Themen bei der Suchmaschinenplatzierung gehört die *Link Popularity*. Das von Google entwickelte Verfahren, das die Entwickler *Pagerank* getauft haben, untersucht, wie und wo Ihre Website verlinkt wird und wer sie verlinkt. Suchmaschinen messen der Link Popularity in ihrem Gewichtungsverfahren eine unterschiedlich große Bedeutung zu. Grundsätzlich basiert das Verfahren der Link Popularity auf zwei Parametern: der Anzahl der Links, die auf eine Website verweisen, und der Qualität jedes einzelnen Links.

So wiegt ein wichtiger großer Link einer etablierten Website, wie zum Beispiel Heise.de, zahlreiche Links unwichtigerer Sites auf. Das funktioniert bei Google ähnlich wie bei einem Bonus-Heftchen. Wenn Ihre Site von einem Freund oder Fan verlinkt wird, findet Google den Verweis, wenn der Suchriese die Website Ihres Freundes analysiert. Anschließend beachtet Google den Pagerank Ihres Freundes und gibt Ihnen je nach Pagerank Wertungspunkte. Besitzt Ihr Freund einen Pagerank von 4, so erhalten Sie im Idealfall, sofern Ihr Link nicht einer von etlichen anderen ist, einen Pagerank-Bonus -1, in diesem Fall also 3. Darum lohnt sich der Tausch von Links mit Websites, die einen hohen Pagerank besitzen.

 Mit dem kostenlosen Werkzeug Freemonitor können Sie einfach und übersichtlich die Keywords Ihrer Website sowie die jeweilige Platzierung im Auge behalten. Freemonitor wird in Kapitel 10, *Website-Tuning*, vorgestellt.

Ein Link-Tausch ist nur dann hilfreich, wenn der Tauschpartner eine ernsthafte Website mit einem ähnlichen Thema betreibt. Reine Link-Listen eignen sich hierfür leider nicht, da diese als simple Tricks zur Suchmaschinenoptimierung gelten. Ein gegenseitiges Verlinken ist vor allem dann hilfreich, wenn Ihr Link einer von wenigen ist. Orientieren Sie sich an folgender Regel: Fünf externe Links pro Seite reichen aus und sollten nicht überschritten werden. Neben dem Link zählt dabei auch das verlinkte Wort oder die Wortkombination. Geben Sie hierbei einer Wortkombination wie »DJ Schranzgott« oder »Netlabel TokyoDawn.com« den Vorzug. Denn dadurch übergeben Sie dem Link ein weiteres Keyword.

Es gibt mittlerweile einige Werkzeuge, um den eigenen Pagerank zu ermitteln. Allen voran natürlich die werkseigene Google Toolbar. Diese ist frei verfügbar und erreichbar über *http://toolbar.google.com* und lässt sich in den verschiedensten Browsern integrieren. Empfehlenswerter ist jedoch das Firefox-Plugin *prgooglebar*, das Sie auf der gleichnamigen Website *www.prgooglebar.org* finden. Denn das kleine Werkzeug zeigt Ihnen auf Wunsch auch Websites an, die Ihren Auftritt verlinken, übersetzt eine Seite oder sucht für Sie in zahlreichen Katalogen von Universitäten.

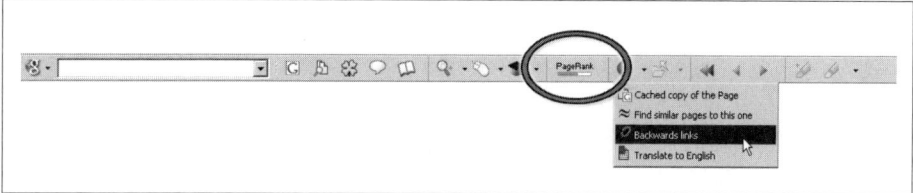

Abbildung 7-3: Suchmaschinenplatzierung: prgooglebar zeigt den Pagerank einer Website

Möchten Sie ohne Werkzeuge herausfinden, wer Sie verlinkt, dann geben Sie einfach folgenden Code in die Google-Suchmaske ein. Google listet dann alle Backlinks auf Ihre Site auf.

```
link:www.ihre-domain.de
```

Neben der Verlinkung von Freunden und Fans wird auch einem Verweis innerhalb der Kataloge *Yahoo* und *Open Directory Project* bei Google besondere Bedeutung beigemessen. Dort sollten Sie Ihre Website unbedingt anmelden und einordnen lassen.

Zum Schluss sei noch erwähnt, dass Google auch die schiere Größe eines Auftritts bewertet. Je mehr Unterseiten eine Website besitzt, desto (ge)wichtiger wird sie eingestuft.

> ### 10 essenzielle Regeln der Suchmaschinenoptimierung
> - Beachten Sie beim Entwurf Ihrer Website, dass Sie ein eindeutiges technisches und inhaltliches Konzept erstellen, das sich an den Anforderungen der Suchmaschinen orientiert.
> - Programmieren Sie Ihre Webseiten in XHTML anhand von Webstandards.
> - Strukturieren Sie den Programm-Code Ihrer Website so einfach und übersichtlich wie möglich.
> - Konzentrieren Sie sich auf maximal drei bis fünf Keywords pro Dokument, weil ein Dokument im Allgemeinen immer nur zu einigen wenigen Suchbegriffen eine gute Rangposition erzielen kann.
> - Erzielen Sie Synergieeffekte, indem Sie die Keywords in Dateiname, Linkname, Titel, Inhalt und Textauszeichnung konsequent aufeinander abstimmen.
> - Optimieren Sie Ihre Seiten für Google! Denn der Platzhirsch unter den Suchmaschinen besitzt einen Marktanteil von über 75%.
> - Gestalten Sie Ihre URLs, ordnen Sie die Dateien in Unterverzeichnissen an und geben Sie ihnen aussagekräftige Namen mit wichtigen Keywords.
> - Vergessen Sie nicht: Es existiert keine allgemein gültige Strategie angesichts der unterschiedlichen Suchmaschinen und ihrer Funktionsweise.
> - Lassen Sie sämtliche Artikel über Ihre Index-Seite fließen und legen Sie ein Inhaltsverzeichnis (Sitemap) an, das alle Dokumente Ihrer Präsenz verlinkt. Dadurch finden nicht nur Webrobots Ihre Dokumente, auch Ihre Besucher erhalten einen Überblick.
> - Vermeiden Sie Framesets.

Internet-Quellen und Buchtipps

Artikel zum Thema Suchmaschinenoptimierung

Zahlreiche Tipps zu diesem Thema stammen vom Suchmaschinenspezialisten Taduesz Szewczyk und seiner Artikelserie auf phlow.net.

Teil 1: Suchmaschinen-Optimierung:

http://phlow.net/webtechnik/suchmaschinenoptimierung.php

Teil 2: Onsite-Optimierung – Sowohl für Google als auch den User optimieren:

http://phlow.net/webtechnik/onsiteoptimierung_sowohl_fr_google_als_auch_den_user_optimieren.php

Teil 3: Beruf Link-Farmer: Offsite-Optimierung:

http://phlow.net/webtechnik/beruf_linkfarmer_offsiteoptimierung.php

Relevante Suchmaschinen

Google:

www.google.de

MSN:

www.msn.de

All the Web:

www.alltheweb.com

Anmeldung: *www.alltheweb.com/help/webmaster/submit_site*

Relevante Kataloge

Open Directory Project:

www.dmoz.org

Anmeldung: *www.dmoz.org/add.html*

Yahoo:

www.yahoo.de

Anmeldung: *http://de.search.yahoo.com/free/request*

Lycos:

www.lycos.de

Anmeldung: *www.lycos.de/suche/seite_anmelden.html*

Web.de:

www.web.de

Suchmaschinen-Werkzeuge

Search Term Suggestion Tool:

http://inventory.overture.com

Espotting Keyword-Generator:

http://de.espotting.com/popups/keywordgenbox.asp

Google AdWords Keyword Tool:

https://adwords.google.com/select/KeywordSandbox

MetaGer-Web-Assoziator:

www.metager.de/asso.html

PR Googlebar – Firefox Plugin:

www.prgooglebar.org

Free Monitor:

www.cleverstat.com/google-monitor-query.htm

Einführung, Geschichte und Links:

http://de.wikipedia.org/wiki/Suchmaschinen

Buchtipps

Tara Calishain, Rael Dornfest »Google Hacks, 2nd Edition« O'Reilly, 2005, ISBN 0-596-00857-0

Michael Glöggler »Suchmaschinen im Internet« Xpert.press/Springer, 2003, ISBN 3-540-00212-X

Foren zum Thema Suchmaschinen

www.abakus-internet-marketing.de/foren/
www.suchmaschinentricks.de/forum/
http://board.ranking-konzept.de/

KAPITEL 8

News- und Musikabonnement mit RSS und Podcast

In diesem Kapitel:
- Was ist RSS und wozu wird es verwendet?
- Musik-Download-Abo per Podcast
- Internet-Quellen und Buchtipps

Manchmal sind es die kleinen Dinge, die viel erreichen können. Dazu gehört unweigerlich die RSS-Technik, die auch für Podcasts genutzt wird. Dabei ist eine RSS-Datei keine XHTML-Datei, sondern ein auf XML basierendes Dateiformat für die Verbreitung von Website-Inhalten, auch »Syndication« oder auf Neudeutsch »Syndizierung« genannt. In Form von RSS-Dateien, auch RSS-Feeds oder kurz Feeds genannt, veröffentlichen Webseitenbetreiber die Schlagzeilen ihrer Seiten in einheitlicher, maschinenlesbarer Form. RSS-Dateien sind in der Regel kleiner als XHTML-Dokumente.

Was ist RSS und wozu wird es verwendet?

Mit Hilfe der RSS-Feeds, die im Web hinterlegt werden, können andere Website-Betreiber ihr Internet-Angebot mit den Inhalten, die im RSS-Feed vorliegen, anreichern. Da solche Feeds in der Regel nicht den gesamten Artikel und manchmal nur die Schlagzeilen enthalten, verfügt jeder in der RSS-Datei aufgeführte Artikel über einen Direktlink auf die Webseite des Urheberartikels. Die RSS-Technik wird aber nicht ausschließlich für Nachrichten mit verbundenem Artikel genutzt, sondern auch Foren oder Newsgroups bieten oftmals solche Feeds an. Schreibt ein Besucher einen neuen Beitrag, wird nicht nur dieser gespeichert, sondern auch der RSS-Ticker auf den neuesten Stand gebracht. Dieser wiederum informiert seine Abonnenten, dass es einen oder mehrere neue Einträge gibt.

 Schauen Sie sich doch einfach mal die Seite *www.phlow.de/netaudio/* an. Diese Seite wird dynamisch erstellt. Denn im Hintergrund sammelt ein Skript die im Netz verstreuten RSS-Feeds. Danach »versteht« das Skript die Datei und gibt sie als XHTML-Code an den Browser weiter. Klickt man nun auf eine der Schlagzeilen, springt man zum jeweiligen Eintrag des Feed-Urhebers.

RSS beruht auf XML. XML ist eine so genannte Ausschreibungssprache, die nach einem logischen und einheitlichen Code aufgebaut ist. Darum können RSS-Dateien plattformübergreifend von den verschiedensten Programmen genutzt werden. Ob Betriebsoberflächen wie Linux, Windows oder Mac OS oder Skriptsprachen wie PHP, Perl oder Python – durch den einheitlichen und logischen Aufbau der XML-Dateien können sämtliche Programme und Sprachen diese Dateien nutzen, auswerten und weiterverarbeiten.

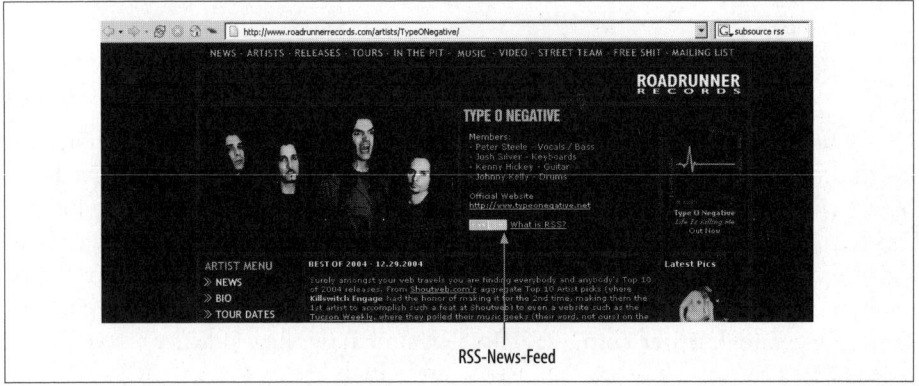

Abbildung 8-1: Roadrunner Records informiert: Jede Band bekommt ihren eigenen RSS-News-Ticker auf den Seiten des Labels

So können sich zum Beispiel Surfer, die die RSS-Dateien mit speziellen Clients auslesen, in Rekordzeit einen Überblick über die Nachrichtenlage verschaffen (siehe Abbildung 8-2). Etliche Technik-News-Sites wie heise online, Slashdot und Future-Zone, aber auch allgemeine Nachrichtenquellen wie der Online-Dienst der BBC bieten eigene RSS-Feeds an. Einen deutlichen Schub nach vorne bekam die RSS-Technik vor allem durch die Weblog-Szene. Heute hält so gut wie jedes Weblog einen oder sogar mehrere RSS-Feeds für seine Leser parat – so auch das in diesem Buch vorgestellte Weblog-System Wordpress.

Im Laufe der Zeit hat sich das RSS-Format immer ein wenig verändert, Erweiterungen kamen dazu und neue Möglichkeiten wurden heiß diskutiert. Demzufolge gibt es heute mehrere Formate, die im Netz ihre Anwendung finden. Denn seit seiner Entstehung im Jahre 1997 hat RSS eine bewegte und viel diskutierte Geschichte hinter sich. Dabei entstanden zueinander inkompatible Versionen, was sich in ver-

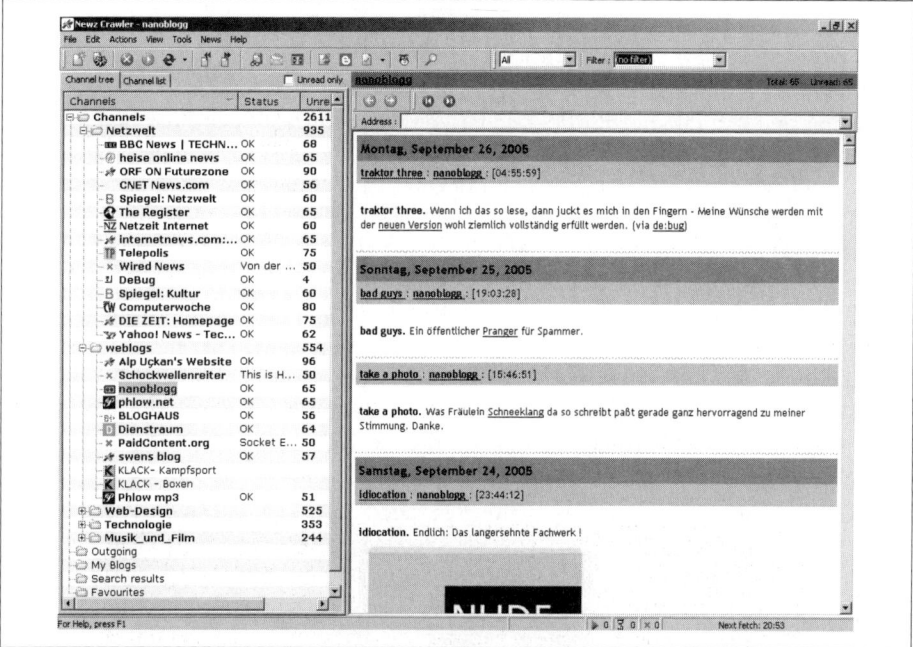

Abbildung 8-2: RSS-Leseprogramme – hier das Programm Newzcrawler – sammeln Tickermeldungen in Echtzeit und stellen sie übersichtlich dar

schiedenen Ausformulierungen des Akronyms widerspiegelt. Erstmalig verwendete Netscape die Bezeichnung RSS als »Rich Site Summary«; mittlerweile nennt sich das Format wahlweise »RDF Site Summary« oder »Really Simple Syndication«. Aber auch die Begriffe »Rich Site Syndication« und »Rich Syndication Standard« finden sich im Web. Trotz des Wirrwarrs folgen alle Versionen des Formats dem gleichen Prinzip. Glücklicherweise verarbeiten sämtliche News-Aggregatoren (siehe den folgenden Kasten) in der Regel alle Versionen.

Um den Aufbau einer XML-Datei zu verstehen, muss man sich dankenswerterweise nicht erst mit der XML-Sprache/Syntax auseinander setzen, weil sich XML mit ein wenig Logik fast von selbst erklärt.

Aufbau eines RSS-Feeds Version 2.0

Leider gibt es, wie oben erwähnt, unterschiedliche RSS-Versionen bzw. Deklarationen, die sich voneinander unterscheiden. Zwar gilt heute immer noch RSS 0.91 als das verbreitetste Format, mit dem die meisten RSS-Tools und Dienste zurechtkommen, doch wir werden hier RSS-Feeds der Generation 2.0 genauer unter die Lupe nehmen. Denn RSS 2.0 wird auch für den Einsatz von Podcasts genutzt, und somit schlagen wir zwei Fliegen mit einer Klappe. Warum Podcasts für Musik-Websites interessant sind und wie man sie nutzt, erfahren Sie im nächsten Abschnitt.

News-Aggregatoren

RSS-Leseprogramme, auch News-Aggregatoren, RSS-Reader oder RSS-Clients genannt, sind Programme, die RSS-Dateien per Knopfdruck aus dem Netz herunterladen und leserlich aufbereiten. Mit News-Aggregatoren lässt sich ein persönlicher Nachrichtendienst einrichten, der sich in Echtzeit die aktuellsten Nachrichten aus dem Netz zieht. News-Aggregatoren existieren als eigenständige Anwendungen, als lokaler Webserver, als Plugins für Mozilla, Internet Explorer sowie Outlook oder als Webdienst.

Das Geniale an der RSS-Technik ist, dass die RSS-Reader das Absurfen von Websites nach News obsolet machen. Denn die Nachrichten werden als personalisierte elektronische Zeitung aufbereitet. Erscheint ein neuer Artikel auf den BBC-Seiten, taucht dieser nach der Aktualisierung der RSS-Feeds im Reader auf. Möchte man den Artikel lesen, klickt man einfach auf die dazugehörige Schlagzeile, und der News-Aggregator lädt den Artikel in seinen internen Browser.

Vor allem News-Freaks und Vielleser nutzen die RSS-Technik. Denn die Feeds lassen sich kategorisieren, zum Beispiel nach Weblogs, Politik- und Wirtschaftsnachrichten oder IT-News. Ganz wie es der Benutzer wünscht. Weiterhin lassen sich mit den fortgeschritteneren Programmen auch RSS-Ticker nach Schlagwörtern durchsuchen oder eine HTML-Webseite generieren, die als persönliche Zeitung fungiert.

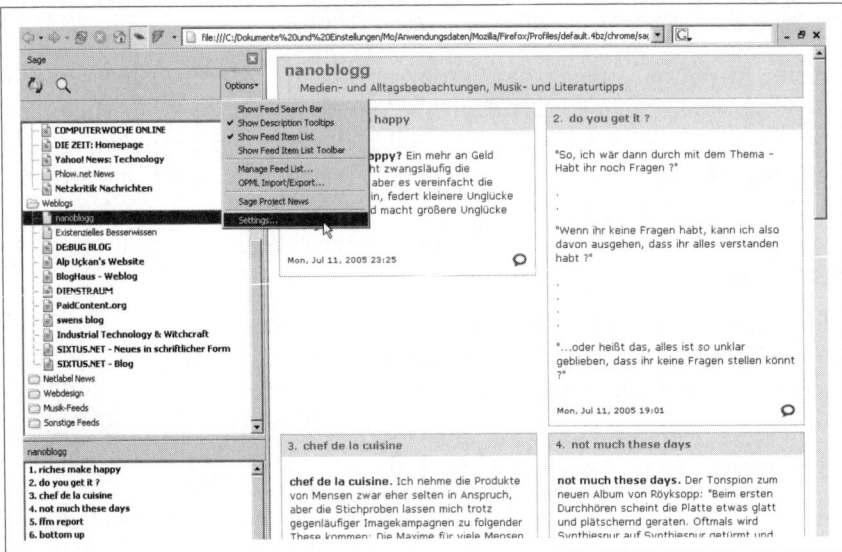

Abbildung 8-3: Sage: RSS-Newsaggregator-Plugin für den Firefox-Browser

> Zu empfehlende RSS-Leseprogramme:
> - Sage Firefox-Plugin (Linux, Mac, Windows), Open Source, *http://sage.mozdev.org/* (siehe Abbildung 8-3)
> - Shrook (Mac OS X), 30-Tage-Probeversion, *www.fondantfancies.com/apps/shrook/*
> - Feedreader (Windows), Open Source, *www.feedreader.com* (Anleitung zur Installation und zur Anwendung unter *http://uckan.info/texte/rss-feeds-lesen-mit-feedreader/*)
> - Awasu (Windows), kostenlos, *www.awasu.com*

Die wichtigste Voraussetzung bei einer XML-Datei ist, dass alle Datenelemente korrekt mit Anfangs- und End-Tags eingeklammert werden.

```
<tag>Inhalt</tag>
```

Ähnlich wie bei XHTML gibt es auch Ausnahmen in Form von »leeren« Tags, die nicht geschlossen werden müssen. Diese müssen jedoch unbedingt mit einem »/>« enden. Zum Beispiel so:

```
<tag link="http://link.de" />
```

Werden diese Regeln nicht beachtet, brechen die XML-Interpreter den Vorgang des Auslesens und die Verarbeitung einfach ab. In dieser Hinsicht sind XML-Anwendungen pingeliger als jeder XHTML-Browser.

Eine RSS-Datei funktioniert wie ein Container, in dem Schachteln mit verschiedenen Informationen gestapelt werden. Jede Schachtel (Item) erhält dabei ihr eigenes Etikett mit Namen (`title`), Beschreibung (`description`), Herkunftsort (`link`) und Datum (`pubDate`). Der folgende RSS-Feed Version 2.0 beinhaltet in unserem Fall zwei Items.

```
<?xml version="1.0" encoding="iso-8859-1"?>
<rss version="2.0">
  <channel>
    <title>Titel des RSS-Feeds</title>
    <link>http://www.website.de/</link>
    <description>Inhaltsbeschreibung des RSS-Feeds</description>
    <copyright>Copyright 2005</copyright>
    <lastBuildDate>Datum des letzten Feed-Updates</lastBuildDate>

    <item>
      <title>Titel des Items</title>
      <description>Beschreibung des Items</description>
      <link>http://www.link.de/item.html</link>
      <pubDate>Datum des Items</pubDate>
    </item>
```

```
<item>
  <title>Titel des nächsten Items</title>
  <description>Beschreibung des nächsten Items</description>
  <link>http://www.link.de/item2.html</link>
  <pubDate>Datum des Items</pubDate>
</item>

  </channel>
</rss>
```

Natürlich erhält auch der Container, der RSS-Feed selbst, ein Etikett (Channel-Description) mit seiner Herkunft und einer Definition seines Inhalts. Wie bei den Items sollte auch ein Channel über einen Titel, eine Beschreibung und einen Link zur dazugehörigen Website verfügen. Diese Meta-Informationen, die dem RSS-Feed seine Identität geben, werden von den News-Aggregatoren ausgelesen und anschließend im internen Browser dargestellt.

Da das `<rss>`-Tag sämtliche Daten enthält, bezeichnet man es auch als Root- oder Top-Level-Element. In der Regel transportiert ein Nachrichten-Feed maximal 15 Items und hat nur einen Channel, der alle Items plus der eigenen Beschreibung umschließt. Im Endeffekt jedoch bestimmt der Webmaster, wie viele Items transportiert und weitergegeben werden sollen. Bietet ein Netlabel zum Beispiel einen News-Feed für die eigenen Releases an, so kann ein noch junges Label mit erst drei Veröffentlichungen natürlich nur einen Feed mit der jeweiligen Anzahl der vorliegenden Releases publizieren. Gibt es jedoch mehr als 15 Veröffentlichungen, kann der Feed kontinuierlich ausgebaut und erweitert werden. Mit der Anzahl der Items wächst auch die Dateigröße. Wird ein Feed häufig von anderen Applikationen abgerufen, kann das eventuell ein hohes Verkehrsaufkommen auf der eigenen Site nach sich ziehen. Halten Sie News-Feeds deswegen am besten klein, damit sie kein großes Volumen für den Datentransport verursachen.

Natürlich dürfen innerhalb der XML-Tags auch XHTML-Tags verwendet werden. Diese müssen immer mit einem Start- und End-Tag geklammert werden oder bei einem »leeren« Tag mit » />« enden:

```
<img src="http://website.de/bild.jpg" />
```

Je nach RSS-Version können die Items auch weitere Informationen wie Copyright (`copyright`) und Veröffentlichungsdatum des Channels (`pubDate`), ein Bild für den Channel (`image`) und anderes mittransportieren. Eine exakte technische Beschreibung aller RSS 2.0-Features finden Sie unter *http://blogs.law.harvard.edu/tech/rss*.

Beispiel: Ein RSS-Release-Feed für 2063music.de

Weil reale Beispiele am einleuchtendsten sind, programmieren wir nun einen RSS-Feed für das Netlabel *www.2063music.de*. Diesen Feed erstellen wir für die Abteilung der Longplayer. Da *www.2063music.de* derzeit vier LPs anbietet, umfasst die

RSS-Datei vier Items. Die grobe Struktur des Feeds sieht dann wie folgt aus und liegt im UTF-8-Zeichenformat vor, wie Sie in der ersten Zeile erkennen können:

```xml
<?xml version="1.0" encoding="utf-8"?>
<rss version="2.0">
  <channel>
    <item></item>
    <item></item>
    <item></item>
    <item></item>
  </channel>
</rss>
```

Damit unser Feed eine Identität bekommt, kümmern wir uns als Allererstes um die Channel-Description. Für diese kommen die Elemente `<title>`, `<link>`, `<description>`, `<copyright>` und `<lastBuildDate>` zum Einsatz. Während der Titel den Namen und Slogan des Netlabels angibt, geben wir mit dem Link den Ursprungsort des Feeds an und erläutern in der Beschreibung, worum es sich im selbigen handelt. Das nachfolgende Tag `<lastBuildDate>` enthält dann das Datum, an dem unser Feed zuletzt aktualisiert wurde. Der Code sieht dann wie folgt aus:

```xml
<title>2063music.de - Netlabel for scapish and beatless music</title>
<link>http://www.2063music.de/</link>
<description> 2063music is a netlabel dedicated to artists that use music as
a language. Our releases are unique and individual. This strategy includes
that we will cover a big variety of sounds, because we think that people
who are open minded will listen to every form of music.</description>
<copyright>Copyright 2005</copyright>
<lastBuildDate>Tue, 05 Apr 2005 12:16:28 GMT</lastBuildDate>
```

Anschließend folgen die Container-Schachteln mit den vier Items. Um Platz zu sparen, liste ich hier exemplarisch nur ein Item auf:

```xml
<item>
<title>Ruben D'Hers - todo está en descanso</title>
<description>Ruben D'Hers: self-taught venezuelan musician who has developed
a special taste for avant-garde music. [...]</description>
<link>http://2063music.de/releases/LP004.htm</link>
<pubDate>Tue, 05 Apr 2005 12:16:28 GMT</pubDate>
</item>
```

Damit ein RSS-Feed im Feed-Validator unter *www.feedvalidator.org* die Prüfung besteht, müssen Sie bei der Datumsangabe per `<pubDate>` darauf achten, dass sämtliche Angaben in englischer Sprache dem folgenden Muster folgen: Name des Tages (Abkürzung), Datum des Tages, Monatsname, Jahreszahl, Uhrzeit und GMT (Greenwich Mean Time). Den Feed beenden und schließen wir, indem wir unsere Items mit `</channel>` einklammern und den gesamten Feed mit `</rss>` abschließen:

```xml
</channel>
</rss>
```

 Nach dem Upload eines RSS-Feeds auf den eigenen Server sollten Sie diesen immer auf Validität überprüfen. Dazu bietet sich der Feed-Validator an, den Sie unter *www.feedvalidator.org* finden.

Musik-Download-Abo per Podcast

Wie Sie oben gesehen haben, ist die Programmierung einer RSS-Ticker-Datei kinderleicht. Mit nur einem weiteren Tag erweitern Sie Ihren RSS-Feed und machen aus ihm ein Musik-Abonnement. Dazu ist lediglich ein zusätzliches Tag innerhalb des Item-Containers notwendig. Anschließend können Surfer dann mit so genannten *Podcatchern* Ihren Feed abonnieren und erhalten bei einer neuen Veröffentlichung Ihrer Musikdatei nicht nur die News, sondern gleich die Sounddatei obendrein. Denn der Podcatcher wertet den Feed aus und lädt selbstständig die verlinkte Musikdatei aus dem Netz herunter.

Wenn Sie Ihren Feed aktualisieren, fügen Sie jeder EP und jedem Album also eine Beispiel-Sounddatei bei. Oder Sie verknüpfen Ihren aktuellen DJ-Mix mit dem Podcast. Die dazugehörige Musikdatei muss dabei bereits über das Internet verfügbar sein. Wenn die RSS-Datei von einem Podcatcher abgerufen wird, lädt dieser automatisch die im RSS-Feed verlinkte Musikdatei aus dem Netz.

Ein derartiger Service eignet sich für DJs, die ihre neuesten Mixe promoten wollen, wie auch für Bands, die ihre Fans mit neuen Songs versorgen wollen. Manche Netlabels bieten sogar ihre ganzen Veröffentlichungen per Podcast an. Wenn Sie zuerst einmal ausprobieren möchten, ob die Podcasting-Technologie für Sie von Interesse ist, laden Sie sich am besten einfach den kostenlosen Podcatcher *iPodder* herunter (siehe Abbildung 8-4). Dieser ist in 15 Sprachen sowie für Linux, Windows und Mac erhältlich und als Open Source-Software frei verfügbar.

Füttern Sie den Podcatcher probeweise mit den folgenden Links und spielen Sie ein wenig mit den Funktionen:

- *http://www.phlow.net/podcast.xml* – Ausgewählte Netlabel-Musik von Phlow.net
- *http://www.de-bug.de/pod/wp-rss2.php* – Podcast des Musikmagazins de:bug
- *http://ansiform.afraid.org/rss.xml* – Ambient-Musik des Netlabels Ansiform
- *http://wissenschaft.wanhoff.de/podcast.xml* – Radiosendung: Wanhoffs Wunderbare Welt der Wissenschaft

Das Enclosure-Tag

Damit ein RSS-Feed Version 2 zum Podcast wird, muss jedem Item das `<enclosure>`-Tag hinzugefügt werden. Da es sich um ein »leeres« Tag handelt, muss es mit /> geschlossen werden. Innerhalb des `<enclosure>`-Tags sorgen drei Attribute dafür, dass ein Podcatcher die Musikdatei findet und herunterlädt. Das wichtigste Attribut

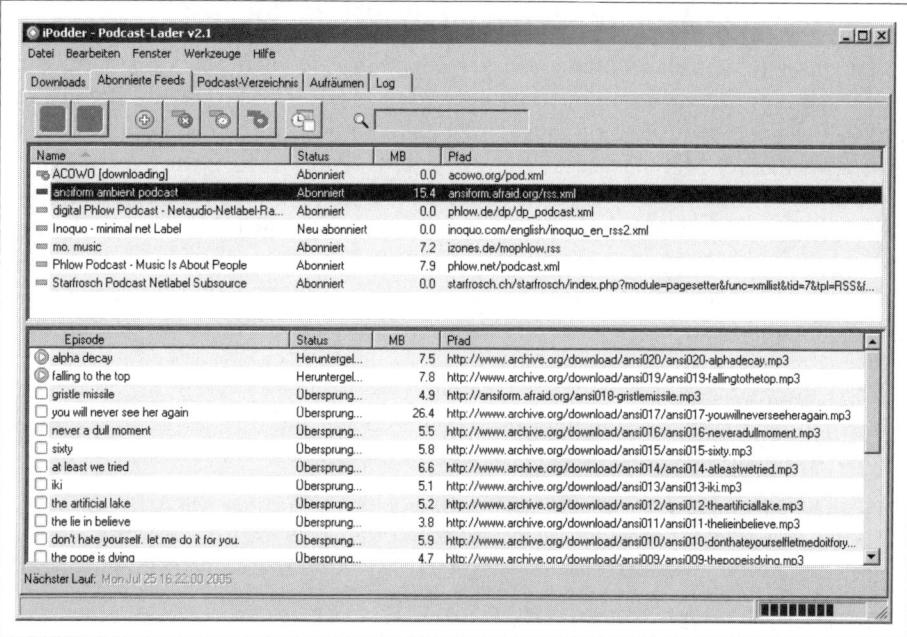

Abbildung 8-4: Podcatcher wie iPodder verwalten Podcasts und laden automatisch die verlinkten Musikdateien aus dem Netz

ist url, da es dem Programm den absoluten Link zur Musikdatei übergibt. Dabei können theoretisch auch andere Dokumente verlinkt werden. Denn das <enclosure>-Tag wurde als Platzhalter für jegliche Mediendatei ins Leben gerufen. Somit könnten Sie theoretisch auch einen RSS-Feed für ein Videoclip-Abo generieren. Leider interpretieren die Podcatcher zurzeit Dateien jenseits von MP3 noch als Fehler. Außerdem müssen Sie darauf achten, dass der direkte Link auf die Datei nicht mit *ftp://* beginnt. Podcatcher können in der Regel MP3s, die auf FTP-Servern liegen, nicht herunterladen.

Mit dem Attribut length übergeben Sie dem Podcatcher die eigentliche Größe der Mediendatei. Diese wird in Bytes angegeben. Der Podcatcher wiederum wertet die Information aus und zeigt dem Benutzer die Größe des Downloads an. Mit type deklarieren Sie abschließend, um welches Format es sich bei der Mediendatei handelt. Da Sie ein MP3 verlinken, geben Sie den Parameter audio/mpeg an. Das fertige Tag sieht dann so aus:

```
<enclosure url="http://ihre-domain.de/musikdatei.mp3" length="4435523" type="audio/mpeg" />
```

Der fertige RSS-Newsticker mit integriertem Podcast

Damit unser Feed für das Netlabel *www.2063music.de* auch als Podcast funktioniert, fügen wir jedem Item ein <enclosure>-Tag hinzu. Der komplette RSS-Ticker samt <enclosure>-Tag sieht dann wie folgt aus und wird vom Feed Validator unter *www.feedvalidator.org* einwandfrei akzeptiert. Die XML-Datei *rss_podcast_2063music_de.xml* finden Sie auch auf der CD-ROM zu diesem Kapitel. Zum Schluss sollte noch erwähnt werden, dass RSS-Dateien am besten mit der Dateiendung *.xml* versehen werden sollten. Moderne Browser wie Opera und Firefox durchsuchen mittlerweile Webseiten nach verlinkten RSS-Feeds und können diese sogar recht gut darstellen.

```xml
<?xml version="1.0" encoding="utf-8"?>
<rss version="2.0">
<channel>
<title>2063music.de - Netlabel for scapish and beatless music</title>
<link>http://www.2063music.de/</link>
<description>2063music is a netlabel dedicated to artists that use music as
a language. Our releases are unique and individual. This strategy includes
that we will cover a big variety of sounds, because we think that people
who are open minded will listen to every form of music.</description>
<copyright>Copyright 2005</copyright>
<lastBuildDate>Tue, 05 Apr 2005 12:16:28 GMT</lastBuildDate>

<item>
<title>Ruben D'Hers - todo está en descanso</title>
<description>Ruben D'Hers: self-taught venezuelan musician who has developed a
special taste for avant-garde music, exploring in a personal and different
way the performance of his main instrument: the guitar. [...]</description>
<link>http://2063music.de/releases/LP004.htm</link>
<enclosure url="http://http.de.scene.org/pub/music/groups/2063music/
63lp004_06-ruben_dhers-primer_manual_para_lo_inexpresivo.mp3" length="4435523"
type="audio/mpeg" />
<pubDate>Tue, 05 Apr 2005 12:16:28 GMT</pubDate>
</item>

<item>
<title>raemus - nine days</title>
<description>raemus music is very clear, silent and fragile.
 a hypertrip into futuristic worlds yet unknown. [...]</description>
<link>http://2063music.de/releases/LP003.htm</link>
<enclosure url="http://http.de.scene.org/pub/music/groups/2063music/63lp003_02-
raemus-wednesdayafternoon.mp3" length="4435523" type="audio/mpeg" />
<pubDate>Tue, 05 Jan 2005 12:16:28 GMT</pubDate>
</item>

<item>
<title>kAzooo - sparse rotation</title>
<description>kAz has travelled a lot in the netaudio-
scene and made releases on tonatom, acedia music and thinner.
 now he reached 2063music. [...]</description>
```

```
<link>http://2063music.de/releases/LP002.htm</link>
<pubDate>Tue, 05 Dec 2004 12:16:28 GMT</pubDate>
</item>

<item>
<title>nightech - 2075 off</title>
<description>2075 off is like the 'neku' ep a scapish, surrealistic trip
through fragile, and strange sound structures. [...]</description>
<link>http://2063music.de/releases/LP002.htm</link>
<pubDate>Tue, 05 Dec 2004 12:16:28 GMT</pubDate>
</item>

</channel>
</rss>
```

Bekanntmachung von RSS- und Podcast-Feeds

Wurden Sie in diesem Kapitel von der RSS-Technik überzeugt, sollten Sie nicht nur den Feed auf Ihren Webseiten verlinken, sondern selbigen auch vermarkten. Eine kleine orangefarbene Grafik mit dem Schriftzug XML, die direkt mit der RSS-Datei verlinkt ist, macht bei vielen Sites auf den Feed aufmerksam. Aber auch ein Mini-Banner in der Größe 80 mal 15 Pixel ist sehr beliebt. Ein paar Probegrafiken finden Sie auf der CD-ROM, oder Sie kreieren Ihren eigenen Button mit dem kostenlosen Online-Button-Maker unter *www.kalsey.com/tools/buttonmaker/*. Für die eigentliche Platzierung eignet sich am besten die Fußzeile. Obendrein lohnt sich eine Verlinkung der RSS-Datei innerhalb des `<head>`-Bereichs Ihres XHTML-Dokuments. Dazu platzieren Sie einfach den folgenden Code im Dokument:

```
<link rel="alternate" type="application/rss+xml" title="RSS 2.0"
href="http://www.ihre-domain.de/rss.xml" />
```

Außerhalb Ihres Web-Auftritts empfiehlt es sich, den Feed sowohl bei englischsprachigen als auch deutschsprachigen RSS-Verzeichnissen anzumelden. Falls Sie sich für einen Podcast entschieden haben, bieten sich weitere RSS-Verzeichnisse an, die sich auf Podcasts spezialisiert haben (siehe die folgende Linkliste).

Internet-Quellen und Buchtipps

Buchtipp

Jack Herrington »Podcasting Hacks – Tips and Tools for Blogging Out Loud« O'Reilly, 2005, ISBN 0-596-10066-3

Online-Werkzeuge zum Thema RSS

RSS-Code-Generator:

> www.webdevtips.com/webdevtips/codegen/rss.shtml

RSS-Validator:

> www.feedvalidator.org

RSS Feed Generator Program:

> www.softwaregarden.com/products/listgarden/

Weiterführende Informationen und Skripten

RSS 2.0-Spezifikation (englisch):

> http://blogs.law.harvard.edu/tech/rss

RSS mittels PHP einbauen – MagpieRSS:

> http://magpierss.sourceforge.net

RSS-Verzeichnisse

Deutsche RSS-Verzeichnisse:

> www.rss-verzeichnis.de
> www.rss-scout.de
> www.rss-nachrichten.de

Englische RSS-Verzeichnisse:

> www.newsisfree.com
> www.syndic8.com

Podcast-Verzeichnisse & Websites zum Thema

Deutsche Podcast-Websites:

> www.podcast.de
> www.ipodder.de
> www.podster.de
> wiki.podcast.de/Hauptseite
> wiki.podcast.de/Rechtliches

Englische Podcast-Websites:

> www.castregister.com
> www.downloadradio.org

http://audio.weblogs.com
http://theovernightscape.com/newtimeradio
www.ipodder.org
www.podcastalley.com
www.podcastcentral.com
www.podcastdirectory.com
www.podcast.net
www.podcastpickle.com

Podcast-Software und Podcatcher

http://ipodder.sourceforge.net
www.ipodderx.com
www.dopplerradio.net
www.nimiq.nl
www.jpodder.com

In diesem Kapitel:
- Guerilla-Marketing: Die preiswerte Kunst des Werbens
- Newsletter
- Das Newsletter-Werkzeug Dada Mail
- Werbung in Newsgroups und Foren
- Link-Zirkel und -Partnerschaften
- Musikkritiken und Portraits in Weblogs und Online-Magazinen
- Internet-Quellen

KAPITEL 9
Net-Promotion

In diesem Kapitel erhalten Sie einige Tipps, wie Sie Ihre Website erfolgreich promoten. Denn das Internet mit seinen Datenleitungen und seiner preiswerten E-Mail-Kommunikation bietet zahlreiche Möglichkeiten zur Eigenvermarktung. Darum erhalten Sie einen kurzen Einblick in die Taktiken des Guerilla-Marketing im Web und Informationen über mögliche Ausgangspunkte, um die Eigenwerbung zu starten.

Guerilla-Marketing: Die preiswerte Kunst des Werbens

Das Internet bietet Werbetreibenden ein potenziell so riesiges Publikum wie sonst nirgendwo. Auch die Kosten können so niedrig gehalten werden wie nirgendwo anders. In erster Linie machen sich Werbetreibende das Medium E-Mail zunutze. Von Spammer-Taktiken und deren lawinenartig verbreiteten E-Mails bis hin zu exklusiven Newslettern erweisen sich E-Mails auch heute noch als preiswertes und exzellentes Werkzeug, um Kunden, Fans und Neugierige zu informieren. Darum bezeichnet man E-Mail-Werbung oft auch als *Guerilla-Marketing*.

Der Begriff selbst bezeichnet die Auswahl untypischer und undogmatischer Marketing-Aktivitäten, die mit einem geringen Einsatz von Mitteln eine möglichst große Wirkung erzielen sollen. Im Grunde geht es beim Guerilla-Marketing darum, die Aufmerksamkeit der übersättigten Konsumenten durch originelle, außergewöhnliche und geschickt gewählte Aktionen zu gewinnen. Guerilla-Marketing lohnt sich vor allem dann, wenn der Werbeetat klein oder überhaupt nicht vorhanden ist. Genau das ist oft bei eigenen Internet-Projekten der Fall: Sie möchten mit wenig

Geld viel erreichen. Denn sicherlich haben Sie sich schon gefragt: »Jetzt habe ich eine hervorragend funktionierende Website und was nun?«

Um bekannt zu werden, gibt es zahlreiche Möglichkeiten, die Sie auch über das Internet ankurbeln können. Dazu gehören unter anderem:

- Versand von Newslettern
- Intelligente Diskussionsbeiträge in spezialisierten Newsgroups
- Hilfreiche Beiträge in Musik- und Technik-Foren
- Link-Austausch und Partnerschaften zwischen Website-Betreibern
- Musikkritiken, Portraits und Interviews in Online-Magazinen

Newsletter

Newsletter per E-Mail-Versand gehören zum preiswertesten und trotz Spammer immer noch zu einem der effizientesten Promotion-Werkzeuge. Denn mit Newslettern informiert man Fans und Interessierte über anstehende Konzerte, neue Veröffentlichungen und aktuelle Mixe. Neben einer einwandfreien und logischen Strukturierung des Newsletters spielt auch die Wichtigkeit und Häufigkeit der News eine große Rolle. Angesichts zugemüllter Posteingänge fühlen sich E-Mail-Abonnenten schnell bedrängt oder gespammt. Deswegen ist neben einem geschickten Umgang mit der Anzahl der versendeten Newsletter auch eine entsprechende Netiquette elementar wichtig, sonst wird der Newsletter vom nächsten Spam-Filter gefressen. Wie so oft heißt es auch hier: »Weniger ist mehr« und »Keep it simple«.

Der logische Aufbau eines Newsletters

Je klarer ein Newsletter strukturiert ist, je fairer er eine Möglichkeit zur Abo-Kündigung bietet und je informativer er ist, desto eher wird er sich der Beliebtheit der Empfänger erfreuen. Denn wer will schon einen Mehrwert vermissen? Wie immer ist der Inhalt der Taktgeber. Eine gute Taktik bei der Erstellung eines Newsletters ist das konstante Hinterfragen der News: »Würden mich diese News und Tipps auch interessieren?« oder »Was für einen Mehrnutzen biete ich meinen Lesern?«. Gibt es auch noch nach Monaten nichts Berichtenswertes, sollte man selbst dann keinen Newsletter verschicken. Selbst eine nett gemeinte E-Mail an die Fans mit »Frohe Ostern!« oder »Happy X-Mas!« könnte nerven. Wenn Sie dennoch eine solche E-Mail versenden wollen, dann ist es ratsam, irgendetwas Amüsantes oder Unterhaltsames mit beizufügen. Sei es ein kostenloses MP3 als Download-Link oder ein witziges und unterhaltsames Bild. Erzeugen Sie stets Mehrwert und Unterhaltung!

Zudem muss der Inhalt auch nicht unbedingt immer von einem selbst sein. Auch ein Verweis auf etwas Interessantes kann die Fans begeistern. Hierbei kommt es natürlich auf den Kontext an. Ein Tipp zu einem Kochrezept für Weihnachten, egal wie lecker es ist, macht beim Versand eines Techno-DJ-Newsletters wenig Sinn. Eher angebracht ist dann ein unterhaltsamer Videoclip mit einem Nikolaus, der mit seinen Hirschen ordentlich zu einem Techno-Stomper mit dem Kopf mitnickt.

Beim logischen Aufbau eines Newsletters sollten Sie sich an der Struktur von Magazinen oder Büchern orientieren. Ein Erfolg versprechender Newsletter strukturiert sich dabei wie folgt:

- Überschrift – Betreff mit Kennung
- Einleitung – Namensschild, Datum und/oder optionale personalisierte Einleitung
- Inhaltsverzeichnis – Zusammenfassung der Themen
- Hauptteil – News, Fakten, Daten, Links
- Schluss – Abo-Kündigungsfunktion, Unsubscribe-Link, Impressum

Bevor ein Empfänger in seinem E-Mail-Programm eine neue Botschaft öffnet, betrachtet er die E-Mail-Adresse des Absenders und die Betreffzeile. Beide Felder entscheiden darüber, ob eine E-Mail geöffnet, ignoriert oder direkt gelöscht wird. Darum sollte eine Betreffzeile in erster Linie Vertrauen schaffen und Auskunft über den Versender geben. Vermeiden Sie darum kryptische E-Mail-Adressen und geben Sie einer E-Mail-Adresse mit direktem Bezug zum jeweiligen Angebot der Website den Vorzug. In der Betreffzeile sollten Sie Wörter in Großbuchstaben sowie mehrfach verwendete Sonderzeichen, wie zum Beispiel Ausrufezeichen, tunlichst vermeiden. Außerdem unterlassen Sie besser eine personalisierte Betreffzeile, in der Sie die E-Mail-Adresse des Empfängers ein weiteres Mal aufführen. Alle diese Dinge würden Ihre E-Mail für Spam-Filter besonders verdächtig machen. Achten Sie außerdem darauf, »seriöse« Wörter zu nutzen und marktschreierische Begriffe wie »kostenlos«, »gratis«, »free« oder zum Beispiel »Gewinnspiel« zu vermeiden.

Neben Vertrauen sollte eine Betreffzeile auch die Neugierde des Empfängers wecken und bei ihm Spannung erzeugen. Schließlich ist die Betreffzeile der Einstieg in den Newsletter. Geben Sie in der Betreffzeile ruhig eine Kennung an. Dies kann der Name Ihrer Website, Ihrer Band oder Ihres Labels sein. Wenn der Empfänger Sie erkennt und den Newsletter abonniert hat, wird er Ihnen sicherlich vertrauen und die Nachricht öffnen.

Um sämtliche Risiken zu minimieren und den Inhalt Ihres Newsletters auf Spam-Merkmale zu testen, können Sie ihn mit dem Spam-Assassin-Test auf Herz und Nieren überprüfen lassen. Diesen Test finden Sie unter *www.lyris.com/resources/contentchecker/*.

Verzichten Sie am besten auf Datei-Anhänge. Wenn Sie trotzdem eine Pressemappe oder Bilder beifügen wollen, dann vermeiden Sie übergroße Dateien. Auch wenn Sie DSL besitzen, bedeutet das noch lange nicht, dass der Rest der Welt auch mit High-

Speed durch das Netz surft. Darum halten Sie Dateien klein, die Sie verschicken. Beschränken Sie sie auf das Nötigste und benutzen Sie nur bekannte Dateiformate wie PDF, JPG oder GIF. Dateien, die im ZIP-Format oder anderweitig komprimiert wurden, werden von guten Filtern aussortiert. Denn sie könnten Viren oder andere schädliche Programme wie zum Beispiel Spyware enthalten.

Text- oder HTML-E-Mails?

Machen wir es kurz: Von HTML-Newslettern ist abzuraten. Denn sie bergen ein Sicherheitsrisiko, und viele E-Mail-Empfänger mögen diese E-Mail-Form gar nicht. Sollten Sie sich trotzdem für HTML-Newsletter entscheiden, so halten Sie den eigentlichen Code schlicht. Benutzen Sie außerdem kein JavaScript, keine Tabellen und keine übergroßen Überschriften. Reduzieren Sie die Farben, belassen Sie es bei einem weißen Hintergrund sowie wenigen Bildern. Setzen Sie innerhalb des HTML-Newsletters nur Links auf lesbare Domains und vermeiden Sie IP-Adressen.

Ein Vorteil von Text-E-Mails ist die einfache Tatsache, dass jeder, wirklich jeder diese E-Mails lesen kann. HTML-E-Mails werden zwar von den meisten modernen Programmen angezeigt, aber auch hier gibt es Unterschiede in der Darstellungsweise. Außerdem sind Text-E-Mails immer klein und wendig. Und sollte ein Empfänger Ihren Newsletter an einen Freund weiterleiten, behält eine Text-E-Mail eher ihr Aussehen als eine in HTML verfasste Nachricht. Außerdem lassen sich reine Text-E-Mails mit ein wenig Geschick auch optisch aufwerten und gliedern. Hilfreich für strukturierende Überschriften sind unter anderem auch Sonderzeichen wie Unterstrich, Minuszeichen, Pluszeichen, Sternchenzeichen, Rautezeichen, Größer/Kleiner-Zeichen oder der Schrägstrich. Schauen Sie sich dazu einmal den Newsletter-Dummy auf der CD-ROM oder den exzellent strukturierten Newsletter von Dr. Web mit mehr als 76.000 Abonnenten an.

Weiterhin sollten Sie eine feste Zeichenanzahl pro Zeile ins Auge fassen, damit man Ihren Newsletter angenehm lesen kann. Eine Zeilenlänge sollte zwischen 50 bis maximal 74 Zeichen enthalten. Bei Outlook ändern Sie die Zeichen pro Zeile über das Menü *Extras > Optionen > Email-Format > Einstellungen* (siehe Abbildung 9-2).

Wenn Sie diesen Tipps folgen, müssen Sie darauf achten, dass die E-Mail-Programme Ihre Links nicht zerbrechen, wenn sie mehr Zeichen als bis zum Umbruch möglich enthalten. Wie Sie URLs mit Überlänge in Kurz-Links verwandeln, erfahren Sie weiter unten.

```
Von:        bounce-dr.web-newsletter-3791119@scott.kbx.de im Auftrag von newsletter@drweb.de
An:         Wissen fuer Webworker
Cc:
Betreff:    Dr. Web Newsletter Nr. 221 vom 02. August 2005 - Scripts - Browserleisten - Fotos - Vista - Startseite (drweb: message 2 of 3)
-----------------------------------------------------------------
Dr. Web Newsletter - Das Beste aus dem Dr. Web Magazin
-----------------------------------------------------------------

Datum               02.08.2005
Jahrgang            8
Ausgabe             221
ISSN                1436-9826
Abonnenten          76245
Ihre Email Adresse  drweb.3.derbunker@spamgourmet.com
Website             http://www.drweb.de/
RSS-Feed            http://www.drweb.de/rss.xml
Kontakt             http://www.drweb.de/kontakt/
Online Version      http://www.drweb.de/archiv/index-dwn-2.shtml

-----------------------------------------------------------------
Newsletter wieder abbestellen? Hier klicken:
http://www.drweb.de/scripts/comments.php#newsletter
-----------------------------------------------------------------

01 // Script-Ressourcen
02 // Browserleisten basteln
03 // Neue Artikel bei Dr. Web
04 // SEO Extension für Firefox
05 // Basteln mit CSS: Fotos mit Mehrwert
06 // Windows Vista
07 // Perfekt ins Web mit der eigenen Startseite
08 // Service und Impressum

-----------------------------------------------------------------
01 // Script-Ressourcen
-----------------------------------------------------------------
Eine anspruchsvolle Sammlung bietet Thomas Fuchs. Sein Metier: JavaScript.
So finden sich allerlei originell und frische Ideen. Besonders angetan
```

Abbildung 9-1: Webdesign-Tipps von Dr. Web: ein vorbildlich strukturierter Newsletter aus reinem Text

Die wichtigsten Schritte zur Erstellung eines Newsletters

Um einen neuen Newsletter zu schreiben, geht man am besten wie folgt vor:

1. Überlegen Sie sich ein Konzept und eine Gliederung für den neuen Newsletter.
2. Entwerfen Sie ein Newsletter-Dokument, das Sie für jeden weiteren Newsletter benutzen – das erleichtert die Arbeit und gibt Ihren Newslettern ein einheitliches Aussehen mit Wiedererkennungseffekt (siehe die Beispieldatei auf der CD-ROM).
3. Schreiben Sie den Newsletter immer zuerst in einem Textverarbeitungsprogramm und überprüfen Sie anschließend die Rechtschreibung.

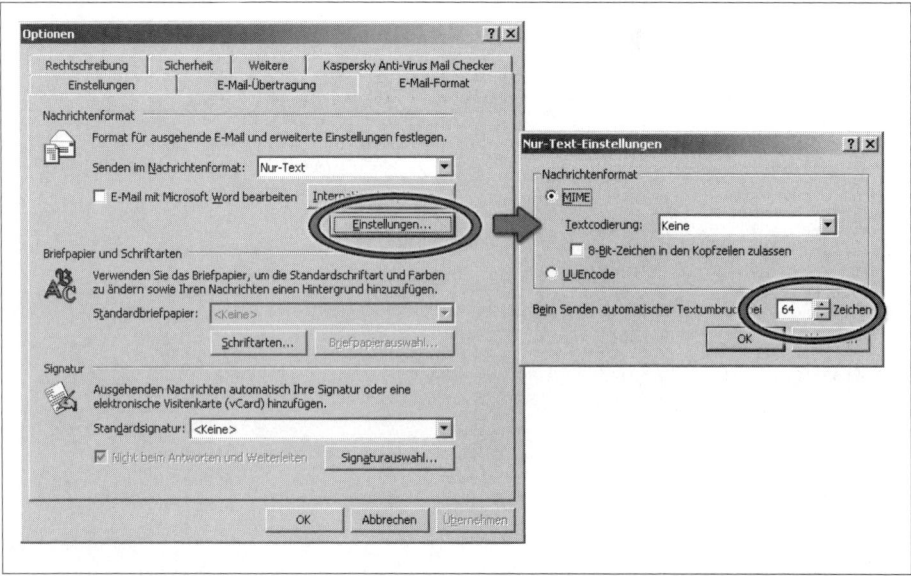

Abbildung 9-2: Outlook begrenzt auf Wunsch die Zeichenanzahl pro Zeile und bricht die Zeile automatisch um

4. Bereiten Sie den Newsletter optisch auf, indem Sie die Inhaltsbereiche voneinander abheben. Dazu gehören: Newsletter-Kennung, Inhaltsverzeichnis, Nachrichten, Impressum, Kündigungsmöglichkeit.

5. Begrenzen Sie anschließend die Zeichen pro Zeile, indem Sie den Newsletter probeweise an sich selbst versenden (alternativ können Sie auch manuell hinter jeder Zeile einen Zeilenumbruch einfügen).

6. Wenn Sie mit dem Ergebnis zufrieden sind, öffnen Sie das Programm, das den Versand der E-Mails übernimmt.

Schutz vor Missbrauch mit dem Double-Opt-In-Verfahren

Das *Double-Opt-In-Verfahren* ist das Verfahren, das die Abonnenten am fairsten und rigorosesten verwaltet und schützt. Denn beim *Double-Opt-In-Verfahren* handelt es sich um eine Methode, die auf jeden Fall ungewollte E-Mail-Sendungen an Empfänger vermeidet, die keinerlei Nachrichten wünschen. Deswegen schlägt die Methode gleich zwei Haken: Um unerwünschte E-Mails zu unterbinden, muss der Empfänger ein weiteres Mal bestätigen, dass er den Newsletter auch wirklich erhalten möchte. Dies geschieht über eine E-Mail, die ihm an seine Adresse geschickt wird, nachdem er sich auf Ihrer Website für den Newsletter angemeldet hat. In dieser E-Mail liegt ein Bestätigungs-Link vor, mit dessen Aufruf das Abonnement aktiviert wird.

Checkliste für erfolgreiche Newsletter

Gestaltung

- Vermeiden Sie im Betreff den vermehrten Einsatz von Sonderzeichen und GROSSBUCHSTABEN.
- Verzichten Sie auf eine Personalisierung in der Betreffzeile.
- Verwenden Sie keine unseriösen und marktschreierischen Begriffe.
- Verschicken Sie keine HTML-Newsletter.
- Versenden Sie keine Anhänge (wenn doch, dann nur kleine Dateien in bekannten Formaten wie PDF, JPG oder GIF).
- Nennen Sie einen Ansprechpartner und geben Sie ein Impressum mit Kontaktmöglichkeiten an.

Adressangaben

- Schaffen Sie Vertrauen und wählen Sie eine seriöse Versandadresse, die in Verbindung mit dem Versender steht.
- Verwenden Sie eine gültige Absender- und Antwort-Adresse.
- Achten Sie auf einen gültigen Domainnamen des Mailservers.

An- und Abmeldung des Newsletters

- Bieten Sie eine Double-Opt-In-Funktion für das Anmelden zum Newsletter an.
- Richten Sie einen Unsubscribe-Link oder eine Möglichkeit zur Abmeldung des Newsletters ein.
- Integrieren Sie eine Datenschutzerklärung, um weiteres Vertrauen zu schaffen.
- Löschen Sie abgemeldete E-Mail-Adressen sicher und für immer.

Verhaltensregeln

- Seien Sie für Rückmeldungen und Beschwerden in kürzester Zeit erreichbar.
- Nehmen Sie Beschwerden ernst und reagieren Sie möglichst prompt.
- Löschen Sie E-Mail-Adressen, die über eine Fehlermeldung zurückkommen.
- Durchsuchen Sie Ihren eigenen Spam-Filter auf mögliche Beschwerden und überprüfen Sie, ob Sie selbst Ihren Newsletter erhalten.

Diese wiederholte, ausdrückliche Nachfrage, ob der Benutzer in Zukunft den Newsletter erhalten möchte, verhindert, dass Fremde eine E-Mail-Adresse einfach aus Spaß oder Bosheit in einen E-Mail-Verteiler eintragen können. Wird nämlich die Nachfrage-E-Mail ignoriert, wird die E-Mail-Adresse so lange nicht in den Verteiler aufgenommen, bis der Link angeklickt wird.

Natürlich hat dieses Verfahren auch einen Nachteil: Faule oder weniger motivierte Interessenten bleiben beim *Double-Opt-In-Verfahren* auf der Strecke, da sie nicht auf den Bestätigungs-Link klicken. Außerdem bleiben die neugierigen Abonnenten auf der Strecke, die den gesamten Prozess nicht nachvollziehen können. Folglich ist es wichtig, die Nutzer in Sekundenschnelle zu gewinnen und den Vorgang so unkompliziert und einfach wie möglich zu halten.

Doch trotz dieser offensichtlichen Nachteile setzen alle professionellen Services und Newsletter-Abonnenten auf dieses Verfahren. Denn der faire und korrekte Umgang mit Menschen zahlt sich am Ende immer aus. Deshalb sollten Sie lieber auf ein paar weniger interessierte Leser verzichten, um die wirklich Neugierigen bei der Stange zu halten.

Klein, aber fein: Kurz-Links für Newsletter und Newsgroups

Oft kommt es vor, dass man in einem Newsletter oder auch in einer normalen E-Mail Links mitschicken möchte, die viel zu lang sind und eventuell im E-Mail-Programm des Empfängers »zerbrochen« angezeigt werden. Möchte der Newsletter-Empfänger dann dem gesendeten Link folgen, stößt er mit ziemlicher Wahrscheinlichkeit auf eine Fehlerseite. Auch wenn sämtliche Links auf Ihrer eigenen Seite kurz und prägnant sind, kann es vorkommen, dass Sie einen Link auf eine fremde Webseite setzen wollen, zum Beispiel zum Online-Ticketverkäufer für Ihre nächsten Konzerte. Da solche URLs meist unglaublich kryptisch und viel zu lang sind, sollte man sie auf eine angenehme Größe verkürzen.

Oder vielleicht möchten Sie die CD der eigenen Band auf den Amazon-Seiten verlinken. Auch hierfür braucht man sicherlich einen übersichtlicheren Link, vielleicht sogar einen »sprechenden«. Darüber hinaus sind solche Links bei einem kurzen Überfliegen der E-Mail ansprechender, und das Auge bleibt bei einem Verweis wie *http://www.ihre-domain.de/link/unsere-neue-cd.html* sicherlich eher hängen als etwa bei *http://www.amazon.de/exec/obidos/ASIN/B0000A5BV4/qid=1120748820/sr=8-4/ref=sr_8_xs_ap_i4_xgl/302-8213968-9168819*.

Der eigene Kurz-Link mit HTML oder PHP

Glücklicherweise lassen sich Kurz-URLs sogar mit HTML einrichten. Sollten Sie öfters zusammengestutzte Verweise nutzen, lohnt es sich vielleicht, ein eigenes Verzeichnis auf Ihrem Server einzurichten. Besitzer einer langen Internet-Adresse wie zum Beispiel *http://www.themechanicsofdestruction.com/* sollten hierbei das neue Verzeichnis auf wenige Zeichen kürzen. Ein Buchstabe wie *l* reicht dabei völlig aus. Wenn Sie jedoch über eine übersichtliche Adresse verfügen wie zum Beispiel der exzellente Turntable-Derwisch Kid Koala, dann empfiehlt sich ein Verzeichnis *link*. Weiterleitungen hätten dann die Form *http://www.kidkoala.com/link/anfahrt.html*.

Der Quellcode für die HTML-Weiterleitungsseite zu einer Karte sähe dann wie folgt aus:

```
<html>
<head>
<meta http-equiv="Refresh" content="0;URL=http://www.url-des-langen-links.de">
```

```
</head>
<body>
<p>Die Location unseres Konzerts findet Ihr auf <a href="http://www.url-des-langen-
links.de">dieser Karte</a>.</p>
</body>
</html>
```

Damit die Weiterleitung funktioniert, benötigen Sie den HTML-Befehl `<meta>`. An `<meta>` übergibt man den Parameter `http-equiv="Refresh"`. Dieser sorgt dafür, dass eine Webseite nach Ablauf einer festgelegten Zeit aufgerufen wird. Die Dauer wie auch ein mögliches neues Ziel legt man mit `content="10;URL=http://www.url-des-langen-links.de"` fest. An `content` übergeben Sie die Dauer – in unserem Fall zehn Sekunden – und die Seite, die anschließend geladen werden soll. Nach Ablauf der Zeit ruft der Browser dann die neue URL auf. Natürlich kann anstelle der 10 auch eine Null angegeben werden, um den Vorgang so kurz wie möglich zu halten.

Da manche Browser womöglich den Refresh-Befehl missachten, gehen Sie am besten auf Nummer Sicher. Dazu fügen Sie noch ein weiteres Mal die URL ein, diesmal innerhalb des `<body>`-Tags mit dem üblichen `<a>`-Tag. Dadurch erhalten die Surfer beim Besuch der Seite die Möglichkeit, auch selbstständig auf den Link zu klicken und dadurch ihr Warten zu verkürzen. Um die Umleitung abzuschließen, speichern Sie die XHTML-Datei ab und laden sie anschließend hoch. Zur Sicherheit sollte sie auf jeden Fall noch einmal über den Browser überprüft werden.

Noch smarter, einfacher und schneller geht es mit Hilfe von PHP. Dazu wird die folgende Codezeile gebraucht:

```
<? header('Location: http://www.url-des-langen-links.de'); exit(); ?>
```

Wird der Link aufgerufen, leitet nicht der Browser den Besucher weiter, sondern der Server. Dieser führt den Klickenden ohne jede Verzögerung zur angegebenen Webseite. Beim Speichern der PHP-Umleitungsdatei müssen Sie natürlich auf die PHP-Endung achten, damit der Server die Datei richtig interpretiert.

Kleine Anregung: Pfiffige PHP-Programmierer könnten in eine PHP-Redirect-Datei auch einen Counter einbauen. Somit ließe sich das Klickverhalten und die Anzahl der Klicks auf einen Link mitverfolgen.

Kurz-URL-Services

Wem das Anlegen und Verwalten von Kurz-Links zu mühselig ist, der sollte sich die einfach zu handhabenden Web-Services von *tinyurl.com*, *shorl.com*, *snipurl.com* oder *makeashorterlink.com* anschauen. Diese Websites haben das Problem von Newsgroups-Postings und Newsletter-Versendern erkannt und sich auf das kostenlose Anlegen und Verwalten von Kurz-Links spezialisiert. Die Tabelle gibt Auskunft über die möglichen Optionen und den angebotenen Service.

Tabelle 9-1: Services für kurze URL-Weiterleitungen

Service	Länge der URL	Bookmark	Statistik	Link-Aussehen	Benutzer-Verwaltung
shorl.com	30	ja	ja	nein	nein
makeashorterlink.com	38	ja	nein	nein	nein
tinyurl.com	24	ja	nein	nein	nein
snipurl.com	23	ja	nein	ja	ja

Während *shorl.com*, *makeashorterlink.com* und *tinyurl.com* Links auf aussagelose Zeichenketten eindampfen, ermöglicht die Website *snipurl.com* personalisierte Links mit maximal 20 Zeichen für den Verweis nach der *snipurl.com*-Domain. Klasse ist, dass sich alle Services als Bookmarklet im Browser anlegen lassen. Befindet man sich auf einer Website, so reicht ein Klick auf das Bookmarklet und schon springt ein Pop-up-Fenster mit einem verkürzten Link zur gerade besuchten URL auf.

Wer die Klickzahlen der jeweiligen eingegebenen Links nachverfolgen möchte, muss auf den Service von *shorl.com* zurückgreifen. Jeder Link erhält ein eigenes Passwort, mit dem die Statistiken zum jeweiligen Link aufgerufen werden können. Zwar verfügt *snipurl.com* über keinerlei Statistiken, dafür ist der Service jedoch mit seinen individualisierbaren URLs der beste unter den vieren. Vor allem die leicht zu handhabende Benutzerverwaltung ermöglicht das Updaten und Löschen von verflossenen Links. Dazu muss man lediglich ein kostenloses Konto anlegen. Nebenbei bemerkt liefert SnipURL die besten Mini-URLs.

Das Newsletter-Werkzeug Dada Mail

Programme und Skripten für den Versand von Newslettern gibt es zahlreiche. Darüber hinaus bieten einige bekannte Services den kostenlosen Versand von Massen-E-Mails an. Diese Services werden jedoch in der Regel mit Werbung finanziert, funktionieren aber hervorragend und lassen sich für die eigenen Zwecke konfigurieren. Besonders empfehlenswert sind in diesem Fall die Services von *http://groups-beta.google.com/*, *http://groups.yahoo.com/*, *www.domeus.de* und *www.ezinedirector.com* (werbefrei).

Neben der meist unerwünschten Werbung der kostenlosen Listmanager ist die Tatsache störend, dass das eigentliche Werkzeug in fremden Händen beziehungsweise auf fremden Servern liegt und diese jederzeit abgestellt werden können. Auch wenn bei den großen Services davon nicht auszugehen ist, kann es vorkommen, dass ein Zugang wegen Inaktivität oder anderen Besonderheiten geschlossen wird. Zudem ist der Versand von E-Mails Vertrauenssache. Denn Ihre Besucher übergeben Ihnen ihre E-Mail-Adresse. Da zum Beispiel Yahoogroups kein Herunterladen der E-Mail-Adressen erlaubt, können Sie die dortigen E-Mail-Adressen nicht »mal eben« exportieren und woanders wieder importieren. Ein Umzug des Newsletters ohne eine Benachrichtigung der Abonnenten ist nicht möglich.

Deswegen sollten Sie sich, wenn möglich, für ein eigenes Werkzeug entscheiden, das den professionellen Versand und das Management der Abonnenten übernimmt. Vielfache Lorbeeren hat sich Dada Mail im Feld der Open Source-Listmanager verdient. Dada Mail bietet zahlreiche Möglichkeiten – von Double-Opt-In über Text- oder HTML-E-Mails bis hin zur gleichzeitigen Verwaltung mehrerer Newsletter-Listen. Im Folgenden installieren wir das Werkzeug, richten es ein und integrieren es auf unserer Website. Dabei beziehen sich alle Anweisungen und Tipps auf Version 2.9.2 von Dada Mail. Die neueste Version des Programms finden Sie immer unter *http://mojo.skazat.com/*.

Installation von Dada Mail

Damit Dada Mail auf Ihrem Server funktioniert, muss Ihr Server das Ausführen von CGI-Skripten erlauben. Weiterhin sollten Sie sicherstellen, dass Perl ab Version 5.6 installiert ist. Eine Datenbank für den Versand und das Speichern der Datenbestände ist nicht nötig. Sind die Rahmenbedingungen geklärt, laden Sie am besten die neueste Version von Dada Mail unter *http://mojo.skazat.com/download/* herunter. Dadurch stellen Sie sicher, dass eventuelle neu entdeckte Bugs oder Schlupflöcher behoben wurden. Haben Sie das komprimierte Archiv auf Ihrem Desktop liegen, entpacken Sie es. Anschließend öffnen Sie den entpackten Dada-Ordner und gehen in das Verzeichnis *DADA*.

Damit Dada Mail richtig funktioniert, müssen wir vor dem Hochladen auf den Server noch vier Variablen mit den richtigen Informationen ausfüllen. Dazu öffnen Sie die Datei *Config.pm* mit einem Text- oder XHTML-Editor. Leider befinden sich die Variablen nicht im Kopf des Dokuments. Um die Variablen zu finden, müssen Sie entweder scrollen oder Sie lassen das Dokument mit Hilfe des Editors durchsuchen. Als Erstes suchen Sie nach folgender Variable:

```
$PROGRAM_ROOT_PASSWORD = 'root_password';
```

Diese Variable beherbergt das Passwort, das Sie später brauchen, um neue Listen anzulegen. Es sollte nicht zu offensichtlich sein. In unserem Fall nennen wir es MiezeKatze45. Das sieht dann so aus:

```
$PROGRAM_ROOT_PASSWORD = 'MiezeKatze45';
```

Wenn Sie das Anlegen weiterer Listen unterbinden wollen, stellen Sie der Zeile ein Doppelkreuz (#) voran.

```
#$PROGRAM_ROOT_PASSWORD = 'MiezeKatze45';
```

Das macht jedoch bei der Installation wenig Sinn, da Sie damit das Anlegen einer ersten Liste unterbinden. Darum sollten Sie diese Zeile erst später mit einem Doppelkreuz auskommentieren.

Da Dada Mail keine Datenbank benutzt, braucht das Programm einen Platz, wo es sämtliche Daten ablegen kann. Dieses Verzeichnis definieren Sie über die Variable $FILES.

    $FILES = '/home/youraccount/dada_files';

Das Verzeichnis sollte keinen offensichtlichen Namen besitzen. Positionieren Sie es am besten außerhalb des Dada Mail-Verzeichnisses. Für unser Beispiel wählen wir das Unterverzeichnis *newsletter-data* und platzieren es im Wurzelverzeichnis. Damit Dada Mail das Verzeichnis findet, passen wir nun die Variable an. Dabei dürfen wir nicht vergessen, dass wir die Rechte des Verzeichnisses später mit unserem FTP-Programm noch auf *CHMOD 777* setzen, damit Dada Mail Dateien anlegen und löschen kann. Die Variable sieht dann folgendermaßen aus:

    $FILES = '/is/htdocs/account_nr_22/www/newsletter-data';

Vorsicht! Welchen Pfad Sie zwischen den Anführungszeichen angeben, hängt von Ihrem Account ab. Das obige Beispiel ist nur willkürlich gewählt. Sind Sie sich nicht über den absoluten Pfad klar, erkundigen Sie sich bei Ihrem Webhoster oder schauen Sie in dessen FAQs und Anleitungen nach.

Als nächste Variable benötigen wir noch den Pfad zum *sendmail*-Utility, das die E-Mails für uns verschickt. In der Regel lautet der Pfad */usr/sbin/sendmail* oder */usr/lib/sendmail*. Auch hier gilt wieder: Erkundigen Sie sich bei Ihrem Webhoster, wo er das Werkzeug für Sie platziert hat. Den Pfad legen Sie in der Variable $MAILPROG fest. Bei unserem Beispiel lautet sie dann:

    $MAILPROG = '/usr/sbin/sendmail';

Die letzte Variable, die wir anpassen müssen, lautet $PROGRAM_URL und kennzeichnet den Pfad zum eigentlichen Dada Mail-Hauptskript:

    $PROGRAM_URL ='http://www.changetoyoursite.com/cgi-bin/dada/mail.cgi';

Da die Domain, auf der wir Dada Mail installieren, *www.ihre-domain.de* lautet und Dada Mail sich in einem eigenen Unterverzeichnis des Ordners *cgi-bin* befindet, geben wir die absolute URL wie folgt an:

    $PROGRAM_URL ='http://www.ihre-domain.de/cgi-bin/dada/mail.cgi';

Jetzt speichern wir unsere Änderungen in der *Config.pm*-Datei ab und laden den gesamten *dada*-Ordner per FTP in unser *cgi-bin*-Verzeichnis hoch. Zur Erinnerung: Vergessen Sie nicht, das Daten-Verzeichnis anzulegen, das Sie weiter oben in der Variable $FILES angegeben haben, und setzen Sie es auf CHMOD 777.

Wurden alle Skripten übertragen, öffnen Sie im FTP-Programm das *dada*-Verzeichnis. Dort befindet sich unser Hauptskript *mail.cgi*. Für dieses müssen wir noch die richtigen Rechte setzen. Das machen wir mit chmod 755. Rufen Sie nun das Skript in Ihrem Browser auf. Es sollte der Pfad sein, den Sie bereits weiter oben in der Variable $PROGRAM_URL angegeben haben. Wenn alles einwandfrei geklappt hat, präsentiert sich Dada Mail im Browser wie in Abbildung 9-3.

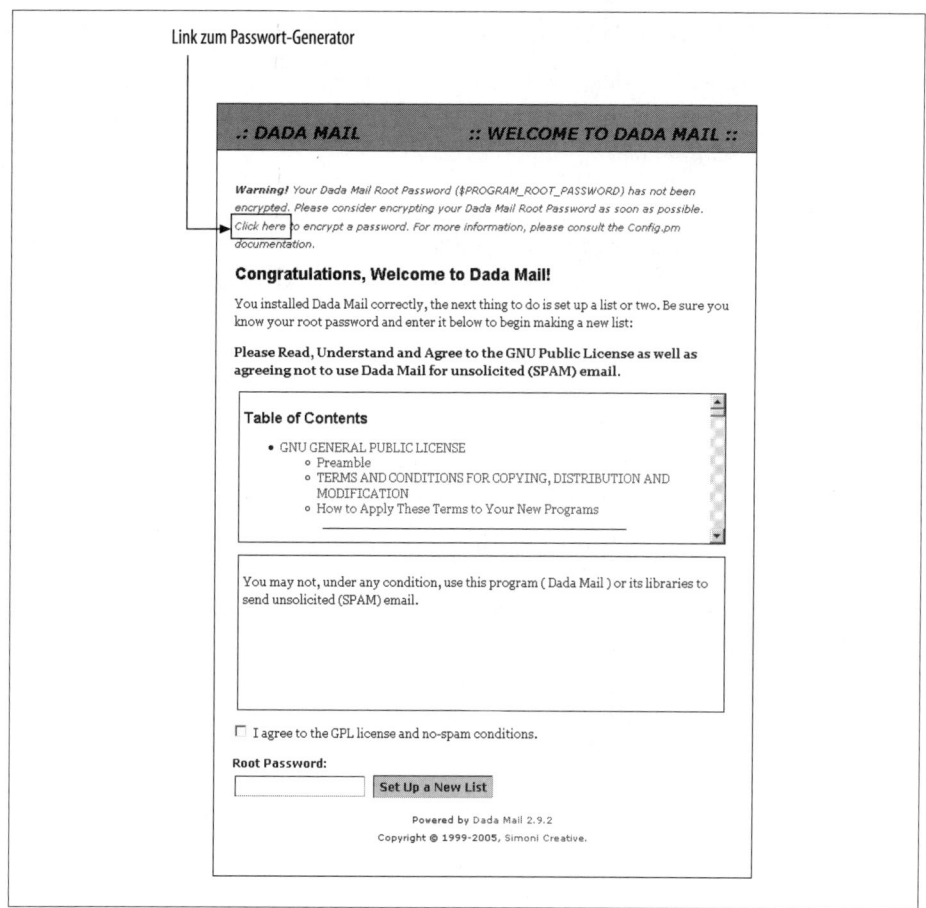

Abbildung 9-3: Bildschirm nach erfolgreicher Installation des Newsletter-Tools Dada Mail

Zum Schutz der Skripten und Daten enthält Dada Mail eine Passwort-Generator-Funktion. Diese erreichen Sie über die URL *http://www.ihre-domain.de/cgi-bin/dada/mail.cgi?f=pass_gen*.

Nutzen Sie diese Funktion und verschlüsseln Sie Ihr Passwort ein weiteres Mal. In unserem Fall füttern wir den Passwort-Generator mit MiezeKatze45 und erhalten ein neues chiffriertes Passwort fY4wK2Ue7l74Q. Danach öffnen wir die *Config.pm*-Datei, ersetzen unser altes Passwort durch das neue und laden die Datei erneut auf den Server hoch. Dieser Schritt ist für den einwandfreien Betrieb von Dada Mail nicht nötig, aber empfehlenswert und innerhalb einer Minute erledigt. Um den Installationsprozess abzuschließen, müssen Sie nur noch ein Häkchen neben »I agree to the GPL license and no-spam conditions.« setzen, um die GPL-Lizenz zu akzeptieren. Um endlich Ihre erste Newsletter-Liste anzulegen, geben Sie Ihr *unverschlüsseltes* Passwort ein, in unserem Fall MiezeKatze45.

Die erste Newsletter-Mailingliste mit Dada Mail

Nach der erfolgreichen Installation fordert Sie Dada Mail zur Angabe allerlei Daten und Informationen auf (siehe Abbildung 9-4). Diese werden wir nun nacheinander besprechen und ausfüllen.

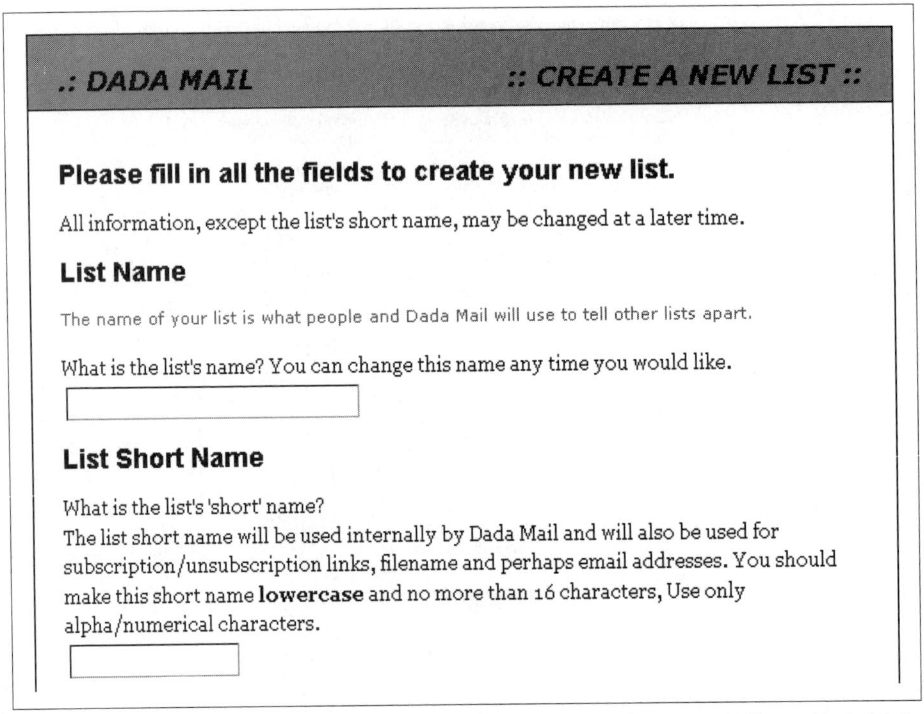

> **.: DADA MAIL** :: CREATE A NEW LIST ::
>
> **Please fill in all the fields to create your new list.**
>
> All information, except the list's short name, may be changed at a later time.
>
> **List Name**
>
> The name of your list is what people and Dada Mail will use to tell other lists apart.
>
> What is the list's name? You can change this name any time you would like.
>
> **List Short Name**
>
> What is the list's 'short' name?
> The list short name will be used internally by Dada Mail and will also be used for subscription/unsubscription links, filename and perhaps email addresses. You should make this short name **lowercase** and no more than 16 characters, Use only alpha/numerical characters.

Abbildung 9-4: Eingabeformular für das Aufsetzen des ersten Newsletters mit Hilfe von Dada Mail

Insgesamt müssen Sie folgende Punkte ausfüllen:

- List Name – Name Ihrer Mailingliste
- List Short Name – Abkürzung für die Liste (wird intern von Dada Mail verwendet)
- Password – Weiteres Passwort nur für diese Liste
- List Owner – E-Mail-Adresse des Verantwortlichen für die Mailingliste
- Description – Kurzbeschreibung des Newsletters
- Privacy Policy – Datenschutzinformationen Ihres Newsletters
- Physical Address – Impressum und Kontaktinformationen

Während Sie in das *List Name*-Feld den vollständigen Namen Ihres Newsletters eintragen, wird *List Short Name* nur intern von Dada Mail gebraucht. Hier entscheiden Sie sich am besten für ein leicht verständliches Kürzel ohne Sonderzeichen. Es sind maximal 16 Zeichen erlaubt. Mit dem Feld *Password* schützen Sie den Admin-Bereich dieser einen Newsletter-Mailingliste. Wenn Sie später weitere Listen anlegen, werden diese jeweils mit einem eigenen Passwort geschützt. Damit die Abonnenten einen Ansprechpartner für den Newsletter haben, geben Sie im Feld *List Owner* Ihre Kontakt-E-Mail-Adresse an.

Anschließend folgt das Feld *Description*, das in prägnanter Weise den Inhalt Ihres Newsletters auf den Punkt bringen sollte. Ein Beispiel:

```
Sweet Surrender News: Neue Veröffentlichungen, Partys und Konzerte!

Bleib am Ball mit den Sweet Surrender News. Wir halten dich mit unserem
Newsletter über unsere Aktivitäten auf dem Laufenden. Der Newsletter informiert
dich bei Neuveröffentlichungen und anstehenden Konzerten unserer Künstler.

Mit Eingabe deiner E-Mail-Adresse erhältst du ab sofort ein regelmäßiges Update
über das Geschehen bei Sweet Surrender!
```

Natürlich sollten Sie Vertrauen zu Ihren Abonnenten aufbauen. Das erreichen Sie mit Hilfe der *Privacy Policy*. Darin geben Sie Ihre Datenschutzerklärung ab und bestätigen dem Abonnenten, dass Sie mit seiner E-Mail-Adresse vertraulich umgehen. Die Erklärung könnte zum Beispiel so lauten:

```
Wir versichern Ihnen, die Daten nicht an Dritte weiterzugeben.
Den Newsletter können Sie jederzeit über unsere Website oder den
Unsubscribe-Link im Newsletter kündigen.
```

Das Feld *Physical Address* sorgt dafür, dass in jedem Newsletter auch ein Impressum erscheint. Anstelle einer Kontakt-E-Mail-Adresse sollten Sie an dieser Stelle lieber einen Link zum Kontaktformular Ihrer Website einfügen. Das hat folgenden Vorteil: Sollte der Newsletter in Spammer-Hände fallen, bleibt Ihre Kontakt-E-Mail-Adresse geschützt. Wenn Sie kein Kontaktformular haben, ist eine E-Mail-Adresse erforderlich, damit die Abonnenten auf Ihre E-Mail reagieren können. Ein vollständiges Impressum könnte dann so aussehen:

```
___ IMPRESSUM

Dieser Newsletter wird herausgegeben vom Sweet Surrender Netlabel
Straße 4 - 00000 Ort - http://www.ihre-domain.de

Herausgeber: Brigitte Bijoux

Kontakt: http://www.ihre-domain.de/kontaktformular.php
```

Voilà! Nach einem finalen Klick auf *Create Your Mailing List* legt Dada Mail Ihre erste Mailingliste an. Wenn Sie keine weitere Liste anlegen werden, sollten Sie nun wie oben beschrieben das Passwort in der Datei *Config.pm* mit einem Doppelkreuz auskommentieren.

Subscription Form HTML – Anmeldeformular für den Newsletter

Wurden alle Eingaben erfolgreich verarbeitet, können Sie sich nun nach Eingabe des Listen-Passworts in das Backend von Dada Mail einloggen. Danach sollte sich das Backend wie in Abbildung 9-5 präsentieren. Bevor Sie jedoch Ihren ersten Newsletter über den Menüpunkt *Send A List Message* verfassen, konfigurieren Sie Dada Mail erst einmal für Ihre Zwecke und stellen Sie sicher, dass sich die Besucher Ihrer Website auch für diesen Service eintragen können.

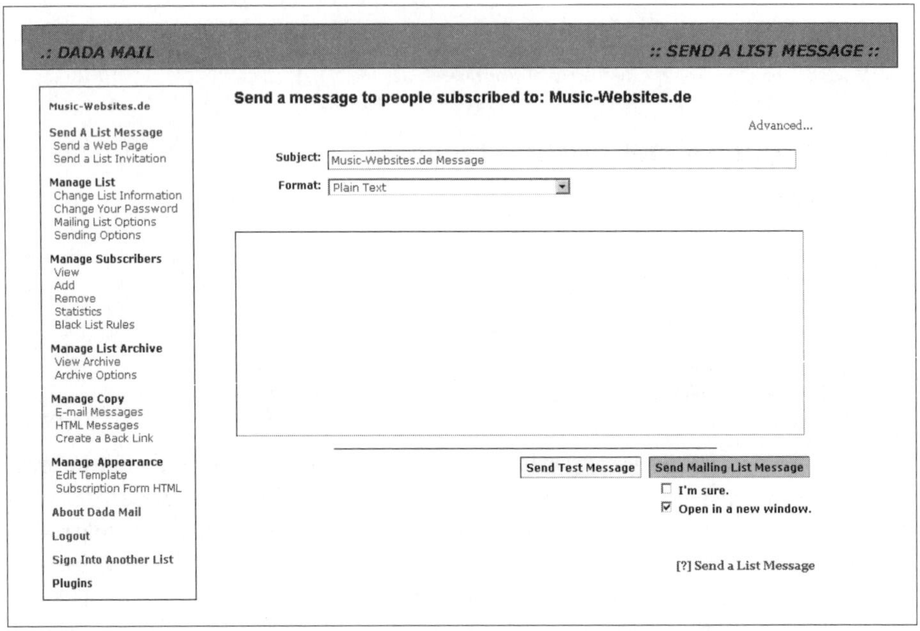

Abbildung 9-5: Administration und Versand: die Verwaltungsoberfläche von Dada Mail

Um ein entsprechendes XHTML-Formular zu erstellen, nutzen Sie den Unterpunkt *Subscription Form HTML*, den Sie unterhalb des Menüpunkts *Manage Appearance* finden. Dieser hilft Ihnen dabei, ein kleines HTML-Formular zu erstellen, das Sie im Quellcode Ihrer Website unterbringen und über das sich Abonnenten ein- und austragen können. Um sich Mühe und Proteste zu ersparen, ist es ratsam, neben einer Bestellfunktion auch die Kündigungsfunktion zu integrieren. Geben Sie bei den Menüpunkten folgende Daten ein:

- *Form Field Size*: Medium
- *Form Field Label*: E-Mail-Adresse
- *Put Subscription Unsubscription Radio Buttons?*: Yes
- *Button Label*: Bestellen!
- *Give Dada Mail Credit?*: Yes

Um das Formular zu generieren, klicken Sie auf einen der Set-Schalter und Dada Mail gibt den neuen Code im unteren Textfeld aus. Wenn Sie neugierig sind, wie der Code aussieht, klicken Sie einfach auf den *Preview HTML*-Button und Dada Mail zeigt Ihnen in einem Pop-up-Fenster, wie das Formular aussieht. Wenn Sie Ihre Website ausschließlich in deutscher Sprache anbieten, sollten Sie im Quellcode die beiden Wörter *Subscribe* und *Unsubscribe* durch *Bestellen* oder *Abonnieren* und *Abbestellen* oder *Kündigen* ersetzen. Den fertigen (modifizierten) Quellcode kopieren Sie jetzt einfach in den Quellcode Ihrer Website an die Stelle, die Sie dafür vorgesehen haben. Probieren Sie zum Schluss, ob die Anmeldung funktioniert, indem Sie sich selbst für den Newsletter eintragen. Anschließend sollten Sie eine E-Mail erhalten, in der Ihr Abonnement bestätigt werden muss – Double-Opt-In lässt grüßen.

Manage Copy – Benachrichtigungen an den Abonnenten administrieren

Wenn Sie möchten, dass sämtliche Nachrichten bezüglich Ihres Newsletters in deutscher Sprache sind, ist der Oberpunkt *Manage Copy* wichtig. Dort können Sie unter *E-mail Messages* die Texte der Benachrichtigungs-E-Mails ändern. Der Menüpunkt *HTML Messages* steuert hingegen die Benachrichtigungen, die je nach Aktion im Browserfenster ausgegeben werden. Mit *Create a Back Link* administrieren Sie einen automatisch integrierten Link zurück auf Ihre Startseite.

Sowohl für den Menüpunkt *E-mail Messages* als auch für *HTML Messages* benutzt Dada Mail so genannte *Pseudo-Tags* innerhalb der Anweisungen, die sie ausgeben. Eine Erklärung der verwendeten Pseudo-Tags finden Sie jeweils am Ende der Menüpunkte. Die Pseudo-Tags sind dabei nichts anderes als Platzhalter, also Variablen, die Sie andernorts bereits angegeben haben und die Dada Mail automatisch für Sie mit dem richtigen Inhalt ersetzt. Selbstverständlich können Sie auch auf den Einsatz der Pseudo-Tags verzichten und die Daten direkt in die Felder eingeben. Das ist jedoch nicht empfehlenswert, da dies den Code leicht unübersichtlich werden lässt und die Verwendung der Pseudo-Tags recht angenehm ist.

Ein Beispiel: Klicken Sie auf den Menüpunkt *HTML Messages*. Dieser verwaltet wie oben beschrieben die Reaktionen von Dada Mail auf die Aktionen des Benutzers. Wir schauen uns jetzt exemplarisch die Webseite *Subscription Successful Screen* an, die Dada Mail nach einer erfolgreichen Abonnierung anzeigt. Der Quellcode sieht wie folgt aus:

```
<h1>Subscription is successful!</h1>

<p>You are now subscribed to the following mailing list:</p>

<blockquote>
  <p><strong>[list_name]</strong></p>
</blockquote>
```

```
<p>Using the following email address:</p>

<blockquote>
  <p><strong>[subscriber_email]</strong></p>
</blockquote>

<p>An email will be sent to your address giving you more details of this
subscription, including how to unsubscribe in the future. </p>
```

In dieser Nachricht an den Besucher benutzt Dada Mail zwei Pseudo-Tags: [list_name] und [subscriber_email]. Während später an die Stelle von [list_name] der Name Ihres Newsletters gesetzt wird, den Sie bei der Installation angegeben haben, gibt Dada Mail mit [subscriber_email] die vom Benutzer eingegebene E-Mail-Adresse aus. Um die Benachrichtigungen zu ändern, formulieren Sie diese einfach um und drücken anschließend am Ende der Seite auf *Save All Changes*.

Möchten Sie die Inhalte der Pseudo-Tags verändern, die Informationen zu Ihrer Liste enthalten, so können Sie das unter dem Menüpunkt *Manage List > Change List Information* vornehmen. Außerdem ermöglicht *Manage List* die Änderung des Passworts. Möchten Sie ganz auf die Hilfe von Dada Mail bezüglich der Browser-Reaktionen verzichten, können Sie unter *Mailing List Options* auch die URLs eigener Webseiten angeben, an die Dada Mail den Besucher weiterleitet. Das ist vor allem dann sinnvoll, wenn Sie den Dada Mail-Service nahtlos in Ihre eigene Website einbauen wollen. Das erleichtert dem Besucher merklich die Orientierung, weil sich das Aussehen der Website nicht plötzlich verändert. Wenn Sie jedoch keine URLs zu bestehenden Webseiten angeben, verwendet Dada Mail die eigenen XHTML-Webseiten.

Manage Subscribers – Verwaltung der E-Mail-Adressen

Die eigentliche Verwaltung der E-Mail-Adressen finden Sie unter dem Menüpunkt *Manage Subscribers*. Mit *View* erhalten Sie eine Ansicht der derzeit eingetragenen E-Mail-Adressen, die Sie gezielt nach einer E-Mail-Adresse durchsuchen können, um sie zum Beispiel manuell aus dem Verteiler zu löschen. Neue Adressen können mit *Add* hinzugefügt werden. Verfügen Sie zum Beispiel bereits über eine Anzahl von Adressen, so können Sie diese über *Add* in den Verteiler werfen. Dazu gibt es zwei Möglichkeiten: Entweder Sie kopieren die Adressen per Copy & Paste in das Textfeld oder Sie durchsuchen per Browse-Button die eigene Festplatte und laden eine simple Textdatei mit den Adressen hoch. Achten Sie dabei darauf, dass die E-Mail-Adressen entweder durch ein Komma, ein Leerzeichen oder durch einen Zeilenumbruch getrennt sind. Nach einem Klick auf *Submit E-Mail List...* tritt Dada Mail in Aktion und zeigt Ihnen anschließend die zu importierenden Adressen.

Wenn Sie E-Mail-Adressen aus dem Verteiler entfernen möchten (zum Beispiel weil Benutzer Sie darum gebeten haben), verwenden Sie *Remove*. Neben einer Suche wie bei *View* können hier auch gleich mehrere Adressen gelöscht werden. Das funktioniert dann genauso wie beim Import von Adressen mit *Add*.

Zwar sagt der Menüpunkt *Statistics* nicht wirklich etwas über Ihre Abonnenten aus, trotzdem gibt er einen ungefähren Anhaltspunkt, welche Nutzer sich für Ihren Service eingetragen haben. Dazu analysiert Dada Mail die eingegebene E-Mail-Adresse. Da Dada Mail von einem Amerikaner programmiert wurde, liegt der Schwerpunkt vorwiegend auf amerikanischen Domains. So fehlt die deutsche Top-Level-Domain *.de* vollkommen.

Eine weitere interessante Funktion ist die Verwaltung einer *Blacklist*. Als Blacklist (schwarze Liste) bezeichnet man eine Liste von Personen, E-Mail-Adressen, Pseudonymen oder IP-Adressen, denen etwas verweigert wird. Bei Dada Mail verweigert man in diesem Fall den Versand des Newsletters und die Aufnahme in den Verteiler. Möchten Sie eine Blacklist nutzen, müssen Sie diese über *Black List Rules* aktivieren und anschließend die E-Mail-Adressen und oder einen Teil der E-Mail-Adressen, wie zum Beispiel die Domain-Endung *.com*, eingeben, die nicht in den Verteiler aufgenommen werden sollen. Vorerst sollten Sie diese Funktion deaktiviert lassen und sie erst bei Problemen mit bestimmten E-Mail-Empfängern einschalten.

Send A List Message – Der erste Newsletter geht raus

Bevor Sie nun Ihren ersten Newsletter verschicken, sollten Sie noch einmal die *Checkliste für erfolgreiche Newsletter* durchlesen und nachschauen, ob Sie alle Punkte abhaken können. Wenn Sie mit Ihrem Newsletter zufrieden sind, klicken Sie auf *Send A List Message* und dann in der oberen rechten Ecke auf den Link *Advanced...* Daraufhin blendet Ihnen die Software weitere Zusatzoptionen ein, wie Sie in Abbildung 9-6 sehen können.

Während Sie über die *From*-Zeile die E-Mail-Adresse konfigurieren, die dem Abonnenten in seinem E-Mail-Programm als Absender angezeigt wird, können Sie mit *Reply-To* die Adresse angeben, an die eine Antwort auf Ihren Newsletter weitergeleitet wird. Die beiden Funktionen *Precedence* und *Priority* sollten Sie in den Voreinstellungen belassen, dafür jedoch das *Subject*-Feld (Betreff) mit einer sinnvollen Überschrift für Ihren Newsletter versehen. Dada Mail setzt hier automatisch den Namen Ihres Newsletters ein.

Möchten Sie Ihrem Newsletter Dateien anheften, so durchsuchen Sie mit *Browse* Ihre Festplatte. Brauchen Sie weitere Felder für Attachments, klicken Sie einfach auf den rechts daneben angegebenen Link *more attachment fields...*. Auch diese Optionen belassen Sie am besten in ihren Voreinstellungen, denn damit stellen Sie sicher, dass Ihre Newsletter ins Dada Mail-Archiv wandern (siehe den folgenden Abschnitt). Die archivierten Newsletter können von Ihren Besuchern eingesehen werden, um sich einen Einblick in den Inhalt Ihrer Newsletter zu verschaffen.

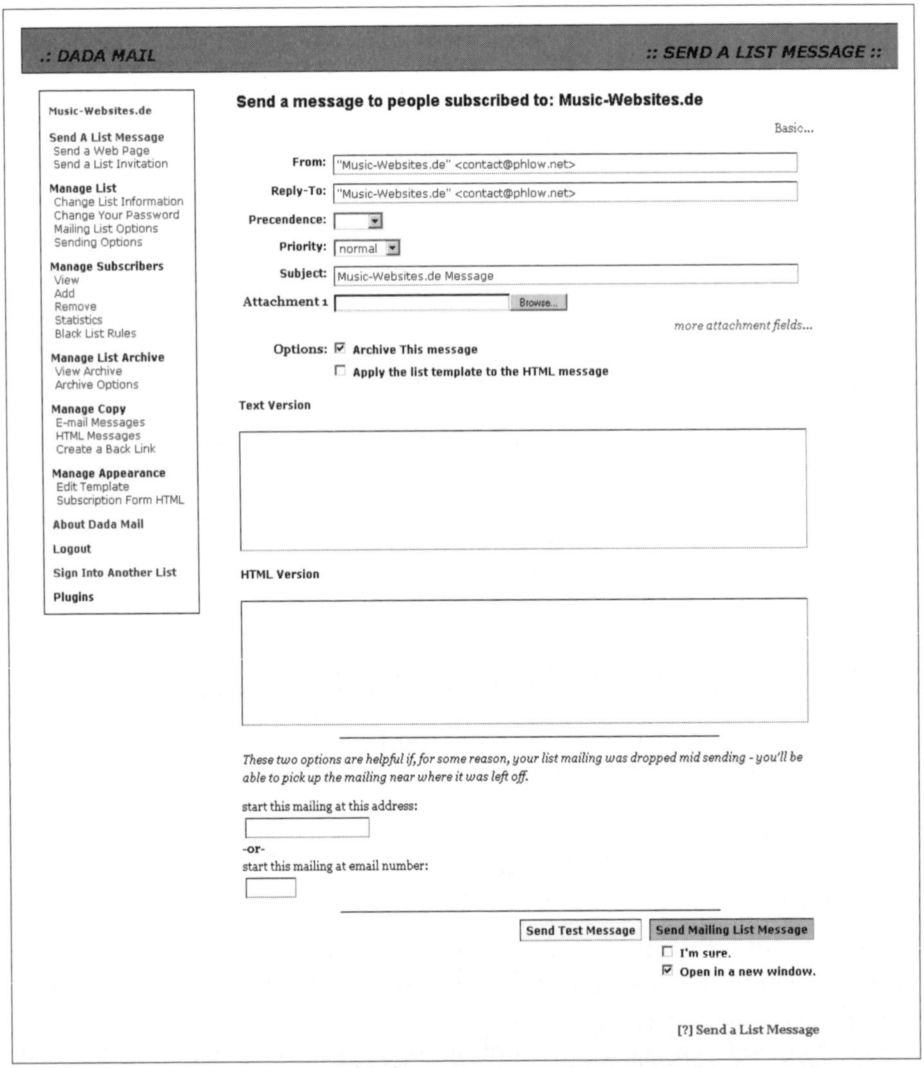

Abbildung 9-6: Newsletter-Lieferung mit Dada Mail: die Eingabemaske für den Versand der E-Mails

Auch wenn Sie mit Dada Mail XHTML-Nachrichten verschicken können, sind reine Text-E-Mails das sicherste Medium, weil diese von jedem gelesen werden können. Deswegen verschicken Sie Ihre Newsletter am besten nur über das Textfeld, das bei Dada Mail mit *Text Version* betitelt ist, und ignorieren das Feld *HTML Version*. Da man in Dada Mail keine feste Zeilenbreite beziehungsweise Zeichenanzahl pro Zeile festlegen kann, müssen Sie den Text vorher formatiert haben. Kopieren Sie diesen dann in das Textfeld.

Bevor Sie jetzt Ihren Newsletter an den Verteiler von Dada Mail übergeben, ist es ratsam, noch vorsichtshalber eine Test-E-Mail an die eigene Adresse zu schicken. Dies geschieht per Klick auf *Send Test Message*. Sind Sie zufrieden und sicher, dass alles passt, weisen Sie Dada Mail mit *Send Mailing List Message* an, die Arbeit zu übernehmen. Das Ergebnis sehen Sie in einem neuen Fenster und in einer Bestätigungs-E-Mail, die Dada Mail nach dem erfolgreichen Versand an Ihre Adresse schickt.

Das Dada Mail-Newsletter-Archiv

Für jede Mailingliste verwaltet Dada Mail ein eigenes Archiv. Dieses erreichen Sie über den obersten Link in der Navigation. Der Link hat dabei das folgende Muster:

    http://www.ihre-domain.de/cgi-bin/dada/mail.cgi/list/mailingliste/

Welche Funktionen auf der Archiv-Seite angeboten werden, stellen Sie im Menü unter *Manage List Archive > Archive Options* ein. Dort konfigurieren Sie, ob Besucher das Archiv einsehen dürfen, ob Dada Mail für Ihre Liste einen RSS- oder Atom-Newsfeed anbietet und ob das Archiv durchsucht werden darf. Außerdem veröffentlicht Dada Mail auf dieser Webseite die Beschreibung des Newsletters und die dazugehörige Datenschutzerklärung. Möchten Sie auf ein Abo-Formular innerhalb Ihrer Website verzichten, können Sie auch einen direkten Link auf diese Archiv-Seite legen. Diese Webseite sieht dann ähnlich wie in Abbildung 9-7 aus.

In der Regel möchte man auf der Archivseite keinen Link zur eigentlichen Administrationsseite, auch wenn diese über ein Passwort geschützt wird. Um den Link zu verbergen, öffnen Sie die Datei *Config.pm* und suchen folgende Variable:

    $SHOW_ADMIN_LINK ||= 1;

Damit Dada Mail den Link ausblendet, setzen Sie die Variable einfach auf null und der Link verschwindet von der Archivseite:

    $SHOW_ADMIN_LINK ||= 0;

Werbung in Newsgroups und Foren

Newsgroups und Foren (auch Message Boards genannt) sind virtuelle Orte, an denen spezielle Themen besprochen werden und in denen sich Mitglieder über Textbeiträge unterhalten und/oder informieren. Dabei werden die Artikel, Postings genannt, über einen Newsserver verwaltet und über diesen per E-Mail an die Mitglieder versandt oder auf einer Website veröffentlicht, auf der ein Message Board installiert wurde.

Newsgroups und Message Boards eignen sich hervorragend, um Werbung zu betreiben. Diese Werbung sollte immer mit gewünschten Zusatzinformationen gespickt oder als selbige deutlich erwünscht sein. Natürlich muss diese Information

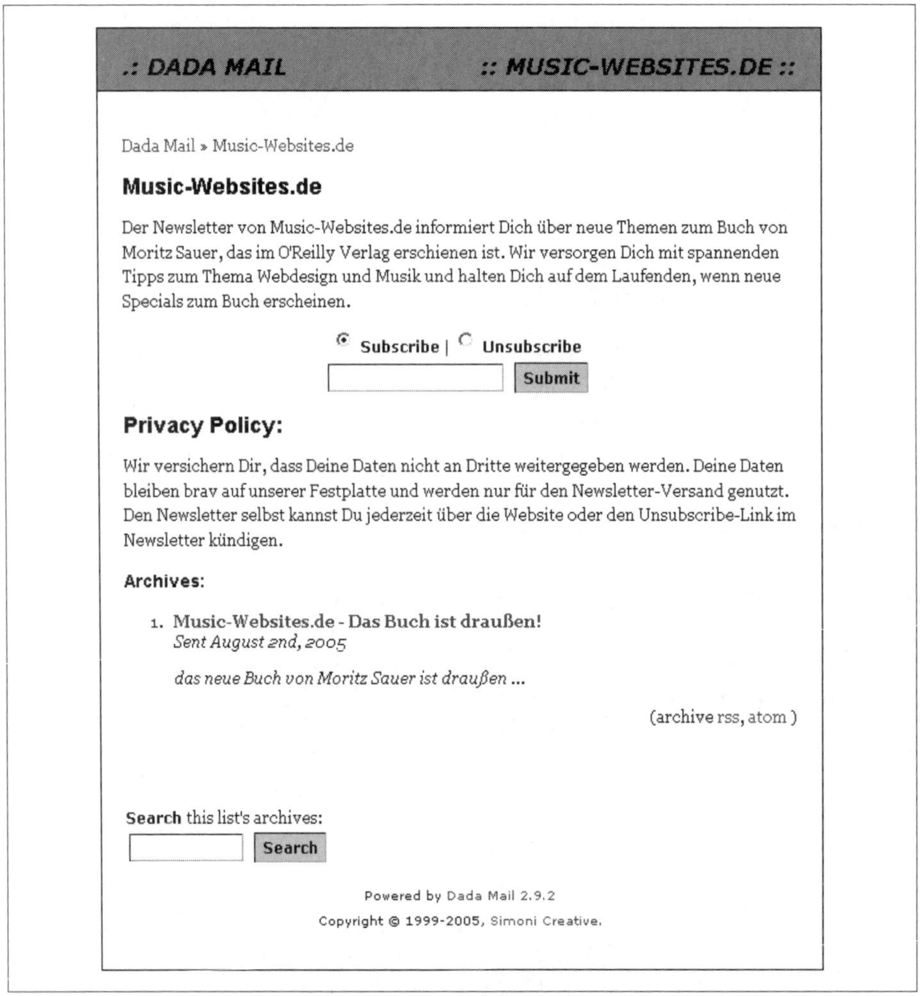

Abbildung 9-7: Newsletter-Archiv: Jede Mailingliste verfügt über eine eigene Archivseite, über die Benutzer ihr Abonnement verwalten und Einsicht in bereits verschickte Newsletter erhalten

mit den Interessen und der Zielausrichtung der Abonnenten oder Teilnehmer deckungsgleich sein. Denn es gibt zu wirklich jedem Thema im Internet eine Newsgroup oder ein Message Board, ob das Thema nun Star Trek, Virales Marketing, Tierkreiszeichen, Webdesign, Häkeln oder Ufo-Sichtung lautet. Logisch, dass sich unter den eben genannten kein Forum finden wird, das Tipps zu Musik-Downloads oder DJ-Mixen willkommen heißt und behandelt. Darum sollten Sie zum Beispiel niemals in ein Forum über Kampfstern Galactica ein Posting schreiben, das Ihren neuesten TechHouse-DJ-Mix anpreist. Es sei denn, Sie haben einen Bigbeat-Remix des Titelthemas aufgenommen und möchten die Leser auf den Download aufmerksam machen ...

Deshalb: Lesen und studieren Sie erst einmal die Foren- und Newsgroup-Beiträge, bevor Sie selbst Ihr erstes Posting schreiben. Außerdem lohnt sich immer ein Blick auf die About-Webseite und in das FAQ zur Newsgroup bzw. zum Message Board. Dort erfahren Sie alles über die Kommunikationsformen und was erwünscht bzw. unerwünscht ist.

Entscheiden Sie sich für einen Beitrag, so wird eine Signatur, wie sie auch bei E-Mails üblich ist, in jedem Fall akzeptiert und eignet sich, um etwas über Sie selbst auszusagen. Die Signatur sollte nicht zu lang sein, und oftmals weckt ein knackiger und lustiger Slogan mehr Neugierde als eine ausführliche Werbung – schließlich ist es eine Unterschrift und kein Werbebanner. Obendrein wird die Signatur am besten als solche erkannt, wenn sie durch Bindestriche von dem eigentlichen Beitrag getrennt ist:

```
--
* Sweet Surrender Netlabel *
Free Electronic Music Downloads
http://www.sweetsurrender.jp
```

Zwei Beispiele: Die Newsgroup netaudio und das Forum von archive.org

Zahlreiche Newsgroups nutzen die kostenlosen Newsserver-Anbieter *Yahoogroups* und *Google Groups* unter *http://groups.yahoo.com* beziehungsweise *http://groups.google.com* – so auch die Netaudio-Szene. 1999 initiiert von der deutschen Musikzeitung De:Bug, finden Musikhungrige neue legale und kostenlose Musik-Downloads über die Postings der *netaudio*-Gruppe. Denn wie es in der Beschreibung zur Newsgroup heißt: »*this mailinglist wants to promote free audio on the web...*«

Deshalb sind in dieser Gruppe Hinweise und direkte Links zu freien Musik-Downloads herzlichst willkommen. Mittlerweile auf eine Anzahl von 902 Teilnehmern angewachsen (Stand August 2005), lohnt es sich, hier Werbung für seine eigenen Netlabel-Releases zu tätigen. Interessanterweise sind jedoch Links auf eigene Produktionen nicht so willkommen wie Links zu fremdem Netaudio-Material. Eigenwerbung wird schließlich immer ein wenig misstrauisch beäugt und im schlimmsten Fall als Belästigung betrachtet.

Ein weiterer interessanter Ort für Guerilla-Marketing für Netlabels im Web ist *archive.org*. Dieses Internet-Archiv bietet zahlreichen Netlabels kostenlosen FTP-Webspace und verfügt über ein eigenes Forum unter *www.archive.org/audio/netlabels.php*, in dem über Netaudio berichtet und diskutiert wird. Im Forum dürfen auch neue Veröffentlichungen angepriesen werden. Auch hier gilt: Bewahren Sie die Netiquette und lesen Sie sich das Forum zuerst einmal durch.

 Die Netiquette (auch Netikette) beschreibt die höflichen Umgangsformen im Web. Ursprünglich als Verhaltensempfehlungen im Usenet herausgegeben, wird der Begriff mittlerweile allgemein für Verhaltensregeln in Newsgroups, Foren und E-Mails verwendet. Einen interessanten Beitrag zur E-Mail-Netiquette finden Sie unter *www.netplanet.org/netiquette/email.shtml*.

Newsgroups- und Forum-Recherche

Wie oben beschrieben, eignet sich Werbung besonders dort, wo Interessierte genau das suchen, was Sie selbst anbieten. Eine gute Taktik, um sich in Newsgroups und Foren beliebt zu machen, sind Hilfestellungen für andere Foren-Mitglieder. Wenn Sie sich gut mit Plattenspielern auskennen und anderen Mitgliedern willkommene Tipps geben, wird man Ihr Urteil wertschätzen und vielleicht auch mehr über Sie erfahren wollen. Ein Klick auf Ihren Website-Link in der Signatur ist dann nur noch eine Frage der Zeit. Darum sollten Sie sich am besten Plätze suchen, auf denen sich viele Menschen tummeln, die die gleichen Vorlieben wie Sie selbst pflegen. Eine Recherche nach geeigneten virtuellen Treffpunkten lohnt sich fast immer. Gute Startpunkte sind die folgenden Adressen:

- *http://groups.yahoo.com*
- *http://groups.google.com*
- *www.phlow.de/netlabels/index.php/Promotion_Tools*

Link-Zirkel und -Partnerschaften

Eine clevere Form des Marketings sind auch Link-Zirkel und Allianzen zwischen Gleichgesinnten. Mit Hilfe von virtuellen Netzwerken erreichen Sie einen höheren Bekanntheitsgrad, da Surfer es lieben, sich von Website zu Website zu hangeln. Ein Besucher, der nach neuer, kostenloser Musik zum Herunterladen sucht, schaut – besonders als Neuling – oft in die Links einer Website, auf der er bereits Musik gefunden hat. Ist Ihre Web-Präsenz dort gelistet, schaut er eventuell auch bei Ihnen vorbei.

Versuchen Sie deshalb, mit Betreibern verwandter Websites Bekanntschaften zu knüpfen, die in einem Link-Austausch münden oder sogar in gemeinsamen Projekten.

Oftmals reicht auch eine nette, persönliche E-Mail aus, um Website-Besitzer zu einem Link-Austausch zu bewegen. Das erreichen Sie natürlich in erster Linie, indem Sie exzellente Inhalte bereitstellen, mit denen sich andere Website-Besitzer identifizieren können, oder wenn Sie sich bereits einen Namen gemacht haben.

Ein weiterer Vorteil, den Sie mit Verlinkungen erzielen, ist eine bessere Platzierung innerhalb von Suchmaschinen. Achten Sie auf die Tipps in Kapitel 7, *Webseiten für*

Suchmaschinen optimieren, um zum Beispiel bei Google einen höheren Pagerank zu erzielen. Reine Link-Listen sind nämlich nicht die beste Methode, um gute Platzierungen zu erreichen.

Musikkritiken und Portraits in Weblogs und Online-Magazinen

Gesicherte Fakten, ob Artikel in Online-Medien oder in Print-Medien mehr Aufmerksamkeit erzeugen, gibt es nicht. Das hängt natürlich auch mit den »Einschaltquoten« zusammen. Je mehr Leser ein Magazin konsumieren, desto größer ist die Wahrscheinlichkeit, dass einige auch in die Musik des Künstlers reinhören. Aber man kann sicher davon ausgehen, dass die Hemmschwelle, den angegebenen Links zu den Künstlern nachzugehen, in Online-Medien niedriger ist. Denn bei einer Verlinkung der Website gelangt der Besucher einfacher auf die dazugehörige Künstlerseite, als wenn er sie in einer Zeitschrift liest und zum Computer gehen und die Adresse eingeben muss.

Obendrein sind viele Online-Medien technikaffiner und brauchen nicht unbedingt ein Exemplar des Albums auf CD oder Vinyl. Da reichen oft auch Links zu den MP3s, die per E-Mail eintreffen.

Für »gute Propaganda« können oft Weblogs sorgen. Da Weblogs die Tendenz aufweisen, dass sie sich gegenseitig verlinken und dass ihre Besitzer befreundete Weblogs lesen, werden oftmals begeistert interessante Links »durchgereicht«. Mittlerweile gibt es sogar eine Vielzahl von Weblogs, die sich auf die Besprechung von Netaudio spezialisiert haben.

Auch wenn diese Weblogs beziehungsweise ihre Besitzer lieber selbst Musik entdecken, kann man sie höflich fragen, ob sie vielleicht mal in die eigenen Produktionen hereinhören möchten. Wie bei Foren und Newsgroups kommt es natürlich darauf an, dass das Thema stimmt. Ein Heavy-Metal-Fan, der seine Stromgitarre innig liebt, wird sicherlich nicht auf Laptop-Frickel-Elektronik stehen und Ihre E-Mail eher als Belästigung empfinden. Möchten Sie Kontakte knüpfen, dann schicken Sie persönliche E-Mails, die zeigen, dass Sie schon einmal auf der Website des Weblog-Besitzers gewesen sind. Sprechen Sie ihn persönlich an und bedanken Sie sich für sein Angebot. Sollte Ihnen selbst etwas gefallen haben, dann geben Sie ihm Rückmeldung. Selbstverständlich ist Ehrlichkeit hierbei maßgeblich. Also übertreiben Sie nicht und loben Sie nichts, was Sie nicht wirklich gut finden. Schließlich kann auch eine verärgerte Welle durch die Weblogs wandern, wenn sich Weblogger von Ihnen belästigt fühlen.

Eine weitere gute Methode bei Weblogs ist das Schreiben eines Kommentars. Anstelle einer direkten E-Mail an den Blogger können Sie auch einen seiner Artikel kommentieren. Schreiben Sie aber keine Werbung in die Kommentare, das wäre ein böser Fehler. Hinterlassen Sie anstelle von Eigenlob Ihre eigene Meinung zum Artikel, Thema oder zu einem vorherigen Kommentar. Ob Sie Beifall klatschen und sich bedanken oder Kritik üben, ist Ihnen überlassen. Neugierig werden Leser und Blogger in den meisten Fällen, wenn sie Sie als Persönlichkeit mit einer interessanten Meinung wahrnehmen oder wenn Sie einen weiteren interessanten Link zum Thema des Artikels liefern. Das könnte im besten Fall einen Klick auf Ihre URL nach sich ziehen und einen neugierigen Besucher von Ihren Inhalten überzeugen.

Bei solchen Kommentaren ist es üblich, dass man seine Webadresse und E-Mail-Adresse hinterlassen kann. Wird diese E-Mail-Adresse auf der Website angezeigt, wird sie mit hundertprozentiger Wahrscheinlichkeit von Spam-Robots entdeckt. Da Sie in den meisten Fällen jedoch auf eine E-Mail-Adresse angewiesen sind, geben Sie am besten eine unwichtige Adresse an, in die Sie von Zeit zu Zeit hineinschauen. Oder generieren Sie sich eine Wegwerf-Adresse mit dem E-Mail-Service www.spamgourmet.com.

Neben Weblogs gibt es außerdem zahlreiche kleine und große Online-Magazine für Musik. Suchen Sie sich solche Magazine aus, die gerne auch Musik von unbekannten Künstlern besprechen. Denn hier besteht eine höhere Wahrscheinlichkeit, dass Ihnen mit Sympathie und Neugierde begegnet wird. Große Musikmagazine behandeln unbekannte Künstler oft arrogant oder ignorieren sie schlicht aus zwei Gründen: Zum einen erhalten sie ohnehin schon viel zu viele Musikrezensionsexemplare, und zum anderen geben sie Musikveröffentlichungen den Vorrang, die auch regulär im Plattenladen erhältlich sind. Eine weitere große Rolle spielen Werbeetats. Es ist ein ungeschriebenes Gesetz, dass die meisten Musikmagazine Labels den Vorzug geben, mit denen sie befreundet sind oder die Werbung im Magazin schalten. Denn in der Regel finanzieren sich Musikmagazine über Werbung der Plattenindustrie. Eine Plattenbesprechung gilt oft als »Dankeschön«. In den seltensten Fällen leisten sich Musikzeitschriften eine Kolumne oder Besprechungsseiten für unabhängige und unbekannte Künstler. Sollte dies trotzdem der Fall sein, schicken Sie dem zuständigen Redakteur einfach eine E-Mail mit Informationsmaterial. Noch besser ist es, ihm eine CD zu schicken.

Da viele Online-Magazine, auch Ezines genannt, unabhängig und klein sind und der Enthusiasmus für das Magazin auf Musikbegeisterung und Fantum basiert, sind sie für Newcomer für erste Besprechungen am besten. Oft bekommen Sie hier sogar die deutlichste und ehrlichste Kritik. Schließlich sind Sie nicht einer der großen Stars, die man bewundert. Darum nehmen Sie sich selbst eine negative Kritik zu Herzen und reagieren Sie nicht böse oder verärgert auf Artikel des Autors. Promoter sagen in solchen Fällen immer: »Any promotion is good promotion.« Außerdem können Sie an Kritik wachsen und diese intelligent nutzen, um Fehler auszubessern. Die eigene Betriebsblindheit lässt einen in der Regel den Abstand zum eigenen Werk, ob DJ-Mix, Song oder Track, verlieren. Journalisten, Blogger und andere Kritiker verdienen deshalb Ihre Aufmerksamkeit.

Beschweren Sie sich deshalb nicht, wenn eine negative Kritik erscheint. Der Redakteur wird sich bei Protesten sowieso auf die Unabhängigkeit seines Magazins berufen und loyal zu seinen Rezensenten stehen. Im schlimmsten Fall wird Ihre nächste Produktion nicht mehr besprochen, weil Sie sich in der Vergangenheit unbeliebt gemacht haben. Denn Kritiker verteilen meist gerne Kritik, stecken sie selbst jedoch ungern ein.

Um sich einen guten Überblick und einen ersten Ausgangspunkt zu schaffen, schauen Sie am besten einmal in das Open Directory Project unter *www.dmoz.org*. Gute Startpunkte sind diese beiden Unterverzeichnisse:

- *www.dmoz.org/World/Deutsch/Kultur/Musik/Zeitschriften_und_Online-Magazine/*
- *www.dmoz.org/World/Deutsch/Kultur/Musik/Verzeichnisse_und_Portale/*

Internet-Quellen

Deutsches Internet-Marketing-Magazin:

www.marke-x.de

Dada Mail:

http://mojo.skazat.com/

Kurz-URL-Services:

http://snipurl.com/, *http://makeashorterlink.com/*, *http://shorl.com/*, *http://tinyurl.com/*

Newsletter mit Spam-Assassin auf Spam-Merkmale testen:

www.lyris.com/resources/contentchecker/

KAPITEL 10
Website-Tuning

In diesem Kapitel:
- Den Surfer im Blick – Webstatistiken mit Power Phlogger
- Clevere Subdomains
- .htaccess-Datei – Server-Magie
- Suchmaschinen steuern – Die robots.txt-Datei
- Webmasters Lieblinge – Hilfreiche Web-Werkzeuge
- Internet-Quellen

Als Webmaster lernt man niemals aus. Auch wenn alles rund läuft – eine Website lässt sich immer weiter verbessern. Ob man nun anderen Webseiten den direkten Zugriff auf die eigenen Inhalte wie Bilder oder Mediendateien verbieten oder die Site noch benutzerfreundlicher gestalten möchte, es gibt immer wieder neue Tricks und Gründe, um am eigenen Internet-Auftritt zu schrauben. Dieses Kapitel richtet sich vor allem an diejenigen, die noch ein wenig tiefer gehen möchten und Spaß am technischen Optimieren der eigenen Website haben.

Den Surfer im Blick – Webstatistiken mit Power Phlogger

Es gibt zahlreiche Methoden, um die Anzahl der Besucher einer Website zu ermitteln. Viele (kostenlose) Services haben sich darauf spezialisiert, Webmastern ein Zählwerk für die eigene virtuelle Existenz an die Hand zu geben. Zu den beliebten Zählwerkzeugen gehören unter anderem *www.sitemeter.com*, *www.webcounter.goweb.de* oder *www.statcounter.com*. Wer jedoch genauere Fakten und Daten über seine Besucher sammeln möchte, braucht gewieftere Werkzeuge, sprich richtige Statistikprogramme. Auch in diesem Bereich gibt es gute Werkzeuge, die frei erhältlich sind und als Open Source Software im Web zum Download bereitliegen.

In der Regel bietet jeder Webhoster pro Account auch ein Statistikwerkzeug oder die Einsicht in die Logdateien des Servers an. Mit Hilfe dieser Werkzeuge oder Daten lassen sich oft aufschlussreiche Informationen gewinnen. Dazu gehören Fakten wie: Welche Webseiten sind besonders beliebt? Woher kommen die Surfer und wie viele Besucher suchen eigentlich das eigene virtuelle Heim auf? Solche Informationen sind nützlich, um den eigenen Internet-Auftritt zu optimieren, um Beobachtungen anzustellen und um herauszufinden, welche Suchbegriffe die Surfer in die Suchmaschinen eingegeben haben, bevor sie auf der eigenen Website gelandet sind.

Darum sollten Sie in Ihren Webhoster-Account schauen, ob und welche Software unterstützt wird. Bei vielen Webhostern ist das die beliebte Open Source-Software *Webalizer* (siehe Abbildung 10-1).

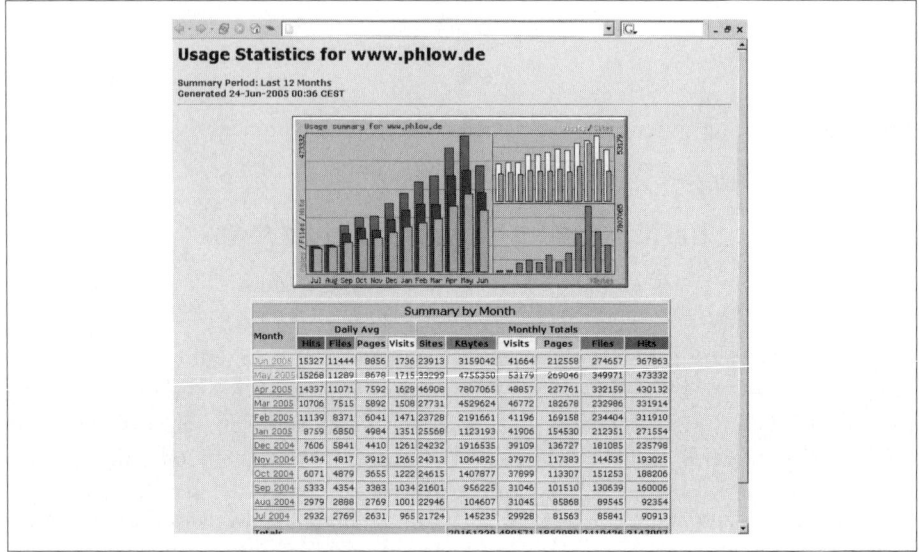

Abbildung 10-1: Statistik-Software wie der Webalizer gibt Auskunft über die Aktivitäten auf der eigenen Website

Auch wenn der Webalizer schon ordentlich Auskunft über die eigenen Besucher gibt, mit der Open Source-Statistik-Software *Power Phlogger* geht es noch präziser, tiefgründiger und mit einem übersichtlicheren Interface.

Power Phlogger sammelt umfassende Daten, die Webalizer nicht aufzeichnen kann. Dazu nutzt Power Phlogger die JavaScript-Technik, um einiges an Daten über die Besucher einer Website zu erfahren. Ein von jeder Webseite aufgerufenes Skript gibt die Daten an Power Phlogger weiter. Natürlich hat diese Technik auch Nachteile. Benutzer, die ihrem Browser das Ausführen von JavaScript untersagen, werden von der Statistik-Software nicht erfasst. Surft der Browser jedoch mit freigeschaltetem JavaScript, sendet das Skript äußerst interessante Informationen an unsere Software, die die Daten fleißig mitloggt. Dazu gehören Informationen wie:

- Anzahl der betrachteten Webseiten pro Besucher plus Verweis zur jeweils aufgerufenen Seite
- Datum und Uhrzeit des Besuchs

- Bildschirmauflösung der Besucher
- Browsertyp der Besucher
- Verweildauer des Besuchs
- Page Impressions pro Monat, Tag und Stunde
- Suchbegriffe
- Referer

Weiterhin unterstützt Sie Power Phlogger beim Zählen von Downloads und zeigt Ihnen, welche Sounds beliebt sind und welche nicht. Dazu muss man nur die zum Download angebotenen Dateien mittels Spezial-Verweis verlinken. Ein Ticker im Verwaltungsbereich der Software zählt die Klicks auf die jeweiligen Download-Links mit und zeigt Ihnen die Anzahl der initiierten Downloads.

Nachhilfe: Webstatistiken richtig lesen

Damit Sie Webstatistiken richtig verstehen, müssen Sie natürlich die Begriffe und ihre Eigenschaften kennen. Denn Hits sind nicht das Gleiche wie PIs oder Visits. Und was bitte schön sind Referer? Ein bisschen Nachhilfe ...

Page Impressions, kurz *PIs* genannt (oftmals auch als *Page Views* oder *PV* bezeichnet), ist die Bezeichnung für Seitenaufrufe. Sie geben die Anzahl der tatsächlich in den Browser geladenen HTML-Webseiten mitsamt ihrer zugehörigen Bilder, Stylesheets, Flash-Dateien, usw. an.

Dahingegen sind *Hits* fast ohne praktische Bedeutung. Hits bezeichnen die Anforderung einer einzelnen Datei vom Webserver. Die Anzahl der Hits hängt entscheidend vom Aufbau einer Webseite ab. So kann eine HTML-Seite mit vier Bildern und einer CSS-Datei ein Gesamtergebnis von 6 Hits erzeugen. Logisch, dass die Anzahl der Hits somit immer die PIs übertrifft. Zu den Hits werden oftmals auch angezeigte Fehlerseiten gezählt.

Ein *Visit*, zu Deutsch Sitzung oder auch als Session bezeichnet, ist ein zeitlich in engem Zusammenhang stehender Abruf von Dokumenten durch einen Besucher. Surft ein Benutzer an unsere virtuellen Gestade, erzeugt er einen Visit, auch wenn er anschließend mehrere Seiten aufruft und eine ganze Weile bei uns herumstöbert. Die exakte Größe von Visits zu ermitteln, ist für Statistikprogramme schwierig, da das HTTP-Protokoll keine Sitzung zwischen dem Browser und Webserver etabliert. Zur Orientierung nutzen die Programme daher die IP-Adresse des Besuchers.

Zu den spannendsten Daten gehören die *Referer*. Referer kennzeichnen die zuletzt besuchte Webseite des Besuchers, bevor er auf Ihre Website gekommen ist. Referer können durch Suchmaschinen erzeugt werden oder über Links auf anderen Webseiten. Wurde zum Beispiel eine Ihrer Webseiten auf Stefan Schmidts *nanoblogg.de* verlinkt und ein Surfer klickt auf diesen Link, so erfahren Sie per Referer von dieser Verlinkung, und eine Auswertungs-Software zeigt Ihnen den Link an.

Ein erstes Power Phlogger-Benutzerkonto

Mit Power Phlogger lassen sich zahlreiche Webseiten mit einem eigenen Counter versehen, da die Daten mit Hilfe von JavaScript an das Statistikwerkzeug weitergeleitet werden. Bevor Sie aber Ihr erstes Benutzerkonto anlegen, müssen Sie noch den Zugang auf die Administrations-Oberfläche des Backends unter *www.ihre-domain.de/pphlogger/admin/* vor unerlaubtem Zugriff schützen. Schließlich soll sich nicht jeder einen eigenen Account anlegen und andere löschen können. Dazu nutzen Sie eine *.htaccess*-Datei, mit der Sie das Backend schützen. Bietet Ihr Webhoster keine Zugriffsverwaltungsfunktion, sollten Sie den Abschnitt »Geschlossene Gesellschaft – Passwortgeschützter V.I.P.-Bereich« in diesem Kapitel lesen. Dort erfahren Sie, wie Sie mit Hilfe von *.htaccess* Verzeichnisse mit einem Passwort versehen und schützen.

Wurde das *admin*-Verzeichnis erfolgreich geschützt, rufen Sie es unter *www.ihre-domain.de/pphlogger/admin* auf. Um ein neues Benutzerkonto anzulegen, klicken Sie auf *Benutzer anlegen/löschen* und legen ein neues Konto an. Damit Sie die Übersicht behalten, geben Sie am besten als Benutzer die Domain Ihres Accounts an (siehe Abbildung 10-4). Sollten Sie weitere Accounts anlegen, ist dadurch eine gute Übersicht gewährleistet.

Im Kasten *URL zu Ihrer Startseite* können mehrere URLs angegeben werden. Dabei müssen die Adressen mit *http://* beginnen und dürfen keinen abschließenden Schrägstrich (/) haben. Eine korrekte URL wäre zum Beispiel *http://klick-konzept.de* oder *http://www.klick-konzept.de*. Bevor Sie nun auf *Create* klicken, setzen Sie noch ein Häkchen in die Checkbox *ADMIN user*. Damit stellen Sie sicher, dass Sie sämtliche Zugriffsrechte auf das Werkzeug erhalten.

Öffnen Sie nun Ihren E-Mail-Account, den Sie im Feld *E-Mail* angegeben haben. Ist alles gut gegangen, sollte Power Phlogger Ihnen das JavaScript-Skript zugesandt haben, das in die Webseiten eingebaut werden muss. Speichern Sie es ab und laden Sie es anschließend auf Ihren Server in ein Verzeichnis Ihrer Wahl hoch. Damit das Skript ausgeführt wird, muss es natürlich über den Quellcode der HTML-Dateien aufgerufen werden. Dabei fügen Sie das Skript am besten am Ende eines HTML-Dokuments ein. Das hat den Vorteil, dass die Webseite auch dann angezeigt wird, wenn das Skript Power Phlogger nicht findet. Damit stellen Sie sicher, dass die Seite bei nicht funktionstüchtigem Service trotzdem vollständig geladen wird. Wenn Sie ein Redaktionssystem oder einen modularen Aufbau für Ihre Website nutzen, sollten Sie das Skript in die Fußzeile setzen. Zuvor sollten Sie den Code jedoch noch einmal überprüfen, um sicherzustellen, dass das Skript auch wirklich gefunden wird. Der Code sieht folgendermaßen aus:

```
<script language="JavaScript" type="text/javascript" src="pphlogger.js"></script>
<noscript><img alt="" src="http://www.ihre-domain.de/pphlogger/pphlogger.php?id=ihre-domain&st=img"></noscript>
```

Die Installation und Konfiguration von Power Phlogger

Damit Power Phlogger funktioniert, benötigen Sie PHP ab Version 4 sowie eine MySQL-Datenbank ab Version 3.23.x. Zusätzlich sollte die *GD lib* (eine Grafik-Bibliothek) mit aktiviertem FreeType-Support und aktivierter »FreeType linkage with TTF library« unterstützt werden. Die Grafik-Bibliothek wird später benötigt, damit Power Phlogger selbstständig Icons für einen gewünschten Website-Counter erstellen kann. Sind die Installationsbedingungen mit einem grünen Häkchen versehen, können Sie Power Phlogger installieren:

1. Laden Sie die Software von *http://pphlogger.phpee.com* herunter.
2. Entpacken Sie das Archiv.
3. Öffnen Sie die Datei *config.inc.php* in einem Editor.
4. Damit Power Phlogger die Datenbank findet, müssen Sie die folgenden Variablen korrekt ausfüllen. In der Regel sollte localhost als Standardeinstellung konfiguriert sein. Sollte dem nicht so sein, schauen Sie am besten in die FAQ-Seiten Ihres Webhosters.

```
define('PPHL_DB_HOST' , 'localhost');
define('PPHL_DB_NAME' , 'Datenbankname');
define('PPHL_DB_USER' , 'Datenbank Benutzername');
define('PPHL_DB_PWD' , 'Datenbank Passwort');
```

5. Laden Sie den gesamten Inhalt des entpackten Archivs auf den Server hoch. Soll Power Phlogger in einem anderen Verzeichnis als *pphlogger* liegen, so richten Sie einen eigenen Ordner ein und kopieren den Inhalt des *pphlogger*-Verzeichnisses in das neue Verzeichnis.
6. Rufen Sie das Installationsverzeichnis auf, zum Beispiel *http://ihre-domain.de/pphlogger*.
7. Wählen Sie *Deutsch* als Sprache.
8. Geben Sie in *Schritt 1* (siehe Abbildung 10-2) die richtigen Daten ein und lassen Sie die Voreinstellungen für die *Generelle Konfiguration* bestehen.
9. *Schritt 2* ist der wichtigste Teil, um Power Phlogger zu justieren. Dankenswerterweise sind die Grundeinstellungen schon hervorragend gewählt. Ein paar Änderungen sollten jedoch bei den *Anzeige-Limits* vorgenommen werden (siehe Abbildung 10-3). So ist es empfehlenswert, das *Top Referrer-Limit*, das *Top Suchbegriffe-Limit* und das *Letzte Referrer-Limit* auf 50 bis 100 hochzuschrauben. Dadurch bekommen Sie im Backend von Power Phlogger einen genaueren Einblick. Alle anderen Einstellungen sollten Sie so belassen, wie sie sind.
10. Nach einem finalen Klick auf *Speichern* landen Sie im Verwaltungssystem von Power Phlogger und können mit einem Klick auf *Benutzer anlegen/löschen* Ihren ersten Account anlegen (siehe Abbildung 10-4).

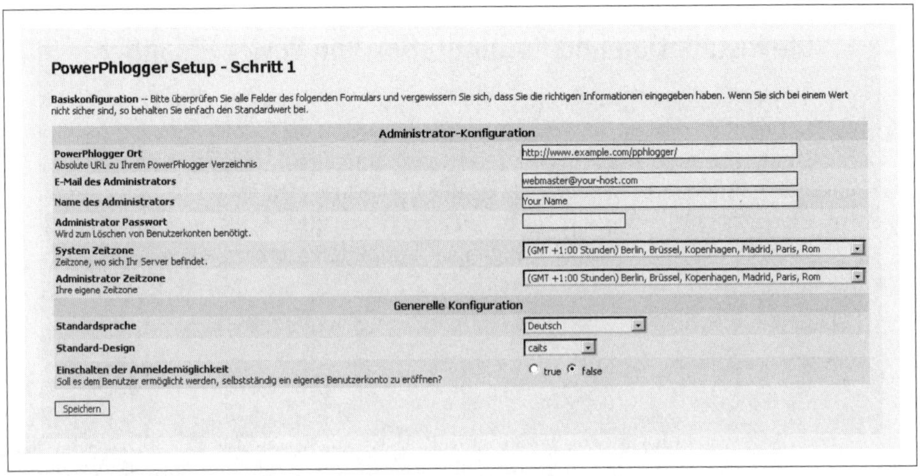

Abbildung 10-2: Power Phlogger: Basisdaten für die Installation

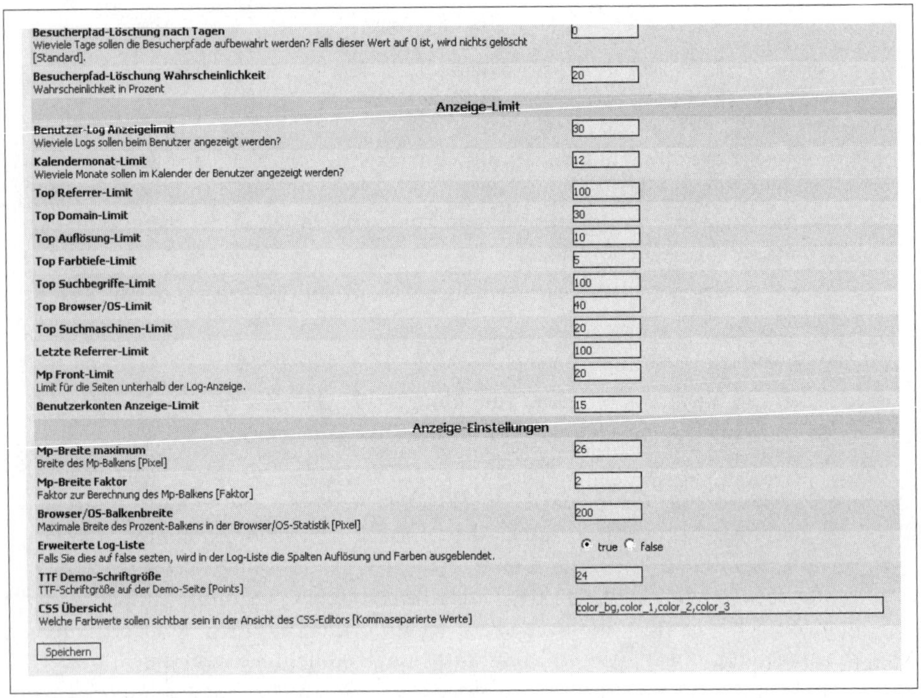

Abbildung 10-3: Power Phlogger: Finetuning per Einstellungen

Um sicherzugehen, dass das Skript auf allen Unterseiten gefunden wird, ist es empfehlenswert, anstelle von `src="pphlogger.js"` den absoluten Pfad zum Skript anzugeben, zum Beispiel *http://www.ihre-domain.de/scripte/pphlogger.js*. Damit Power

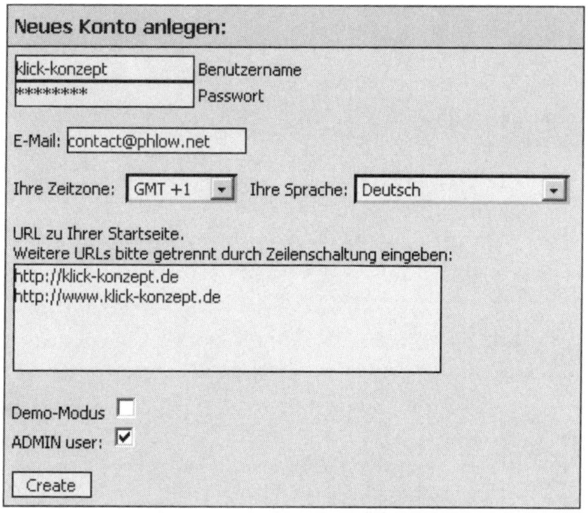

Abbildung 10-4: Benutzer sind schnell und einfach angelegt

Phlogger weiß, von welcher Domain aus das Skript sendet, wird im obigen Code die ID Ihres angelegten Statistik-Accounts übermittelt: `id=ihre-domain`.

Wurden alle Schritte erfolgreich abgeschlossen, besuchen Sie am besten einmal Ihre eigene Website und klicken auf unterschiedliche Artikel. Das JavaScript-Skript sollte nun kontinuierlich Daten an Power Phlogger schicken, die Sie anschließend über das Backend sehen können.

Ergebnisse von Power Phlogger lesen

Die Ergebnisse der gesammelten Daten rufen Sie im Redaktionssystem von Power Phlogger auf. Dieses findet man ganz einfach, indem man das Hauptverzeichnis aufruft, in dem Sie Power Phlogger abgelegt haben. Die URL könnte dann zum Beispiel so lauten: *www.ihre-domain.de/pphlogger/*. Bevor Sie jedoch einen Einblick erhalten, müssen Sie sich mit Ihren Benutzerdaten einloggen. Anschließend präsentiert sich Ihnen die erste Seite der Oberfläche – siehe Abbildung 10-5.

Während der Menüpunkt *Logs* alle Einzelbesuche und Visits anzeigt, finden Sie im Menü *Statistiken* die zusammengefassten Ergebnisse. Dazu gehören die beliebtesten Seiten, die Top Referer, die Bildschirmauflösung, die Download-Links, die letzten Referer und die Top Suchbegriffe. Der Menüpunkt *Kalender* (siehe Abbildung 10-6) gibt Ihnen dann schließlich noch einmal einen größeren Überblick über sämtliche Besuche und Seitenaufrufe, und das nach Uhrzeit, Tag und Monat gegliedert.

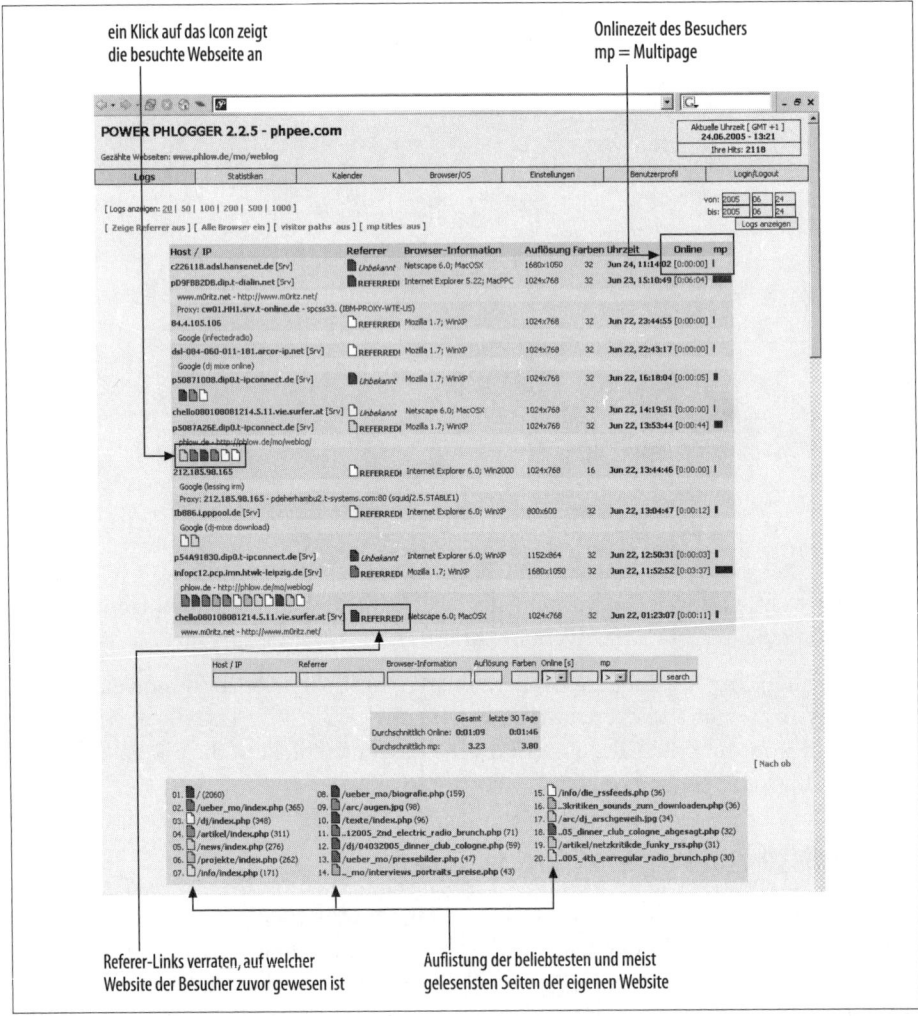

Abbildung 10-5: Das Benutzer-Backend von Power Phlogger bietet jede Menge Statistiken

Backend-Aussehen und eigener Counter

Wem die Farben der Benutzeroberfläche nicht zusagen, der kann sich im Menüpunkt *Benutzerprofil* ein anderes CSS-Stylesheet aussuchen. Dort designen Sie auch den Counter, wenn Sie diesen auf der eigenen Website einfügen möchten. Wird die *GD lib* unterstützt, können auch weitere TTF-Fonts in das Verzeichnis */pphlogger/ttf_fonts/* hochgeladen werden, um ein individuelles Aussehen zu garantieren. Achten Sie darauf, dass die Schriftdateien in Kleinbuchstaben vorliegen, ansonsten müssen Sie diese umbenennen.

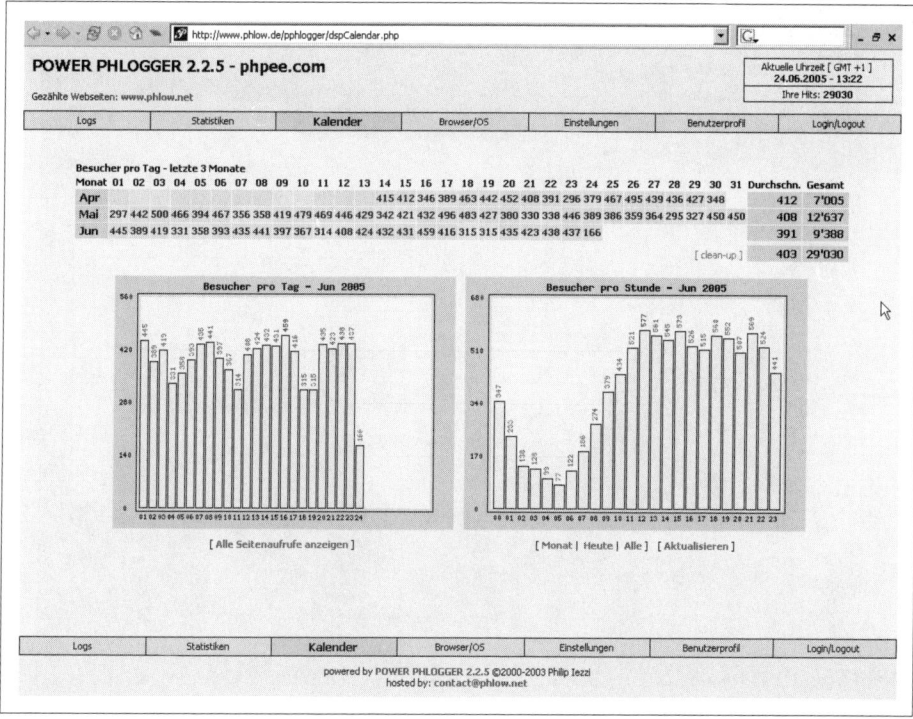

Abbildung 10-6: Der Kalender gibt eine gute Übersicht, wann und wie viel Traffic auf unserer Website herrscht

Damit sich der Counter nahtlos mit einem sanften Übergang (Anti-Aliasing) über den Hintergrund legt, müssen Sie eine entsprechende Hintergrundfarbe aussuchen. Soll das Zählwerk transparent sein, setzen Sie ein Häkchen in der Box *Transparenter Hintergrund*. Auch wenn Sie einen transparenten Hintergrund wählen, sollte eine Hintergrundfarbe entsprechend dem Hintergrund der eigenen Website ausgewählt werden. Ansonsten kann das Anti-Aliasing recht hässlich aussehen. Die Grafik selbst fügen Sie dann an der gewünschten Stelle per Image-Tag ein. Dabei setzt sich die URL wie folgt zusammen: *http://www.ihre-domain.de/pphlogger/showhits. php?id=Benutzername&st=img*. Wichtig in diesem Zusammenhang ist wieder die ID des Power Phlogger-Accounts – im obigen Beispiel *Benutzername*.

Downloads zählen

Ob DJ-Mix, Songs oder Tracks, gerne möchte man wissen, wie oft die einzelnen Dateien heruntergeladen wurden. Power Phlogger unterstützt Sie auch dabei und zählt für Sie die Klicks auf den Link zur jeweiligen Mediendatei mit. Das geschieht ganz simpel über einen Umleitungs-Link. Eigentlich könnte man es auch einen Doppel-Link nennen, denn der Download macht lediglich einen Umweg über

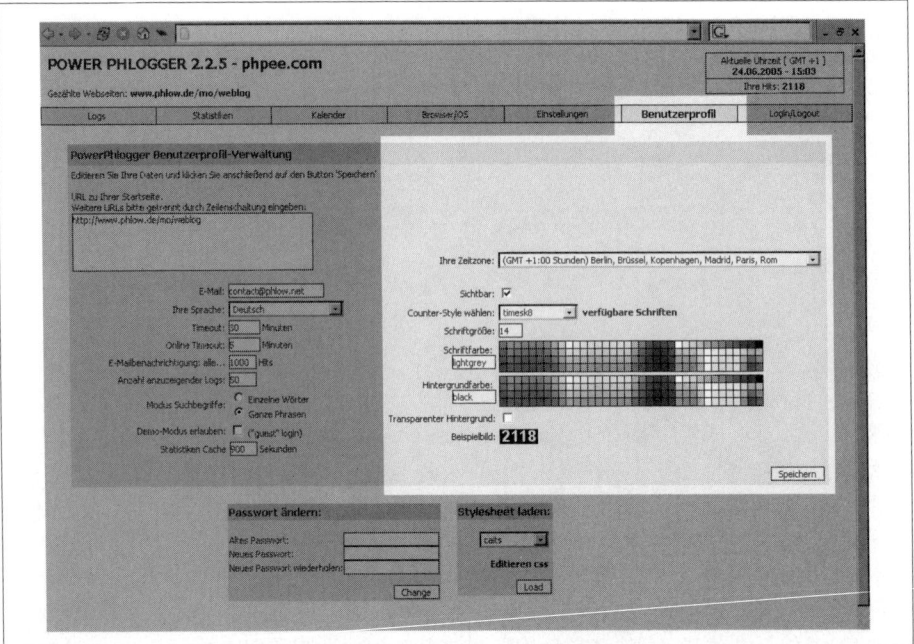

Abbildung 10-7: Im Menüpunkt Benutzerprofil kann man den eigenen Counter gestalten

Power Phlogger. Damit eine Datei gezählt wird und im Backend-Menü *Statistiken* auftaucht, benötigen Sie den folgenden Link, in unserem Fall eine MP3-Datei mit dem Namen *abfahrt.mp3*:

http://www.ihre-domain.de/pphlogger/dlcount.php?id=Benutzername&url=http://www.ihre-domain.de/abfahrt.mp3

Wichtig ist dabei wieder die korrekte Übergabe der ID an den Counter, im obigen Beispiel *Benutzername*.

Clevere Subdomains

Subdomains – Erklärung siehe Kasten – sind eine hervorragende Möglichkeit, Inhalten auf der eigenen Website eine eigenwillige oder kurze URL zu verpassen. Ein Netlabel, das zum Beispiel seinen eigenen Künstlern eine Unterseite einrichten möchte, kann so Künstler-Subdomains einrichten, die auf ein eigenes Verzeichnis auf dem Server verweisen. Denn Subdomains sind in Kombination mit der eigentlichen URL gut zu merken und schnell eingetippt. So wirkt *http://prymer.tokyodawn.com* auf einer Visitenkarte definitiv professioneller und schnieker als *http://www.tokyodawn.com/artists/prymer*. Je nach Webhosting-Paket ist die Anzahl der möglichen Subdomains meist jedoch begrenzt, und ein DJ oder Solo-Künstler braucht wahrscheinlich nicht unbedingt mehr als ein oder zwei Subdomain-Weiterleitungen.

Was sind Subdomains?

Internet-Adressen, auch URLs genannt, werden von von rechts nach links gelesen. Lautet eine Adresse zum Beispiel *http://weblog.music-websites.de*, gewinnt man aus der Adresse die folgenden Informationen: Da es sich um eine de-Domain handelt, wissen wir, dass es sich um eine in Deutschland registrierte Internet-Adresse handelt. Auf diese folgt der Name der eigentlichen Domain *music-websites*. Das sich anschließende, durch einen Punkt getrennte *weblog* ist dann eine weitere Unterabteilung der Website, sprich eine Subdomain.

Man bezeichnet mit Subdomain also eine Domain, die in der Hierarchie unterhalb einer anderen liegt. Im allgemeinen Sprachgebrauch sind damit Domains der dritten oder einer weiteren Unterebene gemeint, in unserem Fall *weblog*. Domains, die direkt unterhalb der Top Level Domain (TLD) liegen, bezeichnet man für gewöhnlich nicht als Subdomains, sondern als 2nd-Level-Domain oder schlicht als Domain. Im obigen Beispiel ist *de* die Top Level Domain, also die höchste Ebene. Weitere bekannte Top Level Domains sind zum Beispiel *com*, *net* oder *org*.

Die bekanntesten Subdomains sind »www« und »ftp«, aber auch »mail« ist für die Adressierung von E-Mail-Servern weit verbreitet.

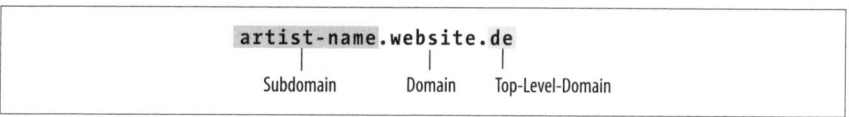

Abbildung 10-8: Aufbau einer Internet-Adresse

Bei Musikern recht beliebt ist die Verwendung von 3rd-Level-Subdomains wie *deine-website.de.vu*. Einige Webhoster bieten 3rd-Level-Subdomains mit Weiterleitung zu einer längeren URL an, da dabei – anders als bei 2nd-Level-Domains – nur sehr geringe Kosten entstehen.

Trotzdem sollte man Subdomains nutzen. Auch wenn es bei den modernen Browsern nicht mehr notwendig ist, gibt die Mehrzahl der Surfer immer ein »www« vor dem Domainnamen in die Adresszeile des Browsers ein. Dabei passiert es leicht, dass der Besucher in der ganzen Euphorie ein »w« zu viel oder zu wenig eintippt. In den meisten Fällen befördert das den Besucher auf eine Fehlerseite. Dem muss aber nicht so sein. Denn Sie können sich zusätzlich zu Ihrer vorkonfigurierten »www«-Subdomain noch zwei weitere Subdomains anlegen, nämlich mit zwei »w« und mit vier. Beide Subdomains leiten Sie ohne Umweg auf Ihre Startseite um. Tippt jemand also versehentlich *wwww.ihre-website.de* in den Browser, bemerkt er seinen Fehler gar nicht, da Sie ihn ungefragt zum richtigen Ausgangspunkt *www.ihre-website.de* umleiten. Das Gleiche geschieht mit *ww.ihre-website.de*. Da jeder Webhoster ein eigenes Benutzer-Interface für die Verwaltung der Subdomains verwendet, müssen Sie in den jeweiligen Support-Foren nachschauen, wie Sie eine neue Subdomain anlegen.

.htaccess-Datei – Server-Magie

Apache-Webserver gehören im Internet zu einer der verbreitetsten Technologien. Das liegt daran, dass Apache-Server auf einer kontinuierlich weiterentwickelten Open Source Software basieren, gemeinsam mit PHP plus MySQL-Datenbank ein Dream-Team bilden und obendrein die Anwender tatkräftig mit zahlreichen Features unterstützen.

Eines der vielfältigen Features ist die leicht zu handhabende *.htaccess*-Datei, mit deren Hilfe sich auf einfache Art und Weise wichtige Dinge justieren und optimieren lassen. In der Regel speichert man die *.htaccess*-Datei im Wurzelverzeichnis des eigenen Webspaces ab. Leider erlauben nicht alle Webhoster den Zugriff auf die *.htaccess*-Datei und das Anlegen einer solchen Datei. Die entsprechenden Details erfahren Sie in den jeweiligen Support-Foren der Webhoster.

Da viele FTP-Programme *.htaccess*-Dateien standardmäßig nicht anzeigen, weil sie zu den versteckten Systemdateien gehören, müssen die jeweiligen Programme angepasst werden. Im verbreiteten Programm *WS_FTP* kann man für jedes FTP-Profil separat einstellen, ob versteckte Dateien angezeigt werden sollen oder nicht. Dazu klicken Sie zuerst auf *Connect*, wählen das gewünschte Profil und wechseln anschließend zum Reiter *Startup*. Im Feld *Remote File Mask* tragen Sie dann »-a« ein und klicken auf *OK* (siehe Abbildung 10-9).

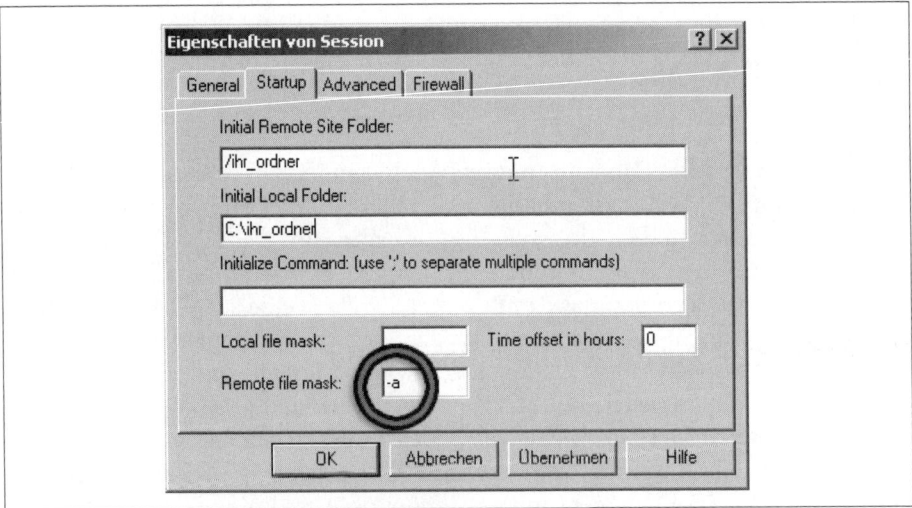

Abbildung 10-9: WS_FTP zeigt versteckte Dateien an

Um im Open Source-Programm Filezilla versteckte Dateien anzeigen zu lassen, reicht hingegen ein Klick auf *Ansicht* und ein Häkchen bei *Versteckte Dateien anzeigen* (siehe Abbildung 10-10).

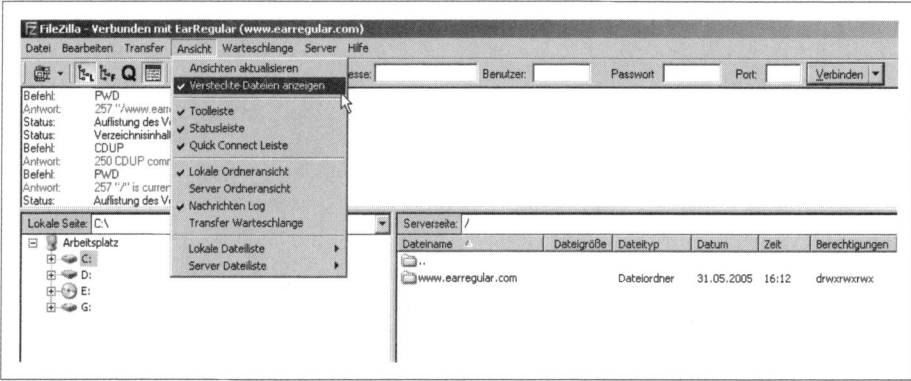

Abbildung 10-10: Ein Häkchen reicht und das FTP-Programm Filezilla zeigt versteckte Dateien an

Doch wozu ist *.htaccess* gut? Mit *.htaccess* lassen sich zum Beispiel Löcher per so genanntem »Redirect« stopfen, wenn Webseiten umziehen oder gelöscht werden. Außerdem können private oder interne Verzeichnisse mit einem Passwort vor unbefugtem Zugriff gesperrt werden. Weiterhin lassen sich Besucher bei Tippfehlern oder fehlenden Dokumenten auf 404-Seiten umleiten, die den Surfer bei der Suche nach dem jeweiligen Dokument oder Thema unterstützen. Am Schluss dieses Abschnitts zeige ich Ihnen noch, wie Sie mit ein paar Befehlen dem Traffic-Klau vorbeugen und externen Webseiten das Anfordern der eigenen Bilder untersagen können.

 »404« bezeichnet den HTTP-Statuscode, den der Server generiert, wenn er ein über eine URL angefordertes Dokument nicht findet. Das bewirkt, dass der Server eine Fehlermeldung an den Browser ausgibt. Meist sind das sehr schlichte und nichts sagende Fehlermeldungen wie `404 Not Found`. Man kann die *.htaccess*-Datei aber so konfigurieren, dass eine eigens programmierte Fehlerseite an den Browser ausgegeben wird, die dem Besucher tatsächlich weiterhilft und ihn nicht in einer Sackgasse stehen lässt. Genauere Informationen zum Thema HTTP-Statuscodes finden Sie unter *http://de.selfhtml.org/servercgi/server/httpstatuscodes.htm*.

301 Redirect – Die unsichtbare Umleitung

Wenn Dokumente und Dateien auf dem Server umziehen oder gelöscht werden, entstehen unnötige Löcher, die den Besucher im schlimmsten Fall ins absolute Nichts führen. Wurde das Dokument intern oder extern verlinkt oder von Suchmaschinen indiziert, führen die veralteten Links nach dem Löschen oder Umzug ins Leere. Mit ein wenig Planung umgeht man solche Probleme. Mittels *.htaccess* ist nämlich eine elegante Weiterleitung möglich, die von den Besuchern höchstens durch das Umspringen der URL in der Adresszeile ihres Browsers bemerkt wird. Sie müssen dem Server lediglich mitteilen, wo er bei Anforderung eines veralteten Links das umgezogene Dokument findet. Der HTTP-Statuscode hierzu lautet 301 Moved Permanently und teilt dem Browser mit, dass die Daten umgezogen und nicht mehr unter der alten Adresse zu finden sind.

Nehmen wir zum Beispiel an, Sie möchten Ihre Netzmusik-Charts *charts.php* vom Verzeichnis *./web* in das Verzeichnis *./musik* verschieben (»./« dient hier als Platzhalter für das Wurzelverzeichnis des Servers). Nach dem Verrücken wären nun ohne Ausnahme sämtliche Links, die auf die alte URL verweisen, fehlerhaft. Das würde nicht nur auf Ihre internen Links zutreffen, sondern auch auf alle Links von anderen Websites auf Ihre alte URL. Neben gespeicherten Favoriten in Besucher-Browsern würden auch Suchmaschineneinträge mit einem Link auf unsere Charts auf eine Fehlerseite führen. Um dem vorzubeugen, schreiben Sie in Ihre *.htaccess*-Datei eine neue Befehlszeile, die den Suchenden zum neuen Speicherort der Charts katapultiert.

Bevor Sie eine neue *.htaccess*-Datei auf Ihrem Server anlegen oder eine vorliegende verändern, sollten Sie zuerst eine Sicherheitskopie der bereits vorhandenen Datei anlegen. Die Datei finden Sie im Wurzelverzeichnis Ihres Servers. Denn wenn Sie eine *.htaccess*-Datei verändern, schrauben Sie an den Server-Einstellungen. Das kann unter Umständen schief gehen, und nach den Veränderungen läuft der Server nicht mehr rund. Wenn Sie eine Sicherheitskopie angelegt haben, überspielen Sie die manipulierte Datei einfach mit der Sicherheitskopie und alles sollte wieder wie zuvor funktionieren.

.htaccess-Dateien können mit einem einfachen Text- oder HTML-Editor bearbeitet werden. Springen Sie mit Ihrem Editor ans Ende des Dokuments und fügen Sie dort den folgenden Befehl ein. Dadurch lassen Sie die bereits konfigurierten Befehle unberührt. Falls auf dem Server noch keine *.htaccess*-Datei vorhanden ist, legen Sie einfach mit dem folgenden Befehl eine neue Datei an:

```
redirect 301 /web/charts.php http://www.webseite.de/musik/charts.php
```

Beachten sollte man bei diesem Vorgehen, dass man die veraltete Adresse als lokal relativen Verzeichnispfad (also ohne *http://*) angibt, die neue Adresse jedoch vollständig (mit *http://*). Außerdem muss zwischen allen Elementen jeweils ein Leerzeichen stehen.

Nach dem Speichern der Datei laden Sie die *.htaccess*-Datei auf den Server hoch. Wenn wir nun testweise die alte URL *http://www.webseite.de/web/charts.php* eingeben, sollte der Server zur neuen URL des verschobenen Dokuments springen und das Dokument an den Browser ausliefern.

Sogar eine komplette Website lässt sich per Redirect-Befehl umleiten:

```
redirect 301 / http://www.neue_domain.de/
```

Das / in diesem Befehl weist den Server darauf hin, dass alle URL-Anfragen unterhalb des Wurzelverzeichnisses auf die neue Domain umgeleitet werden sollen.

Suchmaschinen und 301 redirects

Es kann vorkommen, dass Sie Ihre Website komplett neu gestalten oder überarbeiten möchten und dabei die Verzeichnisstruktur umkrempeln. Ein solches Redesign gefährdet natürlich hart erkämpfte Positionen in den Suchmaschinen. Um dem Verlust guter Rankings zu entgehen, eignen sich hervorragend *Redirects*. Denn mit einem Redirect bekommt der Suchroboter beim nächsten Besuch trotz veralteter URLs eine positive Antwort des Servers. In aller Regel sollte der Suchroboter jetzt die veralteten URLs durch die neuen ersetzen. Beabsichtigen Sie eine ganze Domain zu verschieben, kann der Umzug das Ranking maßgeblich beeinflussen – nicht jedoch, wenn die Inhalte innerhalb der gleichen Domain verschoben werden.

Sie könnten für eine alte Webseite auch eine kleine HTML-Datei mit einem Refresh-Befehl in den Meta-Tags hinterlassen. Dabei entstehen jedoch zwei Probleme: Die Suchmaschinen aktualisieren den alten Link nicht, da die Webseite immer noch besteht, und manche Suchmaschinen interpretieren solche HTML-Umleitungen sogar als Spam-Versuch.

Intelligente 404-Fehlerseiten nach Maß

Selbst bei der perfektesten Domain, bei der sämtliche Dokumente richtig verlinkt wurden, stolpert der Besucher irgendwann über eine 404-Fehlerseite. Dazu reicht ein Tippfehler in der URL oder ein in zwei Hälften geteilter Link in einer E-Mail. Menschlich, wie Surfer nun einmal sind, vermuten sie den Fehler auf Seiten der Website, die sie besuchen. Frust und enttäuschtes Abwenden kann durch eine smart gestrickte 404-Fehlerseite verhindert werden. Sie muss nur attraktiv gestaltet sein, neugierig machen und zum Suchen des korrekten Inhalts animieren. Ein liebevoller und vorsichtiger Hinweis lässt den Besucher womöglich aufhorchen und noch einmal überprüfen, ob er den Fehler selbst findet. Vielleicht verblüffen Sie den Surfer sogar mit einem lustigen und unerwarteten Bild, das den ersten Ärger schnell verpuffen lässt.

Da Surfer oftmals über Suchmaschinen auf eine Website stoßen, wissen sie nicht, wohin sie katapultiert wurden. Deshalb lohnt es sich, auf der 404-Fehlerseite deutlich zu machen, wo der Besucher gestrandet ist. Wie in Kapitel 1, *Die Website planen und vorbereiten*, erwähnt, kann schon das Logo plus ein erläuternder Slogan weiterhelfen. Weiterhin sollte die 404-Seite einen Link zur Startseite der Präsenz sowie einen Link auf die Sitemap (das Inhaltsverzeichnis) enthalten. Ein Inhaltsverzeichnis ist immer ein guter Ausgangspunkt, um sich einen Überblick über die Inhalte einer Site zu verschaffen.

Abbildung 10-11: Nimm's mit Humor: hilfreiche 404-Fehlerseite von phlow.net

Die wichtigste Funktion sollte aber die Suchfunktion sein. Diese sollten Sie definitiv auf der 404-Webseite anbieten. Verfügt Ihre Website über keine Suchfunktion, überlassen Sie einfach Google die Arbeit und bauen ein Suchformular ein, das ausschließlich die eigene Website durchsucht. Der Quellcode der Google-Suchmaske ist denkbar einfach und übermittelt die Suchanfrage an den Suchservice von Google. Zwar verlässt der Besucher daraufhin Ihre Website, kommt aber sicherlich wieder, wenn ihm Google weitergeholfen hat.

```
<form method="get" action="http://www.google.com/search">
<input type="hidden" name="as_sitesearch" value="website.de" />
Diese Seite mit Google durchsuchen:
<input type="text" name="q" size="12" maxlength="255" value="Suchbegriff" />
<input type="submit" name="sa" value="Suchen!" />
</form>
```

Damit auch wirklich die eigene Website durchsucht wird, müssen Sie in diesem Code in der zweiten Zeile website.de durch Ihre eigene URL ersetzen. In der Regel ist ein vorangestelltes »www« nicht notwendig, kann aber auch nicht schaden. Vor dem Einsatz des Suchformulars sollte es noch einmal getestet werden.

Außerdem kommt eine Entschuldigung für nicht gefundene Seiten immer gut an. Denn Höflichkeit kommt im Netz bei Fehlerseiten in der Regel zu kurz, und der

Stolpernde landet auf einer oftmals kryptischen Seite. Darum stimmen Sie Ihre Besucher mit ein wenig Höflichkeit auch auf Fehlerseiten freundlich. Haben Sie sich erst einmal freundlich entschuldigt, können Sie in einem zweiten Schritt nachfragen, ob eventuell ein Tippfehler vorliegt.

Um den Wiedererkennungswert zu erhöhen, bietet es sich auch an, die Fehlerseite direkt im Design Ihrer Website anzubieten. Das hat unter anderem den Vorteil, dass der Surfer eventuell neugierig in den Rubriken und Angeboten weitersucht. Trotzdem sollten Sie den Besucher ehrlich darauf hinweisen, dass es sich um eine 404-Fehlerseite handelt, anstatt den Fehler einfach totzuschweigen.

Ist die eigene Fehlerseite ordentlich gestyled und auf dem Server unter einem Namen wie *404.html* abgelegt, muss sie nur noch mit Hilfe unserer *.htaccess*-Datei verlinkt werden. Damit der Server bei einem 404-Fehler auf die neue Seite verweist, reicht die folgende Codezeile:

```
ErrorDocument 404 /404.html
```

Wird nun ein nicht vorhandenes Dokument angefordert, liefert der Apache-Webserver stattdessen Ihre 404-Fehlerseite, die Sie im Wurzelverzeichnis abgelegt haben, und sendet sie an den Browser.

Geschlossene Gesellschaft – Passwortgeschützter V.I.P.-Bereich

Der Ruf nach einem passwortgeschützten Bereich wird immer dann laut, wenn man ein internes Forum, Wiki oder einen Download-Bereich für spezielle Gäste einrichten möchte. Geschützte Verzeichnisse oder Dateien lassen sich wahlweise für einzelne Benutzer oder für ganze Benutzergruppen einrichten. Dafür benötigen Sie jedoch neben der *.htaccess*-Datei eine oder mehrere weitere Dateien, die die Benutzer samt ihrer Passwörter verwalten. Diese beiden Dateien heißen *.htusers* und *.htgroups*. Um die Dateien mit der *.htaccess*-Datei zu verknüpfen, ist der folgende Eintrag notwendig:

```
# Berechtigungen fuer V.I.P.-Bereich
AuthType Basic
AuthName "V.I.P. BEREICH"
AuthUserFile benutzer/verwaltung/.htusers
AuthGroupFile benutzer/verwaltung/.htgroups
require user Gonzo Datamat Prymer
require group digitale-kultur-ev
```

Die erste Zeile enthält einen erklärenden Kommentar. Der Befehl `Authtype` bezeichnet die Art der Authentifizierung, die üblicherweise als `Basic` angegeben wird. Mit `AuthUserFile` geben Sie die Datei an, in der die autorisierten Benutzer samt ihrer Passwörter stehen. Hier müssen Sie den vollständigen absoluten Pfadnamen angeben, also den Pfad ab dem Wurzelverzeichnis des Serverrechners. Das Gleiche gilt für die Gruppendatei, falls Sie sich entscheiden, mit Gruppen zu arbeiten, in denen mehrere Benutzer zusammengefasst werden können. Diese Datei wird mittels `AuthGroupFile` aufgerufen.

Abbildung 10-12: Geschütztes Verzeichnis: Passwortabfrage per Pop-up im IE

Mit require geben Sie als zweites Schlüsselwort entweder user oder group an, je nachdem, ob Sie einzelne Benutzer abfragen wollen oder gleich eine ganze Benutzergruppe. Hinter require user oder require group können ein oder mehrere Namen von Benutzern beziehungsweise Benutzergruppen folgen.

Aufbau der Benutzerdatei .htusers

In dem obigen Beispiel dürfen die Mitglieder Gonzo, Datamat und Prymer in den V.I.P.-Bereich sowie alle Mitglieder der Gruppe digitale-kultur-ev. Damit der Passwortschutz für ein Verzeichnis oder eine Datei funktioniert, müssen Sie die von der *.htaccess*-Datei angeforderten Dateien mit den Benutzern (*.htusers*) und die der Gruppe (*.htgroups*) anlegen. Für die V.I.P.-Mitglieder Gonzo, Datamat und Prymer speichern Sie die Namen samt Passwörter in der *.htusers*-Datei ab. Benutzername und Passwort werden durch einen Doppelpunkt getrennt:

```
# Benutzer und ihre Passwörter
Gonzo:INY8//m5KMwIc
Datamat:6hW7db9QJ2Lu2
Prymer:INw2mPEH.owe2
```

Bei Unix-Systemen müssen die Passwörter in verschlüsselter Form angegeben werden, bei Windows-Systemen nicht. Um solche Passwörter zu erstellen, gibt es mehrere Services im Web, z.B. auf den Webseiten des Webwork-Magazins unter *www.webwork-magazin.net/kostenlos/generatoren/crypt.php*.

Aufbau der Gruppendatei .htgroups

Die *.htgroups* Datei besteht aus Einträgen, bei denen zuerst ein Gruppenname definiert wird, dem – durch einen Doppelpunkt getrennt – die Namen der zugehörigen

Mitglieder folgen. Dabei müssen die Benutzernamen bereits als Eintrag in der Benutzerdatei angelegt worden sein. Zum Beispiel:

```
# Gruppen-Berechtigungen fuer V.I.P.-Bereich
digitale-Kultur-ev: 020200 inanace Elliptic
```

Diese Gruppendatei wird nur benötigt, weil Sie in der *.htaccess*-Datei eine Benutzergruppe angegeben haben. Während man für eine Passwortabfrage in jedem Fall eine Benutzerdatei braucht, ist eine Gruppendatei nur dann erforderlich, wenn man Mitglieder zusammenfassen möchte. Um also einen Download-Bereich mit jeweils nur einem Benutzernamen plus Kennwort zu schützen, reicht eine Benutzerdatei vollkommen aus.

Sperren einzelner Dateien mittels .htaccess

Neben Verzeichnissen können Sie auch den Zugriff auf einzelne Dateien oder gleich eine Vielzahl von Dateien mit der gleichen Dateiendung sperren. Dafür schreiben Sie den folgenden Code in die *.htaccess*-Datei:

```
# Dateien schützen
AuthType Basic
AuthName "VIP-Mitglieder"
AuthUserFile benutzer/verwaltung/.htusers
AuthGroupFile benutzer/verwaltung/.htgroups
<Files *.mp3>
require user Gonzo Datamat Prymer
require group digitale-Kultur-ev
</Files>
```

Während obiges Beispiel sämtliche MP3s mit einem Passwortschutz verriegelt, lassen sich mit dem folgenden Beispiel die Dateien *statusbericht.html* und *Plan_B.doc* sichern. Um den Schutz einzugrenzen, benutzt man – ähnlich wie bei HTML oder XML – Tags mit spitzen Klammern. Anschließend kann man exakt eine einschränkende Angabe machen. Somit schützt man mit einer Angabe wie *statusbericht.html* nur diese eine Datei.

```
# Dateien schützen
AuthType Basic
AuthName "VIP-Mitglieder"
AuthUserFile benutzer/verwaltung/.htusers
AuthGroupFile benutzer/verwaltung/.htgroups
<Files statusbericht.html>
require user Gonzo Datamat Prymer
require group digitale-Kultur-ev
</Files>
<Files Plan_B.doc>
require user 020200 Gonzo Datamat Prymer
require group digitale-Kultur-ev
</Files>
```

Lästige Angelegenheit – Traffic-Klau

Noch sind professionelle Webhosting-Pakete kostenpflichtig. Zwar bauen die Webhoster ihren Service kontinuierlich aus, doch für den Verkehr auf der eigenen Website wird man wohl immer bezahlen müssen. Da die meisten Pauschalangebote eine Traffic-Grenze beinhalten, kann es teuer werden, wenn diese überschritten wird. Denn oftmals schlagen die Webhoster gierig zu, wenn zusätzliche Megabytes an Daten ausgeliefert werden. Sind es gar Gigabytes, kann es richtig teuer werden.

Darum ist es besonders ärgerlich, wenn andere Anwender einen großen Anteil der Traffic-Kosten verursachen. Vor allem Weblogger verlinken gern fremde Bilder direkt in ihren Einträgen und benutzen dazu den Original-Link. Der Leser des Weblogs bekommt in der Regel nicht mit, von welchem digitalen Standpunkt aus das Bild bezogen wird – dafür jedoch der eigentliche Besitzer, vor allem dann, wenn das Weblog viel gelesen wird. Verlinken gleich mehrere fremde Webmaster die eigenen Inhalte, kann sich das Verkehrsaufkommen deutlich erhöhen, ohne dass man davon irgendeinen Nutzen hat.

Glücklicherweise lässt sich dem so genannten *Traffic-Klau* aber vorbeugen. Die lieb gewonnene *.htaccess*-Datei hilft Ihnen auch hier. Mit Hilfe der folgenden Anweisungen sperren Sie für fremde Websites den Zugriff auf Ihre Bilder und liefern – falls jemand so dreist ist und Ihre Bilder auf seiner Site verlinkt – stattdessen ein alternatives Bild *werbung.gif*.

```
RewriteEngine on
RewriteCond %{HTTP_REFERER} !^$
RewriteCond %{HTTP_REFERER} !^http://(www\.)?ihre-website\.de(/.*)?$ [NC]
RewriteRule \.(gif|jpg|GIF|JPG)$ http://www.ihre-website.de/bilder/werbung.gif [R,L]
```

Wer mehrere Websites besitzt und den Austausch von Bildern zwischen diesen ermöglichen möchte, muss hinter der dritten Zeile diesen Befehl hinzufügen:

```
RewriteCond %{HTTP_REFERER} !^http://(www\.)?weitere-website\.de(/.*)?$ [NC]
```

Wenn Sie kein alternatives Bild ausliefern möchten, benutzen Sie einfach das folgende Listing. Dieses unterbindet das Anfordern sämtlicher Bilder Ihrer Domain seitens Dritter und verweigert die Auslieferung eines Bildes. Auf den Seiten des Webmasters, der den Traffic-Klau begehen wollte, wird im Internet Explorer lediglich das Standard-Icon mit dem roten X angezeigt, während Browser wie Firefox kein Bild anzeigen.

```
RewriteEngine on
RewriteCond %{HTTP_REFERER} !^$
RewriteCond %{HTTP_REFERER} !^http://(www\.)?ihre-website\.de(/.*)?$ [NC]
RewriteRule \.(gif|jpg)$ - [F]
```

Suchmaschinen steuern – Die robots.txt-Datei

Stoßen Suchroboter und Spider-Engines auf eine Website, indizieren sie diese, ohne nachzufragen, ob der Website-Besitzer dies eigentlich möchte oder nicht. Lästig und gefährlich kann das vor allem dann werden, wenn die Suchroboter auf Inhalte stoßen, die nicht in den Suchergebnissen auftauchen sollen. Dazu gehören Logdateien, E-Mail-Adressen oder kurzlebige Dateien, die alsbald wieder gelöscht werden. Außerdem können Suchmaschinen, allen voran Google, unnötigen Traffic auf der eigenen Website erzeugen, wenn die eigenen Bilder unaufgefordert in der Bildersuche von Google auftauchen. Die meisten Besucher beschäftigen sich nämlich bei Entdeckung eines geeigneten Bildes nicht mit der Website, sondern wollen nur das Bild abspeichern.

Das Verhalten der Suchroboter kann man glücklicherweise jedoch beeinflussen, indem man im Wurzelverzeichnis der eigenen Site eine ASCII-Datei namens *robots.txt* ablegt. Diese wird von fairen Suchmaschinen konsultiert. Die Suchroboter der Spammer, die auf neue E-Mail-Adressen usw. aus sind, kümmern sich natürlich in keinster Weise um die vordefinierten Hausregeln.

Mit Hilfe der *robots.txt*-Datei lassen sich die Agenten der unterschiedlichen Suchmaschinen steuern. Ein Befehl in der *robots.txt*-Datei besteht immer aus einer Kombination zweier Befehle. In der ersten Zeile wird der jeweilige Suchagent angesprochen, um ihm in den darauf folgenden Zeilen Aktionen zu erlauben oder zu untersagen.

Um zum Beispiel dem Agenten von Webcrawler den Zugriff auf das *cgi*-Verzeichnis zu untersagen, schreibt man folgenden Code in die Datei:

```
User-agent: webcrawler
Disallow: /scripte/cgi-bin/
```

Während die erste Zeile den Agenten anspricht, wird in der zweiten Zeile mit dis-allow das verbotene Verzeichnis angeführt. Um gleichzeitig allen Suchagenten ein bestimmtes Verzeichnis zu verbieten, nutzt man das *:

```
User-agent: *
Disallow: /logfiles/
Disallow: /javascripts/
Disallow: /cgi-bin/
```

Sie können auch einzelne Dateien explizit von der Indizierung ausnehmen. Die folgenden Codezeilen schützen zum Beispiel die beiden Dateien *private_startseite.html* und *relaunch-v3.html*. Außerdem ist noch eine Zeile mit einem vorangestellten Doppelkreuz # eingesetzt worden. Mit Hilfe des #-Zeichens lassen sich Kommentare in die *robots.txt*-Datei schreiben. So finden Sie sich auch noch nach längerer Zeit wieder schnell zurecht.

```
# Allen Agenten die folgenden Verzeichnisse verbieten
User-agent: *
Disallow: /geheim/private_startseite.html
Disallow: /testseiten/relaunch-v3.html
```

Um einen bestimmten Roboter, in diesem Fall den Googlebot für Bilder, ganz auszusperren, reichen die folgenden Zeilen:

```
User-Agent: Googlebot-Image
Disallow: /
```

Wenn die Datei via FTP auf den Webserver transferiert wird, sollten Sie sicherstellen, dass Sie die Datei im ASCII-Modus hochladen. Außerdem darf der Dateiname nur aus Kleinbuchstaben bestehen, also nicht etwa *Robots.TXT* heißen. Andernfalls könnte es sein, dass die Agenten die Datei nicht entdecken oder ignorieren. Abschließend kann man die *robots.txt*-Datei noch mit dem robots.txt-Validator online nach Fehlern durchchecken lassen.

Ein Beispiel für eine *robots.txt*-Datei befindet sich auf der beiliegenden CD-ROM.

Webmasters Lieblinge – Hilfreiche Web-Werkzeuge

Der Alltag eines Webmasters kann manchmal richtig trist aussehen. Vor allem, wenn man sich mit immer wiederholenden Prozessen herumschlägt. Glücklicherweise gibt es eine Vielzahl an hervorragenden Programmen, die einem Webmaster bei den unterschiedlichsten Prozessen hilfreich unter die Arme greifen. Außerdem gibt es auch feine Werkzeuge, mit denen Sie die eigene Web-Präsenz weiter optimieren können, etwa grafisch oder mit einem netten Sonderservice.

Dabei gibt es sowohl Werkzeuge, die online vorliegen und über den Browser gesteuert werden können, als auch Desktop-Programme, die zuerst installiert werden müssen. Die in diesem Abschnitt beschriebenen Werkzeuge sind frei verfügbar.

Xenu's Link Sleuth (Version 1.2g)

Wächst die eigene Website, wachsen mit ihr auch die Links auf die eigenen und vor allem andere Webseiten. Dass dabei Webseiten aus dem Netz wieder verschwinden und veraltete Links ins Leere oder auf 404-Fehlerseiten führen, ist nicht ungewöhnlich. Als Besucher ärgert man sich trotzdem und macht dafür die Ausgangs-Website verantwortlich. Solche »Broken-Links« oder »Deadlinks« lassen die Informationen auf Ihrer Webseite als veraltet erscheinen. Darum sollte man ab und zu die Querverweise auf der eigenen Site durchchecken. Bei kleinen Websites mit etwa 10 HTML-Seiten geht das noch ziemlich schnell. Ist die eigene Präsenz aber schon auf mehr als 50 Seiten angewachsen, wird es lästig und unübersichtlich. Alleine das Korrigieren der Links kostet schon genügend Zeit. Dankenswerterweise gibt es aber den Website-Crawler *Xenu's Link Sleuth* von Tilman (*http://home.snafu.de/tilman/xenulink.html*). Diese Spider-Engine können Sie selbstständig über die eigene Website krabbeln lassen. Dabei überprüft die emsige Spinne »normale« Links, Bilder, Frames, Plugins, Hintergründe, Image Maps, Style Sheets, Skripten und Java-App-

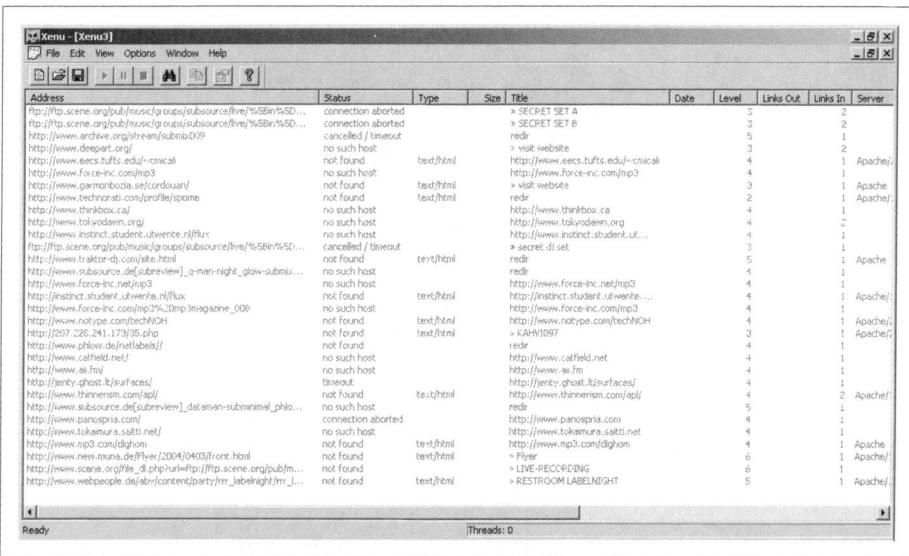

Abbildung 10-13: Xenu's Link Sleuth krabbelt selbstständig über Webseiten und findet tote Links

lets auf ihr Vorhandensein. Wurden alle Links überprüft, erhält man anschließend ein Protokoll, das die fehlerhaften Links auflistet und anzeigt, wo sie sich befinden.

Auch wenn eine ausführliche deutsche Anleitung für das Programm fehlt, lässt sich Link Sleuth leicht konfigurieren und läuft auf jeder Windows-Plattform außer auf Windows 3.11. Weiterhin unterstützt das Programm SSL-verschlüsselte Seiten, ist unter gewissen Einschränkungen auch für FTP- und Gopher-Seiten geeignet und erkennt Redirects. Hat man nach der Überprüfung der Website die Broken-Links korrigiert, gibt das Programm nochmals die Möglichkeit, alle als Broken-Links markierten URLs ein weiteres Mal zu überprüfen. Dankenswerterweise überprüft das Programm beim wiederholten Check nur noch die zuvor entdeckten Broken-Links.

Free Monitor

Wie Sie in Kapitel 7, *Webseiten für Suchmaschinen optimieren*, erfahren haben, sollten Webseiten für Suchmaschinen optimiert werden, damit die eigenen Webseiten so weit wie möglich in den vorderen Reihen der Suchergebnisse mitspielen. Mit dem kostenlosen Windows-Programm Free Monitor (*www.cleverstat.com/google-monitor-query.htm*) behalten Sie die eigenen Rankings mit Blick auf wichtige Schlüsselwörter im Auge. Free Monitor erspart die lästige Eingabe der Suchbegriffe in der Google-Maske und fragt die Ergebnisse zu mehreren Keywords automatisch ab. Dafür benutzt das Programm die Google-Web-API, schickt seine Anfragen an den Suchgiganten und listet anschließend die Ergebnisse im eigenen Browser auf.

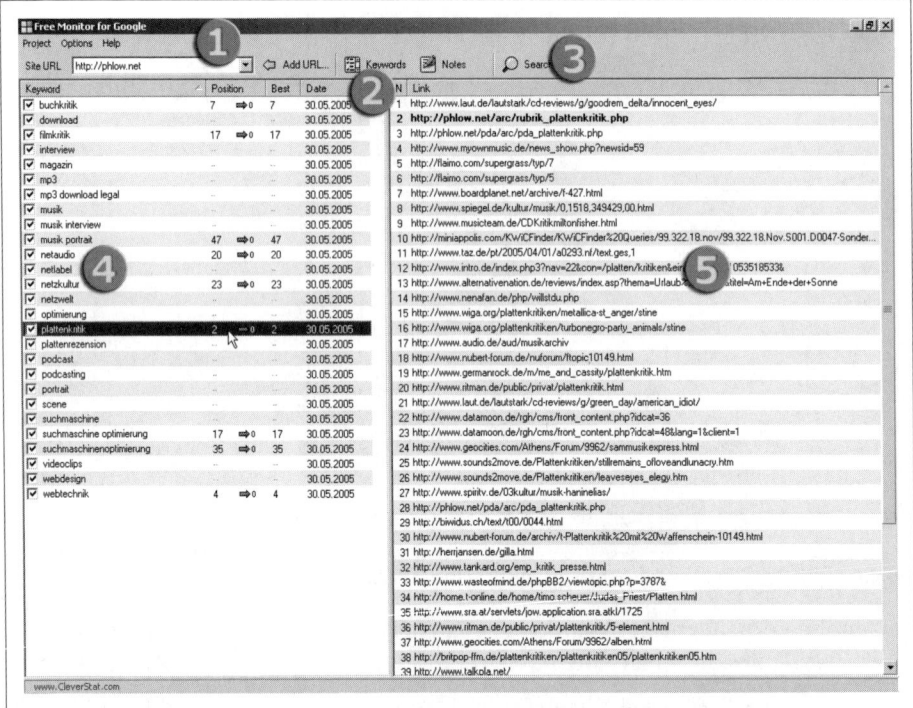

Abbildung 10-14: Mit Free Monitor behält man die eigenen Google-Rankings im Auge

Um die Promotion-Software zu nutzen, müssen Webmaster zuerst einen Google-Account beziehungsweise einen »Google Authentication Key« anfordern. Dieser ist erforderlich, damit Google per Schnittstelle auf die Anfragen von Free Monitor reagiert. Den Schlüssel erhält man kostenlos unter *www.google.com/apis/* oder indem man nach der Installation über das Menü Options – Register With Google die Google-Seite aufruft.

Wurden Sie erfolgreich registriert, müssen Sie den »Google-Key« nur noch im Menü *Options – Preferences* eintragen. Nun kann man unter URL (siehe Abbildung 10-14, 1) die eigene Website angeben und über das Icon *Keywords* (2) die Begriffe eingeben, für die Sie Ihre Site optimiert haben. Um die Ranking-Abfrage zu starten, genügt ein Klick auf das *Search*-Icon (3), und Free Monitor kontaktiert die Google-Schnittstelle, um die Platzierungen der jeweiligen Schlüsselbegriffe abzufragen. Diese Abfrage kann je nach Anzahl der eingegebenen Keywords etwas dauern. Die Ergebnisse werden dann im linken Fenster (4) aufgelistet und jeweils mit einem Pfeil plus der derzeitigen Ranking-Position versehen. Benutzt man Free Monitor öfters, zeigt das Programm beim nächsten Aufruf an, ob sich die Positionen verbessert oder verschlechtert haben. Um herauszufinden, welche Websites zum jeweiligen Begriff bei Google gelistet werden, klickt man im linken Fenster auf einen der Begriffe, und das

Programm listet die derzeitige Ranking-Reihenfolge im rechten Fenster auf und zeigt die gelisteten Konkurrenten zum jeweiligen Begriff (5). Insgesamt erlaubt Google maximal 1000 Anfragen pro Tag, was für mehrere Websites locker ausreicht.

FavIcon

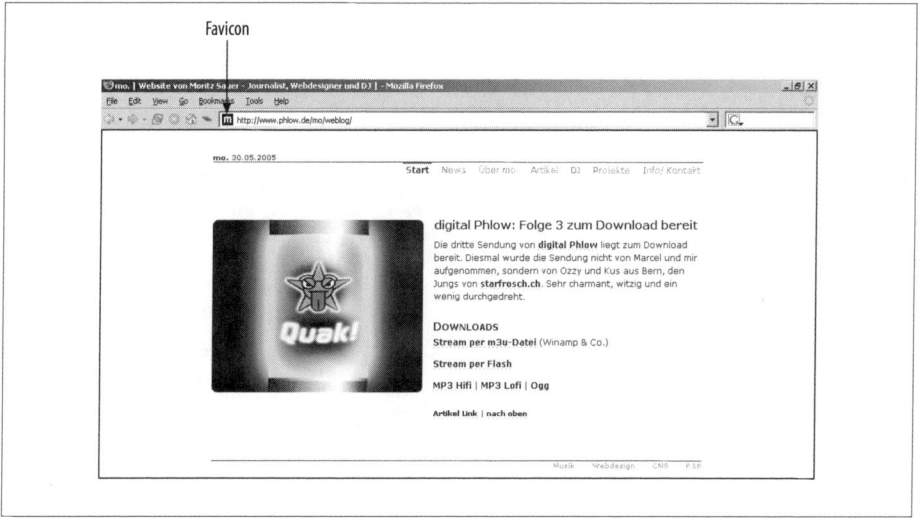

Abbildung 10-15: FavIcons nennt man die kleinen rechteckigen Grafiken, die im Browser angezeigt werden

FavIcons sind die kleinen Pixelgrafiken, die in der Adresszeile Ihres Browsers direkt neben der URL auftauchen. In der Regel sind FavIcons 16 16 oder 32 32 Pixel groß und haben die Dateiendung *.ico*. Die Grafiken sind zwar klein, machen sich aber gut in den Favoriten und unterstützen die eigene Corporate Identity. Erstmals tauchten die Symbole 1999 mit der Realisierung des Internet Explorer 5.0 auf. Klasse ist, dass heute alle modernen Browser die Idee von Microsoft unterstützen und dadurch das Surfen durch die Favoriten nicht nur ein wenig bunter gestalten, sondern auch optisch erleichtern.

Um ein FavIcon zu erstellen, nutzt man entweder den kostenlosen Bildbetrachter IrfanView, der sogar Icons mit Transparenz ermöglicht, oder man nutzt den Online-Service *FavIcon from Pics* und lädt eine rechteckige Datei im *.jpg-*, *.gif-* oder *.png*-Format hoch. Anschließend lässt sich das FavIcon downloaden.

Damit ein FavIcon vom Browser erkannt wird, müssen Sie es innerhalb der XHTML-Datei verlinken, indem Sie den folgenden Code zwischen den <head>-Tags einfügen:

```
<link rel="Shortcut Icon" href="http://www.website.de/favicon.ico"
type="image/x-icon" />
```

Stellen Sie sicher, dass Sie das FavIcon zuvor auf den Server hochgeladen haben, sonst wird es nicht angezeigt. Als Dateiname kommt nur *favicon.ico* in Frage, da einige Browser die Datei sonst nicht anzeigen.

Internet-Quellen

.htaccess-Datei

.htaccess-Generator:

www.harbeck-is.de/tools/htaccess_gen/htaccess_loader.php

Sammlung mit witzigen 404-Seiten:

www.404lounge.net

Weitere Informationen zum Traffic-Klau:

www.trafficklau.de/htaccess.html

robots.txt-Datei

robots.txt-Generator:

www.searchcode.de/robotstxt.php

robots.txt-Validator:

www.searchengineworld.com/cgi-bin/robotcheck.cgi

Web-Werkzeuge

Power Phlogger:

http://pphlogger.phpee.com

Xenu's Link Sleuth:

http://home.snafu.de/tilman/xenulink.html

Free Monitor for Google:

www.cleverstat.com/google-monitor-query.htm

FavIcon from Pics:

www.chami.com/html-kit/services/FavIcon/

FavIcons erstellen mit dem Bildbetrachter IrfanView:

www.irfanview.com

Weiterführende Informationen:

www.FavIcon.de

KAPITEL 11
Interviews mit Weberfahrenen Musikprofis

In diesem Kapitel:
- TokyoDawn.com – The soulful Vibe of the Web
- Das Musikkollektiv Epsilonlab.com – Multimediale Ausrichtung und Teamwork
- Broque.de – Humorvolles Techno-Netlabel mit breitem Spektrum
- Filewile.com – If you want something done, do it yourself!

Zum Schluss des Buchs kommen in diesem Kapitel erfolgreiche Musiker und Netlabel-Betreiber in Interviews zu Wort. Um Fehler und Fallstricke bei der Gründung eines Netlabels oder dem Aufbau einer eigenen Künstler-Website zu vermeiden, lohnt es sich, den Auftritt von Gleichgesinnten zu analysieren. Besonders wertvoll sind dabei Informationen, wenn Musiker und Label-Betreiber aus dem Nähkästchen plaudern.

In den folgenden vier Interviews wurden die drei Netlabels Tokyo Dawn, Epsilonlab und Broque sowie das umtriebige Schweizer Produzentenduo Filewile befragt. Sämtliche Protagonisten musizieren seit Jahren oder legen Platten auf und haben sich intensiv mit dem Vertrieb von Musik über das Internet auseinander gesetzt.

TokyoDawn.com – The soulful Vibe of the Web

Das Netlabel Tokyo Dawn zählt zu den ältesten und ehrwürdigsten Netlabels. Es entstand 1997 zuerst als musikalischer Spielplatz von Freunden. »Tokyo« ist eine Referenz, die auf Metropolen und Technologie verweist, und »Dawn« ein Verweis auf die Liebe zum Sonnenschein in jedem von uns. Die Kombination dieser zwei Elemente streben sämtliche Veröffentlichungen bei Tokyo Dawn an, und sie gelten für das Label als Sound-Signatur.

Über die Jahre ist Tokyo Dawn mittlerweile unter der Schirmherrschaft von Marc »Prymer« Wallowy erwachsen geworden. Das Label wächst kontinuierlich und blickt neben Nominierungen für die beste Musik-Website auf jede Menge herausragende freie Musikveröffentlichungen im Bereich Disco, R'n'B und HipHop zurück. Zum Stamm der Künstler gehören Musiker wie Comfort Fit, Blaktronics, Mentz, Resound, Saine oder zum Beispiel Lukas Nystrand. Das Label veröffentlicht jedoch nicht nur frei verfügbare Musik-Downloads, sondern stellte auch schon das eine oder andere Vinyl in die Regale der Plattenläden.

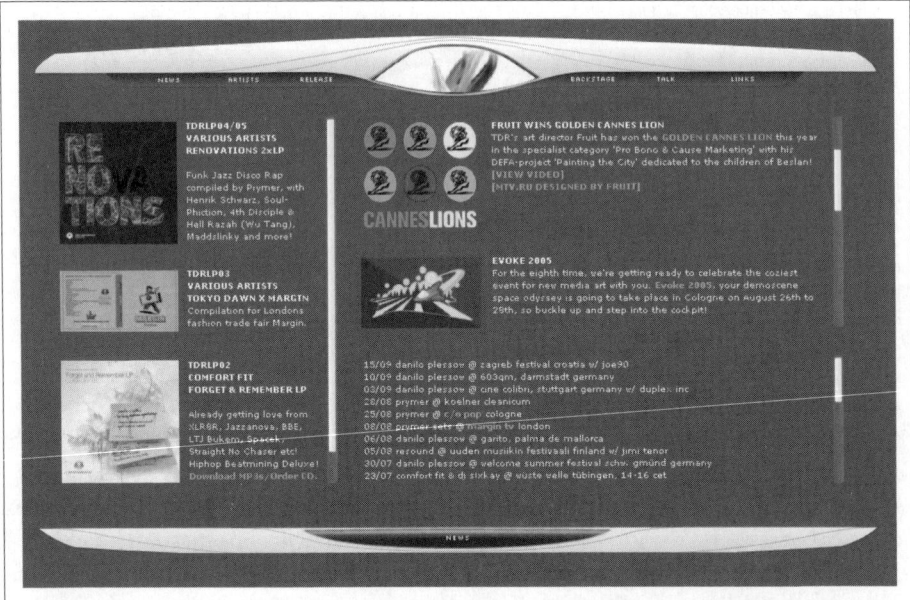

Abbildung 11-1: www.tokyodawn.com wurde schon mehrmals für verschiedene Musik-Website-Awards nominiert und setzt Flash für die Website, das Streaming und die Animationen ein

Auch wenn MP3 zurzeit das Format der Wahl für Tokyo Dawn ist, so werden jedoch auch sämtliche Musikstücke als Ogg Vorbis veröffentlicht. Schließlich sieht man sich als Freigeister und Fans von offenen Inhalten. Doch auch das Ende der mit Verlusten behafteten Kompressionsverfahren ist in den Augen von Tokyo Dawn nahe. Denn die verlustfreie Komprimierung mit Verfahren wie FLAC rückt immer mehr in den Fokus des Labels. Dank immer breiterer Datenautobahnen und preiswertem Webspace sind auch immer größere Datenpakete möglich. Und spätestens mit dem Vertrieb von verlustfrei komprimierter Musik werden professionelle Netlabels in puncto Musikqualität den Vinyl/CD-Labels in nichts mehr nachstehen. Dann muss nur noch die Qualität seitens der Musiker gesichert sein.

Für das Buch wurde Label-Head Marc »Prymer« Wallowy interviewt, um Ihnen Einblick in die Arbeit eines virtuellen Labels zu geben.

Philosophie – Was und wer ist TokyoDawn.com?

Marc »Prymer« Wallowy: Tokyo Dawn versteht sich in erster Linie als ein Künstlerkollektiv, als eine kleine Einheit von fitten Produzenten, Instrumentalisten, DJs, Vocalists, Designern, Programmierern und Filmemachern. Das organisatorische Team hinter dem Label besteht aber nur aus wenigen Mitarbeitern. Fabien Schivre kümmert sich um die Webprogrammierung und das Mastering und programmiert unsere Label-eigenen VST-Plugins. Ilia Baronshin, der gerade den Golden Cannes Lion mit seinem letzten Film gewann, kümmert sich um die Cover und die Grafiken. Flowerfilms ist zuständig für die Musikvideos, Time Code Music kümmert sich um die Lizenzierungen und um das Business, Groove Attack und Caroline machen den CD/LP-Vertrieb, und ich kümmere mich um die Künstler und um die Alben, aber auch um Bookings, Promotion, Radio usw.

Tokyo Dawn zählt zu den ältesten Netlabels. Wie entstand die Idee, Musik über das Netz zu vertreiben, und hat sich seitdem etwas verändert?

Als wir 1997 damit anfingen, war TDR nur eine kleine musikalische Spielwiese für uns und unsere Freunde, da steckte noch kein Masterplan dahinter. Aber Schritt für Schritt wuchs das Ganze weiter im Laufe der Jahre und dadurch hat sich in der Tat so ziemlich alles schleichend verändert. Die Herangehensweisen, die Erwartungshaltungen, die Medien, mit denen wir arbeiten, die Wahrnehmung, eigentlich alles. Nur das wenigste läuft genauso wie früher.

Ihr veröffentlicht die meiste Musik über eure Website »for free«. Warum habt ihr euch für den kostenlosen Musikvertrieb entschieden, und welche Idee und Taktik steckt dahinter?

Das ist reine Aufmerksamkeitsökonomie. Auf dem heutigen Musikmarkt kann man als Indielabel froh sein, ein paar tausend Platten zu verkaufen. Also verschenken wir vieles lieber gleich, um mehr Hörer zu erreichen. Uns geht es nicht um eine »Free Music Philosophy«, sondern darum, unter den Hunderten von Alben, die jede Woche veröffentlicht werden, besser aufzufallen. Wir verschenken unsere Musik oft nur sehr ungern, aber diese Methode hat uns bislang mehr Türen geöffnet als alle Vinylscheiben, an denen wir während der letzten Jahre beteiligt waren.

Musik wird in der Regel für das Netz komprimiert. Ihr bietet mittlerweile Musikdateien sowohl als Ogg Vorbis als auch als MP3s an. Worauf sollten Netlabels bei der Musikaufbereitung besonders achten?

Bitte eher 320 kbps als 128 kbps, falls die Musik auch im Club oder im Radio eine Chance haben soll. OGG klingt natürlich wesentlich besser als MP3, aber das ist kein Thema für die meisten, solange MP3 der Standard ist. Ansonsten kann man das Thema Mastering bei der Musikaufbereitung gar nicht genug betonen.

Wie wichtig ist der Umgang mit den Künstlern? Worauf sollte man eurer Meinung nach achten?

Das ist natürlich das »A« und »O« eines jeden Labels. Der persönliche, direkte Kontakt ist uns sehr wichtig, ebenso wie das gegenseitige Unterstützen und das Lernen voneinander. Tokyo Dawn wäre ohne diese Freundschaftsebene gar nicht möglich! Wenn man nur das musikalische Endprodukt vor Augen hat und den Menschen dahinter vergisst, wird man langfristig gesehen kein gutes Label aufbauen können – noch nicht einmal mit Geld! Ansonsten kann der Umgang mit Künstlern natürlich eine recht heikle Angelegenheit sein, bei all den Erwartungshaltungen, Existenzängsten, Egoflügen und Schaffenskrisen, die man als Künstler manchmal durchlebt. Als Label-Betreiber sollte man all das aus eigener Erfahrung kennen und handhaben können und nicht nur DJ sein. Aber das klingt jetzt vielleicht schlimmer, als es eigentlich ist. Eine geheuchelte Diplomatie gegenüber den Künstlern fände ich jedenfalls furchtbar.

Welche Tricks sollte man anwenden, um sein (Net)Label bekannt zu machen? Erklärt doch mal ein paar Vorgehensweisen aus eurer Trickkiste!

Ausdauer ist vielleicht das Wichtigste, ebenso wie eine gewisse Stringenz in der Release-Politik und der Soundsignatur. Ansonsten sollte man bemüht sein, der Presse eine gute Story liefern zu können, die über das übliche Musikergequatsche hinausgeht. Um eine gute Promotion hinzubekommen, sollte man nonstop Spuren hinterlassen – Online, Offline, On Stage und On Air. Meiner Meinung nach unterschätzen gerade die Netlabels das Radio gerne. Dabei waren es die Radio-DJs, die Tokyo Dawn erst richtig wahrnehmbar machten. Die so genannten »Beipackzettel« zur Musik werden auch gerne unterschätzt, dabei kann man den Tonus der Berichterstattung auf diesem Wege maßgeblich mitprägen. Je interessanter diese Promotion-Texte gestaltet sind, umso eher werden die Musikjournalisten davon abschreiben.

Warum setzt ihr bei der Erstellung eurer Website auf die Flash-Webtechnik?

Flash ermöglicht uns mehr Multimedia und ein browserunabhängiges Design, das sich von anderen Webpages deutlich abhebt. Bei einem Netlabel ist es schließlich der Webauftritt, der den ersten visuellen Vorgeschmack auf die Musik liefert – nicht das Plattencover.

Welche Trends seht ihr für die Zukunft von Netlabels?

Die Netlabelszene dürfte in ein paar Jahren wesentlich vielfältiger, bunter und undurchsichtiger sein als die heutige Plattenlabellandschaft. Man wird das auch nicht mehr wirklich auseinander halten können, das wird alles konvergieren. Die Laptop-DJs werden diese Entwicklung beschleunigen und dafür sorgen, dass verlustfreie Audioformate im Netz eine größere Rolle spielen. Es wird mehr Sponsoring, Micropayment und Merchandising bei den Labels geben, die immer weniger

Platten verkaufen werden. Die GEMA und die Vertriebe werden ihre Existenzberechtigung und ihr Geschäftsgebaren neu definieren müssen, wenn sie da mithalten wollen. Es bleibt also spannend.

Das Musikkollektiv Epsilonlab.com – Multimediale Ausrichtung und Teamwork

Unter den Netlabels gehört Epsilonlab.com zu den Vorreitern, wenn es um den freien Vertrieb von frischen Techno- und Housetracks geht. Mit einem steten Augenmerk auf Qualität, Abwechslung und Kontinuität verpflegen die Musiker und Label-Heads von Epsilonlab DJs und Freunde elektronischer Tanzmusik. Das Label selbst ist tief in Kanada verwurzelt, und zahlreiche seiner ortsansässigen Künstler veröffentlichten in der Vergangenheit bereits auf CD/Vinyl-Labels wie zum Beispiel dem deutschen Imprint Force Inc. Letzteres ist im Zusammenhang mit Netlabels ein gutes Beispiel dafür, wie abhängig ein CD/Vinyl-Label von seinem Vertriebspartner ist. Mit der Insolvenz und Auflösung des großen deutschen Vertriebs EFA Medien ging auch Force Inc. in die Knie und hinterließ seinen ehemals erfolgreichen Label-Betreibern nur Schulden im fünfstelligen Bereich. Mit einem eigenen Vertrieb via Web hätte der Untergang des TechHouse- und Avantgarde-Schlachtschiffs sicherlich verhindert werden können.

Wie Epsilonlab entstand, welche Philosophie hinter dem Label steckt und welche Strategie Eloi Brunelle und seine Kollegen verfolgen, berichtet er im Interview.

Stell doch einfach mal Epsilonlab vor!

Eloi Brunelle: Epsilonlab entstand im Jahr 2000 als ein Kollektiv. Mit fortschreitender Entwicklung kamen Video-Künstler dazu und später wurde Epsilonlab dann ein Label. Als Folge entstanden zahlreiche Multimedia-Veranstaltungen in Kanada, Frankreich und der Schweiz. 2004 entschieden wir uns dann dafür, einen Netlabel-Zweig für unser Kollektiv zu etablieren. Grund dafür waren Probleme beim Überseevertrieb unserer Produkte, die immer wieder auftauchten.

Zurzeit besteht das Epsilonlab-Team aus verschiedenen Leuten, die in ihren eigenen Bereichen agieren, die ein Netlabel so mit sich bringt. Das ist in erster Linie unser Programmierer Mateo Murphy, dann sind da Pheek und Vincent Casanova, die als A&Rs für unser Netlabel zuständig sind, und unsere Designer Jean-Francois Bastien und Jean-Sébastien Baya. Für das Mastering der Musik ist Paul Keeley zuständig, während Vincent Casanova die Texte schreibt, die wiederum von The Autist übersetzt werden. Ich selbst erledige die Koordination, arbeite als A&R, bin für die musikalische Ausrichtung zuständig und all die anderen Kleinigkeiten, die ein Netlabel so mit sich bringt. Natürlich gibt es auch noch zahlreiche weitere Protagonisten, die uns bei Veranstaltungen, unseren DVD-Produktionen und der Programmierung behilflich sind.

Abbildung 11-2: Edle Website: Epsilonlab.com besticht nicht nur durch edles Design, sondern lässt sich einfach und schnell navigieren. Flash wird nur für die animierten Cover benutzt.

Warum wurde Epsilonlab gegründet? Welche Ziele verfolgt ihr primär?

Unser eigentliches Ziel war die Unterstützung und das Schaffen einer Plattform für Live-Musikkünstler, die damals in Montreal einfach nicht existent war. Mit der Zeit ist aus Epsilonlab dann ein Netlabel geworden, das die gleichen Ziele, aber auf einer globalen Skala verfolgt.

Warum veröffentlicht ihr eure Musik kostenlos?

Menschen mögen freie und unabhängige Musik. Und das Netz ist eine einfache und effiziente Möglichkeit, schnell an die Musikliebhaber heranzukommen. Auf diese Weise entdecken Zuhörer auf der ganzen Welt neue Künstler. Wenn du als Musiker auf einem klassischen und in der Regel kleinen Vinyl/CD-Label veröffentlichst und damit Geld verdienen möchtest, siehst du oft trotz Verträgen kein Geld. Das ist typisch. Ich habe das selbst mehrmals erfahren, selbst mit Größen wie Force Inc.

Wie findet ihr eure Künstler? Gibt es eine Veröffentlichungspolitik?

Zuerst über die eigenen Kontakte und in zweiter Linie über das Internet. Wir bekommen außerdem viele Demos. Bezüglich unserer Politik versuche ich unsere Ausrichtung nicht zu hermetisch zu betrachten. Die Musik sollte grooven und mit einer gewissen Qualität daherkommen.

Was sind die generellen Schritte, bevor ihr ein neues Release online stellt?

Natürlich suchen wir unsere Tracks sehr sorgfältig aus, damit wir ein qualitativ hochwertiges Release veröffentlichen können. Anschließend schicken wir Paul das Material für das Mastering, Vincent für den Text sowie Jean-Francois Bastien und Jean-Sébastien Baya für das Coverdesign. Wenn ich alles zurückerhalte, schicke ich die Musikbeschreibung von Vincent an The Autist für eine französische Übersetzung und lade zum Schluss alles auf den Server hoch.

Wie lauten die wichtigsten Hauptfunktionen eines Labels?

Ich denke, das ist die Verbreitung von Musik eines bestimmten Musikspektrums an so viele Zuhörer wie möglich, ohne die eigene Integrität zu kompromittieren.

Wie unterstützt ihr eure Künstler? Ist es für einen Künstler sinnvoll, auf Epsilonlab beziehungsweise einem Netlabel zu veröffentlichen, um Geld zu verdienen?

Epsilonlab unterstützt seine Künstler mit Engagement und exzellenter Verbreitung. Die durchschnittlichen Download-Zahlen für ein Release in drei Monaten liegen bei 8.000. Es gibt kein direktes Einkommen, aber eine große Verbreitung und Anerkennung ist der Weg, um seriöse Bookings, Remix-Aufträge und Plattendeals an Land zu ziehen.

Epsilonlab hat in der nahen Vergangenheit DVDs mit Video-Clip-Material veröffentlicht. Warum und wie verkauft ihr die DVDs? Plant ihr, den Verkauf von Produkten anzukurbeln?

Wie oben beschrieben, gab es Epsilonlab schon lange als Label, bevor es zu einem Netlabel wurde. Der Verkauf von CDs und DVDs ist essenziell für die lokale Unterstützung und um die finanziellen Bedürfnisse und Netlabel-Operationen zu unterstützen.

Was denkt ihr über die Netlabel-Kultur? Gibt es Kritikpunkte oder Bedenken eurerseits?

Die Netlabel-Kultur ist großartig, aber wegen der geringen Aufwandskosten gibt es zahlreiche nicht professionell agierende Labels. Ich vermute, dass es für einen Neuling angesichts der Größe der Szene schwierig ist, klasse Releases zu entdecken. Möglicherweise wären Netlabel-Standards eine gute Idee.

Wenn ein Neueinsteiger ein eigenes Netlabel plant, welche Tipps würdet ihr ihm mitgeben?

Ein eigenes professionelles Netlabel zu betreiben kostet viel Zeit und einige Investitionen. Damit ein Netlabel gut funktioniert, braucht man ein Team. Es ist unmöglich, alles alleine zu erledigen. Es ist offensichtlich, dass es hilfreich ist, wenn man als Künstler sein eigenes Netlabel betreibt. Denn es ist ein guter Weg, Gleichgesinnte um ein Sound-Spektrum zu versammeln. Man sollte sich wirklich gründlich überlegen, ob man ein Label gründet.

Vielen Dank für das Interview!

Broque.de – Humorvolles Techno-Netlabel mit breitem Spektrum

Abbildung 11-3: Christian Kausch und Heiko Schwanz vertreiben ihre Künstler auf Vinyl und verteilen zu Promotionzwecken kostenlose MP3s. Ihr Netlabel Broque.de versorgt DJs und Techno-Liebhaber mit einwandfreier Qualität.

Das Techno-Label Broque.de gehört zu den Neulingen unter den Netlabels und startete Mitte 2004 so richtig durch. Innerhalb kürzester Zeit schafften es die beiden Betreiber Heiko Schwanz und Christian Kausch, ein voll funktionstüchtiges Label aufzuziehen, das schnell einen Platz in der globalen Netaudio-Szene gefunden hat. Das liegt vor allem an frischen Ideen, einem Willen zu guten Produktionen und einer gleichzeitig veranstalteten Reihe von Partys. Hilfreich bei der Entstehung des Labels waren die bereits bestehende Verwurzelung innerhalb einer eigenen Szene und die Veranstaltertätigkeiten der Protagonisten.

Darüber hinaus gestaltet sich Broque nicht nur als rein virtuelles Label, sondern fährt eine mehrgleisige Taktik, bei der neben Veranstaltungen auch in die Produktion von Techno-Vinyl-Scheiben investiert wird. Dadurch vermitteln die Label-Heads zwischen zwei Welten und führen Surfer zurück zur Haptik einer Schallplatte und Vinyl-Liebhaber ins Netz für weitere Musik. Für das Buch wurde Christian Kausch interviewt.

Wer und was ist Broque?

Christian Kausch: Broque.de wird von Granlab (Heiko Schwanz) & Tend (Christian Kausch) gemacht. Wir beide sind Thüringer und wohnen an gegenüberliegenden Seiten von München. Broque.de steht für »Brotique Electrique« und ist das Netlabel des Fanzines *Oder auf Brot*. Broque.de ist unser Techno. Broque.de ist schöner als Briefmarken sammeln ...

Worauf kommt es deiner Meinung nach bei einem guten Techno-Label an?

Man muss sich damit identifizieren, es ständig umsorgen und weiterpflegen sowie einen gewissen Idealismus hegen. Alles andere hält man auf Dauer nicht durch.

Broque veröffentlicht Musik nicht nur im MP3-Format, sondern auch auf Vinyl. Ist es sinnvoll, auf der einen Seite Musik kostenlos zu verschenken und auf der anderen Seite Geld zu verlangen? Warum veröffentlicht ihr eure Musik auch auf Tonträgern wie CD und Vinyl?

Wir sehen MP3 nur als ein Format unter vielen. Die Zeit ist noch lange nicht gekommen, wo man sich komplett auf elektronische Verbreitungsformen stützen kann. Es gibt noch so viele Leute, die gern mit Techno-Vinyl hantieren. Wir unterscheiden dabei nicht zwischen Verkaufen und Verschenken. Bei dem einen müssen die Produktionskosten aufgrund ihrer Höhe direkt weitergegeben und bei dem anderen kann es quersubventioniert werden. Wir vertreten die Philosophie, dass sich innerhalb unserer Output-Mengen die beiden Formate MP3 und Vinyl mehr als sinnvoll ergänzen.

Welche Möglichkeiten nutzt ihr, um euer Label voranzutreiben und bekannter zu machen?

Hauptsächlich hoffen wir, dass unsere Künstler und ihre Musik gut genug sind, die Leute von sich aus immer wieder anzulocken und positiv zu überraschen. Ein ehrliches und gutes Feedback in der Öffentlichkeit bringt auf lange Sicht mehr als ein Hype ohne Basis oder passende Fortsetzung.

In mehr als 10 Jahren Techno-Werkelei hat sich ein komplettes Programm ergeben, das unter anderem aus regelmäßigen Partys, Radioshows, Messeauftritten, dem

Oder auf Brot-Fanzine, dem Vinyl-Label Polyfon und dem Hybriden Broque.de besteht. Bei allem stehen Spaß, der Glaube an neue Erfahrungen und eine lebendige Community im Vordergrund. Neben der klassischen Label- und Veranstalterarbeit versuchen wir im Rahmen unserer Mittel eine gute Künstler- und (ich nenne es mal) Kundenbetreuung zu gewährleisten. Wir legen Wert darauf, alle Mitstreiter, wenn wir sie nicht eh schon kennen, einmal persönlich zu treffen, mit einzubeziehen und auch untereinander zusammenzubringen, was immer wieder nette Abende, einen interessanten Austausch sowie eine ungezwungene Zusammenarbeit zur Folge hat.

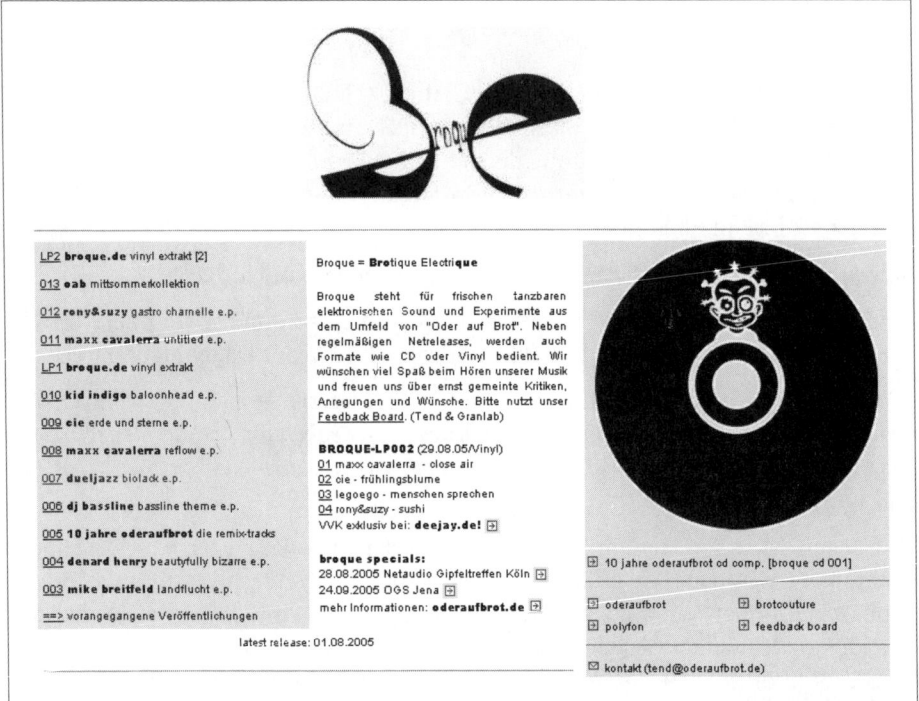

Abbildung 11-4: Broque.de kommt mit einem unprätentiösen Design und einer eigenwilligen Navigation im unteren rechten Bereich daher. Visuell nüchtern konzentriert sich das Techno-Label auf die wesentlichen Dinge eines Netlabels: gute musikalische Inhalte.

Ihr setzt auf einen schlichten Webauftritt. Worauf habt ihr bei der Programmierung der Website besonders geachtet? Was sind eurer Meinung nach die wichtigsten Bestandteile einer Website?

Man sollte mehr als einfach navigieren, die Download-Links sofort finden und jeweils alles auf einen Blick erfassen können – das sollte jeder beachten. Eine eigene Note ist natürlich auch wichtig. Wir persönlich halten allerdings nichts von kaum genutzten Spielereien wie ausdruckbaren CD-Covern, wollen mit dem minimalistischen Artwork eine visuelle Wiedererkennung und mit den knappen Künstlerbeschreibungen auch nur eine mentale Zuordnung schaffen. Hören, Nachdenken, Bewerten und vielleicht aufgrund unserer Stichworte nach weiteren Infos bzw. Musik suchen, obliegt ganz allein dem Hörenden (wie das in einem Plattenladen auch der Fall wäre). Im Übrigen haben wir keinen Anspruch auf Perfektion.

Du selbst legst als DJ unter dem Pseudonym DJ Tend auf. Spielst du auch Musik aus dem Netz, und wenn ja, wie?

Für mich selbst ist nach wie vor Vinyl das Größte. Ich liebe es, Platten haufenweise zusammenzutragen, zu durchstöbern und drehen zu sehen. Für mich persönlich empfinde ich die Technik zum Auflegen von MP3s noch nicht so optimal gelöst, dass es ein gleichwertiger Ersatz wäre. Aber Verständnis und Vorlieben sind zum Glück verschieden, so dass ich mich sehr freue, dass unsere Musik gerade auch in Mixen oder auf Partys gespielt wird. Für alle anderen Konservativen gibt es unsere Musik ja auch noch auf Vinyl, um sie nach und nach an das Thema heranzuführen.

Wo liegen die gefährlichsten Fallstricke beim Aufbau eines eigenen Labels?

Vorrangig sollte jedem klar sein, dass das Wort Label mehr bedeutet, als einer Sammlung von Musikstücken einen Aufkleber aufzudrücken. Wenn jemand ein Netlabel einzig aus Kostengründen beginnt, hat er nicht die Absicht, ein professionelles Label zu gestalten. Der Aufwand für Werbung, Künstler-Akquise und -Betreuung sowie der Aufbau möglicher Quersubventionierungen ist wie bei jedem anderen Labelformat nicht zu unterschätzen. Grundsätzlich sollte man MP3-Homepages von Netlabels unterscheiden. Aber auch da mangelt es oft an Konzept, professionellem Mastering oder Sinn für Ästhetik bzw. Benutzerfreundlichkeit. Des Weiteren vergessen zu viele Betreiber, dass die Mehrheit der Internetnutzer noch mit einem langsamen Modem ausgestattet ist oder Player älterer Jahrgänge benutzt. Auch mit Experimenten sollte geschickter umgegangen werden: Wenn ich mich zum Beispiel auf neue Netlabel-Seiten verirre, mich nach langem Überlegen entscheide, einen Track 2 Stunden lang herunterzuladen, und dann schmerzlich feststellen muss, nur 15 Minuten Telefontuten auf der Festplatte zu haben, werde ich mich nach und nach (wenn überhaupt) nur noch den mir bekannten Netlabels zuwenden und Neuem kaum noch Chancen einräumen. Aufgrund der geringen Hürden, Dateien ins Netz zu stellen, schaden viele dem Interesse an Netaudio außerhalb von iTunes & Co., ohne es vielleicht zu wissen. Die Zeit wird irgendwann die Spreu vom Weizen trennen und Übersicht bringen. Und wer weiß, wie in naher Zukunft Musik gehört werden wird.

Vielen Dank für das Interview!

Filewile.com – If you want something done, do it yourself!

Abbildung 11-5: www.filewile.com: Die beiden Künstler Daniel Jakob und Andreas Ryser vertreiben ihre Musik in Eigenregie über das Internet

Die Website der beiden Musiker Daniel Jakob und Andreas Ryser gehört zu den fortschrittlichsten Websites, wenn es um Eigenpromotion, Musik-Downloads, Bilder und Informationen geht. Neben zahlreichen kostenlosen Songs zum Download bieten die beiden Künstler unter *www.filewile.com* sympathische und stylishe Pressebilder an, nutzen PayPal, Flash-Streams und Newsletter und versuchen, ihre Produktionen in Eigenregie über das Netz bzw. ihre Website zu verkaufen. Worauf es ankommt und welche Erfolge zu verzeichnen sind, erzählen sie im Interview.

Wer und was ist Filewile? Stellt euch doch einmal vor!

Filewile, das sind Daniel Jakob und Andreas Ryser. Wir sind beide Künstler aus Bern und operieren dort schon seit 12 Jahren als Musiker/DJ. Natürlich haben wir zahlreiche Erfahrungen im Musik-Business gesammelt, waren in diversen Bands und DJ-Kollektiven mit nationalem und internationalem Erfolg (Meifen Orange, Mich Gerber, Mouthwatering, Lasso für BigBrother CH).

Während der musikalischen Zusammenarbeit für ein Flamenco-Tanztheater im Jahr 2002 in Spanien entwickelten wir gemeinsam die Idee zu Filewile. Im Vordergrund stand, dass wir unabhängig Musik produzieren und veröffentlichen wollten, also erst einmal ohne Plattenfirma.

Musikalisch entwickelt sich Filewile permanent weiter. Wir planen selten und legen uns stilmäßig nicht fest. Wir haben unsere Reise vor drei Jahren gestartet und wissen nicht, wohin uns die Musik führt. Filewile steht aber für tanzbare Musik mit hohem Unterhaltungswert. Die Tracks sollen nicht »nur« clubtauglich sein, sondern auch zu Hause funktionieren. Der wichtigste Teil von Filewile ist die Website www.filewile.com.

Für den »Kick-off« von Filewile gingen wir als »mobile street-soundsystem« auf die Straße. Unser »mobile street-soundsystem« ist ein selbst gebautes batteriebetriebenes Soundsystem für zwei Laptops. Das haben wir gleich als Erstes vor dem Haupteingang der Sonar im Jahr 2003 ausprobiert. Gleichzeitig haben wir damals Sticker und CDRs mit unseren ersten Tracks verteilt.

Die Livesets von Filewile unterscheiden sich stark von den Studiotracks, die wir auf der Homepage anbieten. Wir arbeiten mit Elementen aus den Tracks, verändern diese und mischen viel Neues dazu, bauen ständig um. Unser Liveprogramm ist eine Baustelle, was den Reiz am Spielen erhöht respektive ausmacht. Mittlerweile haben wir diverse Künstler geremixt. Dazu gehören Pressure Drop Soundsystem (erscheint sowohl auf Vinyl als auch digital übers Netz auf dem eigenen Label Mouthwatering Rec.), Lunik, Electric Blanket und viele andere.

Als Künstler veröffentlicht ihr eure Musik fast ausschließlich als kostenlose Downloads über eure eigene Website. Warum?

Am Anfang stand die Überlegung, dass es ohne Nachfrage keinen Sinn macht, Musik zum Kauf anzubieten. Wie macht man effizient und ohne Budget Promo für ein unbekanntes Produkt, wie gelangt man an die Öffentlichkeit? Niemand kauft etwas, was er nicht kennt, also beschlossen wir, die Tracks kostenlos als Download anzubieten.

Uns war immer klar, dass wir unsere Musik irgendwann verkaufen wollen. Seit einigen Monaten bieten wir einen Teil der neuen Tracks zum Kauf an. Wir unterscheiden uns in diesem Punkt von der Netlabel-Szene. Dazu kommt, dass unsere Urheberrechte durch die SUISA (in Deutschland die GEMA) geschützt sind. Veröffentlichungen auf Vinyl und auf CD sind wir nicht abgeneigt, wenn ein Label sich interessiert und das Angebot für uns stimmt.

Außerdem bedeuten viele Downloads auch viel Interesse, sprich viele Auftrittsmöglichkeiten. Je schneller, desto lieber. Fazit aus den letzten drei Monaten: Sobald etwas kostet, ist es vorbei mit Downloads. Über unsere Site haben wir über die Zeit insgesamt 250.000 Downloads serviert, und seit einem Jahr bieten wir die Möglichkeit an, uns via PayPal oder via Post eine Spende zu senden. Geschafft haben das bis jetzt 3 Leute ...

Welche Erfolge kann Filewile verbuchen und wie kam es dazu?

Mit unserem Projekt können wir zahlreiche Downloads, Auftritte im In- und Ausland, jeden Monat einen neuen Track online sowie viel Medienpräsenz vorweisen.

Obendrein hatten wir auf Viva einen Videoclip in der Rotation, den es nur gratis als Download gab.

Wo liegen eurer Meinung nach die Gründe für euren Erfolg?

Wir sind bestimmt nicht die Ersten, die ihre Musik übers Netz vertreiben. Vor uns haben aber nicht viele mit dem Laptop Straßenmusik gemacht und gleich noch die guten Beziehungen zu den klassischen Printmedien und zum TV (in der Schweiz) genutzt. Durch unsere vorherigen Tätigkeiten haben wir bestimmt einiges an Erfahrung mitgebracht und ein paar Fehler gar nicht erst gemacht. Zum Beispiel haben wir einfach schon gewusst, wo wir anrufen mussten, wenn wir einen Videoclip auf Viva wollten, oder wen wir kontaktieren mussten, um im Radio gespielt zu werden.

Worauf sollten eurer Meinung nach Künstler bei der Veröffentlichung von eigener Musik achten?

Das ist eine schwierige Frage. Das Wichtigste ist wohl, dass der Künstler mit dem Produkt zufrieden ist. Gut überlegen sollte sich der Künstler auch, wo und wie er den Track veröffentlicht. Denn nicht immer ist ein Label die beste Variante. Vor allem wenn es sich um Majorlabels oder größere Labels handelt. Denn wenn das erste Release nicht sofort einschlägt, wird man sehr schnell zur Seite gelegt und verstaubt. Meistens ist der Künstler dann obendrein noch vertraglich gebunden und hat einen Teil seiner Rechte abgegeben. Sicher gilt dies vor allem für Popmusik mit Hitparadenpotenzial, und es gibt ganz viele kleine Labels, die ihre Künstler sehr gut betreuen. Auch besteht bei einem Label immer die Gefahr, dass die künstlerische Freiheit eingeschränkt wird, indem das Label der Musik eine Richtung geben will, die nicht immer mit der Meinung und dem Geschmack des Künstlers übereinstimmt.

Wenn man als Künstler einen Track fertig produziert hat, verliert man oftmals vor lauter Betriebsblindheit die Distanz und ist nicht mehr objektiv. Habt ihr da eine Strategie oder eine Methode für ein eigenes »Quality Control«?

Nein, wir haben keine Strategie. Wir arbeiten zu zweit und sind auf uns selbst gestellt. Niemand sagt uns, ob der neue Track geil ist oder Scheiße. Die Entscheidung, ob eine Idee klasse ist, fällen wir lange vor dem Mischen und Mastern. Bei der Entwicklung der Loops und beim Arrangement zeigt sich meistens, ob es klappt oder nicht. Nach dem Motto: Nicht zögern, sondern so schnell wie möglich veröffentlichen, und wenn es dann tatsächlich, mit ein paar Wochen Distanz gehört, ein Riesenschrott ist, nehmen wir den Track wieder vom Netz. Das ist unsere Freiheit.

Worauf kommt es bei der Gestaltung und Programmierung einer Website an? Welche Webtechniken nutzt ihr?

Die Seite muss schnell und benutzerfreundlich aufgebaut sein. Es muss auf den ersten Blick klar sein, um was es geht, also: Hier Musik runterladen, kostenlos oder kaufen, dann Auftritte von FW und dann alles andere ... Wir selbst haben keine

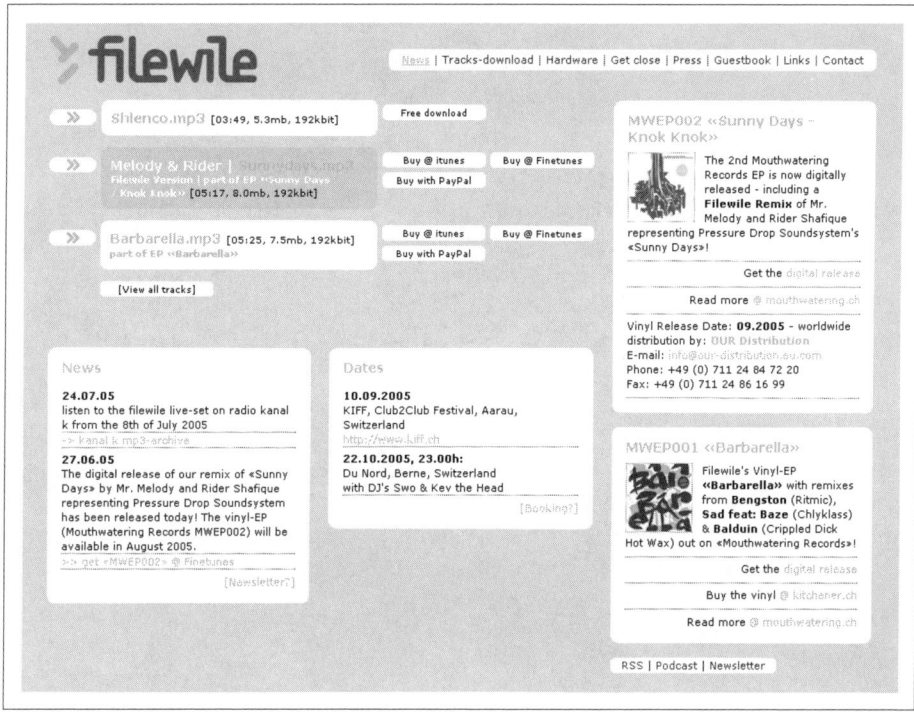

Abbildung 11-6: filewile.com: die stylishe, übersichtliche und inhaltsreiche Website der Schweizer Produzenten Filewile. Die Website nutzt zahlreiche Webtechniken, angefangen von PayPal über Podcast bis hin zu Flash-Music-Streaming.

Ahnung von Webtechniken. Unsere Website wird von *www.klink.ch* programmiert. Sie machen was und wir finden es dann meistens cool oder eben nicht.

Ihr verkauft Musik auch über das Internet. Geht euer Plan auf?

Uns fehlen zurzeit noch Erfahrungswerte. Wir sind überzeugt, dass es künftig normal sein wird, Musik übers Netz auch zu kaufen. Einige wenige Verkäufe haben wir schon, aber diese sind noch jämmerlich. Sicher scheint, dass sich vor allem iTunes durchsetzen wird. Aber auch Online-Plattformen wie *www.finetunes.de*, *www.bleep.com* oder *www.beatport.com* haben gute Chancen. Wichtig scheint uns vor allem, auf den diversen Plattformen präsent zu sein. Denn ein Käufer wird sich irgendwann mal für eine Plattform entscheiden.

Womit verdient ihr sonst noch als Künstler euer Geld?

Mit Filmmusik, DJing, Malerei und als Veranstalter.

Vielen Dank für das Interview!

ANHANG A
Website-Checkliste

Die Checkliste in diesem Anhang soll Ihnen dabei helfen, die eigene Website auf mögliche inhaltliche Löcher bzw. Probleme zu überprüfen.

Domainnamen

Der gewählte Domainname darf nicht bereits gewerblich als Kennzeichen genutzt werden. Wurde für den Domainnamen eine Identitätsrecherche durchgeführt? Adressen für die Recherche sind:

- Domain-Verwaltungsgesellschaft DENIC – *www.denic.de*
- Deutsches Patent- und Markenamt – *https://dpinfo.dpma.de*
- Titelschutzanzeiger – *www.titelschutzanzeiger.de/archiv_index.htm*
- Suchmaschinen

Links

- Wurden die verlinkten Seiten auf offensichtlich rechtswidrige Inhalte überprüft?
- Angabe des letzten Datums dieser Kontrolle
- Gibt es einen Haftungsausschluss für externe Links?

Grafiken, Texte, Bilder und Musik

- Sind die Nutzungsrechte an Texten, Design, Bildern und Musik geklärt?
- Wurden die eigenen Musikdateien korrekt mit Copyrights versehen (Creative Commons usw.)?

Datenschutz, Cookies

- Gibt es eine Datenschutzrichtlinie (Privacy Policy) auf der Website?
- Wurde ein Hinweis auf das Setzen von Cookies veröffentlicht?
- Gibt es eine Datenschutzklausel und eine kurze Erklärung bei der Speicherung von personenbezogenen Daten?

Newsletter

- Gewerbliche E-Mails sollten nur an Kunden geschickt werden.
- Gibt es eine »Double-Opt-In«-Funktion bei der Anmeldung des Newsletters? (Siehe den Abschnitt »Das Newsletter-Werkzeug Dada Mail« in Kapitel 9, *Net-Promotion*.)
- Gibt es auf der Website eine Möglichkeit, das Newsletter-Abonnement zu kündigen?

Impressum

- Wurde ein leicht auffindbares und rechtlich einwandfreies Impressum erstellt?
    - *www.abmahnwelle.de/certiorina/*
    - *www.digi-info.de/de/netlaw/webimpressum/index.php*
- Wurde ein Vermerk auf eigene Urheber- und Markenrechte sinnvoll angebracht?

Gästebücher & Foren

- Wurden Nutzungsbedingungen angebracht, die ein Interessent bei der Anmeldung per Checkbox bestätigen muss?

Gibt es ein Kontaktformular oder eine leicht auffindbare E-Mail-Adresse, um potenziell rechtswidrige Inhalte zu melden?

Index

Zahlen

2063music.de XXII
404 Not Found
    Fehlerseite 263

A

Animationen 191
Anmeldeformular 236
archive.org 243
archive.php 122

B

Backend 77
Benutzerfreundlichkeit 285, 288
Bilder
    Qualität 188
    speichern 187
Blogroll 93
Box-Modell 41
Box-Modell-Hack 40
Breadcrumbs 15, 123

C

Checkliste 291
CSS 34, 154
    Hintergrundgrafiken einfügen 57

D

<div>
    Boxen programmieren 40
    Container 35
Datum 82
Double-Opt-In 226
Download 243
    Musik 287
    zählen 257

F

FavIcons 273
Feed 207
Filewile 286
FLAC 276
Flash 278
    Nachteile 3
footer.php 115
FTP 111
ftp.scene.org XX

G

GEMA 279
GIF 183, 189

H

header.php 112
Hippocamp XXII
Hochladen 75

I

iD.EOLOGY XXII
ID-Tag 138, 144
Impressum 61
index.php 115
individuelle Artikel 99
individuelle Seiten 102, 123
Internet IX
    Vertriebsweg der Zukunft X

J

JPEG 182

K

Karsten Obarski XX
Kommentare 86, 103, 245
Kontaktformular 62
Kontrast 171, 185
Kubrik-Template 104
Künstler 278

L

Label, Philosophie 279
Label-ID 140
LAME-Codec 131, 134
Layout
    Entwurf 29
    Konzepte 25
    Programmierung 39
Leseverhalten 167
Links 93, 176
    Link-Zirkel 244
Lizenz 146

M

<meta> 37
.mod (Module-Musikformat) XX
Mailingliste 234
Marketing 221
Martin Wisnowski XXII
Mastering 277

Message Board 241
Metatags 201
Module-Musikformat XX
mono211.com XXI
Monotonik XXI
Musik
    abspielen 149, 150, 152
    verbessern 133
Musikformate 134
Musikprogramme 130, 134, 136, 146
Musikqualität 135
Musikvertrieb 277

N

Namespace 36
Navigation 9
    Bestandteile 12
    Konstruktion 14
    Konzepte 16
    Menüpunkte 18
    Programmierung Reiternavigation 50
Netaudio 245
Netaudio-Player 151
Netiquette 244
Netlabels XIX, 275, 282
    2063music.de XXII
    Favoriten des Autors XXI
    Geschichte XX
    Hippocamp XXII
    iD.EOLOGY XXII
    Katalog XXI
    Monotonik/mono211.com XXI
    stadtgruen XXII
    Subsource XXI
    Thinnerism.com XXI
    Tokyo Dawn XXI
    www.netlabels.org (Katalog) XXI
Newsgroup 241
Newsletter 222
    versenden 230
    wichtigste Schritte 225
Normalisieren 132

O

Obarski, Karsten XX
Ogg Vorbis 134, 136, 276
    benennen 139
    Meta-Informationen 143

Onsite-Optimierung 199
OPML 98

P

Pagerank 202
Passwort
    Generator 266
    Schutz 265
Photoshop 32, 46
PHP 59
Ping 84
Plugin
    Image-Browser-Plugin 125
    Markdown-Plugin 124
PNG 184
Podcast, Podcasting 124, 214
Power Phlogger, Installation 253
Promotion 12, 66, 221, 222, 244, 272, 277, 278
Pseudo-Tags 237

Q

Quicktag-Leiste 100

R

Recherche 244
Redirect 261
Referer 251
RSS 207
    Aufbau RSS 2.0 209
    Leseprogramme 210

S

.sid (Commodore 64-Musikformat) XX
Schreibregeln 168
Schrift 171
Seitenhierarchie 20
Signatur 243
Skin 159
Slice 32
Sortieren 5
stadtgruen XXII
Subsource XXI
Suchmaschinen
    Funktionsweise 197
    Optimierung 88, 101, 195, 244, 271
    Programme 271
    Redirect 263

Regeln 204
steuern 269
Suchbegriffe 196

T

Teamwork 279
Templates 103, 106
Textauszeichnung 177
Theme 104, 110
    installieren 105
Thinnerism.com XXI
Tokyo Dawn XXI
Tonwertkorrektur 185
Trackback 86, 90, 101
Traffic-Klau 268
Transparenz 191
Typografie 170
    Leitsätze 177

U

Ultimate Soundtracker
    (Sequenzerprogramm) XX
URL 87, 201, 228, 259
UTF-8 37, 86

W

Webcounter 256
Weblog 22, 71, 245
Weblogger 71
Website zum Buch XIX
Website-Crawler 270
Webspace 11
Wiki 72, 74
Wisnowski, Martin XXII
WordPress 73
    Artikel schreiben 98
    Conditional Tags 108
    Include Tags 108
    Konfiguration 80
    Navigation 120
    Podcast 126
    Programmierung 104
    Rangordnung 91
    RSS 85
    Tags 107
    The Loop 109, 117
www.music-websites.de XIX
www.netlabels.org XXI

X

XFN 96
XHTML 1
    Erläuterung 3
    Text-Tags 173

Z

Zählwerk 249
Zeilenabstand 172

Über den Autor

Moritz »mo.« Sauer ist Medienpädagoge, Journalist, Webdesigner und Liebhaber elektronischer Musik jeglicher Couleur. Seine Künstlerportraits, Thementexte und Fachartikel veröffentlicht er regelmäßig in den Magazinen und Zeitschriften *c't*, *keyboards*, *Internet Intern*, *De:Bug* und *Intro*.

Am liebsten schreibt *mo.* jedoch für sein eigenes Magazin über Musik und Netzkultur, *www.phlow.net*, das er zusammen mit Freunden betreibt. Das Ezine Phlow wurde 2004 für den Grimme Online Award nominiert und hat den Netlabel Catalogue, ein Netzlabel-Verzeichnis im Wiki-Gewand, ins Leben gerufen (*www.netlabels.org*). Als technikaffiner Mensch begeistert sich *mo.* nicht nur für Netlabels, sondern produziert gemeinsam mit Marcel Kamps auch eine eigene Podcast-Radiosendung mit GEMA-freier Netlabel-Musik (*www.phlow.de/dp/*). Aktuelles über Moritz »mo.« Sauer und GEMA-freie DJ-Mixe finden Sie unter *mo.phlow.de*.

Als Webdesigner versucht er stets, den Benutzer im Fokus zu halten und orientiert sich mit seiner kleinen Kölner Webagentur *www.klick-konzept.de* an den Mottos »Form Follows Function« und »Keep It Simple!«

Selbstverständlich gibt es für den Web-Addict auch ein Leben jenseits des Internets. Dann schläft, kommuniziert, tanzt und sportet er, trifft Freunde oder liegt in der warmen Sonne.

Kolophon

Das Design der Reihe *O'Reillys Basics* wurde von Hanna Dyer und Michael Oreal entworfen, das Coverlayout dieses Buchs hat Michael Oreal gestaltet. Als Textschrift verwenden wir die Linotype Birka, die Überschriftenschrift ist die Adobe Myriad Condensed, und die Nichtproportionalschrift für Codes ist LucasFont's TheSansMono Condensed.

Web

Praktischer Einstieg in MySQL mit PHP

Sascha Kersken
282 Seiten, inkl. CD-Rom, 2005, 24,- €
ISBN 3-89721-403-2

Dieses Buch ist eine Einführung in MySQL für Webentwickler, die bereits über Web- und PHP-Grundkenntnisse verfügen und jetzt für ihre Webseiten eine Datenbank einbinden wollen – zum Beispiel, um Informationen oder Produktdaten zu katalogisieren oder Kundendaten abzulegen. Dem Buch beigelegt sind eine Referenzkarte mit SQL-Befehlen sowie eine CD mit den Dateien des Workshop-Beispiels im Buch und mit Installationsdateien für Apache, MySQL und PHP für Windows und Linux.

PHP 5 – Ein praktischer Einstieg

Ulrich Günther, 282 Seiten, 2004, 19,- €
ISBN 3-89721-278-1

PHP 5 – Ein praktischer Einstieg ist eine beispielorientierte PHP-Einführung für all diejenigen, die schon einmal mit HTML zu tun hatten, sich jetzt aber eine dynamische Website wünschen. Das Buch zeigt Ihnen anhand einer fiktiven Fundraising-Website für bedrohte Vögel, wie Sie mit PHP eine leistungsfähige Website Schritt für Schritt aufbauen können. Alle vorgestellten Programme – von Formularen bis zur dynamisch erstellten Grafik – werden eingehend erklärt, so dass auch Einsteiger ohne Programmiererfahrung sie leicht auf ihre eigenen Anwendungen übertragen können. Die 2. Auflage dieses Bestsellers berücksichtigt alle Neuerungen von PHP 5 und zeigt, wie Sie statt MySQL auch PHPs neue Datenbank SQLite einsetzen können.

Einführung in PHP 5

David Sklar, 382 Seiten, 2004, 29,- €
ISBN 3-89721-392-3

Wenn Sie sich auch mit PHP beschäftigen wollen, der technische Programmier-Jargon vieler Bücher Sie aber abschreckt, dann ist dieses Buch die ideale Einführung für Sie. Konzipiert als leicht verständliches Tutorial, können Sie mit diesem Buch PHP systematisch und durchaus auch gründlich lernen, um selbst den Code zu schreiben, der Websites erst dynamisch macht. Behandelt werden unter anderem PHP-Sprachgrundlagen, das Arbeiten mit Arrays und Funktionen, Webformulare, die Datenbank-Anbindung, Sessions, XML und Techniken zur Fehlerbehebung. Zahlreiche Übungen mit Lösungen vermitteln Ihnen schnell Erfolgserlebnisse und stellen sicher, dass Sie das gerade Gelernte auch in der Praxis umsetzen können.

Praxiswissen TYPO3

Robert Meyer
Seiten 426, inkl. CD-ROM, 2005, 28,- €
ISBN 3-89721-394-X

TYPO3 ist ein regelrechter Senkrechtstarter unter den Content Management-Systemen und hat sich zu einer echten Alternative zu kommerziellen CM-Systemen entwickelt. Praxiswissen TYPO3 ist eine gut verständliche Einführung in TYPO3, die sich auch an Einsteiger ohne ausgeprägte Programmierkenntnisse wendet. Der Autor erklärt die Zusammenhänge detailliert und praxisorientiert, verwendet Schritt-für-Schritt-Anleitungen und aussagekräftige Beispiele. Er vermittelt damit das nötige Handwerkszeug, um mit TYPO3 Websites einrichten und ausbauen zu können. – Inkl. CD-ROM und TypoScript-Referenzkarte

Flash MX 2004

Sascha Kersken, 334 Seiten, 2004, 22,-€
ISBN 3-89721-277-3

Flash MX 2004 ist eine Flash-Einführung für all diejenigen, die HTML-Grundkenntnisse besitzen und einen schnellen sowie praxisbezogenen Einstieg in Flash suchen. Kurz gefasste und leicht nachvollziehbare Beschreibungen stellen alle wichtigen Funktionen des Programms vor. Anhand eines durchgehenden Programmier-Beispiels – dem Aufbau eines komplett in Flash erstellten Online-Shops für Musikinstrumente – illustriert der Autor die Anwendungsmöglichkeiten von Flash und die jeweils erläuterten Flash-Techniken. Durch die kompakte Darstellung mit vielen Übersichten und Tabellen bleibt das Buch auch über den schnellen Einstieg hinaus ein wertvolles Nachschlagewerk für die tägliche Arbeit mit dem Programm. Die beiliegende CD enthält eine Trial-Version von Flash MX 2004 und das Material der Beispiel-Website in ihren unterschiedlichen Stadien der Entwicklung.

ActionScript für Flash MX – Die Referenz

Colin Moock, 686 Seiten, 38,- €
ISBN 3-89721-355-9

Der zweite Band – Die Referenz – ist als Nachschlagewerk eine wertvolle Ergänzung mit einer Fülle weiterer Beispiele aus der Programmierpraxis. Beschrieben werden alle von ActionScript unterstützten Klassen und Objekte mit ihren Funktionen, Methoden, Eigenschaften und Event-Handlern. Durch die Vielzahl der Praxistips gibt Colin Moock gerade auch in dieser Referenz wertvolle Erfahrungen und Insiderwissen an seine Leser weiter.